图书在版编目(CIP)数据

中国当代语境下的文化矛盾与文化走向／邹广文等著．—北京：首都师范大学出版社，2018.12

ISBN 978-7-5656-4866-3

Ⅰ.①中…　Ⅱ.①邹…　Ⅲ.①社会主义—文化事业—建设—中国　Ⅳ.①G12

中国版本图书馆CIP数据核字(2018)第286035号

北京市社会科学理论著作出版基金资助

ZHONGGUO DANGDAI YUJING XIA DE WENHUA MAODUN YU WENHUA ZOUXIANG

中国当代语境下的文化矛盾与文化走向

邹广文　等著

责任编辑　刘　冉　杨林玉　　　封面设计　郑　玞

首都师范大学出版社出版发行

地　址　北京西三环北路105号

邮　编　100048

电　话　68418523(总编室)　68982468(发行部)

网　址　http://cnupn.cnu.edu.cn

印　刷　北京盛通印刷股份有限公司

经　销　全国新华书店

版　次　2019年1月第1版

印　次　2019年1月第1次印刷

开　本　710mm×1000mm　1/16

印　张　25.75　　插页　4

字　数　350千

定　价　66.00元

内容简介

建设社会主义文化强国是中华民族伟大复兴的重要目标，而要达成这一目标首先需要树立文化自觉意识。处于急剧社会转型的中国，必须直面我们时代具有普遍性的社会文化问题并予以解答。本书立足于我国现实文化发展实践，对于当代中国文化时代境遇、历史背景、基本主题、主要矛盾、价值旨归以及文化自觉等相关问题等做了比较全面系统的学理分析与研究，并强调"文化中国"应该成为未来中国社会发展的核心实践目标，这一研究对于走向未来的中华民族坚定文化自信将有重要的理论与实践意义。

本书适合高等院校师生、相关哲学社会科学研究人员和理论工作者以及党政干部阅读。

目 录

导论　今天我们应该怎样谈文化？

对于一个社会的健康发展而言，文化是永远绕不开的话题。人是文化的存在，由人所构成的社会同样是由于文化的力量而彰显其生机，一个社会变迁的突出标志就在于文化的变迁。唯如此我们看到，新时期40年中国的改革开放，“文化热”一直没有降温，且伴随中国社会发展的节奏一路走来。文化成了不同学科参与最多、不同社会阶层关注最多的领域，称文化研究乃今日中国之“显学”实不为过。

而且我们发现，全社会对文化问题的关注，更多情形下呈现为一种自发行为。今天，文化建设已经上升为国家战略，我们提出了激发全民族文化创新创造活力、建设社会主义文化强国的战略目标。这种新的时代发展语境无疑也给我们的文化思考与研究提出了新的课题——我们今天的文化研究应该如何贴近时代？到底什么问题是中国当代文化建设亟待解决的问题？我们的文化探讨应该怎样和老百姓的诉求相关联？

我们认为，对以上问题的关注应该成为今天我们讨论文化最为迫切的选项。古希腊哲学家苏格拉底曾说：“未经省察的生活是不值得过的。”文化讨论不是无文本的操作，需要我们诉诸价值关切，因为文化反思的目的是未来文化自觉，最终达到文化自信。从这个意义上说，中国的文化自觉之路应基于理论与实践的双重关切，在全球化视野下对人类文化危机的反思和觉醒，并通过积极参与文化变革，获得文化转型的自主地位和能力，开拓文化发展新方向、新道路，以期实现中华文化的自我升华。

从这一视角看，我们求解当代中国文化的矛盾与问题，应该围绕以下问题达成共识：

一、准确把握当代中国的文化历史定位

对于当代中国文化的合理分析，首先有赖于我们对其进行准确的定位。对此，我们的基本判定是“历时性文化的共时性承受”。

1930 年心理学家荣格首先使用“共时性”(synchronicity)一词。1959 年美国人类学家爱德华·霍尔(Edward Hall，1914—2009)在其著作《无声的语言》(*The Silent Language*)中最先使用了“历时性文化”(diachronic cultural)的概念。我们这里所讲的“共时性文化”与“历时性文化”，是一种分别从静态与动态、横向与纵向的维度来考察文化结构及其形态的视角。前者侧重于以特定文化活动的系统以及系统中要素间相互关系为基础来把握文化，后者侧重于以文化活动的过程以及过程中矛盾运动发展的规律为基础来把握文化。更确切地说，“历时性文化”体现了一个文化系统发展的历史性变化情况(过去—现在—将来)，表达的是文化的历时递进性，即不同的文化形态是在不同的时间节点中一一展开和呈现的；而“共时性文化”表达的则是经过不同的历史演变、不同的历史发展阶段而形成的文化形态共时并存于一个系统之中，体现了文化的时空共在性，即不同的文化形态在同一时空中集中呈现、展示出来。

一般说来，文化具有动态生成性发展特点。但是，20 世纪 80 年代中国改革开放的特殊历史境遇，却使得中国文化呈现出了迥异于常态文化生长规律的发展境况。如同中国经济的发展一样，改革开放以来的中国文化也经历了跨越式发展变化。无论是前现代文化、现代文化还是后现代文化，这些本来在西方属于“历时性”发展呈现的文明形态，却伴随着人类信息化的大潮一股脑涌入中国，这就是我们所说的“共时性”。如果说在经济方面我们用短短的 30 多年时间走完了西方 150 年的发展道路的话，那么在文化方面，我们却没有像经济领域表现得那样从容，现实常常让我们猝不及防、无法拒绝，来不及做价值层面的取舍与判断。

今天，中国文化滞后于中国的经济发展，已是不争的事实。

今天，我们肩负着中华民族文化伟大复兴的艰巨使命，这也是我们文化建设的主导方向。党的十八大提出了实现中华民族伟大复兴的中国梦的宏伟目标，但须知一个民族伟大复兴的重要标志是文化复兴、是精神的充实自信。诚如习近平所言："实现我们的发展目标，不仅要在物质上强大起来，而且要在精神上强大起来。"但是，今天一个不容忽视的现实是，中国的文化在世界的影响力与其经济影响力严重不匹配。据2013年12月7日《环球时报》所属环球舆情调查中心在北京发布的全球调查结果显示，六成国外受访者认为中国"已经是世界性强国"，但调查同时显示，中国仍是"经济体量强国、文化影响弱国"。根据调查结果，有73.0％的国外受访者认为中国所具备的世界性强国的条件是"经济实力"，而选择"文化影响力"的仅占22.2％。中国特色社会主义是物质文明和精神文明全面发展的社会主义。一个没有精神力量的民族难以自立自强，一项没有文化支撑的事业难以持续长久。继中国经济崛起在世界成为聚焦点之后，我们还要加强中国文化软实力建设，从而在世界显示其独特的影响力。这说明，要真正实现民族文化的伟大复兴还有很长的路要走。

那么"历时性文化的共时性承受"这种特殊的文化境遇给当代中国文化发展造成了什么影响呢？首先不容否认，面对开放的新环境，国外各种文化思潮纷纷涌入中国，开阔了国人的视野，同时也为本土一些新文化形态的生长提供了借鉴因素。例如，西方文化的引进带来了诸多先进的文化观念和管理经验，客观上培养了我们的文化竞争与创新意识，同时也催生了不同文化间的融合与发展，开拓了我们的文化视野；另外，外来文化的涌入还激活了我国的文化市场，并丰富了人们的精神物质生活，等等。

但是我们也应该清醒地看到，这种共时性呈现的文化景观也的确给我们的文化发展带来了许多前所未遇的问题。其中突出的问题有两个：

其一是价值诉求的混乱。在市场经济环境下，各种文化形态纷纷登上社会舞台，甚至一些低俗文化也充斥于我们的文化市场，大众被各种所谓的“时潮”“时尚”所裹挟和绑架，失去了自主选择的清醒意识。在多元文化思潮的交互激荡中，主流文化缺乏明确的价值诉求和清晰的价值观。这表明在这样的大转型、大碰撞的时代，我们的社会在文化价值层面，尚未达到充分的自觉，许多人在价值标准的取舍方面陷入了迷茫甚至混乱：应该坚持什么，应该反对什么；应该倡导什么，应该抵制什么；什么是值得崇尚的，什么是应该批判的……面对这些问题，人们几乎失去了应有的判断力，掉进了模棱两可的泥潭。文化多元并不等于价值混乱，我们需要重塑主流价值观的引导力和影响力。

其二是文化生态环境失衡，良莠不齐。就学理层面而言，我们这里提出“文化生态”的概念，是以一种类似自然生态的视角来审视文化，把一个社会的不同文化形态看成是一个相互作用的整体，而正是这样互相作用的方式才使得该民族的文化历久不衰，趋于平衡。本来，人类所创造的每一种文化都是一个动态的生命体，各种文化聚集在一起，形成各种不同的文化群落、文化圈、甚至类似生物链的文化链。它们互相关联成一张动态的生命之网，其作为人类文化整体的有机组成部分，都具有自身的价值，为维护整个人类文化的完整性而发挥着自己的作用。但是，在工业化、全球化时代，尤其是随着市场经济杠杆的推动，诸多民族性、地方性的传统文化在被边缘化，甚至逐渐消失。现代性助长了现代人的傲慢，这种标准化、整齐划一的思维定式势必侵蚀文化生态的正常秩序，工业文明用人工的物质环境割断了文化和其赖以生成的自然环境之间的密切联系，人面对自己所创造的环境，感到疏离和陌生了。

在当代中国，影响我们社会生活的文化形态主要有四种：主流文化、精英文化、大众文化和传统文化。我们讲文化生态的失衡主要表现在：主流文化价值诉求不能有效地向社会基层传递和渗透，民族传统文化常常被“戏说”，原生态的民族文化亟待拯救，高雅文化、精英文化市场日渐萎缩，大众感性娱乐文化则大行其道。在市场杠杆的驱动下，我们更多地彰显了文化的娱乐、实用与经济功能，而对文化的最核心层面，即人文价值诉求、人的心灵建构等方面的关切不够。文化低俗化倾向日趋严重，无底线娱乐狂欢正在毁掉我们的大众文化，在娱乐化消费中造就了人们对历史的轻浮态度，从而使人缺乏严肃与敬畏之情。这四种文化在社会生活实践中各自所面临的实际问题是：主流文化如何有效地向社会大众言说自己的文化理想，并实现有效的社会价值引领？如何通过包括生产文化产品在内的各种文化形式对人民群众进行有效的社会主义核心价值观教育？在现代社会，精英文化是一种有思考与担当的文化，它的价值是依托知识分子对于社会的思考和人生的体验而实现的，健康的精英文化应该为社会提供一种生活和思考的方式，成为调节社会的积极力量。但时至今日，中国精英文化似乎并未真正担当起这样的责任。在一定意义上，精英文化与大众文化在价值诉求方面具有此消彼长的矛盾性。改革开放以来，中国的大众文化在大众的生活中扮演着越来越重要的作用，但是它的弊端也越来越明显。在满足大众日常文化需求的同时，也常常扰乱了正常的市场秩序，甚至混淆了人们的主流价值诉求。一些大众文化生产商过度商业化运作以追求经济效益，不把社会效益放在首位，结果低俗文化在这种推波助澜中就慢慢风靡起来了。我们认为，相对而言，传统文化在我们社会生活中的发展与影响不尽如人意。尤其是在"文化搭台，经济唱戏"的急功近利口号面前，传统文化常常被"戏说"，被经济利益所裹挟，从而无法展示其应有的文化魅力。总之，今天我们的神州大地除了大众文化一枝独秀外，其他文化形态都不同程度地遇到这样或那样的发展问题。这也可以说是"共时性"问题——需要我们系统思考，统筹解决。

培育良好的文化生态环境。环顾当代中国的文化发展现实，文化不能一味地"跟着感觉走"，一个健康的社会不能离开主流文化的价值引导，一个社会的精英文化也要肩负起所应承当的文化使命。

面对当代中国文化的这种特殊定位，我们应该审时度势，保持清醒的认识。历时性文化和共时性文化的交叉互渗过程，也是一种文化洗礼或文化自我净化的过程。也许我们短时期内很难判断这种特殊的文化境遇会对中国文化的健康发展产生什么影响，但是，我们别无选择，因为这种境遇就是中国文化发展的现实土壤。诚然，现代社会总体上的开放性和包容性，使得人们在价值取向上具有多样性、差异性，但在一些涉及社会发展整体走向的基本问题上，则必须有明确的底线和准则，只有这样，社会才能达到激浊扬清、革故鼎新的健康发展目标。

二、克服两极对立思维，培育文化建设智慧

现今时代，在全球化进程的推进下，人类正在由离散时空文化走向同步时空文化，这意味着地球上任何一个角落所发生的事件都可能引起全世界关注，任何一个国家和民族的发展探索和特色实践，都开始具有世界意义。因此，今天我们思考中国文化发展与实践需要立足于全球性视野，以自信从容的心态面对世界。这其中，思维方式的正确与否至关重要，因为思维的偏执既妨碍着世界对中国的认识，也妨碍着中华文明精神的世界传达。我们只有以和谐的、建构性的思维审视民族文化的发展，才能做到既汲取其他文明的长处而又不失去自我，进而对不同文化形态所进行的比较、沟通和理解才有真实的意义。与他者文化共同建构新的世界文化体系，才是文化自觉的根本目的。

而对于这一点，我们认为比较合理的做法是克服两极对立思维，在借鉴中华文化传统的基础上，培育中性互补的建设智慧，着力于文化与文明的积累与建设，扎实推进民族文化的复兴。对于我们这里谈及的两极对立思维，国人也许并不陌生。曾几何时，这种思维定式主导着我们的社会生活。改革开放以前，由于中国处在长期的计划经济体制之下，导致人们的思想极度的教条僵化，社会生活被极度的意识形态化，长此以往，人们便形成了两极对立、非此即彼的思维模式。两极对立思维本质上是一种线性的、简单还原论思维，这种思维模式表现在人们的日常生活中，便形成“宁要……不要”“不是……就是”的话语定式和“宁左勿右”的行为准则，并以此去看待事物和分析问题，其结果往往是把问题

简单化、绝对化。在两极对立思维者的眼中，经过简单化的抽象之后，世界俨然变成了一个线性的、决定性的世界。在评价事物分析问题时，也往往是非好即坏、非坏即好，一是则百是、一非则百非。是非好坏之间水火不容、势不两立。两极对立思维自觉或不自觉地潜沉于人们的无意识之阈，成为一种深度模式，左右着我们对这个充满着随机性、不确定性、复杂性、非线性世界的认识。

显然，这种静止的逻辑预设并不能真正表达事物发展的真实过程，因为事物总是复杂的，对于现实事物来说，真与假、是与非、曲与直、美与丑等并不是绝对的非此即彼的对立关系，而常常是亦此亦彼、彼此胶着的关系。用矛盾规律来说，它们往往是相互渗透、相互包含，在一定的条件下还会相互转化的。因此我们可以说，事物更多的情形往往是在两极的中间和过渡状态之下展开的，即存在着多样态的可能性。

和谐社会建设需要培育一种从容、稳健与宽容的文化精神，以此来应对复杂多变的实践生活。在现代社会中，绷紧的神经、紧张的心理和匆匆的脚步不知不觉已经成为我们生活的常态，不经意中，“一路上的好景色来不及琢磨”。我们生活的质量在下降，在对手段的追寻中我们正在迷失生活的目的。所以，我们需要在文化和思维层面进行检查与反省，以增加行为的自觉性。

从这一视角来看，博大精深的中华文化传统中所蕴含的生活智慧，对于我们的当代生活实践具有重要的指导作用。尤其是以儒家文化为代表的中性智慧，① 对于我们今天放松心灵、缓解社会紧张、保有平常心具有直接的人生启示，需要我们很好地予以借鉴和发扬光大。

我们知道在中国传统哲学精神中，中性智慧是最为丰厚的资源，亦可说是中国人独具特色的生存智慧和处世态度。中国古代思想家们都把

---

① 这在儒学思想家那里具体表达为“中庸”或“中道”智慧，我们可以将其称之为“中性智慧”，以彰显其当代性特点，但是其内在精神是相通的。对此，读者可参考以下文章：《中性智慧的思维旨趣与实践向度》，载《文史哲》，2009 第 1 期；《论中国哲学的中性智慧》，载《江海学刊》，2009 第 4 期。

“中”与伦理道德、人生观、价值观相联系，以致将其升华为世界观、方法论的高度，成为“中道”。“中庸”“中道”“中和”，这些概念构成了中国哲学的核心范畴。孔子作为儒家思想的创始人，其突出的思想特征便是“中”，孔子把中庸称为“至德”，这既说明他把中庸作为道德的最高准则，也说明中庸是他的哲学基础。孔子认为：“中庸之为德也，其至矣乎！民鲜久矣。”(《论语・雍也》)孔子的中庸之道，就是反对“过”与“不及”，要在“过”与“不及”的两极之间把握一个适中点，以保持事物的常态不变。孔子反对过分的拘泥，“子绝四：毋意、毋必、毋固、毋我”(《论语・子罕》)。也就是说，孔子坚决拒绝过分的臆断与固执己见的极端行为。而且孔子还认为对“中”的把握，可以因时因地而有所不同，他将此称之为“君子而时中”，可见，孔子的这种倡导，也正是中性思维的基本要求。

在中国传统哲学精神中，蕴涵着丰厚的中性思维的思想资源，中性智慧的精义在于克服两极对立思维，达到天与人和谐、人与人感应、人与物均调的状态。它不提倡感情的过分激烈与外露，不论是内在的思想理论，还是外化的审美实践，都崇尚含蓄、适度、克制，强调情感与理性的合理调节，以取得社会存在和个体身心的均衡稳定，在现实的此岸世界中达到主体人格的完善，这可以说是中华民族两千年来延续下来的文化心理特征。我们在当代中国建构和谐社会的历史实践中，要善于发掘这种中性智慧，使之发扬光大。

中性思维是一种互补性的建设思维。与两极对立的思维方式不同，中性思维方式立足于建设，强调事物对立双方的互养相成、共生共存，强调把握事物的平衡支点，做到不偏不倚、允执厥中，也就是要求用全面的、发展的、联系的观点去观察事物，把握其发展态势。不难看出，这种思维对于我们今天的文化建设具有重要的补益作用。这具体体现为如下三个层面：

首先，在思维方式上，它立足于建设，自觉去寻找事物的平衡支点，从而能够整体性、动态性地把握对象世界，尤其强调事物对立双方的互养相成和共生共存。

其次，在人生态度上，中性智慧倡导保有“平常心”的积极人生，要超越浮躁与迷茫的功利心态，在对日常生活多重感知与审慎思辨的过程中敞开本然之心，以通达天地之境界，提升人生的质量。

最后，在行为方式上，它强调避免极端的行径，以中道之智慧践行于日常生活世界，与他者展开和谐的交往与对话，去解决因极端思维方式而导致的现实问题。总之，中性智慧是一种生成智慧而不是完成智慧，它不拘泥于思维向度的某种具体规定性，超越日益技术化的生活流程与程式化的僵滞思维。

总之，中性智慧提倡人们保持平和的心态，以“平常心”去把握事物的本质，平稳持续地推动社会发展和人的生成，在思维方式、人生态度、行为方式三重维度上确立和谐、适当与豁达的人生境界。中性智慧要求我们除了满怀信心和豪情之外，还应多一些自省、冷静和平常心，使物质世界的建设与精神世界的完善并重，让创造文化正值与消除文化负值并重——这就是我们在新文化建设中所应确立的基本价值立场。

人类文化的发展历史已经表明，文化破坏容易而建设难。一种有意义的文化积累需要我们精心去呵护，人类文明价值更需要我们去坚守。今天，我们要真正实现中华民族文化的复兴，就需要自觉借鉴、发扬中性智慧，着眼于文化建设发展的全体性去致力于现代文化的建设实践。当科学发展意识日益深入人心的时候，我们在社会发展战略制定的过程中，必须均衡协调地处理社会发展各领域的问题，要建立符合中性智慧的文化价值观，在构建和谐社会的进程中，我们应该自觉地以“贵和”“执中”的态度促进改革与发展事业的完善。特别是形成适应和谐社会的文化心态，以中性智慧的思维方式审视社会发展中的问题，探求文化实践层面的“视域融合”，融洽对话。

三、以文化健康发展为核心价值诉求

一个社会、一个民族是否真正实现文化自觉，其突出标志是培育一种为全体国人所共同持守的价值观念。我们这里所讲的“健康文化观”，是指在文化哲学层面所确立的人类文化实践的自觉意识，它是判定一种文化好与不好的基本价值尺度，是引领社会大众文化风气的恒常意义追求。当代中国文化观的建构必须蕴含经验与超验、理性与价值、历史与未来的双重关切。

一种文化观的确立，意味着要对当下文化现实进行自觉地认识与反思，进而对文化进行能动地价值构建。培育正确的文化观是构建和谐社会并发展和谐文化的重要前提，是中华民族文化自觉的重要标志。社会发展意味着社会的全面进步，因此文化必须成为经济发展的“驱动器”。文化建设，直接关系到科学发展观的贯彻和落实，关系到人民群众精神文化需求的实现与满足，更关系到中国特色社会主义的理想目标能否落到实处。

文化作为一个民族进步的灵魂，它集中体现了人类的创造性本质。判定一个社会发展的质量如何，最终要落实到文化的层面上来。一个大国的崛起，同样必然伴随着文化的勃兴。随着我国经济的快速发展和国际影响力日益增强，如何以健康文化观来引领和谐社会建设，提升国民的人文素养，增强中国文化软实力，便成为未来中国社会健康发展必须认真面对的问题。进一步说，我们应自觉确立与科学发展观相适应的文化观，并以此来引领时代精神。

毛泽东曾依据马克思主义关于社会存在决定社会意识的原理，论述了政治、经济和文化三者的关系，指出“一定的文化(当作观念形态的文化)是一定社会的政治和经济的反映，又给予伟大影响和作用于一定的政治和经济”。[①]的确，社会发展的标志是社会的全面进步，文化是经济发展的“驱动器”，文化建设，直接关系到科学发展观的贯彻和落实，关系到人民群众精神文化需求的实现与满足，更关系到中国特色社会主义的理想目标能否落到实处。

---

① 中共中央文献研究室：《毛泽东选集》，第2卷，663页，北京：人民出版社，1991。

就当代中国的情形而言，对文化观的理解乃是科学发展观的文化陈述。我们知道随着经济全球化的发展和改革开放的深入，我们进入了社会转型时期。而“转型”意味着这种变化所涉及的不只是社会生活的某一有限区域或某一个特定层面，它既不单是“经济的”，也不单是“思想的”，而是一场伟大的、全面的、具有世界历史意义的整体变革。那么立足于社会之上的文化，不言而喻也正经历着文化转型的阵痛。社会主义市场经济本身就是一种合目的、合规律的促使文化变迁以推动社会文化发展的过程。经济发展是推动文化转型的基本动力，而人文精神在推动文化转型方面与经济发展起着同等的作用，甚至重于经济发展。

文化包罗万象，具有多样性发展特点，因此，体现在文化价值层面的文化观，常常具有多元性、差异性。一个民族，一个社会要想健康发展，除了倡导“和而不同”的文化多元性成长之外，还应从民族可持续生存与发展的要求出发，自觉为社会培育一种主流的文化价值观，以推进文化的繁荣，满足人民群众的文化需求。中国经过 40 年改革开放的历史实践，逐渐探索形成了社会主义核心价值体系，系统准确地概括和表达了社会主义意识形态的主体内容，应该说这为我们确立健康自觉的文化观奠定了坚实的基础。但是我们需要在此基础上对于文化观做进一步的思考，因为着眼于全球化时代中国发展的文化观，应该在保持自觉遵循人类文化生存的普遍规律和中国文化建设的现实境遇之间的平衡张力的前提下，培育直面当代中国文化发展问题的宏观视野，并将未来中国文化发展战略作为一个国家性命题来进行通盘考量和系统梳理，以切实实现民族文化由传统向现代的转型，增强民族文化的生存力、发展力和创新力，推动中国文化的可持续发展。

基于人的二重性生存境遇，我们认为当代中国文化观的建构必须含蕴经验与超验、理性与价值、历史与未来的双重关切。

第一，致力于技术和精神的平衡。现代工业文明极大地拓展了人的物质空间，20 世纪德国哲学家伽达默尔曾深刻地指出：“20 世纪是第一个以技术起作用的方式重新确定的时代，并且开始使技术知识从掌握自然力量扩转为掌握社会生活，所有这一切都是成熟的标志，或者可以说，是我们的文明危机的标志。”①的确，技术理性对人类社会生活的全面渗透，在给人类带来物质财富的巨大增长的同时，也使人的社会生活愈加技术化，人不再是历史、传统和文化的存在，人的精神世界被肢解，人失去了他的存在之根，成为精神荒原的流浪者。这一情形在中国的市场经济实践中也有所凸显，在实际工作中，人们在对文化的功能与价值的理解上，只重视其作为推进社会发展的手段的一面，忽视其作为社会发展目的的一面。在片面追求 GDP 的发展思路下，对于文化容易只关注实用而忽略精神，只注重当下而轻视长远，从而导致技术与精神的失衡。社会主义文化建设应着眼于人的全面发展，着眼于健全人格的塑造。我们强调以人为本，就是要从人的角度，把人当作目的，切实丰富人的精神世界、增强人的幸福指数、强化人的终极关怀。

第二，善待自然，培育现代生态文明。倡导一种敬畏自然、善待自然的文化观念将是人类文明持续发展的基础。今天的人类不能再以一个征服者的心态对自然发号施令，当代世界性的人类文明危机表明，人类靠征服自然所取得的成就，更加加剧了人与自然的紧张。大自然并没有被征服，受到伤害的自然正在对人进行报复，不清醒地认识到这一点，最终必然损害人类自身。我国继物质文明、精神文明、政治文明之后，又提出“生态文明”发展理念，并且把它写入党的十七大政治报告之中，将人与自然的关系纳入到社会发展目标中统筹考虑，这应成为我们对子孙后代和世界负责的庄重承诺。着眼于人与自然的协调统一，我们应摒除对自然的狭隘功利态度，把大自然视为人类存在的母体和生命的家园，以一种向自然认同与回归的态度，去培育人与自然的全新关系，自觉充当维护自然稳定与和谐的调节者，建构起以人与自然和谐共生、良性循环、持续繁荣为基本价值诉求的生态型文化体系。

第三，保持对民族文化传统的自觉认同。人是一种历史的存在，人

---

① [德]伽达默尔：《科学时代的理性》，薛华等译，63 页，北京：国际文化出版公司，1988。

不堪忍受无根的生活，人只有在对于存在之根的不断眷顾中，才能积聚起走向未来的勇气。民族文化传统是民族群体的灵魂，是文化记忆的密码，是一个民族提高精神品位的保障。因此，对于民族文化传统合理价值的自觉呵护与坚守，对任何一个民族而言都是伟大而严峻的文化任务，是一种优秀的品质。在全球化的发展时代，我们必须增强民族文化自信心，用开放的眼光和理性的态度去反省我们的文化。应该看到中华民族所创造的灿烂文化，凝聚了深厚的历史智慧与价值理想，寄托着美好的人文情怀，为人类的进步和世界发展做出了巨大的贡献，中国传统文化有着强大的生命力，它既深刻地影响着我们的民族，也影响着世界。中国文化的许多成分具有世界性的意义。越是中西方文化碰撞交融的时代，我们越是有必要认真研究我们的传统文化，发展自己的民族文化，保持对于中华人文精神的自觉认同。只有这样，我们才有可能有效参与国际文化的交流与对话，展示中华文化的风采。

第四，自觉倡导社会的公平与正义。公平正义是保证一个社会健康发展的前提性因素，也可说是一个社会文化价值诉求的核心。公平正义的根本，就是保证不同群体都能享受相同的权利。正如胡锦涛所强调的，中国的社会发展实践要“逐步建立以权利公平、机会公平、规则公平、分配公平为主要内容的社会公平保障体系”，公平正义作为评判社会善恶的首要标准，它深刻反映和体现了人类社会进步和发展的核心价值，也是我们建设和谐社会的首要价值。公平正义比太阳还要有光辉，只有社会充满着公平正义，我们改革和发展的成果才能够惠及广大人民群众，最大限度地满足广大人民群众日益增长的文化需要。所以，我们要自觉地将公平正义作为中国社会发展的恒常价值取向，并通过法律和秩序来保障公平正义的文化权益的落实。始终以实现好、维护好、发展好最广大人民的根本利益作为一切工作的出发点和落脚点。

第五，要开放心胸，肩负起新文化创造的使命。荷兰文化哲学家冯·皮尔森曾经认为，文化不仅是一个名词，还是一个动词；文化不仅是一种传统，还是一个任务，这个任务就是创造。的确，文化的意义边界在任何时候都不是封闭的、静止的，文化是一条流动的长河，从传统奔向未来，但是能否拥有未来，关键在于文化是否拥有创造活力。经过40年发展，我们的经济总量一跃成为世界第二，但是我们的文化却没有真正取得与中国经济发展相匹配的成就。中国是一个文化资源大国，但却是一个文化产业小国。尤其是在全球化时代的世界舞台上，我们的文化影响力却非常有限。这一切昭示着增强我们的文化创造活力的严峻性与紧迫性。创造性精神最终实现的是一个民族的各种潜在价值，从而导致感觉与想象的丰富，思维的理性化，行动上的合理性，以及健全的人格关系等等，它是民族走向现代生活的核心动力。今天，文化建设新的历史时代已经开启，切实激活中华民族的创新精神，关系着文化中国能否在未来世界格局中重振雄风。所以，我们在致力于本民族的文化设计时，必须开放心胸，海纳百川，汲取世界各民族的文化精华，在与世界文化的交流融合中，建立起具有全球视野的民族新文化。这种文化本质上是开放的。它既是对世界文化的吸收，同时又构成了对世界文化的参与。

第六，培养全民族的理想与信仰。人是灵与肉的二重性存在，在一个人的社会生活中，其物质的需求是有限的，物质所带来的快乐也是有限的，唯有精神的需求和幸福才是无限的。理想与信仰是人生的精神支柱，是民族凝聚力的寄托。信仰在人生的长河里，发挥着如航标灯般无可替代的作用，她引领人的生活方向，是一个民族和个人获得真正生活幸福的必由之路。在市场经济时代，意义缺失、信仰危机是一个全球性问题，人们走入了手段的王国而失去了人的目标，人的心灵越来越空虚，社会越来越浮躁。一个没有信仰的民族是一个没有灵魂的民族，更是一个没有希望的民族，唯有信仰的力量才能锻造出人类坚实的精神支柱。和谐健康的社会必须有高尚精神的参与，以使人的外在追求转化成内心的体验。唯如此我们才能够真正支撑起历史的天空，共同守望我们的精神家园。

四、当代文化研究要自觉切近中国问题

1. 要关注社会生活的文化创新

在当今世界，文化的力量已经深深渗透于一个民族的生命力、创造力和凝聚力之中。文化的这一重要功能决定了文化创新的迫切性。习近平也曾谈到“创新是民族进步的灵魂，是一个国家兴旺发达的不竭源泉，也是中华民族最深沉的民族禀赋，正所谓‘苟日新，日日新，又日新’”。文化创新既是社会发展的必然要求，也是文化自身发展的内在动力；文化只有不断创新，才能保持其先进性。中国古代典籍《易传》曰“日新之谓盛德”，即强调只有推陈出新、不断改变的社会与生命才会生生不息。尤其是今天处在社会急剧转型的时代，创新更成为我们实践生活的最强音。

但同时我们也应该看到，文化创新不是一种无目的自发行为。这诚如马克思所说——人作为文化的主体，是一种自由自觉的存在。而人的这种自由自觉性，决定了文化创新的方向性。所以，我们在致力于文化创新的过程中，一定要注意对文化实践过程中所出现的问题进行审慎分析，以确保文化创新活动的健康发展。

首先，文化创新要有明确的价值关怀。这实质上是对于文化创新“理由”的思考。也就是要清楚文化为什么要创新，创新与我们的生活、与我们的社会进步具有怎样的关联？

今天我们实施的是以人为本的发展观，因此文化创新不能背离这一根本目标。文化创新本身不是目的，社会的进步、人的发展才是目的。具体说，我们的文化创新要紧密围绕社会发展与民族振兴这样的价值展开，尤其是要结合我们时代的发展，着眼于满足广大人民群众日益增长的精神文化需求，真正发挥人民群众在文化创新中的主体作用，以促进全社会形成高尚文明的文化消费方式，不断增强全社会对社会主义和谐文化的共建共享意识。

其次，文化创新要注意探索文化发展的规律性。文化作为人的生命的表达方式，是一个有机的整体。众所周知，文化自外向内有物质形象(表层)、行为规范(中层)以及价值理念(核心层)三个层次。就文化的变化而言，文化表层的变化是最为迅捷也是最为明显的，行为规范的变化次之，而文化价值观层面的变化常常是最为缓慢的，因此更应审慎对待。

这也提醒我们，文化创新不能仅停留在物质形象的表层，而要着力推进文化价值观念层面的变革。文化创新不能重“形”而轻“神”，没有了价值关怀，文化其“形”也就成了没有灵魂的躯壳或纯粹的符号。只有文化观念的更新，才有真实的文化进步。要面向人的主体心灵层面，切实将创新精神、创新思维、创新态度和创新价值融入我们的生活当中去，以培育全民族的创新能力。

再次，文化创新要注意对既有文化成果的承传。文化创新的前提是文化守护，因为文化创新作为一种自由自觉的目的性活动，需要深厚的文化积淀。只有守住文化之根，我们才能找到文化的源头，我们的文化才会拥有个性。今天，我们必须谨慎地对待我们的各种文化作为，我们必须清楚地知道，在我们的每一步文化前行中我们留存了什么？丢弃了什么？我们最想要得到的到底得到了吗？

有一种观点认为：“现代化的列车开得越快，传统文化就被甩得越快。”但我们认为，民族传统永远是我们走向未来的精神资源，缺少对民族原创性文化的保护与继承，先进文化的培育则无从谈起；传统文化失去的越多，人们对自己的认识就会越来越模糊。呵护文化生命是我们的责任，必须在内心深处激活我们对民族文化的情怀，文化之“根”守护住了，我们的生命就有了归宿，灵魂就有了托付之处，从而也就为我们自信的走向未来找到了“理由”。

最后，文化创新要注意葆有一颗平常心。文化的积淀，功非一日，需要数代人的传承与坚持。今天我们的文化创新是在市场经济的大环境下展开的，所以要力戒文化心态的浮躁、力戒急功近利。文化的成长是一项关涉民族发展未来的系统工程，需要涵养一颗平常心，踏踏实实地向前推进。既要注意立足自我、彰显特色，又要注意面向世界、博采众长。在文化创新中我们还要注意协调主流文化、精英文化、大众文化、传统文化之间的生态平衡，从而使我们的文化更多地蕴涵创新的特质，让人在日常生活中感受到文化的力量。

2. 对传统的态度——以敬畏的心态对待传统

无论对于一个民族还是个人，都无法回避“我从哪里来”这一形而上问题。因为人不堪忍受无根的生活，这就是中国文化所说的“安身立命”。而“传统”对于我们来说就是这样一个东西。传统保护着我们，划定着人性的圆周。在传统的浸淫之下，我们面向未来才能从容自信，才能获得生命的方向感。对于传统的态度，表征着一个民族文化的自觉程度。因此，对于自身的民族文化传统保有敬畏之心，对于我们的新文化建设是十分必要的，我们要推动中华文化走向世界，就必须对我国传统文化的历史意义和现实价值有充分认识。

敬畏，在最一般的意义上，表达的是人们对社会生活的严肃、谨慎和认真的态度，是人在面对庄严崇高事物时所产生的带有害怕、尊敬的感受，是对文化超然性的辨识。敬畏传统是人类最可贵的涵养。孔子说“君子有三畏：畏天命，畏大人，畏圣人之言”，今天看来，孔子所强调的就是要人们敬畏自然，顺应万物生长发育的本性去生活；要敬畏那些在人性上具有开创示范作用、充分展现出人性光芒的典范人物；还要敬畏“圣人之言”，因为圣人能洞悉天地之道而穷其理，并为人们晓以大义，达到敦风化俗的作用。人作为一种文化的存在，只有心存敬畏，做到“口诵而得其教，心维而明其旨，体行而匡其道”，才能在文化的时代传承中有所为、有所不为，人类文化才能够逐渐厚重起来。

一个民族的传统应该是一种“活的存在”，渗透于当下人的生活之中。然而曾几何时，国人对于我们的文化传统确乎不怎么客气。发生于20世纪的“文化大革命”，使得中国文化传统大伤元气。在今天的全球化时代，我国的民族文化已经遭受了严峻挑战，加之市场经济对我们社会生活的强势渗透，以至于今天谈起传统，仍让我们感到艰涩与沉重。

不能不正视的现实是，在市场的逻辑越来越充斥于我们生活的背景下，我们的灵魂越来越被“物”所累，甚至成了物的奴隶。人类的现代性实践正在对我们的生活进行“祛魅”，工具理性成了所向披靡的解剖刀，结果导致了我们生活中诸多文化的严肃、崇高与神圣品质被消解，文化传统越来越淡出我们的日常生活。即使是面对我们的传统文化，我们也常常以一种急功近利的心态对待之，透过花样繁多的“文化搭台、经济唱戏”现象，人们所感受到的是对文化的游戏和娱乐心态，而且已经发展成为一种思想倾向和大众文化语境，如不择手段地争夺名人故里，盲目举办祭拜活动，恶搞文化经典，解构文化名著，曲解戏说历史等，不一而足。这种对文化的不尊重制造了各种让人避而远之的文化垃圾，结果是这种随意的亵渎与践踏，使得传统文化日渐成为市场逐利的道具。

中华文化是灿烂的，但也是脆弱的，它需要精心的呵护与培育。对我们民族文化传统敬畏感的“缺失”直接造成对传统文化价值观的“迷失”。而价值的迷失又严重影响着我们在漫长而悠久的文化传统中所形成的价值伦理共识，造成了道德底线的失守，反过来又严重动摇着我们当下的社会判断和文化操守。

敬畏文化传统方能坚守恒常的文化价值。在整个社会生活中，文化的变化是最为缓慢的领域，这如同开火车，启动慢，但急刹车也难。文化价值系统一旦被破坏，从新修复则不是一朝一夕的事情。“文革”浩劫只有十年，但是其对我们传统文化的破坏可能要波及几代人。毋庸置疑，我们传统文化中有不容回避的缺陷，有让人诟病的糟粕，如它的封建纲常、等级尊卑观念，它的保守拘泥、僵化固执等，需要我们以时代精神对其予以批判和扬弃。历史在发展，社会在进步，面对新的社会生活，我们对一些传统文化现象可以进行重新解读，并自由表达自己的学术思考，但前提必须是基于对文化的敬畏和尊重，不能缺乏学术的严肃客观性和理性精神。

总之，一个植根于民族优秀传统沃土的文化，才真正符合世界发展进步的潮流。传统是我们的存在之根，今天，我们进行文化创新，无疑应该在对民族文化传统自觉的前提下展开，否则，我们的创造就成了无源之水、无本之木。只有怀着一颗敬畏的心前行，我们的文化实践才不会迷失方向，我们的步伐才会更加稳健。

3. 要自觉关注大众文化的人文诉求

一般说来，大众文化是一种在现代工业社会中产生的、以都市大众为消费主体的、通过现代传媒传播的、按照市场规律批量生产的并集中满足人们感性娱乐需求的文化形态。市场化、世俗化、平面化、形象化、游戏化、批量复制等是大众文化的最突出特征。就其表现形式说来，娱乐电影、网络游戏、家庭肥皂剧、电视娱乐节目、现代广告、畅销读物、报纸杂志消遣版面、卡拉 OK、MTV、摇滚乐、流行歌曲、时装表演、选美活动、明星模仿秀等等，这些大众文化形式对于中国百姓来说已不陌生。

中国的现代化进程是与大众文化的兴起相伴随的。中国的社会转型经济改革，催生了大众文化的蓬勃发展。在短短的三十余年时间里，我国的大众文化在借鉴、吸收和实验中已获得了多层次、全方位的发展。可以说，大众文化现今已经成为中国百姓生活的基本文化消费形式。

毫无疑问，大众文化在当代中国的迅速发展繁荣了文化市场，具有积极的社会意义。不同类型的大众文化产品，满足了人们多样化的文化需求，这在开阔了人们的文化视野的同时，也使百姓享受到了更多的文化权益。大众文化开启了一个新的公共文化空间，增强了社会各群体之间的对话和交流。大众文化丰富了人们的审美世界，使人们的审美需求趋于多元化、审美趣味趋于多样化。

然而欣喜之余，我们不禁要问，当代中国的大众文化是否真正步入健康发展的轨道？实际情况不容乐观。大众文化是一把双刃剑，冷静思考后我们感到，过度的市场化导向以及利益驱动使得大众文化实践出现了诸多问题，这具体表现为感性欲望的泛化、主体人格的异化和人文精神价值的消解。

首先是感性欲望的泛化。当代大众文化的一大特征就是无限夸大人的感性欲望，极力放纵人的肉体生命力，无形中降低了人性的品位，它给人类带来瞬间的感官愉悦和满足的同时，却导致心灵的麻木与空虚，甚至导致生存意义的虚无和生存根基的沉沦。当代中国大众文化呈现出平庸、浮躁、奢华的特点。感性文化的蔓延导致人们对历史责任与文化传统的淡化，导致了文化的人文含量的流失，这必将会使社会进步缺少恒久的动力。

其次是主体人格的分裂。从 20 世纪 90 年代以来，拜金主义、享乐主义的盛行和泛滥，使很多人无视自己的真正需要，而只专注于去满足对物质无限的占有，借以炫耀自己的身份地位，这恰恰导致了自我的异化，导致人的主体人格分裂。出现了经济人与道德人、社会人与自然人的对立与冲突。人本身被零散化、空心化、平面化，人们成为忘却记忆、没有深度、拒绝时间、没有历史的平面人。须知当大众文化以大众时尚作为价值追求时，在市场原则的左右下，最流行的时尚必然与人的最原始、最具普遍性的欲望相关联，这必然导致对人的独立自主精神的消解，个人被转化为“大众”，则难以向更高的文化层次提升。

再次是对人文精神价值的消解。大众文化的生产、传播和消费像其他任何商品一样，首要的是占有市场、占有消费者，却相应忽略了其内在的品质、价值与意义。大众文化的生产者和传播者以“为大众服务”为借口，不断制造各种畅销的卖点，从而使自己的市场效益最大化，认定最畅销的东西就是最好的东西。而随着人的物欲的膨胀和扩大，手段取代了目的，人的生存根基和价值向度便被消解了。

处于现代化社会转型的中国，全社会的文化精神也在经历着跨世纪整合与提升。我们在目睹了大众文化所携裹而来的媚俗、泛娱乐、煽情、快餐化等种种现象之后，应该深刻地反省大众文化的实践误区。我们的大众文化实践不能仅仅追求感官的肆意放纵，更不应沦为无底线的娱乐狂欢。人们如果一味沉湎于个体的声色之娱，就很容易导致对现实世界、公共领域一些重大问题关注度的降低，失去对于现实生活的真实体验和批判意识。在不断满足大众日益增长的文化需要的同时，全社会应该自觉关注大众文化的人文诉求，提升大众文化的理性表达。

总之，中国当代文化建设是当代中国文化研究的最基本视阈，只有直面中国问题，把握时代的脉动，文化研究才找到了源头活水。改革开放后，随着我国经济体制、社会结构和利益关系的深刻变化，人们的思想日趋活跃，新观念、新意识不断生成，为社会发展注入了活力。这客观上也为文化的多元互动发展奠定了基础，催生了多样文化形态的形成。社会文化的多样化虽促成了中国文化的繁荣，但也造成了各种文化矛盾的冲突，如文化的本土与世界、传统与现代、大众与精英、事业与产业等冲突。这就需要我们的文化研究要强化文化的自省意识和批判意识，立足中国未来发展去妥善化解各种文化矛盾，以保持文化的创造性活力。

第一章　中国文化的历史境遇

——全球化语境中的文化矛盾及其理论困境

进入21世纪，人类迎来全新变革，全球化的图景日益打开：计算机芯片性能按“摩尔定律”以指数形式提高，网络技术日新月异，国际互联网将人类前所未有地联系在了一起；国家、地区之间的经济交往空前频繁，人类物质生活水平得到更大提高。交通运输技术迎来巨变，高速铁路技术、航空技术、市内轨道技术等的发展不断缩短着人与人之间的空间距离。这种时空压缩为不同的国家和民族的文化交流与融合提供了物质保障，文化之间的联系空前紧密。开放的中国，无论是出于主动抑或是被动地，它已经融入到了这一宏大的历史潮流之中，因此反思当代中国文化之际，我们无法回避这样一个历史洪流给中国文化带来的冲击问题。

所谓全球化，一言以蔽之，它是人类经济、政治、文化的演进突破区域、国家的界限，不断一体化的趋势。时至今日，全球化的进程仍未结束，目前仍是一种趋势，并非静态结果，这个动态过程的开端最早可以追溯到新航路的开辟，世界市场的逐渐形成。但是，真正实现全球经济、政治和文化全面一体化的应该是20世纪后半叶的新技术革命。虽然第一次工业革命和工业资本带来了全球化的真正展开，但是，从大英帝国成为“日不落帝国”到冷战结束，一体化进程却是主流。为什么一体化的诉求成为全球社会发展的内在趋势？这一趋势背后的推动力又是什么？如果将全球化仅仅放在经济层面上来分析，我们会看到，这是一个全球市场的需要和形成过程，但这样的表述会使问题仅仅停留在现象层面的描述。并没有从根本上回答这一内在趋势的形成原因。特别是当我们立足于文化视角来反观这一世界趋势，这样的回答显然无法令人满意。

在我们看来，全球化的内在动力源于从近代向现代社会发展过程中“现代”观念的强化与推进。现代观念包含着诸如现代性、现代主义与现代化等不同论域，它们在某种意义上构成了全球化语境的三个不同面向。这三者之间的张力共同构成了全球化问题的矛盾展开，使得全球化成为了“现代”问题的当代展现形式。因此，我们尝试从“现代”问题入手，为揭示全球化的实质及其背景下的当代文化问题的症结提供一种解释的可能性。

一、全球化语境：现代观念的结构性共存

全球化是现代社会的典型形象。但现代社会并不能简单地被视为一个时间概念。英语中“modern”（现代）一词来源于拉丁语中的“modernus”，而这一兼做名词与形容词的“modernus”，又是在中世纪根据“modo”（意为“最近、刚才”）一词创造出来的。在其原初的意义上，“现代”就是指“我们这个时代，新的，当前的”与“古的、老的、旧的”相反。这一涵义上的“现代”是一个在时间序列中存在的某个阶段。因此仅是一个时间性的概念。任何时代都存在着“现代”与“古代”的区分与对立。这一意义上的“现代”在西方的诞生可以追溯到罗马帝国即将灭亡的时刻。到西塞罗就已经采用了希腊语词 υεωτροζ（后演化为拉丁语 neotericus）来表达“现代”的涵义。作为时间概念的“现代”的诞生是伴随着人类自身的发展而“被迫”产生的。正如恩斯特·罗伯特·柯蒂乌斯在《欧洲文学与拉丁中世纪》中所指出的“古代越是年迈，就越需要表达‘现代’的词”。[①]当人类的发展有了自身的历史，当在历史的延续中需要做出一种过去与当

① 转引自[美]马泰·卡林内斯库：《现代性的五副面孔》，顾爱彬译，19页，北京：商务印书馆，2002。

下的对比的时候，就需要“现代”的诞生。因此，时间意义上“现代”的概念是以人类的时间概念发生断裂为前提的。这一断裂的产生，在很大程度上是由于人类技术与相应的文化的发展而导致的，自13世纪后期机械钟发明之后，由于准确的时间测量手段的诞生，人们开始分割时间，形成了过去、现在与未来，并试图以行动来控制未来，从而一种神话般的隐喻性的非时间性生存转变为机械的、线性的时间性存在。这一时间性的存在本身蕴涵着一种“进步”“发展”的前提，从此，时间变成了一个不可逆的单向流动。现代以其永恒的“当下性”而始终处于时间纬度上的先进性。

但在此意义上的“现代”却存在着内在无法克服的矛盾。时间纬度上的先进性并不必然带来事实上的先进性。“现代人”并不比先于他的“古代人”懂得更多，能力更强。“现代”所必然内含的“进步性”只是来源于现代人站在“巨人的肩膀上”。同时由于所采取的比较视角不同，可能产生古代与现代的混淆。根据我们比古代人生活的时间更为长久，我们相对于古代人来说可能才是“古代”的。就此而言，在线性的时间纬度上来谈论“现代”问题并不能使“现代”获得一个更为明确的界定。但它却是“现代”概念发生质上的转变的一个前提。因为没有时间性就根本不可能获得“现代”的任何意义。

然而促使“现代”成为一个具有明确内涵的概念，并成为一个可能产生诸多问题的理论视阈的“现代”只能是从“时代意义上”来审视的“现代”。现代是如何由一个线性时间序列中不断延续着的“当下”转变成为具有固定特征的“某个时代”，这不仅是一个历史发展的问题，同时更是一个理论认识的问题。在对这一问题的回答中，我们将看到时代意义上的“现代”概念以及由此所构筑的现代问题域内的诸多构成要素。

作为一个特定时代概念的“现代”的起源可以追溯到17世纪60年代在法国由佩罗与丰特奈尔发起的“古今之争”，这一争论承接着自15世纪就已产生的问题，延续到了工业革命爆发之前，为启蒙运动设定了一个理论基调。正是在这场旷日持久的古今之争中，“现代”获得了它时代意义上的界定："古今之争的主要结果有哪些？最重要的一个也许就是它以众多聚讼纷纭的含义丰富了'现代'一词"。[①]这种丰富性表现在现代人比古代人更为理性，趣味更为高雅而精致，同时更具自我意识，并因此而可以完全掌握自身的价值追求，即使在具有迷信色彩的宗教信仰上，现代人也表现得比古代人更为理智，主要表现在现代人的信仰与科学可以并行不悖。现代由此变成了一个与"传统"相对立的概念，这种对立不仅在时间意义上，更为确切地说是在价值取向上的对立。"现代"是"理性的""秩序化的"代名词。

从这一意义上说，"现代"只能特指伴随着科学技术的发展以及启蒙精神的弘扬而诞生的工业革命之后的那个时代。也只有在那个特定时代中，"现代"才有可能产生"问题"。这也就解释了为何15世纪的"地理大发现"所带来的全球各地区的广泛联系并不能被称为一种绝对意义上的一体化，也未能生成我们当下语境中的诸多全球化问题。因为从根本上说，全球化是伴随着作为理性与秩序的"现代"意义的生成而逐渐展开的。一个随着线性时间流变的"现代"是不存在问题的。因为它只呈现一个当下的状态，而不表征某种意义。但当现代与理性、秩序等概念联系在一起之后，现代就不得不因此具有了一定的进行价值评判的可能。在对"现代"的赞成与反对之中，产生了现代的"问题域"，也就促成了全球化问题的矛盾展开。从这里我们也就可以进一步地印证，远离了对"现代"问题的探讨，全球化无从谈起。

值得注意的是，自20世纪60年代以来，伴随着所谓"后"现代的产生，对"现代"问题的探讨可谓汗牛充栋。但无论在国内还是在国外的现代问题探讨中，总是存在着一个普遍的误区：对"现代"本身的讨论总是被替换成"现代"问题域中某个问题的讨论。例如替换成"现代性""现代化"甚至"现代主义"。而实质上代表着理性与秩序的"现代"如果不能在各个领域中获得现实的表现形式是不能成为一个问题为人们所赞同或者

---

① ［美］马泰·卡林内斯库：《现代性的五副面孔》，顾爱彬译，41页，北京：商务印书馆，2002。

反对的。因此对“现代”的全面审视不能是对某个问题的探讨，而应放入一个“问题域”内。

概括来说，“现代”概念可被分解为三个重要的子概念：现代性、现代主义以及现代化。三个概念所组成的结构勾勒出现代社会的整体存在样态。对应不同的领域，产生出不同的问题。

1. 含混的现代性：现代问题的本质

产生于晚近时代的现代性(modernity)，是“现代”概念的核心内涵。顾名思义，它表征着“现代”所具有“性质”。当“现代”转变成为一个具有价值取向的概念的时候，“现代性”也随之发生一种转变。这一转变本身也需要一个过程。即从它作为一个时间性的现代性向作为理性的、秩序的现代性的转变过程。

在其最初的诞生之时，时间性的现代性表征着瞬间与短暂。波德莱尔是“现代性”概念公认的创造者，在他写于1859年，发表于1863年的论康斯坦丁·盖伊的文章中首次提出了“现代性”的概念。在其中他指出：

> 现代性是短暂的、易逝的、偶然的，它是艺术的一半，艺术的另一半是永恒和不变的……至于这变态迭出的因素，你无权去轻蔑它。……那些到古代去寻求纯艺术、逻辑和一般方法之外的东西的人是可悲的。他深深地一头扎进过去，而无视现在；他弃绝情势所给予的各种价值与权利：因为我们所有的创造性都来自时代加于我们情感的印记。①

时间性与随时间的流变性是波德莱尔“现代性”的本质特征。这与作

---

① ［德］波德莱尔：《作为文学批评家的波德莱尔：文选》，洛伊斯·波·希尔索普、弗朗西斯·E. 希尔索普译(Baudelaire as a Literary Critic: Selected Essays, trans. Lois Boe Hylsop and Francis E. Hylsop, Pittsburgh: Pennsylvania State Univesity Press, 1964, pp. 296—297.)

为时间意义上的"现代"概念有内在的一致性。但它作为与那个僵死的、固定不变的传统的分裂与对立已经获得明确的表达。它起初作为一种美学批评的标准而得到了认可。符合现代性的文学艺术都将必然是"新颖"的。因此现代性也总是那些走在时代最前端的风格。但正如任何一种"风格"的形成一样，"现代性"最终也逐渐脱离了时间的辨证性，本身变成了具有特定内涵的性质。这一过程已经被诸如"古典的""浪漫的""巴洛克"等等具有时间性同时又有特定性质的风格的发展历程所证实。①

自本雅明以来，现代性的哲学、社会的内涵越来越突显出来。在他对波德莱尔的评介中，将现代性从美学批评的意义上，从而也就从时间性中剥离出来，沿袭着马克思主义对现代社会的批评，将现代性等同于"闲荡者的"异化，物化的状态，从对现代性的批判的一面突显出现代性与工业化、进步观念的联系。从这一意义上说，理性的、秩序的现代性的形成总是从反面得到确证："现代性是与传统秩序相对比而言的，它指的是社会世界中进化式的经济与管理的理性化与分化过程（韦伯、滕尼斯、齐美尔），人们经常以鲜明的反现代的目光来审视现代资本主义工业化国家的形成过程。"②因此，严格意义上说，脱离了时间的现代性内涵是伴随着时间意义上的现代性所内在的消极因素得到彰显，并在现代社会中逐渐为人们所认识之后才形成的。但一旦形成，现代性就作为现代社会的一个核心范式而影响到经济、政治、文化等各个方面。其中包含了引发这一内涵的美学意义上的现代性。在斯蒂芬·贝斯特与道格拉斯·科尔纳所著的《后现代转向》中对现代性支配下形成的"现代范式"概括为一系列革命的产物。

尽管有学科的特殊性，一个包罗万象的现代范式仍出现于社会，其

---

① 例如"古典的"最初也是一个时期性概念，它最初所表达的是一种古代文学艺术所具有的风格，但概念的发展过程中，古典的逐渐变成了一种"精致的""典雅的"代名词。因此，很显然，现在当我们再次提到"古典的"反义词的时候，我们不会想到"新的"与"最近的"，而是"粗俗的"。

② ［英］迈克·费瑟斯通：《消费文化与后现代主义》，刘精明译，4页，南京：译林出版社，2000。

开始或许是15世纪，它强有力地延续到19世纪末，其建构围绕机械论的隐喻、决定论逻辑、批判理性、个人主义与人道主义的理想、对普遍真理与价值的追求、建构统一的和综合性的知识模式之企图，还有对进步与指向一种人类解放状态的历史运动之乐观主义信念。通过一系列的革命——地理的（殖民主义）、知识的（文艺复兴、现代科学与启蒙运动）、经济的（资本主义）、政治的（资本主义民主）、技术的（工业革命）与艺术的（现代主义）——牛顿、康德及马克思的世界从根本上不同于但丁、阿奎那与奥古斯丁的前现代世界。①

由此可见，现代性是工业革命、启蒙运动的产物，同时也是它们内在精神实质的体现。但现代性与“理性”及其“进步”的关联性并没有给予现代性一个确切的价值定位，换句话说，现代性是否一定是好的或者坏的——这本身就需要探讨，现代性由此成为了一个问题，进入了哲学、社会学的视野：“从启蒙运动开始，现代性同进步（或更近的源于达尔文生物学理论模式的进化）之间的联姻已在双重意义上变得牢固：当这两个概念激发了乐观主义的历史进程观时，这种联姻就是积极的；在各种悲观主义历史哲学——它们在过去的大约一个半世纪里在右（尼采、斯宾格勒）和左（阿多诺和霍克海默在《启蒙辩证法》中对现代性的批评以及新左派对进步的一般拒绝）两方面都大量地繁殖——中看，它就是消极的。对待历史的这两种对立态度间出乎意料的游移与结合，导致了在一百多年前几乎不可理解的政治悖论与含混性。”②这一含混性意指现代性的概念将内含着积极的与消极的两种可能性，由此构成了“现代的”与“反现代的”两种倾向都可能以在“现代性”的范围内得到说明。

导致现代性内在具有矛盾性的根本原因在于理性本身内含的批判性，以及由此导致的反思性。卡西尔在对启蒙理性的考察中就曾这样描

① ［美］斯蒂芬·贝斯特、道格拉斯·科尔纳：《后现代转向》，陈刚译，20页，南京：南京大学出版社，2002。

② ［美］马泰·卡林内斯库：《现代性的五副面孔》，顾爱彬译，342页，北京：商务印书馆，2002。

述理性的功用:“理性最重要的功用,是它有结合与分解的能力。他分解一切简单的事实,分解所有简单的经验材料,分解人们根据启示、传统和权威所相信的一切;不把所有这一切分解为最简单的成分,不把关于这些事物的信念和见解分解为最终因素,它是决不罢休的。”① 理性的分解也就是理性解构的过程,从而也就是理性不断反思与批判的过程。现代性在理性的自我反思与批判中产生了自身的反对派,因此不管反现代的理论采取了怎样激进的形式——这一点在西方马克思主义那里都得到了最充分的表现——但他们都只不过是现代性的一种自我反思。

从其现实的起源来看,由于存在着时间性意义上的现代性与理性意义上的现代性之间的区分,现代性本身也为自身的对立面埋下了伏笔。以波德莱尔为代表的时间意义上的现代性由于始终追求变化而不得不使现代性始终具有“新颖性”与“独特性”。但另一方面,在理性意义的现代性中,现代却已经凝固为理性与秩序的代名词。对于现代性来说,两种不同的起源与意义在现实中并不是相互替代的关系。两者在历史的发展中并行不悖。不同的是前者始终保持着诞生之时的美学特征,而后者则完全游弋于社会的政治、经济与文化的各个领域之中。对于后者来说,现代性完全变成了理性的代言人,因而逐渐变成了僵死的、固定的,它本身变成为一种传统。而对于前者而言,则转变为在美学领域中具有勃勃生机的现代主义。全球化的形成根本上源于理性、现代性的内在推动。理性自身对于普遍性、必然性的要求包含决定了全球一体化的必然形成。而与之对立的现代主义,则在某种意义上属于文化概念,并从先天上构成了与全球化语境相矛盾的一种倾向。

2. 激进的现代主义:美学领域的革命

现代主义(modernism)是全球化语境下产生的某种文化形态。它作为“现代”的又一个词形变换本身就已经表征出它在诞生之日所具有的偏执。因为“‘主义’这个后缀——它意味着非理性地坚持某种狂热崇拜的

① [德]卡西尔:《启蒙哲学》,顾伟铭等译,11—12 页,济南:山东人民出版社,1988。

各项原则——不仅被现代人自己而且被他们的对手加到了‘现代’一词上”。[①]在18世纪之前，在古今之争没有达到高潮之前，现代主义并没有在欧洲以及其他地区获得广泛的应用。“‘现代主义’表达了一种智识上的轻蔑，它不过是现代人反对者手中的一个术语武器。”[②]现代主义在其最初的这种“党派”性质表明了它自身所内含的对“现代”的极端贬斥。这是现代性的反思性与批判性的现实表达。而现代主义的这一偏执性直到19世纪80年代早期才由鲁文·达里奥在美学中的应用而消除殆尽。现代主义在他的推动下最终变成了对一种新诗学运动的命名。它与巴那斯、颓废主义、象征派、新浪漫派以及其后的先锋派中的达达主义、立体主义等等美学流派连成了一体，在某种意义上成为表达各色流派共同特征的一种称谓。现代主义也在与它们的联姻中获得了一个中性的价值取向。

但同时，我们不能忽视的是，在许多研究的论著中，现代主义却仍被含混的用在诸如哲学、社会学的分析领域之中，并与现代性混淆。迈克尔·莱文森在总结属于现代主义时代的代表人物时，将乔伊斯、伍尔夫、庞德和艾略特与弗洛伊德和马克思并列[③]文学家与哲学家在某种意义上可以相同，却不能混淆。他们的并列表明了人们在探讨现代主义的时候所面临的一种概念界定上的模糊性。

究其根本，现代主义是一个文化境遇中的概念。正如我们已经反复强调的现代主义不过是现代性在美学领域的一种表现。因此，现代主义就其根本是不能脱离现代性的实质来谈论的。因此，当迈克尔·贝尔在谈论《现代主义形而上学》的时候从马克思、弗洛伊德与尼采出发并没有错。正如他的题目中已经表明的，这三位伟大的哲学家所开创的理性主

---

① [美]马泰·卡林内斯库：《现代性的五副面孔》，顾爱彬译，77页，北京：商务印书馆，2002。

② [美]马泰·卡林内斯库：《现代性的五副面孔》，顾爱彬译，77页，北京：商务印书馆，2002。

③ [美]迈克尔·莱文森编：《现代主义》，田智译，1页，沈阳：辽宁教育出版社，2002。

义传统[1]不过是现代主义的形而上学基础。这一基础在他们哲学的基本理论本身遭到质疑之时，却保留了他们在理性主义支配下的怀疑与批判。这成为现代主义的一个显著特征。只是我们需要明确的是，自称或者被称为现代主义的那些流派在理论的表述中逐渐脱离了哲学的严谨与逻辑性，而不自觉地转向了美学式的批判与怀疑。“作为现代性骚动之表达的现代主义论述——无论其质态是否定的还是肯定性的，经常以某种激进式的知识学形态出现：知识学成了现代主义表达骚动的工具，其质态是学问的审美化或政治行动化：构想多于观察、诗意铺陈多于描述性分析、解放主张多于症候分析、新异的知识话语的建构（或解构）多于对现存知识论述的审理”。[2]

换句话说，现代主义的哲学表达在其现实性上往往采取了一种审美化的方式，以“诗意的铺陈”“描述的分析”“新异的知识话语”来对现代“审理”，在理论实践中不可避免趋向于美学。因此最终，现代主义在美学的意义上获得了一个明确的界定。

因此，“在最为严格的意义上讲，现代主义指的是，出现于世纪之交、并直到目前还主宰了多种艺术的艺术运动和艺术风格”。[3] 现代主义虽然在美学领域中消解了它的偏执性，但却不是如它的字面意义所表现出的那样成为在美学领域中对现代性的辩护。恰恰相反，现代主义所发展的是现代性中的反思与批判的维度，因此体现它内在精神的各个美学流派所共有的特征不是赞同“现代”的，而是具有鲜明的反“现代”特征。迈克·费瑟斯通将其特征概括为：“审美的自我意识与反思；对喜好声

---

① 对马克思隶属于理性主义传统并没有太大的争议，但将弗洛伊德与尼采归属于理性主义可能需要一点说明：不管这两者所提出的问题是否具有理性色彩，但他们用以思考问题的基本方式却仍是理性主义传统的。我们可以发现属于理性主义传统的理论总是在试图去对现实社会做出一种解释，或者可以成为一种诊断，而后提出一个具有理想主义色彩的追求目标。马克思通过经济学的研究来批判社会并指出了共产主义，弗洛伊德通过心理学的研究来研究文明得以产生条件与结果，并提出了“升华”的可能性，而尼采则用诗化的语言完成了对整个形而上学的反叛，并论证了“超人”的意义。从这　意义上说，弗洛伊德与尼采、马克思是一致的。

② 刘小枫：《现代性社会理论绪论》，10—11页，北京：三联书店，1998。

③ [英]迈克·费瑟斯通：《消费文化与后现代主义》，刘精明译，10页，南京：译林出版社，2000。

像同步与蒙太奇的叙述结构的拒斥；对实在的自相矛盾、模糊不清和开放的不确定性特征的探索；对喜欢强调解构、消解人性化主体的整合人格观念的拒斥。”①

反思性、不确定性、嘲讽与拒斥是现代主义艺术特征的关键词。它们在小说中表现为小说形式的终结或更为缜密的强化，在诗歌中常常表现出意象主义的倾向：它们的诗歌“都是缩小了视野的浪漫主义诗人的作品——这些诗人需要把诗歌的宇宙压缩为一个袖珍的空间，这预示着它似乎是很珍贵的”。② 由此，“意象主义影响最深远的一个方面，是它一丝不苟地致力于诗歌技巧的探索”。③ 因此“现代”的肯定方面所追求的那种宏大的历史篇章不可能存在，同时与浪漫主义的相似性已经决定了它们的“反现代”倾向。而在视觉艺术中，现代主义更以其可见的形式肆无忌惮地表现出自身的反叛性。无论从立体主义到纯粹的抽象艺术，还是从达达主义到超现实主义，现代主义艺术都以不同的方式表达着共同的反叛主题。这一反叛的产生源自于现代主义艺术与传统艺术之间在面对外在世界时所具有的不同的感觉。T. E. 休姆在《抽象与移情》曾就这一转变做出一种说明：传统世界中艺术与世界之间的关系是以安全与信任为主题的，可以通过移情来表达；在现代主义艺术中，由于艺术与世界之间变成了焦虑和恐惧的关系，只能以抽象的方式来获得表征。因此，他认为，“现代主义者的易感，从根本上是与基督教人文主义和文艺复兴传统相对立的；它的精神更接近于更‘原始’的文化，在坚硬、干净的几何形体这些现代机器的特征里能够更全面地表现自己”。④

因此，现代主义的许多艺术形式最终都可以被归入先锋派。先锋派

---

① ［英］迈克·费瑟斯通：《消费文化与后现代主义》，刘精明译，10页，南京：译林出版社，2000。

② ［美］迈克尔·莱文森编：《现代主义》，田智译，142页，沈阳：辽宁教育出版社，2002。

③ ［美］迈克尔·莱文森编：《现代主义》，田智译，143页，沈阳：辽宁教育出版社，2002。

④ ［美］迈克尔·莱文森编：《现代主义》，田智译，276页，沈阳：辽宁教育出版社，2002。

在许多时候被称为“现代性的戏拟”[①]，它在某种意义上完全可以被看作是现代主义的极端表现。它所表达的反叛性观念是现代主义的，只是“先锋派的否定激进主义和全面的反传统主义并没有为艺术地重建世界留下任何余地，而这正是伟大的现代主义者们试图去做的”。[②] 换句话说，现代主义还为理想的目标留有余地，而先锋派则完全放弃了这一点。从这一意义上可以说，先锋派是现代主义更为激进的表达。但两者都不过是“现代”问题在文化领域中表达自身的方式。

3. 比较的现代化：后发展国家的话语方式

促使现代成为一个迫切需要讨论的问题的根本动因在于现代化在全世界的普遍发展。“现代化”(modernization)，意为 to make modern，“使之现代化”的意思。这是全球化得以实现的直接的、表层的原因。以理性为核心的现代性是如何对现实社会发展产生影响的？只有在现代化的过程中才能得到真正的解释。现代化也因自身所具有的这种现实性而不得不带有了独特性。换句话说，现代化总是某个国家或地区的现代化。虽然对“现代化”的讨论在其最初产生之时就具有一种普遍化的倾向，即“认为在近代的发展进程中西欧民族和英语民族产生出了最适应于现代生活方式的政治、经济和社会体制，这些体制是普遍适用的”。[③] 但这一西化过程，显然存在着很大的冲突与矛盾。具有不同文化传统的国家在现代化过程中所经历的挫折警醒了非西方国家的自觉意识，他们在试图使自身国家富强，也就是使自身国家“变得现代”的同时也开始思考单一的现代化模式是否可以无条件地推广，这一推广的结果是否导致了真正的发展，由此更为深层的问题在于单纯的经济、社会进步的指标是否能成为社会发展的真正的表征。所有这些问题都促使着原本没有问

---

① [美]马泰·卡林内斯库：《现代性的五副面孔》，顾爱彬译，152 页，北京：商务印书馆，2002。

② [美]马泰·卡林内斯库：《现代性的五副面孔》，顾爱彬译，152 页，北京：商务印书馆，2002。

③ [美]西里尔·E. 布莱克编：《比较现代化》，杨豫译，3 页，上海：上海译文出版社，1996。

题的现代化变成了一个“问题”。

从这一意义上说，“现代化”的问题从诞生到发展始终都是由不同国家及其意识形态的对立所促成的。它诞生于20世纪五六十年代，即当不发达国家在“二战”中获得独立，并试图建立新的国家的时候。当时存在的社会主义与资本主义的意识形态对立使许多国家无从选择，以美国为首的西方国家为了使它的“全球策略”获得合理性，从而以普遍的，同时更具诱惑力的“现代化”作为理想来引导不发达国家走上资本主义道路。因此，虽然最早的现代化理论产生于西方发达国家，但却从一开始这项研究就是以不发达国家的存在为前提，并以它们的发展为对象展开的。然而，由于20世纪70年代之后西方国家出现的经济衰退，使得纯粹西方的“现代化”模式的示范效果大大削弱，从而导致了一批真正的不发达国家的理论研究者站在自身国家的文化传统与意识形态立场上提出了属于自身的“现代化”理论，以依附理论为代表的反西方“现代化”理论大量产生。现代化不再表现为单纯的经济、社会体制等方面的进步，在其更深层的意义上，现代化本身变成了政治、经济与文化的一个格式塔转化。①但这种转化本身指向的是非西方欠发达的国家。因此，无论怎样，现代化都不过是不发达国家关注社会发展的过程中所具有的一种话语方式。

罗荣渠先生在《现代化新论》中直接将狭义的“现代化”定义为后发国家对先进国家的追赶过程：

> 狭义的现代化主要是指第三世界经济落后国家采取适合自己的高效率途径，通过有计划的经济技术改造和学习世界先进，带动广泛的社会改革，以迅速赶上先进工业国和适应世界环境的发展过程；也就是说，现代化进程的客观内容，是欠发达和不发达国家在现代国际体系的影响下，向现代工业社会转变、加速社会发展和缩

---

① 关于现代化的发展历程可参见罗荣渠：《现代化新论》，25—45页，北京：北京大学出版社，1993。

小与发达国家差距的过程。①

因此，“现代化”的概念是始终处于一个比较中的概念。没有发达与欠发达的对立就不会产生“现代化”问题的探讨。这一点与“现代”问题域中的其他概念存在明显的不同。无论是现代性还是现代主义在其本质内涵上都可以具有一种普适性。它们或者推崇理性与进步，或者反叛理性与进步，但在学理上不具有鲜明的意识形态色彩，现代性与非现代性，前现代主义与现代主义之间没有明确的界限。但对现代化来说，情形完全不同。现代化与现实的紧密关联决定了现代化只能是某个国家或地区的现代化，它的构成可分解为量化的经济指标、可改善的政治体制以及相应可操作的文化体制建设。②它们在数量与质态上都有一个确切的点，可以明确地划分传统与现代之间的区别与联系。在其横向上这一传统与现代的区分也就变成了发达国家与不发达国家之间的对比。正是在这一过程中，现代化将“现代”问题从抽象性与普适性中剥离出来，变为现实的问题。

现代化作为一个过程性概念已经得到了学术界的认可，因此作为一个对社会变迁的有效描述，现代化成为了一个很难过时的概念。当现代性与现代主义都面临着“后”现代问题的挑战的时候，“后”现代化的概念却并没有设定的必要性。虽然在迈克·费瑟斯通的《消费文化与后现代主义》中，提出了“后现代化”的概念，而这一提法的作用不过“指明的是正在实现的过程及其程度，而不是指一个完全的羽翼丰满的社会秩序和社会总体”，③如果我们已经指认现代化本身就是一个无休止的过程性概念，这一后现代化的概念就没有存在与讨论的必要。从在这一意义上

---

① 罗荣渠：《现代化新论》，95页，北京：北京大学出版社，1993。

② 关于现代化实现的标准经过研究已经提出了许多个版本：标准由单一的经济指标逐渐扩展为政治、经济与文化等各个方面的格式塔转型，如德塞在《现代化概念有重新评价的必要》以及毕乃特在《现代化与近代初期的中国》等所提出的各项标准。可参见[美]西里尔·E. 布莱克编《比较现代化》，131—138页，212—216页，上海：上海译文出版社，1996。

③ [英]迈克·费瑟斯通：《消费文化与后现代主义》，刘精明译，9页，南京：译林出版社，2000。

说，现代化作为社会发展理论的核心问题将始终成为“现代”问题域的结构分支。

4. “现代”问题域的结构性关联

现代性、现代主义与现代化分别从不同层次上诠释了“现代”的含义。如果说现代性是在“现代”问题上的实质性表达，那么现代主义以及现代化则是在文学艺术与社会经济领域中对现代性的表达。我们可以根据一个不太严格的基础——上层建筑的理论模式来更为清晰地审视三者之间的结构性关联。现代化是现代问题的经济基础，现代主义则是现代问题的上层建筑。它们虽然表达的核心内涵具有一致性，都是以现代性的理性主义精神为基础。但作为上层建筑的现代主义在某种意义上总是与这一内涵发生偏离。这种偏离随着现代化过程，或者更为极端化，或者趋向保守，但它们都还仍不过是现代主义的一种表现而已。而现代化，作为后发国家的一种觉醒意识，在“犬兔越野”的效应①中将成为“现代”社会的发展动力。在这种过程中不断充实着“现代”问题本身。

总之，在“现代”问题域中，并不能武断地宣称现代性、现代主义与现代化在价值取向上的一致性。毋宁说，现代化与现代主义分别从不同向度上发展了现代性的正反两个价值取向。如图所示：

现代性 { 非理性的（反思性）⟶现代主义
　　　　 理性的（时间性）⟶现代化

现代化代表了理性的肯定性，现代主义则代表了理性的反思性。因此，现代化表现为现代的，现代主义则表现为反现代的。后者在不断求新的过程中，在不断反叛“现代”中推动着“现代”的发展。从这一意义上说，现代化与现代主义是现代性矛盾内涵的外在表现，因此，由这一矛盾的现代性所推动实现的全球化过程也是矛盾重重。并且有其矛盾的根本性和内在性，试图消除这一矛盾的努力也是徒劳的。如果说现代化进

① 关于“犬兔越野”，指一种后进对先进的不断追逐而导致的持续性发展。参见[英]迈克·费瑟斯通《消费文化与后现代主义》，刘精明译，27页，南京：译林出版社，2000。

程代表了全球化进程中的经济发展的必然趋向，那么现代主义则构成了全球化语境中的文化走向。现代主义的文化形态体现了文化固有的反思和批判的精神。因此它有意或者无意地对抗着现代化所形成的进步强制。因此当现代化的基本取向最终必然带来全球化语境之时，现代性的内在矛盾就被转变为全球化语境与文化之间的内在矛盾。

二、全球化语境下的文化矛盾

全球化语境要求文化具有两种存在样态：一方面，按照马克思唯物史观的基本原则，经济基础决定上层建筑。文化的形态在某种意义上总是当下经济现实的一种反映，并受其决定。全球化的经济发展态势决定了文化必然也要走向全球化的倾向；而另一方面，现代主义非理性的维度所构筑的文化倾向同时要求对顺应全球化倾向的文化形态进行反思和批判。全球化语境与文化之间的矛盾，现代化与现代主义之间的对持，被转变为文化内部的一种自我矛盾。

这里，我们先要面对一个古老而常新的问题，什么是文化？回答这一问题同回答“什么是哲学”一样困难。某种程度上，我们可以对文化进行广义和狭义的区分。所谓广义的文化是指同人类相关的所有思想性活动及其物质载体。文化在这一意义上指向了文明，并且某种程度上可以通用。需要特别指出的是，人类的精神活动并不是人的思想性活动，人的精神性活动包括了人的思想性活动，其外延要大于后者。哲学、宗教、科学、数学、艺术、文学、建筑等等都属于广义文化。而在狭义上，具体的语境不同，文化自身的含义也不同，比如我们常说一个人有文化是指一个人有学养。从此方面上讲，文化一般指思想或观念的表达，虽然同样也会涉及思想或观念的物质载体，但是更加侧重思想或观念。我们所谈的文化主要是在狭义上来讲的。狭义的文化主要有哲学、宗教习俗与思想、艺术、文学等等。无论是广义还是狭义，文化都同人密切相关，没有了人也就无所谓文化，一定意义上而言，文化意味着人化，意味着人自身的展开。

对于文化的定义还有许多角度，其中，丹尼尔·贝尔认为：“文化领域是意义的领域(realm of meanings)。它通过艺术与仪式，以想象的表现方法诠释世界的意义，尤其是展示那些从生存困境中产生的、人人都无法回避的所谓‘不可理喻性问题’，诸如悲剧与死亡。在这种同生存哲学反复遭遇的过程中，人开始意识到凌驾于一切之上的根本问题——歌德称之为‘原本现象’(Urphänomen)。宗教作为人类破译这种‘秘诀’的最古老的努力，一直是文化象征的源泉。如果说，科学的任务是寻求对自然的统一认识，那么宗教便是在不同历史时期对文化统一性的探索。为完成这一使命，宗教力图把自己当作意义的纤维编织到传统中去，并排斥有害于宗教道德的艺术作品，捍卫文化的宫门。”①

贝尔对文化的理解具有启发性，虽然在这里他对文化的理解更多的是侧重于在宗教领域的表现，但是，将文化的领域归入意义的领域是十分重要的。因为文化作为人的领域，主要体现在人的内容性展开上，而人的内容性展开必须某种程度上就是意义的展开，只有深入到意义中，人的过程才是现实的，抽象的思维外化也才有可能。意义首先应当表现为个体性，而后这种个体性拓展自己，个体性之间发生联系，构成意义的群，意义的群的一个面貌就是文化本身。②意义的个体之间的关系是十分重要的，因为这种关系主要体现在发生联系上，因而这里的关系必须体现为某种统一性。这对于我们理解文化的趋同性与差异性、世界性与民族性等都具有启示意义。在此还应当说明的是，贝尔特别强调的生存困境中的某些问题虽然不属于人的思想，并且更多地可能就有很大的非理性内容，但是这些问题却属于人的观念，并且这些观念也表达出来了

---

① [美]丹尼尔·贝尔：《资本主义文化矛盾》，赵一凡等译，30页，北京：三联书店，1989。

② 当然，“意义的群在先，还是个体的意义在先”似乎是一个逻辑上必须应当面对的问题。在此，我们认为对于该问题的悬置并不影响我们“意义首先应当变现为个体性”的说法，因为这种说法是就意义的表现层面而言的，并不涉及意义的个体同意义的群的逻辑关系层面。而这里的“首先应当”并不具有关系层面上的逻辑优先性。

(否则我们不可能知道),因而符合我们上面对文化的定义。

文化具有许多特点,这是本书将重点剖析的内容之一。在此,需要特别强调的是文化具有潜移默化的特点。当某一文化形成自己的模式(特别是形成民族文化)之后,那么其产生作用的方式就像春雨一样润物无声,但是却是历久弥新的。文化产生作用的时候表面上往往不会十分强烈,但是却无时无刻不影响着人的思维方式和处事方式,塑造着个体、民族或者国家的精神风貌。文化产生于人又影响着人。以传统文化为例:在全球化的今天,在目前的中国,文化领域同经济领域、政治领域或军事领域相比,往往隐藏在这些领域背后并依靠这些领域产生作用。多少有些"百姓日用而不自知"的意味。由于没有西方意义上宗教文化的影响,又经历了"五四"运动的洗礼和 20 世纪以来长久而深刻的社会变革的影响,中国人对于传统文化看似逐渐淡漠,传统对于中国人而言似乎只是各类相关节日,但是,一旦涉及思维方式和处事方式,中国人同西方人的区别就很大了,纵使全球化使中国人接受并适应了诸多西方化的方式,但是在更深的观念内,中国传统文化对中国人所造成的影响并没有发生根本性改变。因此全球化语境中的文化矛盾在中国语境下将显得更加突出。而对这些突出矛盾的分析正是本书的基本任务之一。

在此,我们首先将中国语境从文化矛盾的分析中抽离出来,就全球化与一般意义上的、普泛的文化之间形成的三对矛盾为入手点,反观现代性下文化发展的一般特性。这三个矛盾分别是文化的趋同性与差异性、文化的整体性与碎片化、文化的世界性与民族性。

1. 文化的趋同性与差异性

全球化背景下,文化既是趋同的又是差异的。所谓文化的趋同性是指文化模式日益相同,它是在现代性逻辑的推动下形成的一个文化发展的必然趋势。早在 1848 年马克思在《共产党宣言》中就已经看到了由于资产阶级开拓了世界市场,一切国家的生产和消费都将带有世界性。而国家间的分工协作,最终将带来整个世界的相互依赖:"过去那种地方的和民族的自给自足和闭关自守的状态,被各民族的各方面的互相往来和各方面的相互依赖所替代了。物质的生产是如此，精神的生产也是如此。各民族的精神产品成了公共的财产。民族的片面性和局限性日益成为不可能，于是由许多种民族的和地方的文学形成了一种世界的文学。”① 由此文化的一体化也随之形成，文化趋同性成为必然。文化的差异性，在某种程度上源于与趋同性的对比当中。它主要指文化在某一历史时期所表现出的稳定或固定的表现方式。比如，中国古代长期以来遵循道德价值标准，形成了以儒家为主流的道德文化。而中世纪的欧洲受基督教（主要是天主教）影响，形成了以神信仰为特征的宗教文化。

当下，文化的趋同性与差异性是一个重要的课题，亟待我们思考，在本书的第三、四章，我们将对其进行专题的考察。在此，我们首先撷取趋同性与差异性中最核心的部分进行分析。对于文化的趋同性而言：

第一，文化内容上存在共同的主题。人类社会存在诸多共性，文化现象和文化领域作为人类社会的属性，在全球化的背景之下在内容上存在许多相同的主题：共识性价值观、和平与发展、生存的意义、开放的态度。人类发展需要价值原则作为指导，如果失去了价值原则，那么人类发展就会变成无头苍蝇。目前，公平、正义、平等、最大限度保护弱者等价值原则已经基本成为文化发展的共识。这些原则以道德的内容和法律的形式确保了不同的文化之间虽然具体发展道路不同，但是却有一条“美美与共”的主轴，可以说这是全球化背景下文化趋同性在内容上最重要的一个方面。这些共同的价值原则使文化交流成为可能。和平与发展是当今世界的主题，自然也是文化发展的主题。和平与发展的主题不仅仅表现为避免战争，还在文化上表现为对于文化偏见、文化歧视、文化矛盾甚至文化冲突的避免，协同共赢。正如丹尼尔·贝尔所说，不同的文化都越来越关注人类自身的生存，人应该如何活，人应该怎么活，人应该如何幸福等关注人类生存的话题构成对于生存意义的追问。而同平等价值共识和“和平与发展”主题相关的是，当涉及生存意义的同时，

① 中共中央马克思恩格斯列宁斯大林著作编译局：《马克思恩格斯文集》，第2卷，35页，北京：人民出版社，2009（下同此版本）。

对于其他物种生存的关注，对于人类生存同其他物种生存关系的探究等等已经成为共同的文化思考，这进一步拓宽了文化的意义性内涵。当然，不可否认这同人类所面临的生态问题相关。

第二，文化产业迅猛发展。文化产业是全球化时代文化带给我们的最大冲击。以往时代，文化领域也存在产业，比如中国古代的书画产业；但是，只有到了全球化时代，文化产业才真正从规模上变得能同传统产业分庭抗礼。当前，形成了许多文化公司，具体涉及影视制作、广告、文化学习班等多种形式，而且文化产业同其他产业形成了良好的互补关系，带动了其他产业的发展，这在非全球化时代是不可想象的。文化产业由现代企业运行，并且严格按照经济学规律去追求利润，去满足不同人群的需要。现代企业制度大体是相同的，而全球化背景下人们在文化上的需要也是相似的，这直接导致了文化产业趋向于同质性。此外，文化产业所创造出的文化产品也具有同质性，电影、电视剧、广告越来越倾向于更强的视觉、听觉效果。所以，进一步讲，生产影响着消费，这些文化产品引导人们在文化上趋同化。即使从相反的方面而言，当文化产业自身意识到自身同质化后，它们大都希望进行产业上的创新，但是，一旦某些文化产业公司创新之后，其形式或内容又迅速被其他文化产业公司所沿用。当我们看到色彩绚丽的广告或者令人心跳的电影的时候，总能感受到似曾相识，这不是错觉，这是因为文化产业存在创新上的困境。

第三，文化语言逐渐统一。这里的文化语言有两层含义，第一是言语，第二是存在。在言语的层面上：全球化背景下，几乎所有语言都能相互翻译，这直接破除了言语上的障碍。而强势的文化依靠强势的语言使其他文化的语言被其影响。许多极为弱势的语言正在濒临灭绝的危险。语言与存在之间有着天然的关联。海德格尔明确了这一点：“当人思索存在时，存在也就进入了语言。语言是存在之家，人栖住于语言之家。"[①]人的存在需要一个显现自身的过程，这个过程最终的形式或框架是语言。语言约束着人的边界，约束着存在的内容，这种约束某种程度上可以被理解为存在的规范，同一般意义上的规范不同的是，语言作为存在的规范是存在之家，也就是说语言最终让存在回家，因而语言的规范性是同存在本身直接统一、同一和契合的。那么在这个意义上来说，全球化背景下，人活在当下，存在自身显现的过程趋向于一致性，因为人所面临的是现代性，现代性本身意味着对人的生活世界的统一，即使这种统一正在逐步避免机械化，但是对于人而言，存在的显现受到现代性的制约。现代性必须高度集中化才能实现其力量整合，这对于生活在世界中的人而言本身就是一种异化，因为人创造了现代性，但是现代性本身已经独立并控制着人的生活世界。在这种情况下，存在也就被迫以趋同的方式去显现自身。

在全球化的语境下，文化趋同的倾向越突出，与之对应的文化差异性也越来越鲜明。这是一对相辅相成的矛盾必然具有的结果。

首先，富有民族性与个性的文化在文化一体化中反而被凸显出来。如果说文化趋同是资本力量推动所致，那么文化本性的差异却是自然形成的。不同的文化之间天然有着较为明确的界限，有些甚至存在一定程度上的鸿沟。文化的趋同性要求文化交流日益频繁，而交流的必要性一方面源于有可交流的通约性，同时更为重要的是文化差异的真实存在，正是这些差异性保证了文化趋同化过程能够始终保持的活力和生命力。

其次，由于文化信息媒介的普遍化，文化制造、传播的形式正在趋于多样化。互联网时代带来了文化的民主化，微媒体的到来正在让文化的制造和传播成为一个个人化的行为。互联网时代虽然可以让同一个声音得到一致而及时的传播，但同时也使得个性化的彰显有了直接的渠道，多元化的文化存在样态成为了普遍性的。

再次，文化结构的多元化。这里所说的文化结构多元化有两层意

---

① Heidegger, *Basic Writtings*, ed. By D. Krell, Routledge, p. 193, 1977.

思：第一，文化结构在文化主体、文化对象和文化原则上的组合多种多样；第二，文化主体、文化对象和文化原则不同。就第一点来说：文化主体、文化对象和文化原则不同的组合会产生不同的文化结果，如果文化主体足够强，那么文化结构就偏向于产品主导；如果文化对象足够强，那么文化结构就倾向于需求；如果文化原则足够强，那么文化结构就倾向于资本化。就第二点而言：文化主体虽然是中产阶级，但是，中产阶级内部差别也很大，他们的教育背景、生活背景、工作背景等等都会导致他们内部的分化。而对于很多中产阶级而言，个体主义和偏向于个体的自由主义大都是他们信奉的原则，这更加大了这种差别的力度。文化主体的差异结合到文化产业就造成了文化产品的差别，而文化产品的差别同时也是文化产业相互竞争的结果，因为同质化的产品如果能体现更多个性则更容易获得高利润。文化对象的差异比较明显，中产阶级、社会较低阶层和社会高阶层存在较大差别，他们的文化兴趣、文化消费也都不同。文化原则在某种程度上虽然被资本追求利润最大化的原则控制着，但是，文化对人自身的关注原则也在修正着文化，使之重新步入正轨。

文化的趋同性与差异性实质上是全球化过程的两个方面，这两个方面所体现的特点既是现象又是现象背后的内容。由于我们发现问题的视角不同，可以简单将之归纳为两个方面，而在现实中，我们会发现两者其实是可以相互转化的，趋同的因素可以转化为差异的因素，而差异的因素也可以转化为趋同的因素，它们都必须服从整体文化的发展。于是，这涉及全球化背景下文化的另一个层面特点。

2. 文化的整体性与碎片化

整体性是一个综合性的概念，它涵盖了部分要素并被其制约，而在辩证法看来，整体性应当统摄部分或局部性。整体性在一定程度上将时空结合了起来，因而也就使必然性、连续性等概念有了“居所”——当然，并不能说必然性、连续性同整体性存在牢不可破的关系，但是对人们而言，当我们谈到整体性时，我们更愿意接受必然性、连续性等概念。因而，整体性同历史也就“天然”地契合在了一起，特别是对于决定论的历史观下的历史。

全球化自身就是一个整体性的历史过程，人们往往将全球化视为一个必然性和连续性的趋势，故而，全球化背景下的文化也应当具有整体性。这个问题可以从以下几个方面来看：

第一，无论是否在全球化的背景下，文化自身具有整体性。文化的整体性当然是文化各要素所构成的整体所体现的性质，如果要对文化进行定义，我们要找到其对象、主体和原则等等，这些是组成文化的部分因素，这些因素共同构成了文化并使之以整体显现出来。而以另一个层面来看，文化的整体性还体现为文化过程中的每个环节之间都应该是相互联系着的，如果其中一个环节出现问题，文化整体则会出现问题。而由这个问题又可以引申出文化整体性的另一个层面内容，即文化的各个环节之间的联系是内在性的，如果内部联系出现问题，那么文化整体则会出现被瓦解的因素，这都取决于实际问题的量。而如果外在性受到一些因素影响，文化的内在性则体现为一种文化自身“免疫力”或者说是“自愈性”，即受到外部不利因素冲击时，文化自身依靠内部联系会消解不利因素。当文化遇到突破自身进行发展的有利因素时，文化的内在性就会形成一种有利性机制，使文化各个环节的联系重新组合，形成发展的结构性动力。

由上可知，文化的整体性同文化的内在性紧密相关，文化的内在性是构成文化整体性的实质性原则，规范着文化整体的稳定性。

第二，全球化的整体性品质。全球化的趋势之所以给人必然性与连续性的信念，就在于其以自己的方式将整个世界涵盖在内。全球化以经济、政治和文化三个层面同时展开，将人类历史的内在性统一于整个过程中。很明显，人类社会要想交流和交往必须具有统一的基础，无论这种基础是直接友好获得还是通过残酷的方式强制形成。这些统一的基础表明了人类社会存在共性，存在结构和发展原则上的一致性，这也就使交流和交往的范围扩大后成为新的内在性原则的基础。人类社会到了全球化时代，交流和交往达到空前规模，因而，在之前是外部性的联系也就在共同的基础之上转化为内在性的联系，由外部性向内在性的转化是全球化整体性品质的集中体现。这种转化就像人类不同的骨骼逐渐长出各自肉体部分同其他骨骼勾连、结合在一起一样，最后形成一个完整的人体。因而，对于全球化而言，内在性自身也是其整体性品质的核心。

第三，既然文化和全球化都以内在性作为其整体性的核心，那么，全球化背景之下的文化整体性也就顺理成章了。文化整体性在全球化背景之下得到了空前强化，全球化的整体性直接决定了文化的整体性，而文化的整体性又促进了全球化的整体性。相反的方面我们也应该承认：文化的整体性同全球化的整体性之间也会存在制约，文化的整体性相对于全球化的整体性存在交集。在交集的层面上，文化的整体性是全球化整体性的一个层面或一个部分；而在非交集层面，文化的整体性作为全球化整体性还未“征服”的领域，可能同全球化的整体性存在冲突。当然，就目前趋势看，文化的整体性会逐步被全球化的整体性所“征服”，两者之间的交集会越来越大，直到文化的整体性作为全球化整体性的一个子集。在这个过程中，可能面临整体性的冲突，冲突很可能在文化整体性的层面上表现出来。

由上可知，文化的整体性同全球化的整体性之间的关系就是文化同全球化之间的关系在整体性角度上的体现。然而，必须看到的是，文化的整体性同全球化的整体性有着共同的并且是一致性的基础，即内在性。内在性的原则使全球化和文化形成紧密的联系，这保证了整体性的实现。

正如文化的趋同性与差异性的关系一样，如果我们将视角进行切换，在认识论的层面上看，就会看到整体性这一概念是我们构造出的，这也就意味着我们必须要面对与之相反的概念，也就是碎片化。在这里之所以使用碎片化这一概念而不是局部性或部分性，就在于突出这一概念同整体性之间的差别与冲突，毕竟局部性或部分性对整体性而言具有明显的构建性，而碎片化则更侧重于对整体性的消解和抵制。

文化的碎片化是指文化体现出非整体性质，即分裂、断裂、分离。同对文化整体性的分析方式不同，由对文化的整体性、全球化的整体性的分析入手去分析全球化背景下文化的整体性的方式，不适用于分析全球化背景下文化的碎片化，因为文化的碎片化是另一种逻辑：全球化的整体性导致了文化的碎片化。这一结论似乎同上面的结论自相矛盾，其实不然。碎片化可以从宏观和微观两个层面来分析：宏观层面，文化的整体性并不能明显地直接导致文化的碎片化，因为宏观层面遵循着整体性的共同逻辑；微观层面，则截然相反，恰恰是文化的整体性导致了文化的碎片化。所以，以上结论主要是就微观层面而言的。那么，为什么在微观层面上，全球化的整体性会导致文化的碎片化呢？

第一，全球化的整体性如上所述，是一个“征服性”的过程，因而，作为一种独立的力量，其达到的效果自然是大一统。但是，这种独立性的力量到了微观领域就会面临许多困境：面对微观领域文化主体的多元化和多样化，其力量只能以经济逻辑展开，政治逻辑都难以真正实现力量的统一。文化逻辑是被经济逻辑所左右，自身并没有真正展开。经济逻辑往往简单直接并且隐蔽，表面上其提倡个性与多元，但实际上只是资本单一逻辑的幌子，资本不会容忍其他逻辑的力量。

第二，就微观生活而言，日常生活已经被“异化”，日常生活表面上是丰富多彩的，但是全球化的整体性在“开疆扩土”的过程中却用符号化的生存方式控制了人类生活，人类生活看似丰富的内容实质上有着极其简单的符号交往形式。文化碎片化最直接的体现之一就是在日常生活中我们面对不同符号不知道其含义，也就是说意义与符号之间在个体这里脱节和断裂。

以上两点所导致的共同效果就是，当人类开始反思自身存在，进行思想时却不知道自己究竟为何进行生活。生活中简单的事情的起因找不到，生活中接下来要做的事情的理由找不到，一只看不见的手控制着人们，人们像玩偶一样被任意摆布，而一旦“玩偶”设想自己没有背后的线时却发现自己根本无法活动。自己根本不知道生活中的一件事情同另一件事情究竟是如何产生联系的。人们的微观生活碎片化了，人们的文化在微观层面自然也就碎片化了，毕竟在微观领域文化同生活是一个过程。

然而，我们在分析文化碎片化时还必须看到一个重要的第三方面，这个方面同全球化直接相关。全球化需要分工与专业化，分工与专业化加强了整体性，但是却在微观领域造成了碎片化。分工与专业化是一体的，伴随的都是知识体系的无比庞大与信息量的无比增大。再也没有百科全书式的人物，人类个体再也不能完全掌握大部分信息，知识与信息都是作为人类共同的财富而存在，越是开放，其复制和增长速度就越快。于是，直接的后果就是不同领域不同的人面对其他领域大都一知半解甚至完全不知道，在这种情况下，由一种知识领域跨入另一种知识领域带来的是断裂感，直接导致碎片化。虽然有着共同的一些规范，但是，信息的膨胀使不同知识领域之间在个体间的统一难上加难。知识领域本身就是文化领域的一个方面，其碎片化直接体现了文化的碎片化。

文化的整体性与碎片化在全球化背景之下同样是一个过程的两个方面，两种性质之间的博弈是全球化在文化领域另一个角度的体现。文化的整体性与碎片化实际上都体现了全球化在文化领域的内在性，这在文化的整体性上很好理解，对于文化的碎片化而言，一旦我们将碎片化放到微观领域，由微观领域进一步看到其被整体性所决定的事实，就很好理解全球化的内在性对于文化碎片化的影响了。

文化的整体性与碎片化在全球化视野下是一个动态发展的过程，正如太阳内部进行着无数核聚变而在整体上体现为一个闪闪发光的球一样。这个动态过程有很多问题，在宏观层面，文化的整体性必然扼杀一些非整体性因素，而这些因素对一个文明发展或许至关重要；在微观层面，碎片化的文化使人们更容易被控制，更容易失去自身独立性。文化的整体性与碎片化在对人的主体性上很容易结合在一起，作为束缚人类的因素，这是我们必须要看到的。究竟如何才能解决这个问题？一个可能性的思路应该是，使全球化的内在性原则真正符合人类的发展，看到符号逻辑与资本逻辑所带来的种种问题，使微观上被异化的日常生活重新回归人自身，使宏观上的整体性原则同人的个体自由相结合。当然，这些都必须真正根植于社会整体性的实践中，要真正做到实践意义上的整体性。

3. 文化的世界性与民族性

无论是文化的趋同性与差异性，还是文化的整体性与碎片化，在全球化视角下直接表现为世界性与民族性，因为全球化本身意味着世界性，而世界性的过程中不同和差异最直接地体现在民族性上——虽然在政治和经济层面，国家性与区域性更能作为同世界性相对应的概念，但是在文化层面上，民族性可以更好地描述同世界性这一概念相区别的性质。

文化的世界性意味着文化作为人类发展过程中共同的现象，不同的文化之间相互联系增强，拥有共同的内容。很明显，从定义我们可以看到，文化的世界性同文化的趋同性和整体性具有紧密关系，某种程度上而言，文化的世界性是文化趋同性与文化整体性的结果。所以，文化的趋同性所表现出的多方面内容和文化整体性的几个层面都能作为文化世界性的体现，而文化的世界性所体现的不同文化之间的关系同文化的整体性相比，更加侧重关系和联系。文化的整体性更加突出这种关系的内在性，而文化的世界性中的关系同文化的整体性中的关系可能是同一种关系，但是文化的整体性是以整体性和内在性来审视这种关系，但文化的世界性并没有如此意味。不同的文化之间的联系相对于文化的整体性可能并不具备内在性或者只是具备较弱的内在性。

文化的世界性是全球化的直接结果，同时也在促进全球化的进程。全球化打破了不同国家、地区和民族之间的隔阂：分工和专业化是全球化的基础，不同国家、地区和民族正是由于不同的分工才使彼此之间的关系成为内在性联系；全球化形成了统一的规范，使阻碍交往的各类因素逐渐减弱直至消失；全球化带来了交通的进步，使人类的交往逐渐打破时空限制；全球化带来了语言之间交流和借鉴，为文化交流提供了基础；全球化塑造了文化交往的品格，即开放平等和共识。

文化的世界性最突出的表现就是不同国家、地区或民族的文化可以通过多种媒体和手段在全世界进行传播和发展，无论在力度、广度抑或深度上，都远远超过以往任何时代。可见，文化的世界性其实是以不同国家、地区或民族文化的存在作为基础，即以文化的多样性作为基础。文化的多样性就像生物多样性一样，是整个世界文化生态的基石，没有了文化的多样性，整个世界就会变成一个毫无生气的文化沙漠，文化创新与文化传承将失去其最直接的土壤。文化多样性最重要的就是民族文化的多样性：如前所言，文化是相对独立于经济与政治的社会结构层面，因而，"国家"或"地区"这些经济或政治性概念无法更好地描述文化，只有"民族"可以更好地容纳文化的内容。民族文化的多样性直接体现的就是文化的民族性。

所谓文化的民族性是指文化深深根植于民族发展的过程中，并打上了本民族深深的烙印、作为区别于其他民族文化的重要特征。"民族"这一概念自身也需要在文化层面进行规约，区分一个民族的特征往往都是通过该民族独特的文化。而在全球化的背景下，文化的民族性表现为两个相互对立而又相互依靠的方面：一方面，文化的民族性是文化全球化和全球化的基础，正因为不同，文化全球化才有动力，全球化才有可能，如果都是一样的文化，那么交往和交流就是没有必要的；另一方面，文化的全球化和全球化使文化越来越趋同，变得整体化，因而，民族文化的特点正在消失，特别是较弱势的民族文化被较强势的民族文化所影响、左右甚至控制的时候。全球化使民族文化面临机遇与挑战，如何更好地把握机遇和迎接挑战成为各民族共同的话题。首先，应当具备真正开放和包容的态度，不回避也不逃避全球化对本民族文化的冲击，积极吸收其他民族的优秀文化，防范腐朽文化冲击；其次，应当真正实现自己民族文化的创新与传承，这需要对传统文化"取其精华，去其糟粕"；再次，应当真正使本民族文化的发展符合本民族大众的需求，在此基础上引领大众价值观；最后，特别指出，对于中华民族文化而言，应当坚持马克思主义在文化领域的指导地位，立足中华民族文化发展的特点，特别要把握住中华民族文化发展延续而未中断的特点，找到民族与世界、历史与现实的交汇点。

三、从马克思到当代西方马克思主义：批判理论的理论嬗变

以马克思思想为主要理论来源的社会批判理论是我们面对当下文化发展所需要的重要理论资源。全球化在一定意义上是同工业化、现代化具有内在一致性的概念，因为三个概念本身都依托于社会生产力的巨大进步和人类交往与联系的空前发展，只是从不同角度反映着同一过程的不同方面，资本、科学、技术的统治性是三个概念目前为止共同的基础。而文化作为社会结构中相对独立的一环，在“二战”后变得越来越重要，对战争的反思演变为对科学、技术、制度和资本的批判，虽然“二战”之前类似批判已经兴盛起来。而冷战后和平与发展的世界主题让人们更多地去关注文化。对文化的研究变得越来越重要。

法兰克福学派是西方马克思主义阵营之中的一个重要学派，他们从其理论的开端就以文化批判为基本特性。但这种文化批判的转向在其形成和发展的过程中无法与马克思思想的理论资源相分离。直到今天，自称激进左派的一批新的社会批判理论家仍然带有着浓重的马克思主义色彩。在我们试图运用社会批判理论展开对于当下社会文化发展的分析之前，我们或许需要反观从马克思到当代激进左派以来，社会批判理论发展的内在理论脉络。

随着工业社会向后工业社会的转变，当代社会批判理论家们否弃了相当一部分马克思思想当中的经典概念，他们被称之为激进左派的一群思想家之中，诸如拉克劳与墨菲、鲍德里亚、齐泽克、巴迪欧等人，都曾针对马克思的文本进行了相应的探讨，并对其理论进行了重大修订，诸如经济基础、生产、阶级、阶级斗争等所有的概念都遭到了最彻底的批判，这种批判是如此之彻底，以至于我们不禁要问，在何种意义上他

们还是一个马克思主义者？在对诸如此类的激进左派思想的考察中，我们会发现这些仍自称为马克思主义者的社会批判理论者们普遍具有以下两个理论旨归："批判"与"革命"。具体说来，今天可以被认定为马克思主义者的思想家们至少要符合两个条件：第一，坚持理论中的批判精神；第二，倡导实践中的革命。两者缺一不可。在我看来，马克思的思想在今天的传承也必须在"批判"和"革命"的双重意义上来加以理解和发挥。"批判"是"革命"获得合法性的理论前提。反之，"革命"是"批判"的最终旨归。

1. 两种批判：青年黑格尔派与马克思的对峙

将"批判"视为理论指向并非肇始于马克思。青年黑格尔派曾经以彻底的批判姿态来面对出现于 19 世纪 40 年代的各类现实和理论的问题，一方面对诸如宗教、犹太人的解放以及法国大革命和法国唯物主义等问题展开讨论，另一方面也没有忽视对诸如普鲁东、费尔巴哈等思想家的批判性审视。因为面对着共同的历史背景，青年黑格尔派与马克思曾有着共同的问题域，但显然马克思很快与其分道扬镳。以《神圣家族》为分水岭，我们看到了两种不同类型的批判哲学。

马克思对"批判的批判"(即以鲍威尔为代表的青年黑格尔派的批判哲学)给予了近乎繁琐的分析，指出了其以"自我意识"为主导的思辨结构对于现实批判的软弱无力。在此我们或可将这种青年黑格尔派的批判称之为思辨的批判。它在本质上遵循着黑格尔关于思维与存在之间的统一性原则，即将所谓"现实的"与"合乎理性"的东西等同起来，因此倾向于以改变范畴为途径来改变现实。这样的"批判"仅仅意味着一种"批评"与"谴责"。它注定要将其批判的对象仅仅视为不合理性的存在，而批判的工作则带有启蒙的色彩。它所做的一切批判不管如何具有颠覆性都不过是"概念的辩证法"，①一种"宁静的批判的批判"。②

马克思通过对青年黑格尔派的批判彰显了属于自己的一种独特的批

---

① 《马克思恩格斯文集》，第 1 卷，295 页，北京：人民出版社，2009。
② 《马克思恩格斯文集》，第 1 卷，255 页，北京：人民出版社，2009。

判精神。这种批判并非仅仅意味着谴责和批评，而是带有了康德式的“批判”内涵。即“澄清前提，划定界限”的意味。康德通过“批判”限定了理性的界限，一方面为信仰留下了空间，但另一方面更为重要的是彰显了一种谨慎的态度，凸显了有限主体的思想。“人为自然立法”的规范性原则虽然帮助康德完成了认识论上伟大的“哥白尼革命”，但康德却坚持将这种立法的规范性原则局限在一定范围之内，并对于任何试图将这个原则加以推广与夸大的倾向不予承认。这一点我们可以在康德对费希特思想的批评中看得非常清楚。康德在1799年的一封公开信中这样说：“我是如此反对根据费希特的原则定义的形而上学，以致我在一封信中建议他把杰出的文字天赋转向应用《纯粹理性批判》的问题上，而不是把它们浪费在培养无结果的诡辩上。然而，他彬彬有礼地答复道‘他毕竟不会轻视经院哲学’。因而，我是否认为费希特哲学的精神是真正的批判哲学这个问题已经由费希特本人回答了，对我而言，没有必要表达他的哲学有无价值的看法。因为在这里，这个问题并不涉及一个被评价的客体，而是涉及一个评价的主体，因此，我断绝与那种哲学的关系，这就足够了。”[1]在此必须指出的是康德要与其划清界限的费希特的精神正是一种试图从自我出发设定非我，从而凸显了主体的无限性的精神。海涅曾将这一精神讽刺为有着硕大无比的鹅肝的鹅，以至于区分不出鹅肝与鹅本身，在这个鹅的肚子上写着“我＝我”。[2]这种理论倾向源于试图消除康德的“批判”，在抹除界限的同时将康德的三大批判推向统一。这是思辨哲学的缘起，也是统一性哲学的再生。思维与存在的统一性原则虽然可以从古希腊哲学家巴门尼德和柏拉图那里找到源头，但获得如此完整的逻辑性表述则不得不说是始于费希特，并终结于黑格尔。康德对于费希特哲学的拒斥，在某种意义上彰显了批判哲学与观念论传统的对峙。

马克思在批判鲍威尔的时候指认了鲍威尔的立场是一种“费希特主

---

① Dieter Henrich，*Between Kant and Hegel*，Harvard University Press，2003，p. 34。

② ［德］海涅：《论德国的宗教和哲学》，海安译，118页，北京：商务印书馆，1974。

义的观点"[①]，这绝非偶然。在我看来，这种类比将马克思与鲍威尔的对立放入到了康德与观念论的对立当中，从而凸显了马克思的批判与康德的批判之间的内在相似性：首先，康德与马克思面对着共同的观念论的传统，只是康德的批判在观念论形成之前，马克思则在观念论完成之后；其次，康德与马克思都从根本上反对哲学的统一性原则，只是康德用划界的方式设定一个无法被观念认知的物自体的存在，而马克思则用思维与存在的断裂凸显"现实"与"实存"的独立性。两者在本质上都承认了观念(我思，或主体)的有限性。这是两者本质上的相似性。

因此，如果说鲍威尔的"批判的批判"中的"批判"仅仅意指一种"批评"与"责难"，那么马克思哲学中所渗透的批判精神还包含着一种"断裂"，它意指着打碎旧有形而上学的统一性，在思维与存在之间重新设立不可逾越的鸿沟。马克思在此理论指向的基础上开始重新运用"唯物主义"。在某种意义上说，费尔巴哈的唯物主义虽然警醒了马克思思辨观念论的迷梦，但其理论的粗陋，会让唯物主义退回18世纪法国唯物主义当中趋向于自然科学的一支[②]，它所带来的仅仅是一种理论倒退。马克思作为黑格尔哲学的后继者彻底的批判其形而上学的统一性，但不能放弃作为后—康德哲学所应有的坚守，即经过了哥白尼式的革命，哲学只能在"观念"建构上获得其合法的存在样态。正如伊格尔顿在《看门人》中所谈到的那样："唯物论的奠基原则是：在我们的对面就有一个真实世界，我们可以有关于它的知识。……但他们好像并没有意识到，只有躲藏在蒙大拿某处山洞中的那位狂乱的观念论者才会否认这一点。"[③]真正的问题只是这种观念建构究竟是有限度的(如康德和马克思)，还是

---

① 《马克思恩格斯文集》，第1卷，342页，北京：人民出版社，2009。

② 在马克思看来，法国唯物主义中"**笛卡尔**的唯物主义汇入了**真正的自然科学**，而法国唯物主义的另一派则直接汇入**社会主义和共产主义**"。(黑体为原文所加)(《马克思恩格斯文集》，第1卷，334页，北京：人民出版社，2009。)马克思所谓的历史唯物主义显然从以爱尔维修为代表的社会主义倾向的唯物主义当中吸收得更多。因此在马克思的哲学视域当中，我们从来不应将物质第一性、意识第二性作为对其唯物主义的衡量标准。

③ 转引自[美]汤姆·罗克莫尔：《康德和观念论》，徐向东译，扉页，上海：上海译文出版社，2011。

无限度的(如费希特、谢林和黑格尔)，存在着分歧。但正是这种对观念论的限定，产生了马克思不同以往的“唯物主义”倾向。

在此需要说明的是，我们并不赞同将马克思拉入到观念论的视域当中，[①]马克思作为一种革命的理论已经完全不能在旧有的唯物主义与唯心主义(观念论)的对立话语中找寻自己的位置。在这一点上，马克思与康德的理论诉求存在着重大的分歧，如果说康德划界式的批判哲学是为了拯救形而上学，那么马克思的断裂式的批判虽然打碎了形而上学的统一性原则，但其目的却并非是重构某种新的哲学形而上学。相反，马克思的批判最终带来了哲学指向的变化，即传统哲学中的研究方式与研究主题在马克思的“哲学”当中几乎消失殆尽——因此我们无法说他是否是一个观念论者，因为在这种判定中包含着将马克思的哲学拉回到认识论抑或本体论的层面上加以讨论的倾向——与此相反，人的现实生活本身却进入到哲学视域，在此，生活的“现实性”意味着对生活的特定历史境遇的关注。于是在被马克思称之为资本主义社会的历史境遇下，马克思的哲学所看到的就只有生产、私有制、工人与资本家等等。正是这一视域的转换逼迫马克思不得不采用政治经济学批判的方法来触及这一社会现实。在此特别需要强调的是马克思的政治经济学批判中的“批判”同样只能从断裂式批判的角度来理解。因为这种“批判”试图为原有政治经济学研究注入社会历史性维度，让原本与黑格尔哲学处于共谋关系，因此带有思辨性的政治经济学变成黑格尔哲学的另一种表述，反过来说也是一样。马克思在《1844年经济学哲学手稿》中明确说明了这一点：“黑格尔是站在现代国民经济学家的立场上的。”[②]马克思哲学的这种视域转化与其特有“批判”观念的形成之间的关系，我们将进一步展开说明。

---

① 当代美国学者汤姆·罗克莫尔将马克思视为一个观念论者，从而认为马克思的商品、无产阶级、共产主义等相关观念都是一种观念的建构，从而马克思的哲学不过是建构主义的又一表述方式。参见[美]汤姆·罗克莫尔：《康德和观念论》，徐向东译，100—104页，上海：上海译文出版社，2011。

② 《马克思恩格斯文集》，第1卷，205页，北京：人民出版社，2009。

2. 马克思“批判”的形成：从“异化”到“断裂”

马克思这种带有康德色彩的“批判”的形成也经历了一个过程。它的形成与其理论视域的转化之间是互为因果的关系。概而言之，由于马克思对物质利益的关注促使其关注现实生活，并由此发现了“异化”的存在，而由“异化”引发了对于思维与存在之间的断裂的洞悉，促成了马克思迥异于思辨批判之“批判”的形成。同时也正是基于这种“批判”，马克思进一步确立了自己的历史唯物主义的理论视域。

马克思在回顾自身理论发展历程的时候，指出了“作为《莱茵报》的编辑，第一次遇到要对所谓物质利益发表意见的难事”①，大约正是对这一“难事”的处理逼迫马克思脱离了学院派哲学的研究态度，并从中发现了新的时代问题。如果说黑格尔在写作《精神现象学》的时候是因为洞察到了“人的目光是过于执着于世俗事物了，以至于必须花费同样大的气力来使它高举于尘世之上”②，因此期待着富有现实性的精神对时代的拯救；那么马克思则在开始其理论的研究之时却发现黑格尔留下的思辨哲学成就了新的思想禁锢，那些观念的创造者们“屈从于自己的创造物，他们在幻象、观念、教条和臆想的存在物的枷锁下日益萎靡消沉，我们要把他们从中解放出来”③，“揭穿同现实的影子所做的哲学斗争，揭穿这种投身于幻想、精神萎靡的德国民众口味的哲学斗争，使之名誉扫地”④。于是与思辨哲学所涵盖的虚假斗争进行斗争，并将目光投向现实生活本身再次成为时代的要求。

然而马克思并不是第一个，也不是唯一一个关注现实的思想家。在马克思的时代，法国的社会主义倾向的唯物主义、构建“社会”概念的苏格兰启蒙运动，⑤甚至黑格尔本人都已经对社会现实的问题给予了足够多

---

① 《马克思恩格斯文集》，第 2 卷，588 页，北京：人民出版社，2009。

② [德]黑格尔：《精神现象学》(上)，贺麟、王玖兴译，5 页，北京：商务印书馆 1979。

③ 《马克思恩格斯文集》，第 1 卷，509 页，北京：人民出版社，2009。

④ 《马克思恩格斯文集》，第 1 卷，510 页，北京：人民出版社，2009。

⑤ [英]克里斯托弗·J. 贝瑞：《苏格兰启蒙运动的社会理论》，马庆译，128 页，杭州：浙江大学出版社，2013。

的关注。黑格尔甚至将政治经济学引入到哲学的研究视域当中，让其在法哲学的研究中起到了举足轻重的作用。但只有马克思，在当时的社会现实的研究中游走在哲学与经济学之间，在经济学中引入“异化”，而在哲学中则将包含特定历史情境的人的生活本身纳入其中，打碎了固有形而上学的统一性原则。从而构筑了一种不同于乌托邦的设想(法国空想社会主义)，又能够真实地突破思辨哲学束缚的哲学形态。

我们认为，这种哲学与政治经济学之间的游走是马克思哲学特有的贡献。1844 年马克思对于政治经济学的研究原本只是对黑格尔的系统批判当中的一个分册，①从这一意义上说，马克思从来没有割裂政治与哲学批判之间的关系。“异化”这个概念，正是经济学与哲学批判双重视域下的一个产物。

异化作为黑格尔思辨哲学中一个中介性的概念，却成为马克思超越国民经济学的一个起点。马克思明确指出的国民经济学研究的问题所在，即它“从私有财产的事实出发。它没有给我们说明这个事实”。②之所以他们不能说明这个事实，因为“当他想说明什么的时候，总是置身于一种虚构的原始状态。这样的原始状态什么问题也说明不了”。③这是一种从概念出发，而不是从事实出发的态度。它属于政治经济学研究中一种路径，即将“完整的表象蒸发为抽象的规定”④的路径。这一路径与思辨哲学异曲同工。因此黑格尔很容易接受国民经济学家们讨论的“劳动”的规定，并将劳动价值论的说法运用在其对自我意识的分析当中，从而在将劳动引入哲学的过程中也将劳动抽象化，由此劳动被视为“人的本质，看作人的自我确证的本质”，进一步说“他只看到劳动的积极的方面，没有看到它的消极的方面”⑤。马克思在此明确将自身与国民经济学以及黑格尔区分开来。因为在马克思的研究视域中，他“看到”了“异化

---

① 《马克思恩格斯文集》，第 1 卷，111 页，北京：人民出版社，2009。
② 《马克思恩格斯文集》，第 1 卷，155 页，北京：人民出版社，2009。
③ 《马克思恩格斯文集》，第 1 卷，156 页，北京：人民出版社，2009。
④ 《马克思恩格斯文集》，第 2 卷，18 页，北京：人民出版社，2009。
⑤ 《马克思恩格斯文集》，第 1 卷，205 页，北京：人民出版社，2009。

劳动”。

严格说来，“异化劳动”不是逻辑推论的结果，相反它是逻辑的悖谬。它存在于现实当中，无需思考的介入，只需要真实地去“看”就会发现。

因此马克思讨论的异化的起点不是一个概念或者一个命题，而是一句带有号召性的短句：“我们且从当前的国民经济的事实出发”。①这不是一个对理论思考的召唤，而是对一种现实行动的召唤。召唤人们去“直观”那些生活在资本主义时代的工人们的现实生存状态。结果“工人生产的财富越多，他就越变成廉价的商品。他就越贫穷”。②这是全部“异化”理论的事实起点，也是思辨的统一性哲学得以断裂的起点。在这里国民经济学家们的劳动价值论遭到了现实的无情嘲弄。理论与现实的脱节是马克思“异化”理论的核心内涵。因此马克思的异化不能等同于黑格尔的“异化”概念。对于后者来说，异化等同于对象化与外化，它们不过是走向绝对精神所必要经历的一个环节。从异化主体与异化现实或迟或早会走向统一。而对于前者来说，异化却意味着异化主体与异化现实之间的对抗性，不可融合性。因此异化意味着一种断裂，不仅意味着现实的人的生存困境：劳动的产物不再确证自身，反而成为控制自身，与自身对抗的东西(即劳动的否定性方面)；同时也意味着理论与现实之间的断裂。

马克思“看出”的异化并不能帮助马克思找到扬弃异化的可行性道路。它所能带来的只是带有着人道主义色彩的谴责与批评，此时的马克思还未意识到批判的哲学所具有的现实力量，因为他的批判还囿于鲍威尔式批判的范围内，只不过这种鲍威尔式的批判穿上了费尔巴哈的外衣。

脱掉费尔巴哈的外衣需要一个艰难的自我反省的过程，但对于鲍威尔式批判所带来的保守主义倾向的洞察却伴随着对异化的深入理解日益

① 《马克思恩格斯文集》，第 1 卷，156 页，北京：人民出版社，2009。

② 《马克思恩格斯文集》，第 1 卷，156 页，北京：人民出版社，2009。

清晰起来。对这一保守主义(或者按照马克思的说法：批判的宁静主义)的批判形成了《神圣家族》的理论旨归。《神圣家族》包含着丰富的论题，诸如对蒲鲁东思想的探讨，思辨结构的批判、对法国大革命以及法国唯物主义的反思、群众观点的树立以及对犹太人问题的再思考等等。这些伴随着批判对象(即青年黑格尔派)的论题而产生的论题看似毫无关联，但却有着一脉相承的内在逻辑关联。在我看来，这一内在逻辑不过是"异化"思想在形而上学批判当中的一种重述。换言之，"异化"所带来的理论与现实的断裂在马克思对青年黑格尔派的批判中被转变为思维与存在之间统一性的断裂。因此，我将马克思对这种断裂的研究视为最为核心的部分。

因此马克思借助于批判的批判家，即鲍威尔等人的口吻所说这样一段话就变得非常重要：

> 批判的批判家——职业的神学家——无论如何也不能想象，竟然有这样一个世界，在那里意识和存在是不同的，而当我只是扬弃了这个世界的思想存在，即这个世界作为范畴、作为观点的存在的时候，也就是说，当我改变了我的主观意识而并没有用真正对象性的方式改变对象性现实，即并没有改变我自己的对象性现实和其他人的对象性现实的时候，这个世界仍然还像往昔一样继续存在。因此，**存在**和**思维**的思辨的**神秘的同一**，在批判那里作为**实践**和**理论**的同样神秘的统一重复着。(黑体为原文所加)①

马克思用肯定的语气言说着鲍威尔式批判者的看法，当鲍威尔等人坚持以自我意识构建思维与存在的神秘统一性的时候，那么观念的改变就应立即导致存在的改变，这是鲍威尔批判哲学的主张。鲍威尔不能想象的世界是个"意识和存在是不同的"世界。因此面对现实工人的生存苦

---

① 《马克思恩格斯文集》，第1卷，358页，北京：人民出版社，2009。

难，“照批判的批判的意见，一切祸害都只能在工人们的‘思维’中。……但是，这些群众的共产主义的工人，例如在曼彻斯特和里昂的工场中做工的人，并不认为用‘纯粹的思维’就能够摆脱自己的企业主和他们自己实际的屈辱地位。他们非常痛苦地感觉到**存在**和**思维**之间、**意识**和**生活**之间的**差别**”。（黑体为原文所加）①这种差别就是一种断裂。工人现实生存的“异化”使得任何概念的辩证法都显得软弱无力。马克思仍然秉承着《1844 年手稿》中所特有的现实视角，从而一切仅仅驻足于思辨逻辑的创造、改变都遭到了马克思的嘲弄。这一嘲弄集中表现在马克思对于思辨结构的批判当中。

对于思辨结构秘密的阐释是如此精彩，以至于人们很容易忽视其中所包含的马克思有意或者无意对黑格尔的误读。马克思在此指认了现实存在物的苹果、梨、扁桃是如何被内化为“果品”的概念，并以后者为前者的本质和真理。对这个思辨结构展开的描述无疑是精准的。但问题在于马克思混淆了这样一个事实：思辨结构的提出带有着认识论的底色，思辨结构将概念作为现实的本质，并将现实视为概念的化身，这一原则总是在认识论的意义上具有合法性。因此当马克思极具讽刺地认为哲学家以思辨的方式“创造出”这些果实，即思辨哲学家“完成了一次创造行动”，②这种批判显然不得要领。因为这种创造从来也不是一个从“无”到“有”、点石成金的神秘行动，而仅仅是在人认知世界的层面上的“创造”。否弃他的合法性，马克思将会让自己的哲学退回到 18 世纪的粗陋的唯物主义上去。但马克思对于思辨结构的这种近乎倒退式的批判彰显了理论的彻底性，在思辨精神肆虐的时代，这种类似矫枉过正的理论构建也许是唯一有效的选择。③马克思对思辨结构的嘲弄不仅砍断了思维与存在之间的统一性，更为重要的是，它同时凸显了现实、存在的优

---

① 《马克思恩格斯文集》，第 1 卷，273 页，北京：人民出版社，2009。

② 《马克思恩格斯文集》，第 1 卷，279 页，北京：人民出版社，2009。

③ 阿尔都塞在《保卫马克思》中曾更为系统地指出青年马克思的倒退：“依靠康德和费希特的帮助，马克思退到了 18 世纪末；依靠费尔巴哈的帮助，他退到了 18 世纪理论历史的重心……”（[法]阿尔都塞：《保卫马克思》，顾良译，18 页，北京：商务印书馆，2010。）

先性。

正如我们已经指出的那样，游走在哲学与经济学之间，马克思向唯物主义的倒退没有带来粗陋的物质主义的复苏。相反，当马克思将区别于思维的“存在”归入到“社会现实”的范畴之下的时候，马克思反而重新恢复了与黑格尔的关联。因为正是黑格尔第一次将历史性的思维引入哲学，并在观念论的传统中恢复了“客观性”(现实性)的一席之地，尽管在绝对精神的最终环节上一切都归于思辨逻辑之内，但这种对彻底的主观主义的批判最终帮助马克思在唯心主义与唯物主义之间，在退与进之间找到了属于自己的理论话语。

最终，马克思明确将自己的理论道统归入黑格尔，在其写作《资本论》的时候仍然需要不断参照黑格尔的《逻辑学》。但显然他在黑格尔哲学中选择了客观精神的维度，拓展这种客观精神研究的视域，并斩断客观精神向绝对精神的回归之路。这或许是马克思将自己后半生的研究固着于政治经济学批判的一个原因。但斩断了绝对精神的黑格尔是否还是黑格尔？或者这个凸显现实(物自体)与思维体系对峙的理论是否更趋向于康德？

3. 思维与存在的断裂：革命合法性的理论前提

我坚持认为马克思的批判带有着康德的色彩：这种批判一方面虽然凸显了思维与存在之间的对抗性关系，但却同时避免了向粗陋唯物主义的回归。这样一种断裂性的批判帮助马克思坚定了这样一种信念：“批判的武器当然不能代替武器的批判，物质力量只能用物质力量来摧毁”。[①]即思辨概念的改变不能带来现实的变迁，改变现实的力量只能源于现实自身，马克思的这一批判哲学所带来的不仅意味着研究视域的变化，同时更是理论研究的最终旨归的变迁。哲学，作为时代的精神不仅要去解释世界，更为重要的在于“改变世界”[②]。

---

① 《马克思恩格斯文集》，第1卷，11页，北京：人民出版社，2009。

② 参见《关于费尔巴哈的提纲》第十一条：“哲学家们只是用不同的方式解释世界，问题在于改变世界。”(《马克思恩格斯文集》，第1卷，502页，北京：人民出版社，2009。)

“解释世界”与“改变世界”在现实中最终导致了保守主义与激进主义的不同结果。严格说来，我们无法对于这样两种倾向做任何的价值评判，它们只是面对现实的两种不同的态度。以黑格尔为代表的形而上学走向保守主义既有现实的原因，也是其理论的必然归宿。在现实中，黑格尔时代的德国四分五裂，德国贫弱的国力使其无法在现实中呼唤法国大革命断裂性的变革，德国当时的时代问题是“统一”大于“革命”。因为统一的国家的形成才可能带来德国的繁荣。因此黑格尔在《法哲学原理》的最后将国家视为“理性的形象和现实”①，这是德国特有现实的一种反映，符合当时的时代精神的需要。而在理论上，黑格尔以和解为旨归所构建的绝对哲学，虽然充满着矛盾的张力(即辩证法)，但却最终走向了思维与存在的统一性。这种形而上学的构建方式既是那个时代精神所要求的，又必然构筑了其社会现实的趋向。统一性哲学意味着将所有外在的矛盾内在化，从此任何外在的对抗就将最终被转换为观念体系内部的矛盾，体系获得了空前的生存弹性。显而易见，统一性原则与保守主义的政治倾向的关联绝非偶然的，而是必然的。与此相应，我们是否可以推论出激进政治与统一性哲学的断裂有必然关联呢？在我看来，答案是肯定的。

马克思哲学的现实性绝不仅在于他对于资本主义社会的异化现象的洞悉与分析，更为重要的是他探寻到了改变这一现实的现实路径。在理论上对“改变世界”的呼唤，在相应的政治话语当中被称之为“革命”。马克思热衷于讨论当时各色革命的形式，整个 1848 年，马克思写出了多篇与革命有关的文章：《危机与反革命》《资产阶级与反革命》《1848 年至 1850 年的法兰西阶级斗争》等等。在一个革命的年份，以生动的笔触描述着正在发生的各种革命，而他的《路易波拿巴与雾月十八》的政论文更可谓是传世之作。马克思对待革命的态度是激进的，这一点毋庸讳言。西方学界也常以此将马克思视为秉承着理想主义的道德宣言忽视个人自

① ［德］黑格尔：《法哲学原理》，范扬、张企泰译，360 页，北京：商务印书馆，1961。

由的思想家。从而将 20 世纪以来诸多假借理想之名所导致的政治悲剧归罪于马克思。这种指责的一个基本论点即在于认定马克思似乎为我们构建了一个切实的道德理想(例如共产主义)，并号召人们采取暴力的革命的手段来实现这一理想。个人自由的丧失，生命的牺牲都在这种道德理想的鼓舞下具有合理性和合法性。自由主义者们认为这是对每个人的权力的践踏。以赛亚·伯林这样描述马克思："马克思的语言如同一个预言者或者先知。他不是以人类的名义在言说，而是以普遍的道德法则自身在言说，他所寻求的不是拯救或者改进，而是警告和谴责，揭示真理，并拒斥一切错误。'我将摧毁，我将建构'，这个被蒲鲁东书写在他的作品前面的短语更为适合描述马克思的自身所富有的任务。"① 这一看法充满了理论的偏见，缺乏马克思自身理论的支撑。那些负载着理想主义道德预设的历史预言从未出现在马克思的思想当中，反而是黑格尔思辨的历史观的最终旨归。马克思明确地批判了这类历史观，因为它采取了"事后[post-festum]"② 的态度，而这种态度将会在现实的群众身上找寻自己的材料，于是个人注定成为历史进程的工具和中介。这是绝对精神支配下的历史观的必然结论。因此这一历史观的内在哲学基础正是统一性哲学。

然而马克思从一开始就站在这一历史观的对立面，他宣称："历史不过是追求着自己目的的人的活动而已。"③ 我们对于这句话的理解常常拘泥于所谓"人创造历史"的简单结论，而没有进一步结合马克思的相关论述发现这一命题对黑格尔历史观的颠覆性意义。人创造历史，包含两个层面的内涵：第一，人是历史主导，在马克思看来，"历史什么事情也没有做，它'不拥有任何惊人的丰富性'，它'没有进行任何战斗'！其

---

① Isaiah Berlin, *Karl Marx, His life and Environment*, London, Oxford University Press, 1939, p. 7.

② 马克思说："哲学家参与历史只限于他这种回顾既往的意识，因为现实的运动是由绝对精神无意识地完成的。所以哲学是事后[post-festum]才上场的。"(见《马克思恩格斯文集》第 1 卷，292 页，北京：人民出版社，2009。

③ 《马克思恩格斯文集》，第 1 卷，295 页，北京：人民出版社，2009。

实，正是人，现实的、活生生的人在创造这一切，拥有这一切并且进行战斗。并不是'历史'把人当做手段来达到自己——仿佛历史是一个独具魅力的人——的目的"。[1]可见，马克思从根本上反对将人作为手段的历史观。由此一切以理想主义之名对个人自由的牺牲的合法性都无法在马克思的理论当中找到自己的支撑。第二，人的活动创造历史，因此历史发展从来不应是"**一开始**就是不言而喻"[2]的。只有思辨结构的历史观会运用辩证法看到历史发展的固有脉络，并强调这种不言而喻性，但由人的活动构筑的历史从不如此确定，"因为不言而喻，现实的任务都不是**不言而喻的**"。(黑体均为原文所加)[3]

从这一意义上说，马克思革命的激进性恰恰不在于他曾给出过革命的目标，从而激励人们不惜牺牲自己而为之奋斗，而在于他仅仅给出了革命的条件和革命的阶级，对于未来的方向却讳莫如深。因为对于历史方向的任何理解，都将最终走入德国观念论的道路。并在其彻底的形态上沦为马克思所批判的仅仅在幻想中改变世界的青年黑格尔派。因为这种历史方向的设定包含着思维与存在的最终统一，实在与应然的统一。这是西方形而上学统一性原则的最直接的体现。

马克思用哲学的批判打碎了思维与存在的统一性，在强调了两者的不可化约性之后凸显了现实条件对于人的活动的约束性。由此形成了人的能动性与受动性的矛盾对立。这是将黑格尔内化了的矛盾重新外化的一个过程。革命的意义和价值也正是在正视外化矛盾，承认矛盾的不可消融的意义上才显现出来。统一性哲学原则无法兼容革命。革命，意味着斗争，意味着一个克服与超越既存的一切，带有着强烈的主观性色彩。它不会听从统一性哲学对于结果的最终"安排"，而是持续在对抗性当中探寻不断克服自身、走向更高阶段的一条道路。马克思以实际斗争作为出发点，"并把批判和实际斗争看作同一件事情，在这种情况下，

---

① 《马克思恩格斯文集》，第1卷，295页，北京：人民出版社，2009。
② 《马克思恩格斯文集》，第1卷，285页，北京：人民出版社，2009。
③ 《马克思恩格斯文集》，第1卷，285页，北京：人民出版社，2009。

我们不是教条地以新原理面向世界：真理在这里，下跪吧！我们是从世界的原理中为世界阐发新原理。我们并不向世界说：停止你那些斗争吧，它们都是愚蠢之举；我们要向世界喊出真正的斗争口号”。①

这种持续的革命与斗争，在黑格尔看来或许是一种恶的无限，但却保证了现实的开放性。现实无法归入思维的规定当中，并与思维的规定保持着永恒的张力，这是斗争与革命获得合法性的理论前提。马克思在哲学上的断裂性的批判最终保障了其理论的革命性维度。由于后期的马克思将研究的视域主要集中在了对现实革命的社会历史条件的分析（在当时表现为对资本主义社会中资本运行的分析），从而其断裂性的批判和革命性维度似乎弱化了。但这种表述的弱化并不能掩盖其精神的实质。这一点在马克思的思想被曲解、被批判、甚至被抛弃之后反而被重新发掘出来。对于当代思想者而言，是否秉承着这种批判与革命的态度，近乎成为衡量其是否为马克思思想追随者的核心标准。

4. 法兰克福学派的文化批判理论

批判的社会理论既是法兰克福学派的观点，也是他们研究晚期工业社会的方法论。尽管该学派内部的学者之间存在诸多分歧，但我们认为，有两条批判路径贯穿在法兰克福学派第一代与第二代学者的思想谱系中。一条是强调一种新的哲学传统的建立——即拒斥那种以自然科学为方法的哲学观念，建立一种基于感性经验的开放的批判理论。第二条则是关注大工业社会下的人的生存状况，并由此展开的现代性批判的理论路径。这两条批判路径并非彼此分离的。强调现实、强调批判的逻辑结构正是法兰克福学派现代性批判的形而上学——正是因为要建立“具体”的辩证法，人的现实存在被引入到了理论的视野当中；也正是要持续不断地对当下人的生存状态展开文化批判，法兰克福学派的辩证法才走出了黑格尔的封闭的形而上学体系，成为一种开放的社会理论。下面，我们分别就这两条路径展开法兰克福学派丰富的理论内容。

① 《马克思恩格斯文集》，第10卷，9页，北京：人民出版社，2009。

(1)哲学思维形式的变革

法兰克福学派变革哲学思维形式的主张与当时所处的社会经济环境密切相关。传统理论的历史背景是自由资本主义社会。自由资本主义社会关注生产，社会发展的着眼点在于资本的积累和科技的进步。在这样的历史条件下，以自然科学的方法构造出的普遍理性因其肯定性的特质契合了生产型社会的要求，得到了广泛的发展和承认。但在霍克海默、阿多诺等人的时代，垄断资本主义及其所创造的现代性社会在物质极大丰富的同时，将我们的视野拉回到人本身的主体性之上，人的生活的合理性问题被提上了日程。新的问题域的生成促使哲学在进行肯定性思考的同时，需要进行批判性的反省和考察，辩证理性也就取代了普遍理性成为法兰克福学派的讨论主题。

从这里我们就可以看出，对于法兰克福学派来说，哲学观念变革的实质是理性观的改变。对于这种变革，法兰克福学派的两代学者多有论述：

> (传统理性观)要求把数学中通常进行的推演应用到一切科学部门。世界的次序要由演绎的思想锁链把握。①
>
> 传统理论，即借助于继承来的概念和判断手段对材料进行的批判性考察，发挥着肯定的社会作用。②　　——霍克海默
>
> 设定无矛盾性，即赤裸裸的同一性的原则。③
>
> ……传统思维的错误在于把同一性当作目标。消除同一性现象的力量在于思维本身的力量……④
>
> 被否定的东西直到消失之时都是否定的。这是和黑格尔的彻底决裂。用同一性来平息辩证矛盾、平息不能解决的非同一性物的表

---

① ［德］霍克海默：《批判理论》，李小兵等译，182页，重庆：重庆出版社，1989。
② ［德］霍克海默：《批判理论》，李小兵等译，196页，重庆：重庆出版社，1989。
③ ［德］阿多诺：《否定的辩证法》，张峰译，230页，重庆：重庆出版社，1993。
④ ［德］阿多诺：《否定的辩证法》，张峰译，146页，重庆：重庆出版社，1993。

现就是忽视辩证矛盾所意指的东西。[①] ——阿多诺

马克思对哲学采取一种引人注意的态度：他不再把他的批判理解为哲学，而是理解为对哲学的克服。[②] ——哈贝马斯

尽管表述方式不同，但我们依旧可以看出法兰克福学派内部对传统理性观的相同立场。传统的理性观将理性公式化，在其内部蕴含着强烈的构造纯数学符号系统的倾向，而数学或者说科学是由演绎或归纳的方法建立起的概念体系。演绎或归纳的原则决定了概念体系内部不可能出现相互批判的情形，这也就是阿多诺所谓的“无矛盾性”“同一性原则”。如果把这种原则应用于考察社会，那也就形成了从肯定的方面，也即非批判的方面看待社会的态度。这样的逻辑结构对于研究、获取知识显然十分合适，然而，“问题不在于解释世界，而在于改变世界”。通过对马克思文本的重新解读，法兰克福学派将哲学的目的定位于用辩证法进行理论和现实的双重批判。这种批判在阿多诺那里表现得更为极端和明确：“被否定的东西直到消失之时都是否定的。”这种否定不会消失的原因在于“否定”是作为一个中介的功能出现的。否定作为中介有两方面的作用。一是作为中介的否定不再追求黑格尔意义上的经否定之否定而“回到自身”，因为“回到自身”、对自身的这种确证就意味着同一性思维形式的再现；相反，作为中介的否定始终保持着对某一特定物的批判，它不要求达到同一，并且持续地打破同一，从而使得全部的对立要素都是开放的、彼此缠绕的。从这个意义上说，阿多诺的这种否定的实质是辩证法内在的自我反思和自我批判。作为中介的否定的第二个作用是承认了非概念的意义。自柏拉图以来，哲学的最高形式就是以纯概念的形式建立起形而上学，这种强调纯概念的自给自足性的哲学体系是同一性思维方式的另一种显现形式。而作为中介，否定不拒斥概念与非概念中

---

① [德]阿多诺：《否定的辩证法》，张峰译，157页，重庆：重庆出版社，1993。

② [德]哈贝马斯：《理论与实践》，郭官义等译，259页，北京：社会科学文献出版社，2004。

的任何一方，理论与现实、主体与客体之间是相互批判的辩证关系。这样，非概念就被纳入到了哲学的思维形式当中，基于感性经验的具体的辩证法也就由此生成。

从这里我们就可以看出，非概念的引入和强调摧毁了传统形而上学的理论形式，使哲学具有了社会理论的性质。否定性原则的建立以及由此确立的理论与现实、概念与非概念的持续批判的关系，使得“批判的理论的每个组成部分都以对现存秩序的批判为前提”①。这种经验与批判并重的格局即是“批判”的“社会”理论的意义所在，也就是哈贝马斯笔下的马克思所做的“对哲学的克服”。

那么，基于感性经验世界展开的批判，具体是指怎样的感性经验呢？在马克思那里，这即意味着政治经济学范畴的引入。显然法兰克福学派已经注意到了这一点：

> 哲学就表现为唯物主义理论的经济概念形式。
>
> 批判的社会理论就其对它的创始者的信仰来看，根本上是与唯物主义相联系的。这并不意味着，它因而就把自己看作是与其他哲学体系相对立的一个哲学体系。社会理论是一个经济的体系而非哲学的体系。②
>
> ——马尔库塞

沿着马尔库塞的视角，当我们将政治经济学作为批判的基础时，它首先确证了批判的社会理论的唯物主义特征。更为重要的，“社会理论是一个经济的体系而非哲学体系”。社会理论呈现出了传统哲学无法表达的内容。它既不同于古典政治经济学停留于单纯经济现象的描述，又不同于纯粹思辨的形而上学。政治、经济和意识形态三者的互动格局为现实的人的存在样态提供了一个整体上的说明，“异化”的概念就是这一

---

① ［德］霍克海默：《批判理论》，李小兵等译，217页，重庆：重庆出版社，1989。

② ［美］马尔库塞：《现代文明与人的困境——马尔库塞文集》，李小兵等译，173—174页，上海：三联书店，1989。

分析方法取得的最重要的成果。从这里我们就可以看出，政治经济学的分析方法是展现社会矛盾的一种方式，这种矛盾集中指向了人的存在本身。在马克思时代，这种矛盾体现为自由资本主义条件下人的“劳动异化”，而在法兰克福学派的语境下，这种矛盾体现为发达工业社会下人的思想和意识的自我异化。这也是法兰克福学派对马克思的继承和超越。

(2)法兰克福学派的现代性批判路径

现代性批判是法兰克福学派思想的主题。法兰克福学派将政治经济学批判的方法置于发达工业社会的背景下。发达工业社会的形成标志即是文化工业体系的生成，其本质是文化与资本的一种结合。用本章第一节的概念来说，就是文化资本化与资本文化化。对此，霍克海默与阿多诺都给予了论述：

> 管理者根本不再注意文化的形式，它们表现得越是粗野，它们的力量就越是强烈。电影和广播不再需要作为艺术……它们(指艺术)称自己为工业，而且它们的总经理所宣布的收入数字，就已经反映出它们的产品不再具有社会必要性了。……(大众文化是)普遍的东西与特殊的东西之间的虚假的一致性。①

文化与资本的结合使得艺术不再是艺术。资本的逻辑决定了只有能够大量繁殖和复制的文化产品才是有价值的商品。因此对人感性欲望的无限挑逗成为文化发展最为重要的形式，“它们表现得越是粗野，它们的力量就越是强烈”。艺术丧失了其独立与批判的特质，成为了现实的压抑下资本发展自身的工具，被异化为“总经理所宣布的收入数字”。在

---

① [德]霍克海默、阿多诺：《启蒙辩证法》，洪佩郁等译，113页，重庆：重庆出版社，1990。

这个意义上，文化活动本身成为了工业生产的一个部门，是“劳动的延续”①。大众文化表面上呈现出具有普遍性的文化产品和艺术的整合，实则这种“虚假的一致性”是对富有个性和主体性色彩的文化创造的否定。人，就在这样的狂欢与娱乐中，丧失了主体性和批判的维度，被大众文化裹挟。“个体只能自发地沿着他人为他指定的道路前进。”②文化产品主导了人的主观意识形态，从而导致了人的异化。

通过以上的分析我们可以看出，发达工业社会中的“异化”其实包含着两个层面的“异化”内容：一是文化艺术本身的异化，二是人的意识形态的异化。这两者是相互促进、彼此呈现的关系。但人的意识形态的异化是更为彻底和根本的异化状态。在时间的原初的意义上，也是由文化的异化导致了人的异化。由于这两种异化内容的存在，异化的复归模式存在着至少两种类型。一是以阿多诺为代表的从文化艺术的异化出发，诉诸于现代主义艺术本身的复归路径。二是以马尔库塞为代表的从人的意识形态出发，诉诸于新感性的建立的复归路径。

我们先来看阿多诺。如同我们在本章第一节中所指出的那样，全球化的形成从根本上来说是理性对于普遍性和必然性要求的内在推动。文化工业体系的生成也是资本扩张性要求的外在体现。所有的不符合理性与资本内在的繁殖要求的事物都会在浪潮中被冲刷殆尽。这实质上是同一性思维在现实中的一种再现。阿多诺所建立的否定性辩证法，就是打破同一、进行批判和否定的有力武器。回顾阿多诺的理论，要想打破这种同一性思维的“魔圈”，就是要将非概念、非同一性引入进来，并进行持续的反思和批判。而同时具有“非同一性”和“批判”这两项特质的就是现代主义艺术。这不仅源于我们前文所提到过的美学领域的“现代主义”和理性之下的“现代性”之间的永恒张力，也在于艺术作为独立于现实社

① ［德］霍克海默、阿多诺：《启蒙辩证法》，洪佩郁等译，128页，重庆：重庆出版社，1990。

② ［德］霍克海默：《人的概念》，出自曹卫东编选《霍克海默集》，渠东等译，231页，上海：上海远东出版社，2004。

会的永恒反抗精神。艺术因其先锋特性在阿多诺激进的理论中成为了唯一能够通达真理的媒介。

相比于阿多诺，马尔库塞对异化的探讨显得更为直接——他直接从人的意识形态的异化入手。马尔库塞的逻辑起点是对人的真实需要(true needs)和虚假需要(false needs)之间的一种区分。大众文化与传媒就是制造虚假需要的始作俑者，马尔库塞称之为社会控制的“新形式”。

> 产品扮演着灌输与操纵的角色；它们助长了一种免除其虚假的虚假意识。然而，随着这些让人受益的产品在更多的社会阶级中为更多的人所使用，那种灌输便不再是宣传，而是变成一种生活方式。这是一种好的生活方式，一种比以往好得多的生活方式，但是作为一种好的生活方式，它却阻碍了质变的发生。①

产品的“灌输”从“宣传”变为“生活方式”的过程就是人的虚假需要生成的过程。需要指出的，大众文化与传媒是通过使人获得真实的心理满足的方式调动出人的虚假需要的，这即是“免除其虚假的虚假意识”。在大众文化的挑动下，这种真实的心理满足给人的感性生活带来了“一种比以往好得多的生活方式”，但是，却阻碍了“质变的发生”——虚假需要在本质上是一种“他律”对人的挟持，“自律”的个体淹没在大众中。个体丧失“自律”意味着人的本真欲望或者说人的“本能”领域无法获得展开。

这种自我被“他律”绑架的人即是“单向度的人”。所谓的“单向度”按照凯尔纳的解释，是“用来描绘从现存的思想与行为之情势(a state of affairs)的一个概念，这种情势缺少批判之维，也缺少超越于现存社会之上

---

① 美马尔库塞：《单向度的人：发达工业社会意识形态研究》，刘继译，24页，上海：上海译文出版社，2006。

的选择之维和可能之维”。[①]应该说凯尔纳的解释是十分准确的。同时，这种“单向度”之下还蕴含了某种同一性，即人的审美、人的感知方式与大众文化的同一。这意味着，人的审美、人的感知方式是“单向度”的；大众文化本身也是“单向度”的。人的意识形态与大众文化都陷入了异化之中。

马尔库塞提出的对异化的解决路径在于“新感性”的建立，“新感性”意在使人的“本能”领域获得展开。具体通过“爱欲解放论”来得到落实。“爱欲”的概念源自于弗洛伊德，是人的生命本能之一。在马尔库塞那里，爱欲是与性欲相对的概念。爱欲意味着身心持久的全面的幸福，而性欲意味着单纯的肉欲快感，性欲在个体中单向度地发展，其背后的深层逻辑是现代性中资本扩张和工具理性对人的裹挟，人的本能的爱欲被压抑。“新感性”的建立，就是要将爱欲解放出来。“随着性欲转为爱欲，生命本能也发展了自己的感性秩序。”爱欲解放的实质是强调了人的本能、人的感性对理性的先在性，以此作为对发达工业社会下理性对人的控制的一种反抗。当个体的本能领域被恢复，获得了全面的展开方式，个体也就从异化的状态中走出。

在马尔库塞看来，最能充分地表达“新感性”内涵的就是艺术。马尔库塞在接受麦基采访时曾解释说，“美学形式是一个既不受现实的压抑，也无需理会现实禁忌的全新领域”[②]“高雅艺术是大拒绝(Great Refusal)”[③]。从这个角度讲，马尔库塞与阿多诺在异化复归的终极指向上是一致的。但艺术拯救现实的愿望显然只能成为一种乌托邦。

这里，我们有必要总结一下霍克海默、阿多诺和马尔库塞的现代性批判的路径。基于哲学、政治经济学双重视阈的分析，“异化”是法兰克

---

① Douglas Kellner, *Herbert Marcuse and the Crisis of Marxism*, Berkeley: University of California Press, 1984, p. 235. 转引自马丁·杰伊:《法兰克福学派史》，单世联译，270页，广州：广东人民出版社，1996。

② [英]布莱恩·麦基编:《思想家》，周穗明等译，72—73页，北京：三联书店，1987。

③ [美]马尔库塞:《单向度的人：发达工业社会意识形态研究》，刘继译，63页，上海：上海译文出版社，2006。

福学派对现代社会人的生存状态的总判断。这种“异化”主要体现的大众文化对人的意识形态的裹挟和控制之上。值得注意的是，大众文化的兴盛是资本发展的必然，从根本上说，大众文化对人的统治服务于资本扩张的逻辑。资本、技术、文化这三者的结合将人的世界单一化、片面化。人在真实的快感享受中丧失了批判性的维度。从这个意义上说，人的异化是现代性发展的必然后果。

但是，一个明显的事实是，法兰克福学派的第一代理论家们对异化模式的批判有余，但建构不足。哈贝马斯正是看到了这一点。他的理论更多地呈现的是合理性社会的建构方式而不是浓墨重彩地对问题采取极端地批判。这种有别于他的老师们的理论路径也让哈贝马斯成为了法兰克福学派第二代的领军人物。

哈贝马斯论证的起点是理性的合法性危机，这与霍克海默等人具有内在的一致性。自柏拉图以来，理性就被西方哲学置于至高无上的逻各斯的地位，启蒙运动中，理性对人思想的解放和对科技的促进作用更让理性万能的观点甚嚣尘上。但自资本文明开始发展，尤其是到了晚近资本主义时期，理性的虚妄一方面膨胀了主体的意识，造成了人与社会之间的紧张关系，另一方面，理性的单维性压抑了人自由生存的空间，人成为了理性实现自身的手段。哈贝马斯将这种现象称为“人自身的分裂”①。要改变这种局面，就要对理性重新进行审视和批判。但是，与第一代的法兰克福学者不同的是，哈贝马斯改变了将理性放在意识的内在范畴中进行批判的模式，转而将理性建立在日常的交往活动当中，从而建立起基于生活世界的交往理性的异化复归模式。具体来说，哈贝马斯将理性分为交往理性与工具理性。“人自身的分裂”是由交往理性和工具理性之间的不平衡关系造成的。在大工业化时代，技术与工业、资本、大众传媒等的结合和彼此依赖使得技术渗透在社会的方方面面。对象化的世界由于技术的发展成为了自成体系的机器，人甚至成为了机器上的

---

① [德]哈贝马斯：《重建历史唯物主义》，郭官义译，96页，北京：社会科学文献出版，2000。

一颗螺丝钉，需要遵循机械性的要求获取行为的方式和种种价值理念。此时，理性，从追问世界“是什么”转向到了追问世界“如何”运转，而如何与机械化的社会协调一致成为了唯一的原则。个体潜能的挖掘和真正自由就此陨落，工具理性成为这个世界的意识形态。哈贝马斯用“技术统治论”来描述这种现象。除此之外，技术“作为隐形意识形态，甚至可以渗透到非政治化的广大居民的意识中，并且可以使合法性的力量得到发展”①。这种“合法性”的力量，就是指技术合理逐渐变为了政治合理，以及由此造成的经济和行政系统对“生活世界的殖民化”。生活世界本身是由人与人之间的普遍理解、相互信任的语言交往作为主要内容，但是，工具理性的过度发展让资本、政治、权力这些“非语言的交往媒介”充斥在人与人的交往之中。生活世界被侵蚀，语言交往被扭曲。这即是现代性主题下人的异化状态在哈贝马斯这里的表现形式。要想打破这种异化，就是要重建交往理性，形成与工具理性的抗衡。

从这里我们就可以看出，相比于阿多诺、马尔库塞等第一代学者透过大众文化、技术的异化来呈现人的异化状态，哈贝马斯显得更彻底和直接。因为他对异化问题的探讨直接指向了人的内在理性的本质异化，而不是借助现象异化来表征本质异化。这是对批判理论的进一步发展。在此，我们有必要更进一步了解交往理性的内涵，以便于更好地理解哈贝马斯的这种内在理性的本质异化的内容及其复归的方式。交往理性首先根植于交往行动中，对此，哈贝马斯是这样论述的：

> 我把以符号为媒介的相互作用理解为交往活动。相互作用是按照必须遵守的规范进行的，而必须遵守的规范规定着相互的行为期待，并且必须得到至少两个的主体“人”的理解和承认。②

---

① ［德］哈贝马斯：《作为“意识形态”的技术与科学》，李黎等译，63页，北京：学林出版社，1999。

② ［德］哈贝马斯：《作为“意识形态”的技术与科学》，李黎等译，63页，北京：学林出版社，1999。

从这里我们可以看出，交往行动首先根植于两个或更多的主体之间的相互承认，这即是哈贝马斯的“主体间性”。这种包含了“他者”的相互关系保证了每一个单独个体的个性不会被侵蚀。而相互作用是按照“必须遵守的规范”进行的，这一“必须遵守的规范”指的是具有“真实性、正确性、真诚性”①的规范。这种规范与异化状态下人与人之间的虚假的一致性和被扭曲的交往形式形成了对照。因此，哈贝马斯实际上是在生活世界的语言领域建立了一个理想的交流的情景，主体间交流的目的是达到理性的共识，这种共识是人与人之间的“相互理解、共享知识、彼此信任、两相符合的主观际相互依存”。通过这种共识而得的一切决议也随之具有了合理性与合法性。这就改变了异化状态下工具理性绝对化、单一化的特性，主体的个性、共识的可错性都得到了包容。人的多种维度也就得以展开。

在具体的生活情境中，这种交往行为体现在社会舆论中。哈贝马斯认为，交往合理性的实现就在于舆论结构的改变，从而建立良好的对话环境。从这里我们就可以看出，相比于第一代理论家们强调的革命与激烈的否定，诉诸于对话与共识的哈贝马斯显得更加温和，他更看重的是启蒙、改良而不是革命。也许这种主张要追溯到他的少年时期——哈贝马斯的整个少年时代都在希特勒统治的德国度过，对纳粹暴行的耳闻目睹促使他对暴力革命敬而远之。或许这种对社会进行改良主义式的建构是哈贝马斯对早年战争创伤经历的一种返还。

至此，我们提纲挈领地梳理了法兰克福学派两代理论家们的现代性批判理论。从总体上看，他们都坚持对人的存在方式的关注，人的异化状态是对现代社会人的存在方式的总判断。在资本扩张的现实需要和工具理性的内在推动下，社会的总体性和个人的具体存在之间发生了不可调和的冲突。而人的具体性存在显然在冲突中失落了。人成为了技术的附庸、资本的附庸、理性的附庸，人作为主体被客体所支配，存在的主

---

① ［德］哈贝马斯：《交往与社会进化》，张博树译，148页，重庆：重庆出版社，1989。

体性岌岌可危，这是对异化的一个总括性质的说明。今天，当我们讨论当代中国的文化矛盾，文化作为某种程度上人自身的展开，文化的困境就是人在自我展开过程中的困境。人的异化、压抑的生存方式使人无法充分地展开自身。因此，询唤一个全面的人，一个敞开着的人——或者说，我们要首先聚焦于“人”，而非“物”“理性”“资本”，这也就是我们今天回到法兰克福学派、回到人道主义的马克思主义理论最重要的原因。

5. 当代西方马克思主义对革命主体的批判及其重构

苏联的政治历史让马克思成为宏大历史叙事的代言人，在其中个人的自由与生命的意义在理性化的理想面前可以被随意践踏；而苏东剧变的政治变革则似乎以不争的事实证明了马克思社会发展理论的彻底失败，现实对理论的证伪让今天的学者对马克思思想的坚守变得更加困难。

今天的激进左派面临着现实实践的拷问，他们要完成的工作首先是拯救马克思。“在 20 世纪中叶，所有的行动都必须以对待苏联事业的问题上持何种立场为前提。”①西方马克思主义者们正是在“苏联事业”的回应中坚持了对马克思的持续关注，但马克思理论的危机却并没有在这种关注中被真正地消解。

首先，宏大叙事对个人自由的侵害使得马克思主义成为反人道主义的代名词，这一主题成为了法国学界热衷讨论的话题，雷蒙·阿隆从分析革命、阶级的神话性入手批判马克思，②梅洛·庞蒂在批判苏联现实的非人道主义的同时却抱有着对共产主义的同情，③这其中还包括萨特对何为人道主义的相关讨论。其次，这种人道主义的争论最终演变为关于历史必然性的探究。人道主义对主体性的凸显隐含着历史理性的存在。萨

① [法]雷蒙·阿隆：《知识分子的鸦片》，吕一民等译，56 页，南京：译林出版社，2005。

② [法]雷蒙·阿隆：《知识分子的鸦片》的相关论述，吕一民等译，南京：译林出版社，2005。

③ Maurice Merleau-Ponty, *Humamsme et Terreur*, *Essat sur le Problime Communtstt*, Gallimard, 1947.

特在与加缪的争论中曾经这样说："历史有意义吗？您问，历史有一种目的吗？对我来说，这个问题没有意义的，因为它离开了创造它的人之外，历史只有一个抽象的、僵死的观念，不能说它有目的或者没有目的。问题不在于'认识'它的目的，而在于'给予'它一种目的。"① 萨特以其存在主义的方式试图消解历史必然性，但却在人赋予历史以目的的意义上重构了一种历史主体性，这种主体性在本质上与黑格尔式的历史理性异曲同工。结果只能是强化了历史必然性的维度。最终，这种历史必然性隐性地回复了思维与存在的统一性，从而使革命的可能性及其现实性再次成为了一个问题。

当代以激进左派为代表的一些思想家，诸如拉克劳与墨菲、齐泽克与巴迪欧等人，他们的马克思主义研究进路在某种意义上源于对某种革命理论的重构。坚守马克思，在今天从要不要坚守，转变为应不应坚守的问题。换言之，马克思理论的式微已经是不争的事实，马克思主义者在社会的全球化语境下如同一个牛虻与啄木鸟，挥舞着马克思批判的武器，试图在一个表面繁华的社会背后探寻其内在深层的危机。这一危机是社会良性秩序的断裂口，或者说是社会发展的"症候"。马克思主义的功能在今天的工作是要揭示这种症候，并加速这一症候的爆发，从而激发一个完美的、同时也是趋于停滞的社会保持其应有的活力。在这一意义上，共产主义作为一种激发社会发展动力的应然设定成为激进左派至今津津乐道的主题。

断裂与症候，实际上是革命的另一种表述。当代激进左派努力回避着一切带有传统马克思主义色彩的术语。但其理论的内核却从未改变。这是他们拯救马克思的一种方式。但这种拯救的两难困境在于：一方面如果坚持革命，那么关于革命方向与革命主体的讨论是必不可少的环节，但对后两者的讨论却会将理论带回到传统的教条主义的马克思理论的老路上：即将共产主义作为历史的必然目的，将无产阶级作为革命的

---

① 转引自[法]雷蒙·阿隆：《知识分子的鸦片》，吕一民等译，56页，南京：译林出版社，2005。

先定选民。从而最终将马克思打碎的思维与存在的统一性重新回复，用一套关于革命理论的设计预先规定革命的结果。这是向形而上学与观念论传统的倒退。但另一方面如果坚持革命，却不关注其革命的方向与革命主体，那么马克思主义的革命理论将沦为一场不知结局为何的“游戏”。如同后现代理论的必然宿命，在“怎么都行”的理论宽容中成为既有现实的维护者，而不是批判者。因此用多元主义，或者后现代主义来重新改造传统的马克思主义，消解其多元主义和一元论的做法，最终将与马克思的批判精神背道而驰。批判与革命，虽然意味一种断裂，但却同时又是对应然的一种向往和坚持。原因很简单，如果没有对应然状态的诉求，就无法看出实在现实的问题所在。“问题”（马克思的“异化”）总是相对于“没有问题”才得以存在的。

这正是当代激进左派所面临的理论两难。如果他们固守马克思主义，坚持批判和革命，那么他们必须要建构一个“非先验”的革命主体和革命目标。只有在这一基础之上才能保持自身的激进性。于是找寻这样一个非先验的主体，看似是一个现实问题，但其背后所需要的却是一个深刻的哲学理论的转换。

形而上学与主体性、理性与必然性似乎是不可剥离的理论共同体。后现代主义在对形而上学的批判中拒斥了以上所有的概念，因此后现代主义虽然看似光怪陆离，但其实并不难理解。但当代西方的马克思主义者的理论构建要困难很多，因为他们要在拒斥形而上学的时候拯救主体性，在拒斥必然性的同时保存理性。

阿兰·巴迪欧在其《世纪》中的一篇谈到了支配这个世纪的七个变量。其中他着意在“哲学”标题下写下了这样一段话：“在20世纪30年代到60年代之间，哲学家们用不同的形式来关注了作为主体的个体本真的可变性。”①这个可变性的主体意味着我们不再将主体的本质视为恒久不变的。相反，主体被存在的匮乏（manque-à-être）所界定，“由此主

① Alain Badiou, *Le Siècle*, Seul, 2005, p. 143.

体的本真性被敞开了，因为这种本真性既非一种本质，也非一种本性。由此主体理论有可能指认一种什么也不是的主体，主体是在特定条件下生成着的”。换言之“‘是其所是’，作为主体，不过是一个生成着的决定罢了”。①

巴迪欧的概括是准确的，当代西方马克思主义在其理论的构建当中无非做了这样两个工作：其一，追随马克思的批评者们指认革命主体的危机；其二，用各色可能的理论资源建构一个生成的，从而是非本质的主体。

拉克劳和墨菲所倡导的“后马克思主义”的领导权策略是这种革命主体的批判和构建的一种尝试。在《领导权与社会主义策略》一书中，拉克劳与墨菲在系统梳理了面对马克思的现实危机——工人阶级作为自主阶级并不存在，资本主义也并没有随着生产力的发展而必然的自行消亡——传统马克思主义提出的拯救策略。其中卢森堡与葛兰西的拯救策略似乎触及到了问题的关键，而阿尔都塞的多元决定论则更是其理论结构的核心资源。这三位马克思主义者的共同特征在于他们对偶然性的强调。卢森堡的群众运动、葛兰西的文化领导权以及阿尔都塞对于矛盾的多样性的强调都以隐性的方式消解了传统马克思主义当中的本质主义倾向。②

领导权作为一种新的政治逻辑，其本质就是一种新的革命主体的构造方式。它得以构建的两个前提可概括为：其一，社会对抗的存在；其二，话语连接的关节点的存在。社会对抗(antagonism)意味着：“‘他者’的存在使我无法完全成为我自己，我与‘他者’的这种关系并不是从完全的总体中产生出来，而是从它们构成的不可能性中产生出来。”③这段关于对抗的描述只有在反主体性，反本质主义的语境下才能得到透彻的理

① Alain Badiou，*Le Siècle*，Seul，2005，p. 144.

② Laclau and Mouffe，Hegemony and Socialist Strategy：towards a Radical Democratic Politics，Verso，1985 第 1、2 章。

③ Laclau and Mouffe，Hegemony and Socialist Strategy：towards a Radical Democratic Politics，Verso，1985，p. 125.

解。对抗概念所表达的是对立统一的不可能性。因为他者的存在，我就是非完整的。然而这种使我非完整的他者却又不得不始终存在着，否则这个“我”也是不存在的。就这一点而言，拉克劳显然是在吸纳了拉康哲学中那个不可能的真实界之后所得出的一个结果：“社会象征的领域被构想为围绕着某种创伤性的不可能性而构成”。[①]领导权正是因为这种对抗的存在而始终无法实现向统一性原则的回归，也因此保证了社会革命的可能性。

就这一点而言，领导权理论继承了马克思反形而上学的哲学取向，在学理层面上为社会革命留下永恒的空间。革命的可能性如果要变成为现实需要革命主体的存在。在后马克思主义的视域中，“主体”理论始终带着引号存在着。[②]在此主体是被暂时连接起来的。其遵循的连接原则借用了语言学中的等同逻辑与差异逻辑。话语变成了一种富有现实行动力量的实践被拉克劳和墨菲倍加推崇。所谓的领导权，其本质正是这种暂时的话语连接，其理论的重心在于连接的暂时性。谁究竟能在一段时间内掌握领导权，成为革命主体，关键在于其话语实践的连接能力，即能否将社会对抗的各个方面整合起来，找到对抗的结合点，也就找到了话语连接的关键点。但“连接力量的同一性继续保持分离和不变都是不可能的，两者都属于持续颠覆和重新定义的过程”[③]。领导权意义上革命主体因此没有本质，它是一个永远有待填补的空白。如同一个没有内容的形式。如此革命主体去除了传统马克思主义的先验性(即先验的为无产阶级)，但同时领导权作为一个主体的空位却从不能被消解，这意味着主体的内容可以是非本质的，但主体性的原则却并没有消除。这是当代西方马克思主义者革命理论的关键要点：保持一种非本质的主体性。

---

① Ernesto Laclau, New Reflections on The Revolution of Our Time, Verso, London New York, p. 249.

② Laclau and Mouffe, Hegemony and Socialist Strategy: towards a Radical Democratic Politics, Verso, 1985, p. 125.

③ Laclau and Mouffe, Hegemony and Socialist Strategy: towards a Radical Democratic Politics, Verso, 1985, p. 157.

后马克思主义的批判和建构，实际上被当代西方马克思主义者始终以不同的形式进行重述。齐泽克虽然对于意识形态批判颇具创建，但在关于革命策略与革命主体的构建上几乎完全追随了拉克劳的脚步。阿兰·巴迪欧的情况似乎更为复杂。有意大利学者阿尔贝托·托斯卡诺认为巴迪欧的后一毛主义已经表现出其与拉克劳的后马克思主义相偏离了。① 但作者对这一断言缺乏必要的论证。虽然作者强调了巴迪欧对于所谓领导权的重构不感兴趣，但却强调了"巴迪欧的贡献是在于他试图对政治的集体主体的巩固和纯粹化"②，并界定巴迪欧为"在一个对于现状激烈断裂并催化出新真理或新主体的事件哲学家"，③ 这就显得有些前后矛盾了。领导权的策略正是当代激进左派新主体构建的主要方式。虽然巴迪欧没有运用身份认同的方式来构筑主体，但其试图基于偶然性的原则构建主体，并因此保持革命的持久性的哲学倾向是不言而喻的。

巴迪欧作为阿尔都塞的弟子，在对阿尔都塞理论评述中将其概括为是一种"没有主体的主体性"哲学，这一界定在我看来不过是巴迪欧为了拓展自身哲学的一个切入点。阿尔都塞在对意识形态的研究中看到了国家与意识形态对于主体的询唤，这虽然是一个批判的指向，但却似乎为其后继者提出了一种主体建构的可能。在我看来，巴迪欧哲学中的事件主体的概念与这种询唤主体有异曲同工之处。

在巴迪欧的理论巨著《存在与事件》中，主体被视为是"空洞的，分裂的，非实体的，非反思性"，④ 在此，主体的空洞性让其在失去传统主体的本质性之后反而获得了一种新的发展空间。主体是空洞，或者用结构主义的话语来说，主体成为了某种"主体位置"，然而这种主体的解构最终消解的只是主体的本质性。主体位置最终变成了主体空位，这种空

---

① [英]阿尔贝托·托斯卡诺《马克思主义的流亡：阿兰·巴迪欧的转向》，收录于《社会批判理论记事》，110 页，南京：江苏人民出版社，2013。

② [英]阿尔贝托·托斯卡诺：《马克思主义的流亡：阿兰·巴迪欧的转向》，收录于《社会批判理论记事》，114 页，南京：江苏人民出版社，2013。

③ [英]阿尔贝托·托斯卡诺：《马克思主义的流亡：阿兰·巴迪欧的转向》，收录于《社会批判理论记事》，116 页，南京：江苏人民出版社，2013。

④ Alian Badiou，*L'être et L'évenement*，editions du Seul，1988. p. 9.

位，在巴迪欧的数学化的语言中变成了空集合。空集合并非零集合，零集合中仍然包含着一个“零”的数字，而空集合成为了一个多元要素可能共存的空间。这种空间的多元化的空位在等待着一种填充。而事件，作为他的哲学的另一个关键词，则充当着激发主体，填充空位的契机。任何一种突发事件，就如同一种症候，一种连续体中的断裂，在其中要求主体的参与并承担责任。换言之，正是事件讯唤出了主体，只是此刻的主体也只存在于事件当中，并在突发事件的结束后而消失。因此对于巴迪欧来说，如何能说出一个我来？只能“是我”是我，因为我正在(为一个新的社会，一个新的艺术，一种新的科学秩序)斗争。①

从这一意义上说，巴迪欧与拉克劳，一个采用集合体的数学原理，一个采用结构主义语言学的相关原则，其所构筑的主体却是相似的：它们都只在社会断裂口处才会出现，它们没有本质性的内涵，而是在生成过程中逐渐形成。

当代西方马克思主义缩小了马克思主义的理论视阈。马克思对于政治经济学的批判以及其对形而上学的批判都不再是今日马克思主义关注的重心，尽管我们无可否认以雅克·比岱为代表的一些学者围绕着资本主义的批判坚持着对马克思经济学的相关研究。但在今天世界学术舞台上较为活跃的激进左派却更青睐于这种“政治—哲学”的研究路径。而这一政治—哲学的倾向中，出现了一个泛文化的理论转向。这表现在其所坚持的批判意指着纯粹理论领域内的批判，其所强调的革命，在构造革命主体的时候侧重于理论构建的优先性。这是葛兰西主义在今天的显现方式。而葛兰西正是西方马克思理论内部第一个提出文化领导权的思想家。文化，作为批判与革命的理论形态，它凸显了文化之中的人文“化”成的能动性，因此成为了当代西方马克思主义者如此热衷的一种革命力量。他们所提供的理论资源为今天我们批判当下社会提供了路径。

---

① 参见 Hallward Peter, *Badiou: a subject to truth*, Universtiy of Minnesota Press, 2002.

四、当代文化批判的基本路径

当今中国社会的现状给了社会批判理论很大的理论生长土壤。当今中国，共时性矛盾与历史性矛盾交织在一起，全球化使这种矛盾的交织程度更加深化。中国社会就其整体而言，市场经济发展所带来的整体社会问题要求我们以一种综合性并且具有侧重性的灵活观点来审视时代。于是，我们看到，经济层面和政治层面的批判都可在文化批判的视角上重新加以审视。

1. 资本批判的文化转向

资本批判成为今天西方马克思主义主要的批判对象，它近乎成为今天我们判定马克思主义者的一个基本标准。第一，资本批判处于经济批判层面，而传统马克思主义认为经济层面对社会发展起基础性作用；第二，目前中国处于资本发展转型期，资本发展所带来的种种问题已经日益凸显出来；第三，资本一词已经由贬义色彩转变为中性色彩，人们对于资本的态度也由反感、疏远转变为推崇甚至崇拜。

资本批判缘起于马克思，《资本论》为我们提供了资本批判的重要导向：异化性批判。虽然该理论在马克思写作《1844 年经济学哲学手稿》时就从德国古典哲学和古典政治经济学中被抽象出来，但是只有到了《资本论》时代才真正完成了非人道主义性质的道德异化性批判。马克思以资本发展的逻辑为我们呈现了资本是如何统治资本主义社会的；资本是《资本论》的主体和人在资本中的主体性缺场，恰恰证明资本对人的异化。资本批判理论经过了恩格斯、希法亭和列宁等人的发展，成为 20 世纪上半叶国际社会主义运动的理论基石。然而，只有葛兰西等少数人看到了资本批判长久以来的缺陷，即缺乏社会整体性和全民性把握，只是基于资本的经济层面而忽视了其政治文化层面——特别是文化层面。这成为了反马克思主义者批判马克思主义的重要突破口，这也成为阿尔都塞的结构主义、法兰克福学派的社会批判理论等众多战后理论的理论起点之一。

那么，对于全球化时代中的中国社会而言，既然共时性矛盾和历时性矛盾交织在一起，社会发展已经达到了西方社会历史上现代性问题突出时代的水平，而又面临全球化时代带来的众多新问题，面临着以往理论的挑战和辩护理论的思想资源，中国当前理论语境中所进行的资本批判的文化转向主要体现在哪些方面呢？首先，是看到了流动的资本与文化多元化之间的关系，其次是看到了虚拟的资本与文化非主体性之间的关系。

(1)流动的资本与文化多元化

资本的本性在于不断增殖，即资本要通过不断流动去主导资本主义的经济过程；如果资本不再流动，那么它就丧失了其内在性规定，从主导者变为一种静态符号。特别是在现代信用体系之下更是如此。信用本身就是一个心理学倾向概念，基于对于未来现金流的一种信念。当今的全球化是资本的全球化，是资本主导的全球化，金融资本比以往任何时候都更加强大，虽然金融资本已经被统一的国际规范所制约，然而资本增殖的本性同全球化所形成的普遍交往和联系相结合，全球资本市场形成。如果我们以传统资本批判理论来分析，会发现全球资本市场已经成为一个相对而言脱离人类控制的“异化物”：各类统一性的规范虽然在起作用，但是资本市场的内在本性(增殖并追求利润或增殖最大化)却导致全球性金融危机，并且金融危机已经成为周期性常态，无论人类如何进行形式化和规范化的监管，也只是对以往问题的“事后诸葛亮”式的解决，人类难以真正找到对金融市场的长久语境机制。资本在全球化背景之下所形成的独立性比以往更强。资本全球化背景下的金融危机所导致的社会问题不言而喻，即使其单位强度远不如以往金融危机或经济危机(以往的危机很明显会导致社会底层的生存问题)，但是相对于目前人类的正常生活水平而言，不良的影响是深重的，而问题的范围也明显是十分广泛的，即大多产生全球性不良影响。全球资本市场这一由人类信用所建立起来的体系从人类社会中逐渐获得独立性，并且成为了影响人类发展的力量，这是明显的异化。

然而，如果我们仅仅基于这种层面进行资本批判，那么，我们最多是在重复一个明显的事实，这个层面的资本批判看到了问题，但是却只是一个方面，因为全球化背景下文化的作为一个整体性与碎片化的现象和过程已经全面影响了资本：我们刚才提到，全球化的资本市场是一个巨大的全球性信用体系，这个体系基于对于未来现金流的信念；这种信念在全球化的作用之下已经成为一种对于很多人而言是值得笃信的公理性共识。根据我们对于文化广义的定义，就这种观念自身而言，我们可以将之称为“资本文化”。资本文化意味着文化资本化和资本文化化。文化资本化是显然的：文化产业的发展离不开资本的注入。文化的一个重要且核心的内容就是形成对于资本的观念或意识。资本文化化也逐渐显露出来：资本已经形成强有力的意识形态并且逐渐取得统治性地位。

由以上可以看到，全球化中的流动资本同文化已经紧密相关，因而我们对于资本主义社会进行批判时就必须考虑文化层面的内容。我们在资本和文化层面上进行社会批判，首先要看到的应当是资本与文化最明显的特征。流动性和多元性分别是目前全球化背景下资本和文化最明显的特征之一。资本的流动性前面已经叙述，而文化多元化主要体现在，人们的价值观和信仰体系多元化。要分析资本批判的文化转向应当分析资本流动性与文化多元化之间的关系。

资本的流动性首先冲击了文化的多元化。资本的流动性是微观经济层面全球化最直接的体现，同时也是促进全球化最直接的原因。资本需要在全球追求增殖和最大利润，因而需要流动。资本的流动使全球之间的经济联系逐渐增强，使人类交往空前发展。资本在流动的过程中形成了统一的规范，这是对于文化多元化最直接的冲击，因为统一化同多元化是相互对立的概念。资本越是扩张，就越需要一个整体上一致的规范，而这种规范会破坏其他文化所建立的规范及其观念。而如果更具体而言，我们可以从人类微观文化生活来解释这种冲击：某些强势宗教逐渐传播到世界各地，人们的信仰开始由少数几个宗教所控制，宗教传播的背后明显是资本在运作，某系宗教在传教过程中往往通过物质资助来实现人们对于信仰的选择；越来越多的国家或地区开始接受其他民族的节日并且遗忘自己的节日，这背后也是资本的影子，资本通过自己规范化的文化工厂传播自己民族的节日文化。

文化的多元化制约着资本的流动性。作为一对矛盾，资本在流动过程中冲击着文化的多元化，文化的多元化自然也就成为制约资本流动的因素。资本在流动的过程中可能希望建造某建筑或者公路，但是这里的文化习俗可能并不允许如此，因为建造某建筑或者公路可能会触犯这里信仰中的神明。文化的多元性对于资本的制约明显是多元化对于统一化的限制，两者无论力量对比如何，相互之间的制约都不会消失。

然而，仅仅看到资本流动性与文化多元性的相互制约是不够的，必须看到的是两者之间的共谋关系。资本的流动需要文化的多元化，文化的多元化也同样需要资本的流动性。

第一，资本的流动性与文化的多元性都具有相对的自足性与自愈性。资本与文化属于社会结构的两个层面，一般而言并不会产生根本性矛盾。两个层面都是相对自足的，它们都有自己的运行规范，都有自身的修复机制，两者即使存在冲突也仅仅是通过将自身层面转化为对方层面的方式进行的，而这种转化并不都是冲突的。

第二，资本的流动性与文化的多元性之间相互补充对方所不具备的结构性因素。作为社会整体的不同层面和不同结构因素，资本和文化各有各自的优势与缺点。对于资本来说，流动性是其最大优点之一，这是一种巨大的经济力量的体现；但资本却无法自己去以最小代价征服世界，因为资本单调而统一。对于文化而言，多元化是其最大优势之一，正是由于多元化，文化才能体现不同民族、国家或地区的特点，但是，文化的影响往往都是潜移默化的，很少可以直接形成强大力量进行直接传播。资本和文化是可以互补的：资本需要文化最大限度降低成本（特别是机会成本）获得社会准入；而文化需要依赖资本的巨大力量进行传播。于是，二者在全球化时代一拍即合：文化担心自身生存，而资本则担心自己无法“运动”起来。这样，资本的流动性和文化的多元性成为了结构互补的两个层面。

第三，资本的流动性与文化的多元性都体现着现代性，两者是现代性的两个方面。资本的流动性与文化的多元性之所以可以形成共谋是有条件的，如果是在古代交往不频繁的时代，即使二者之间不存在相互制约也无法真正共谋，而在全球化的今天，两者即使相互制约也会形成共谋。这主要是因为两者都体现了现代性。现代性，正如我们已经指出的那样，最突出的哲学品质在于其对理性的推崇，而理性在经验主义语境下往往同功利主义直接关联，即获取利益最大化。全球化背景下，面对普遍化的国际竞争，资本和文化发现，只有两者达成共识才能互利双赢。而科学与技术作为资本主义文化的核心性内容之一，已经逐渐深化到多元化的文化之中，这也使多元文化作为整体更容易同资本达成共识，因为已经作为整体多元文化一部分的科技与技术自身就是统一性规范的代表，同资本的统一性规范不谋而合。

以上这些特性在当今中国尤为明显。当下，无论是个人层面的大众文化的过度市场化与庸俗化，还是国家层面的文化产业发展与文化资本运营，无疑都是资本与文化的共谋关系在全球化语境下的一种显现。全球化给予中国市场空前的发展机遇与动力，中国金融市场虽然并没有完全融入全球金融市场，但是相对于以往而言，中国资本的流动性比以往任何时候都要强——这是很明显的历史事实。在逐渐对全球资本市场的融入过程中，流动资本与多元文化的关系将会更加紧密。这是我们在新的理论语境下所进行的资本批判的文化转向的第一个方面。

(2)虚拟的资本与文化的非主体性

资本虚拟化与文化非主体化是全球化语境下资本与文化关系中十分鲜明而且直接的特点。长久以来，资本以其货币形式统治整个资本主义社会，主导着全球化的进程；文化一直以人为主体，不断创新发展。然而，随着人类交往和联系的空前发展，计算机技术和网络技术的发展，世界交通网络的跨越发展，时空限制已经逐渐减少，因而，资本背后隐藏的深刻社会关系也开始改变其固有形式，这体现在资本之上主要在于资本的虚拟化，即我们往往所说的电子货币和其他虚拟资本存在方式。文化的非主体性主要体现在，作为文化主体的人越来越不能主导文化发展进程，人更多的是去被动接受文化工厂的产品，被意识形态所控制，文化反而成为人的异化主体。

我们首先就资本的虚拟化作以分析。首先，资本虚拟化是资本发展的必然结果。2015 年 5 月，丹麦政府就率先公布其建设“无现金国家”的动议。“去现金化”已经成为了未来发展的一种趋势。因为资本本身代表的是人类的一种社会关系，这种关系主要基于信用与未来现金流的心理预期，所以一旦人类之间的关系和交往密切到足以将这种信用和心理预期达成普遍共识，那么像实体货币和货币符号(纸币)这类信用代表也就没必要存在，因为它们的流通和虚拟化的货币符号完全不是一个数量级，与之相比，传统物理性的货币及其符号在存储、运输等方面的局限成为阻碍资本在全球化背景下大范围流动的原因；而既然资本背后的信用有了保障而人们又对之达成共识，那么虚拟化就成为必然：在目前条件下，最大限度地保障了资本的流动。其次，资本的虚拟化并不是虚化了资本。资本在全球化时代改头换面，逐渐抛弃其自身物理性形态而转化为虚拟数字化形态，这是资本控制力量增强的表现，而不是资本自身被虚化，与之相反，资本非但没有被虚化，反而获得了更强的实体性：一切经济行为都将同资本的流动有关，我们需要不断“刷卡”。这样，资本以数字化的形态，披着便捷性的外衣，在人们的日常生活中获得了空前实体性。这种实体性可以被称为“资本数字化的手”，牢牢把握人们的衣食住行。再次，资本虚拟化在最大限度符合资本本性的同时，也蕴含着发生深刻危机的可能性。资本是“潘多拉的盒子”，而资本的虚拟化则进一步将这个盒子打开。资本背后的信用体系依托于人类极大的交往与对信用所达成的共识，然而，2008 年的国际金融危机为我们展现的则是这个信用体系的脆弱。资本需要流通，需要最大限度去增殖，其本性在道德层面而言通常都会产生不可避免的恶，虽然有信用体系作为缓冲，但是，当资本的流通和增殖同数字化结合并成为极大数据量的时候，准确性则不是个体性的人可以把握的；而另一方面，资本流通中演化出各类复杂衍生品，这需要十分专业的金融知识。当准确性不能被有效把握并且需要十分专业的金融知识时，资本的监管在社会层面成为一大难题，这就构成了资本泡沫的基础，并且这泡沫会空前大，于是，危机的爆发似乎只是时间问题。

我们再来看文化的非主体性。与资本的虚拟化相对应，文化在资本的虚拟化的过程中如同货币的物理存在形式一样，失去了文化的实质性的主导，我们或可称之为文化的非主体性。但需要注意的是：首先，文化并不是真正没有主体。就整个人类发展而言，在我们对文化的广义定义上来说，人一直都是文化的主体，离开了人，文化就什么也不是。这里所说的文化非主体性如前所言，是文化对人的一种异化，由人产生却反过来控制了人。文化的非主体是相对性的，在人的个体性层面上，个体的人似乎从来都不能控制文化的发展脉络，而在全球化时代的今天，个体的人对文化的整体发展更加无能为力——与之相比，以往时代总会出现众多引领时代与文化的人类大脑；而在人的总体性或者整体性层面上来说，文化同人的外化物相结合，逐渐脱离人，这最明显的体现就是资本同文化的结合。以往的文化是被总体或者整体的人所控制着的，但是，全球化时代，是文化控制着总体或整体的人。其次，文化多元化造成一种假象，人们持有相对的标准，使文化的主体性减弱。文化多元化是客观的事实，但是全球化时代交往的增强在促进文化融合和发展的同时，在另一方面也造成了对统一性和绝对性的普遍消解，各个文化之前所信仰的形而上学不断被解构，即使是强势文化也面临内部信仰的多元化与相对化。文化多元化所加强的相对性使文化的主体性减弱，因为主体性是一个构造性的概念，主体性的过程需要统一性和绝对性的观念作为依托，而文化多元化背后所隐含的相对主义倾向会直接消解掉统一性和绝对性，进而减弱文化的主体性。

接下来，我们来看一下虚拟的资本与文化的非主体性之间的关系。

两者之间表面上似乎是一脉相承的，即虚拟的资本导致文化的非主体性，而文化的非主体性反映资本的虚拟化。这的确是一个重要方面。虚拟的资本以空前的力量主导着经济全球化进而主导整个全球化，它增强了资本的流动性，使资本以更大的范围和更强的能量渗透到社会文化层面，无论是个体文化生活还是整体文化产业，资本都仅仅抓住了文化，并使文化独立于人，于是文化逐渐失去其主体，而成为资本的“奴仆”。

同时，文化的非主体性也成为资本虚拟化的“帮凶”。文化的非主体性使文化独立于人之外，成为控制人的独特意识形态，这种意识形态借着经济与文化的全球化，通过大众文化产品渗透价值观，使人逐渐接受工具理性，使人笃信现代性而很少去反思。这样，表面上文化的多元化实际上有着共同的经济基础和背后观念，即资本的逻辑及其意识形态。当文化被资本所控制并成为其“奴仆”之后，那么一定会创造出更加符合自己发展的意识形态或相应观念，这样就进一步使文化的非主体性增强。文化的非主体性越是增强，人们就会越来越被动接受资本的逻辑。资本的本性就是去增殖，所以要不断去流动，而在全球化背景下虚拟化可以最大限度去流动——于是，文化的非主体性同资本的虚拟化一拍即合。

因此今天我们在进行资本批判的时候不能忽视对于文化的批判。这是当代全球化语境下无法回避的一种文化转向之一。

2. 微观政治理论的文化旨归

在资本的生存弹性日益加大，资本主义社会发展不是衰弱，而是逐步完善的过程中，我们看到了社会批判理论的转向。意大利思想家葛兰西最早提出了文化领导权在进行社会批判与革命之时所具有的重要意义。正是在凸显文化之作用的同时，微观政治的概念也孕育而生。它相对于宏观政治而言，更能符合今天资本的普遍化、全球化的历史境遇，因为其所指向的不是如何以颠覆的行动一次性的实现社会变革，相反，它将目光投向了资本流行的市民社会中人的现实生存状态，对这种人的现实生存状态的反思和批判，使得批判直接转变为了文化的批判。在某种意义上说，所谓微观政治，其所关注的正是非经济的、非宏大政治叙事之外的文化事件。因此当微观政治理论被提出，并逐渐完善之时，我们会发现，文化与政治文化已经成为了无法分割的一个整体。

(1)他者文化的形成

微观政治作为一种政治理论形态，仍然关注的是共同体中人与人之关系的问题。由此使得今天的文化批判在理论层面上仍然要面对他者文化形成的问题。

他者是相对主体而言的另一个主体，是一个十分重要的哲学概念。我们知道，在形而上学领域之中，主体间性问题或者说交互主体性问题是一个难题，当我们被问及“心灵与心灵之间如何交流”或者“主体如何能够理解另一个主体”等问题的时候就会陷入困境：我不是鱼，我不知道鱼在想些什么。你也不是我，不知道我知不知道鱼在想些什么。主体间的相互认识与理解在形而上学上几乎没有令人都满意的答案，这或许同人的认识局限有关，这本身也同人类知识的形成有关；但是，我们在日常生活中不会经常去追问这个形而上学层面的难题，日常生活中人们不能完全理解彼此，但是却可以交流和交往——虽然从形而上学的意义上而言，这些交流和交往并不能证明人们可以相互理解。在日常生活层面上，人们可以达成共识：他者可以交流和交往。人们的交流与交往在全球化的背景下变得无比频繁，人们的关系似乎变得无比紧密。然而，从前面的分析可以看到，这种紧密只是一种假象。在微观政治上，他者文化已经形成。

所谓微观政治领域的他者文化，是指在微观政治领域，人们的主体性成为一种虚化的性质，总是依托于他者的观念，总是在他者那里去找寻自身的政治展开。其实，从黑格尔和德国古典哲学那里，我们可以看到他者文化的一些影子：绝对精神诞生于自我意识的双重化，即自我对自身的意识源于另一个自我意识(即他者的形成)，精神所体现的正是自我意识的相互承认的问题。因此当代诸多政治理论借用黑格尔对自我意识的分析来构建承认政治。哈贝马斯看到了这点，将主体性转化为了交互主体性并以此发展出了其独特的交往理论与商谈伦理学。霍耐特更近哈贝马斯一步，发展出自己的“承认理论”，将交往理论扩展与深化。社会批判理论明显注意到主体间的关系，虽然他们没有像拉康那样激进——后者通过对精神分析的批判与发展，认为主体的欲望是虚假的，主体的欲望其实是他者的欲望，但是我们可以看到，对比以往大谈主体的时代，开始谈论主体间的关系本身就意味着对他者的重视。

微观政治领域在全球化背景之下之所以转向文化领域并且逐渐强调他者的重要性主要在于：第一，政治上的平等、自由、公平、正义等观念成为当今世界的普遍共识性观念，即使现实中存在诸多不平等、不自由、不公平和非正义，人们也必须承认，相比于历史上任何一个时代，人类社会当下都更好地践行了这些理念和价值观。第二，微观政治关系中，权利关系是一个核心性关系，而权利关系十分重要的一个方面就是主体与他者之间的权利关系，这是民法在当今时代特别重要的原因。第三，经济全球化与文化多元化增强了不同个体之间的关系，而在处理关系特别是微观政治关系的时候，对对方的态度就变得十分重要。综上，主体在微观政治当中必须将他者放到一个十分关键的位置，作为互为他者的主体，如果在微观政治领域中不顾及其他主体（即他者）的权利或者立场，那么这个时代的一般关系就会转变为冲突与矛盾关系。社会批判理论正是顺应了这种潮流，以哲学与广义社会学的方式对他者文化进行了分析。

在社会批判理论的视野下，他者文化应当包括以下内涵：

第一，他者由我设定，我对他者的设定也意味着他者决定我。这是一种辩证的说法，是理解他者文化的关键。他者必须由我承认才能获得最基本的存在性，否则他者只是作为主体而无法与我发生直接关系，但是，在当今微观政治语境之下，我设定完他者，也就是我承认他者的那一刻就意味着我不再是一个完全的主体，我不能真正让自己自我完满，因为我承认他者也需要他者承认我，我作为主体在微观政治中的展开需要他者给予我实质性政治内容，因而是他者决定着我。其实，从这里可以明显发现，我与他者之间的关系是最不可或缺的，对他者进行强调而不是对主体的我进行强调并称这种关系的整体为他者文化，主要在于我与他者的关系中是我舍弃自身主体性开始的。

第二，他者构成整体形而上学虚妄，他者文化是整体性概念。从上面对于他者与主体的分析中可以发现，由于主体与他者之间互为主体与他者，因而两者之间的关系成为关键与基础，而这种关系是一个动态现实过程，这个过程是整体性的，任何独立主体或者他者都不可能产生这种关系，即使部分主体或他者之间产生了这种关系也无法形成他者文化，他者文化是全球化背景下文化整体性的一个典型：以一些针对个体的意识形态概念来塑造一种形而上学的虚假的真实，让人在否定原有形而上学整体性的同时，试图使个体之间达成新的形而上学共识，而实质上这只是一种形而上学虚妄，我们只要稍微还原就能够解构掉这种整体性并会发现微观政治领域中实质上深刻而广泛的矛盾与冲突，而这些矛盾与冲突是他者文化被碎片化的根源。

(2)重构文化领导权

对于社会批判理论来说，当他们发现暴力革命无法真正实现对资本主义社会的变革之后，他们找到了一条新的道路，那就是文化批判。这是十分明显的理论历史事实，在此不再赘述。他们之所以这么做，另一个原因在于资本主义以自己独特的意识形态控制着人，资本主义掌握着文化领导权和文化话语权，因而，对于资本主义进行革命这一政治性行为就自然引申到文化领域之中，成为文化领导权和文化话语权问题。

文化领导权理论现在已经成为了当代西方社会批判理论主要理论武器。在这里，拉克劳和墨菲所倡导的“后马克思主义”的领导权策略或许可以给我们一些启示。在《领导权与社会主义策略》一书中，拉克劳与墨菲在系统梳理了面对马克思的现实危机(即工人阶级作为自主阶级并不存在，资本主义也并没有随着生产力的发展而必然的自行消亡)之后，对革命主体的批判和构建进行了一种新的尝试。他们认为，领导权作为一种新的政治逻辑，其本质就是一种新的革命主体的构造方式。它得以构建的两个前提可概括为：其一，社会对抗的存在；其二，话语连接的关节点的存在。社会对抗(antagonism)意味着："'他者'的存在使我无法完全成为我自己，我与'他者'的这种关系并不是从完全的总体中产生出来，而是从它们构成的不可能性中产生出来。"[①]这段关于对抗的描述必须在反主体性，反本质主义的语境下才能得到透彻的理解。对抗概念所表达的是对立统一的不可能性。因为他者的存在，我就是非完整的。然而这种使我非完整的他者却又不得不始终存在着，否则这个"我"也是不存在的。就这一点而言，拉克劳显然是在吸纳了拉康哲学中那个不可能的真实界之后所得出的一个结果："社会象征的领域被构想为围绕着某种创伤性的不可能性而构成"[②]。领导权正是因为这种对抗的存在而始终无法实现向统一性原则的回归，也因此保证了社会革命的可能性。

就这一点而言，领导权理论继承了马克思反形而上学的哲学取向，在学理层面上为社会革命留下永恒的空间。革命的可能性如果要变成为现实需要革命主体的存在。在后马克思主义的视域中，"主体"理论始终带着引号存在着。[③] 在此主体是被暂时连接起来的。其遵循的连接原则借用了语言学中等同逻辑与差异逻辑。话语变成了一种富有现实行动力量的实践被拉克劳和墨菲倍加推崇。所谓的领导权，其本质正是这种暂时的话语连接，其理论的重心在于连接的暂时性。谁究竟能在一段时间内掌握领导权，成为革命主体，关键在于其话语实践的连接能力，即能否将社会对抗的各个方面整合起来，找到对抗的结合点，也就找到了话语连接的关键点。但"连接力量的同一性继续保持分离和不变都是不可能的，两者都属于持续颠覆和重新定义的过程"。[④]领导权意义上革命主

---

① Laclau and Mouffe, *Hegemony and Socialist Strategy: towards a Radical Democratic Politics*, Verso, 1985, p. 125.

② Ernesto Laclau, *New Reflections on The Revolution of Our Time*, Verso, London New York, 1990, p. 249.

③ Laclau and Mouffe, *Hegemony and Socialist Strategy: towards a Radical Democratic Politics*, Verso, 1985, p. 125.

④ Laclau and Mouffe, *Hegemony and Socialist Strategy: towards a Radical Democratic Politics*, Verso, 1985, p. 157.

体因此没有本质，它是一个永远有待填补的空白。如同一个没有内容的形式。如此革命主体去除了传统马克思主义的先验性(即先验的为无产阶级)，但同时领导权作为一个主体的空位却从不能被消解，这意味着主体的内容可以是非本质的，但主体性的原则却并没有消除。这是当代西方马克思主义者革命理论的关键要点：保持一种非本质的主体性。

这种对革命主体的构造方式不仅在一定程度上消解了马克思的批评者们对革命主体危机的指认，更为我们当下用文化领导权进行文化批判提供了理论资源和灵感启迪。当我们把视野拉回到当下中国的语境，思考在当下共时性矛盾与历史性矛盾交织的断裂口，文化领导权是如何发挥理论的功能，如何与当下的文化语境相结合，我们还可以做进一步的分析：

第一，文化领导权已经超越传统阶级斗争语境，成为微观政治普遍内容——这里的“普遍”是指文化领导权问题对于大众而言不再是划分政治队伍的界限严明问题，而是一个边界模糊而又错综复杂的问题。由上面他者文化深入到微观政治领域可以看到，新的意识形态和新的社会事实已经将传统阶级斗争送回过去，微观政治领域“为了权利而战”，因而文化领导权或者文化权力成为获得个体权利的方式，所谓文化领导权就是文化话语权被掌握。

第二，话语权是十分重要的概念，文化与之结合体现的正是当今政治发展的现实。时至今日，无论是西方民主制还是社会主义的民主集中制，对于普遍的政治价值已经达成共识，因而，传统暴力斗争的政治方式已经成为过去，全球化时代，人类追求的是共同的幸福生活，这需要政治领域的博弈以话语为直接武器——不可否认，拥有更多财产权或者在科层制中处于中上层的群体拥有更多话语权。话语自身就属于文化领域，政治话语本身是政治文化的载体。于是，文化同政治在这个时代更紧密地结合在了一起。

第三，话语之所以联通了文化与政治，有着深刻的哲学内涵。前面提到，海德格尔认为“语言是存在之家”，而话语作为广义上语言的一个方面，体现着人的展开与内容。话语在全球化时代所蕴含的人的内容同以往任何时代都不一样。话语作为语言，凝结着人的内容性存在，正如价值凝结于商品之中一样。通过话语展开人的内容性存在，使个体的内容性融合于关系之中，这是人类交往与交流在这个时代的基本方式。

由以上三点，社会批判理论语境下，对于文化领导权所涉及的具体的、现实的问题可以做以下理解：

第一，文化领导权应当符合当今政治共识。自由、平等、公平、正义作为社会价值虽然没有了绝对意义上的形而上的神圣性，但是却可以达到共识性形而上的意义，即这些社会价值应当作为人类处理关系的共同准则，即使它们已经失去了神圣性，人们也必须在实际行动中以之作为准则——这些准则与神圣性的形而上学概念不同的是，它们是人们信念的共识而不是人们信仰的共识，所以，当在实际生活中遇到矛盾或冲突，人们也可以怀疑这些准则。文化领导权符合了这些政治共识也就顺应了上述准则的特点，也就符合了整个全球化时代人们交往和交流的特点。

第二，文化领导权在不同的语境下有不同的内涵。文化自身是多元的，微观政治语境的政治大背景也是不同的：有的文化或者政治大背景崇尚个体，有的文化或政治大背景凸显集体，有的则介于两者之间。这些都是历史境遇与时代语境交融的结果，或者我们可以说不同的民族或国家都有自己独特的社会状况。在微观政治领域，我们不能忽视这些有差别的状况，既然我们又要重视文化领导权问题，那么我们就必须看到文化领导权的不同内涵。这些不同的内涵主要表现在具体政治文化话语的差异，在不同的文化或者政治大背景下，谈文化领导权所使用的话语及其结构会有差异，具体概念或词汇也会不同。

第三，掌握文化领导权的关键在于形成一套综合性政治文化话语体系。政治文化话语的构建对于掌握文化领导权至关重要，在考虑以上两点的基础上，应当形成一套综合性的政治文化话语体系。所谓综合性政治文化话语体系就是要让政治文化融合进整个社会结构中，作为文化结构的不可或缺的一环，并以此同经济结构和政治结构发生关联。这就需要政治文化话语综合全球化、现代化、民主化、历史性等全面因素，并以政治文化话语的概念体系作为最后结果。一般而言，法律体系可以表明这些政治文化话语的体系化，但是在当今时代，法律也像以往一样，只是社会最低底线，真正稳固而有发展性的社会共同体必须基于个体都认同的价值道德体系，这正是文化领导权的关键，也是形成政治文化话语体系的基础。

3. 文化研究的话语转变：由理论批判到实践介入

社会批判理论针对的对象是社会现实，而其批判的意味本身也不仅仅是理论性的单纯指向，该理论要想成功就必须解决现实问题，即进行理论建构，而作为介于纯哲学与广义社会学中间的理论，它在保持高度理论水平的基础上也必须直面社会现实，即社会批判理论必须具有实践本性。批判这一概念从康德到马克思经历了理论的转变，由较为单纯的理论辨明逐渐转变为实践意味——在马克思那里，批判在实践层面上更多地同革命相关联。

社会批判理论的文化研究在经济和政治层面具有明显的实践倾向：全球化语境下，无论是资本批判还是微观政治批判，文化研究在社会批判理论的方式下，其研究话语被实践内容介入。这种介入体现为更强意义上的理论与实践的综合性。文化研究理论首先必须基于全球化的现实实践，从微观到宏观都是必须把握的体系；而全球化的现实文化实践也在反思自身并借鉴批判性理论来指导自己的发展。问题的关键在于理论批判与实践介入之间的关系或者说两者在整个理论—实践体系中所占比例的大小或程度。全球化层面上的文化本身就是一个大的理论—实践体系，对这个体系进行抽象层面上的反思批判并进行实践是一个较为难把握层次的过程，因为文化现实与对文化现实进行的反思所形成的理论(也是一种文化)往往是界限模糊和难以辨别的，因而，如何把握理论批判与实践介入之间的实际关系是困难的，那么，我们该如何做呢？

第一，立足全球化的整体。整体性对于本章而言十分重要，本章的大背景是全球化，要将全球化的整体性放在十分重要的角度，因为全球化的整体性直接影响着其他各个方面的整体性，因而，只有立足全球化的整体性我们才能理解和把握理论批判与实践介入的关系。

第二，立足全球化的具体事实。全球化的具体事实前面已经提到，对于理论批判与实践介入而言，在文化研究的层面上，我们看到的趋势是理论批判向实践介入转向，这是对文化现实的反映，对于这种趋势，反映的全球化的具体现实实际上就是我们在第一节中所讲的内容，是我们在本节前两部分中理论所反映的现实内容。

第三，基于以上两点，我们可以得出如下结论：在文化研究中，基于全球化的整体与现实，我们必须让文化研究更加倾向于实践，让实践更多介入文化研究，让实践逐渐在理论—实践体系中居于主导地位。

五、中国文化与全球化的“遭遇”：中国文化矛盾的形成

全球化背景之下，文化作为社会结构的一个层面，其在新的人类历史时期所产生的矛盾或问题是每个国家和民族都必须直接面对的。中国作为全球化时代的重要一分子，中国的文化已经走到了历史与现实、传统与非传统的十字路口——往哪条路走，该如何往前走成为了十分迫切并且关键的问题。要回答这些问题，必须首先分析当前中国文化矛盾的新特点。当前中国社会的文化矛盾基本上都受到全球化的影响，但是，这些矛盾集中起来主要体现为三个方面：资本拓展与传统文化的冲突；他者文化构筑中国文化多元矛盾冲突；文化的介入性与中国发展道路的矛盾与契合。

1. 资本拓展与中国传统文化的冲突

资本拓展与中国传统文化的矛盾也可以表述为现代性与传统文化之间的冲突。现代性背后所代表的理性主义具有明显的科学主义和技术主义倾向，将解决问题的方式根植于精细的程序化过程之中，并且将功利主义的利益最大化原则作为自己的背景语境。全球化所带来的资本全球

化是现代性在当代突出以上现代性特点的最大推手，这在第二部分中就有相应论述。资本流动、虚拟化、不断增殖，始终以最合适的方式、最小的成本获得最大的利益。虽然客观上来讲，“二战”之后越来越多的国家或民族将道德成本计算入资本成本之中，但是，这在计算方式本身就是现代性的集中体现，而且，道德成本有时候不能被量化。

要想集中概括中国传统文化是十分困难的事情，因为作为唯一没有被中断过的文化，中国传统文化内涵十分丰富，历史十分久远，传承过程十分复杂。我们只能从某些方面管中窥豹，比如从中国传统思想、习俗等方面。在我们看来，中国传统文化从总体上来看，是一个广义的道德价值系统。这个道德价值系统在其思想上十分重视道德并且形成了一种道德理性，在现实生活中形成了一套以道德为标准的完整的社会秩序。所谓道德理性不同于科学理性和工具理性：如果说科学理性和工具理性最开始的关注对象是客观世界特别是自然界的话，道德理性的关注对象是一个整体宇宙并且将自然界和人赋予自己理解的人格特征——比如，科学理性或工具理性会将山川作为土壤、动物、植物、水分等等的复杂集合，而道德理性则将山川作为在整体宇宙中同人平等的概念，而科学理性对待山川有的是好奇心，道德理性对待山川有的是敬畏之心。中国传统文化的道德理性是祛魅化的，即中国的道德理性不是对道德的迷信也不是将道德基础建立在迷信之上，所以这种思想倾向才能被称为道德理性。虽然中国古代思想受远古巫术影响很深，但是其很早就建立起来了以道德作为形而上学意义上最高实体的思想体系：中国古代思想中的“天”“天理”“心”等概念都具有道德形而上学本体的意义，即使在儒家尚未出现之前，“天”也绝非人格神。儒家出现之后，中国古代思想更是逐渐被建立在了道德理性之上，并且直接影响中国传统文化的发展。另一方面，中国传统文化的道德理性在现实生活中要想稳固并且具有发展性，就必须建立一套符合实际生活并且以道德价值为基础的秩序体系。天或者道德往往是秩序合法性的来源，具体到现实社会，最高统治者被尊为天子，天子自然要实行天道，所谓天道就是人伦纲常与礼数：

让不同的人做自己应该做的事情，说自己应该说的话。有了这个整体的特点，中国传统文化不断演化，形成了自己独特的习俗、风俗，形成了自己独有的节日。

然而，现代性对中国传统文化进行了无情冲击，从鸦片战争的被动接纳再到“五四”运动的主动摧毁，又到新中国成立之后对传统文化的不同态度，我们可以从近现代历史中直观感受到现代性对于中国传统文化的深刻影响。在一百多年的现代性与中国传统文化关系中，中国传统文化基本上处于被动防守的位置，两者的矛盾基本上由现代性所主导。而在当代，情况依旧如此。资本作为全球化时代现代性最集中的代表同中国传统文化的冲突可以体现为以下几点。

第一，资本在经济层面上控制传统文化发展，使之成为自己增殖的手段。中国传统文化应当作为凝聚中华民族发展的思想来源与传承载体，然而，在资本逻辑之下，在经济层面上，资本为了获得最大经济利益，使传统文化成为其获得经济利益的方式。当传统文化阻碍资本增殖的时候资本会毫不留情地对之进行打击，比如当资本投资某地，而某地的习俗正好与这投资冲突，资本会使用各种手段打压传统习俗以使自己增殖；而当传统文化被提倡的时候，资本就会以文化产业的方式对与传统文化相关的项目进行投资以使自己增殖。某种程度上，传统文化在经济层面上已经成为了资本运作的“玩偶”。虽然我们必须承认，当资本投资传统文化的时候，的确有利于增强传统文化的影响力与生存力，但是，必须看到的是，在市场逻辑下，资本逻辑是短视的，即追求短期利益最大化，因而，资本对于传统文化的投资只会认准最能短期内获利的方面，比如传统文化旅游项目，而基本上不会涉及传统文化在精神和思想层面上的传统这一民族生存发展利益——除非在国家层面将传统文化视为生存发展的战略性资源，并进行长期性非营利性投资。

第二，资本在政治层面上阻碍传统文化创新。鉴于长久以来传统文化发展严重依托于政治发展的历史事实，中国传统文化要想发展创新就必须处理好同政治发展之间的关系。然而，在资本的逻辑下，政治发展同样是其增殖的手段——这在美国的游说政治中表现得很明显。中国政治发展虽然有别于西方，但是，不可否认当前全球化时代，中国国内资本与国外资本事实上影响到了中国政治的发展，当这些资本认为传统文化与其理念不一致时，将会通过影响中国政治发展的方式来控制传统文化发展与创新，使之发展与创新深深刻上自己的政治印记。

第三，资本在思想层面上同化传统文化。当资本有能力在经济和政治层面上对传统文化进行控制的时候，那么在思想层面上其试图同化传统文化。所谓资本同化传统文化是指资本将自己的逻辑规则和价值观侵入传统文化规则和价值观系统之中，试图以自己的规则和价值观去置换传统的文化和价值观。资本追求利益最大化，因而资本的逻辑原则是利己主义和功利主义的，而中国传统文化弘扬集体意识和共同体精神，追求美好道德的普遍性和整体性，这显然同利己主义和功利主义是有区别的；然而，资本以其强势侵透力逐渐将利己主义和功利主义原则融入到传统文化的诸多现实载体中，将这种观念融入传统文化的主体中，于是，作为传统文化最核心的传统思想逐渐被边缘化，而我们所说的传统文化即使载体一样，也已经不再是传统文化了，打一个不恰当的比喻就是，这正如恶灵侵入人体并控制人，而这里的人就是传统文化。

2. 他者文化构筑中国多元文化矛盾冲突

鉴于我们对于他者文化的分析可见，他者文化消解掉了文化的主体，作为文化主体的人已经找不到文化中的自己。这一点在全球化时代的中国同样如此。中国传统文化是秩序性的文化，每个文化主体都有自己的文化位置和社会位置，这种文化结构是稳固的。然而，当资本所代表的现代性控制了传统文化之后，传统文化已经不能成为中国文化的主导，因而整体上看中国文化失去了其主体——传统文化在历史上自觉成为整体上的文化主体，在微观层面上，资本和市场化使中国社会结构发生变化，传统秩序下的微观文化主体逐渐消失，代之以不同阶层——全球化背景下中国市场经济发展和资本发展使中国社会出现大众阶层、中收入者阶层、精英阶层等等，这些阶层取代微观个体在整体上成为文化主体，因而他者文化在中国出现。

他者文化构筑了中国多元文化矛盾冲突，各个阶层在整体上成为文化主体之后，微观主体与以往传统文化所构筑起来的整体主体的一致性被打破，于是，中国产生了多样文化类型，即大众文化、主流文化与精英文化。三种文化在当今中国同时并存，并存在一定的文化冲突。

所谓大众文化在前面有所提及，“从本质上说，大众文化是现代工业社会背景之下所产生的并与市场经济和商品社会相适应的一种市民文化”[①]。大众文化的主体是一般市民阶层，这里的市民并不仅仅是指城市人口，已经采取现代化生活生产方式的农村人口也应该被视为此处意义上的市民。大众文化以消费为其基本特征，是文化市场的主要针对对象，其文化内涵同市场经济和消费文化相适应，在思想层面上，其道德价值判断更加具备生活直观化的特征。所谓主流文化是指占据社会观念形态统治地位的文化，“当代中国的主流文化就是中国特色社会主义文化。它既是我国社会主义经济、政治在观念上的反映，又是对当代中国经济和政治的发展具有巨大促进作用的文化形态”[②]。中国特色社会主义文化坚持马克思主义在意识形态领域的主导地位，因而，中国当前的主流文化是马克思主义为主导的。主流文化的对象应当是所有文化个体。所谓精英文化是“知识分子阶层中的人文科技知识分子创造、传播和分享的文化，‘精英’是指社会为其设置专门职业或特殊身份的知识生产传播应用者。精英文化在精神上与中国传统的士大夫文化一脉相承”[③]。精英文化的主体和对象主要是知识分子阶层，某种程度上是他们内部的自产自销。

在当今中国，资本逻辑、市场规则和他者文化的存在首先使主流文

① 邹广文：《当代中国的主流文化、精英文化与大众文化》，载《杭州师范大学学报（社科版）》，2002年第6期，15页。

② 邹广文：《当代中国的主流文化、精英文化与大众文化》，载《杭州师范大学学报（社科版）》，2002年第6期，12页。

③ 邹广文：《当代中国的主流文化、精英文化与大众文化》，载《杭州师范大学学报（社科版）》，2002年第6期，14页。

化被挑战，马克思主义在观念形态领域的主导地位受到越来越多地挑战——无论这种挑战的实际目的是什么。马克思主义所主导的文化已经不再是社会全体，即其微观文化主体已经在范围上减少。新中国成立之后，马克思主义替换了传统思想成为联系整体文化主体与微观文化主体的桥梁，但是改革开放之后，随着市场与资本的介入，马克思主义对于主流文化的主导力相比之前减弱，但是在社会结构控制与维持层面仍然占据主导地位，而控制和维持社会结构的阶层是主流文化的主体。大众文化契合了市场与资本的要求，但是广大市民阶层在当今中国社会语境下，大众文化的消费性带来了文化愚昧化，即大众被动接受大众文化产品而缺少自我判断力，这实际上加速了他者文化的形成。精英文化是知识分子阶层的自产自销，同主流文化和大众文化之间存在话语差别，虽然主流文化和精英文化会有交集，但那基本上只是在政治精英同知识分子产生交集的时候。

所以，大众文化、主流文化和精英文化实际上有着各自阶层，但是却存在竞争关系，它们之间的界限并不是明显的，而且它们都希望掌握文化主导地位。三者之间的矛盾在所难免。实际上，三者并不是不可调和的，它们不应该冲突反而应该互补，因为它们所掌握的阶层加起来基本上就是整个中国社会，问题在于三者之间没有形成良好的互动和交流机制，大众文化掌握着中国的经济生活，主流文化掌握着中国的政治生活，精英文化掌握着中国的思想，如何使经济、政治和思想调和在一起是一个十分复杂的问题。他者文化是造成这种局面的推手，但是并不是“幕后黑手”。很显然，资本逻辑才是真正起主导作用的原因，资本控制着市场、控制着文化的发展进程。在这个意义上，大众文化是我们必须全面对待的，一旦资本通过大众文化控制了大众，那么当资本有了更强增殖要求并试图通过政治方式来取得优势地位的时候，主流文化和精英文化都是无能为力的，甚至大众文化会同精英文化中的某些方面联合起来挤压主流文化的政治主导性。对于当今中国而言，处理三者矛盾有两个关键：首先是必须保证马克思主义对于主流文化的主导权，第二是要找到三种类型的发展共识。对于第二个关键，一个可能性的思路是将主流文化与传统文化结合起来进行文化创新，使创新后的文化获得对整个社会的文化统一性与整体性。

3. 文化的介入性与中国发展道路的矛盾与契合

介入性与实践性是当代全球化下文化发展的基本特征，中国社会发展过程中的信息化、消费化的倾向，以及城乡发展的不均衡等为文化的介入提供了条件，同时在与文化的结合过程中又产生新的矛盾。

所谓文化的介入性是指文化主动进入社会其他领域之中，所谓文化的实践性是指文化指向社会现实并现实化。从定义中可以看到，文化的介入性与文化的实践性实质上是一致的，都是文化将自身由精神性和思想性的“虚体”实在化。在全球化背景之下，文化的介入性与实践性体现着的就是全球化时代的文化矛盾、文化现状。也可以说，我们在本章前面所论述的所有内容，只要涉及全球化与文化，都可以概括为文化的介入性与实践性。文化的介入性与实践性是全球化视野下文化的整体性特征，区别于以往文化形态及其历史。

中国社会发展过程中的种种问题，比如信息化。消费化倾向、城乡发展不均衡等等是中国全面问题的具体方面与内容，这些问题共同构成中国的总问题，那就是发展问题，发展问题是一个整体性的概念，是与文化的介入性与实践性在层面上对应的。

全球化之下的文化介入中国发展道路之中，必然有其契合之处，因为两者都有着共同的或相似的时代背景、发展冲动和资源，当中国的发展同文化的介入或实践有一致性的时候，即两者有着共同的发展话题的时候，两者就会相互促进和发展；而当中国的发展同文化的介入或实践不一致的时候，两者必然产生矛盾，正如前面两点所表现的那样。

中国的发展道路与文化的介入性与实践性之间的契合与矛盾实质上反映的是中国同世界的关系，特别是中国特色社会主义发展模式同世界其他发展模式之间的关系。在中国与世界的相互融合之中必然产生矛盾，文化的介入与实践同中国的发展道路的契合会产生无数具体文化矛盾，这些矛盾以以上两个具体矛盾为主要内容，并且会产生许多新的形态，在总体上，在可以预见的历史阶段中，这些新的矛盾在整体上是中国模式与其他模式的融合问题。但是，不得不指出的是，正是文化的介入性唤醒了我们深层次的文化自觉，在当下，无论是越发兴盛的针对学生的国学体验营、国学训练班，还是在政商界此起彼伏的“传统文化与企业智慧”课堂，无一不表达着全球化浪潮席卷下的中国社会对传统文化的一种询唤。这种询唤之深，暗示着中国发展道路与文化介入性的矛盾之重，也昭示着失范社会下人们对价值观构建的迷茫和迫切需要。事实上，从 1840 年开始，这种中与西的碰撞就从未停止。

在本书的第二章，我们将详细地梳理近现代以来中国文化与西方文明碰撞与融合的历史脉络，并在其后的相关章节，进一步分析这种文化矛盾的现实表现和发展走向，并探讨文化未来发展的“中国道路”。

第二章　文化矛盾的历史溯源

诚如贺麟先生所言，“在思想和文化的范围里，现代决不可与古代脱节。任何一个现代的新思想如果与过去的文化完全没有关系，便有如无源之水，无本之木，绝不能源远流长，根深蒂固”①。对于当代中国的文化现状的考察不能脱离了历史，中国传统文化在世界文明发展史上有着浓墨的一笔，源远流长，博大精深。中国曾经在物质、精神、艺术等领域居于世界领先地位，然而15世纪之后，中国逐渐落后了，1840年以后的中国历史，更是一部屈辱史。落后的根本原因是什么？传统文化究竟有无缺陷？今天，中学与西学如何和谐共处并共谋发展？对于这些问题的回答，需要梳理中国自鸦片战争以来中国的现代化进程，从历史唯物主义的视角观看中国的文化变迁。

一、中国现代化的历史脉络

对于中国现代化进程的起点，学界存在较大的争议。有人认为是鸦片战争，有人认为是戊戌变法，还有人认为是“五四”运动等。之所以存在如此大的争议，究其根本，是因为学者们对于何谓现代化通常有着自己的理解。现代性、现代化的定义繁多，从历史唯物主义的视角来看，农业文明与工业文明的质的不同在于生产方式，现代化就是由于蒸汽机、自动化机械的生产工具以及建立在高效率生产工具之上的科学技

① 贺麟：《儒家思想的新开展》，载《思想与时代》，1941第1期。

术、管理技术、信息技术的应用，导致了大众生活方式、社会制度的异变，现代化的范围涉及政治、经济、文化、思想观念等领域。概言之，中国的现代化进程大约可分为三个阶段。

1.“遭遇”现代化：1840—1919 年

在 1840 年之前，中国与西方诸国实际上已经存在一些经济贸易活动和文化交流。“从清初到鸦片战争前，清政府的对外贸易大概经历了从一口通商到四口通商，再回复到一口通商这样一个变化过程。清初，满族统治者为防止汉族人民联络海外力量，曾下令沿海人民内迁 30 里，且‘片板不准下海’。到康熙平定台湾后，曾一度开广州、漳州、宁波、云台山等四口与欧洲诸国通商，史称江浙闽粤四关贸易时期。总的来说，这一时期的贸易额一般都不大……从商品结构来看，我国输出品以茶、绢、丝、砂糖、木棉为大宗，国外输入品以棉、布类、鸦片、象牙、细工等为大宗，其中鸦片一项为主要商品，开关初期约占输入品的六分之一；到 19 世纪初期则达二分之一以上，成为主要贸易国英国用来平衡国际贸易收支逆差的主要手段。”①尽管鸦片战争时期已经存在经济交流，但中国的现代化进程却并未开启，一方面是因为西方国家进行经济贸易的目的并不在于扶持输入西方的科学技术，中国的工业始终没有得到发展，另一方面是中国市场有限的购买力大半用于购买鸦片，便不能购买别的工业品，没有消费的需求，工业化的生产模式自然无法有效建立。在文化交流方面，早在明清之时，就有耶稣传教士如利玛窦、汤若望等人到中国借助西学传教，带来了西方的天文知识、地理学、仪器、钟表、火炮等科学技术。直接以西学命名的书籍就有《西学凡》《西学治平》《民治西学》《修身西学》等等。那时西学传入的规模虽然还不大，但是已经陆续引起如何对待西学的一些争论。

1840 年以前的中国，是农业文明高度发达的封建社会。数千年以来中国一直是东亚最古老的文明之国，周边小国是道德文化低下的“夷”，

---

① 许纪霖、陈达凯：《中国现代化史》，37 页，上海：学林出版社，2006。

再外面是未开化的“蛮”，这些蛮夷之邦与中国保持着悠久的朝贡关系。儒家文化盛行于东亚，造成国人普遍抱有华夏中心主义这样的盲目乐观思想。“在中国人的眼里，中国的文明不是一种文明，而是唯一的文明，而中国的生活方式不是一种生活方式，而是唯一的生活方式，是人类心力所及的唯一的文明和生活方式。”①统治者偏激地认定外国人对于中国“常怀吞食之志，往往外假经商之名，遂其私计”，基于这种认识，清政府多次拒绝了西方诸国的通商要求，对外贸易上长期奉行闭关锁国政策。正是由于这一封闭政策，造就了近代中国的落后局面。正如马克思在分析印度的历史时曾指出的：“孤立状态是它过去处于停滞状态的主要原因”。②

鸦片战争清政府的战败被迫打开了国门，《中英南京条约》《虎门条约》《中美望厦条约》等等一系列不平等条约的签订使中国沦为半殖民地半封建社会。此后，迫于民族的生存危机，清政府推出了一系列的自强措施。1851 年爆发的太平天国运动与 1860 年第二次鸦片战争使清政府再无退路，只能苦思变革之法。早期洋务派认为“中国文物制度，事事远出西人之上，独火器不能及”。李鸿章认为“顾经国之略，有全体，有偏端，有本有末，如病方亟，不得不治标，非谓培补修养之方，即在是也”③。洋务派初期主张“师夷之长技以制夷”，认为中国的战败原因是武器的落后，由此洋务运动最初尚“自强”，兴办了许多机器局、船政局、枪炮厂等军事工业仿造西洋船舰、武器。洋务派在各地先后创办了大约 20 个制造枪炮、弹药和船舰的现代军用企业，其中规模较大的有江南制造总局、金陵机器局、福州船政局、天津机器局、湖北枪炮厂等。19 世纪 70 年代后，洋务派的思想出现了转变，他们意识到“自强”首先需要“富”，军事力量的强盛必需雄厚的资金支持，由此提出了“寓强于富”的口号，在兴办军事工业的同时，还兴办了很多军事工业之外的民用企

① 林语堂：《中国人》，30 页，杭州：浙江人民出版社，1988。

② 《马克思恩格斯选集》，第 1 卷，768—769 页，北京：人民出版社，1995。

③ 《同治四年八月一日奏折》，见《李文忠公全集》，奏稿卷九。

业。自19世纪70年代至90年代，洋务派创办了40个现代民用工矿企业，其中较重要的有轮船招商局、系列变革的措施，其内容已不限于整吏治、清漕运等传统内容，而更多的是发展工商、设厂局、架电线、建铁路、保利权、护商情、设学堂等仿效西方"富强之术"的内容。总体上说，虽也创办了一些工商企业，但数量甚少，经营不力，发展缓慢，社会效益也十分有限，难以与外国资本相抗衡。正是在内忧外患的双重压力下，中国开始了缓慢的现代化进程。

在洋务派运动后期，逐渐分化出早期的改良派人士，如郑观应、王韬、薛福成、马建忠等人开始反思中国不仅应该学习西方的器物、技术，更为重要的是，要学习西方的经济、政治制度。如郑观应认为"乃知其治乱之源，富强之本，不尽在船坚炮利，而在议院上下同心，教养得法。兴学校，广书院，重技艺，别考课，使人尽其才；讲农学，利水道，化瘠土为良田，使地尽其利；造铁路，设电线，薄税敛，保商务，使物畅其流。……育才于学堂，论证于议院，君民一体，上下同心，……此其体也。轮船、火炮、洋枪、水雷、铁路、电线，此其用也"。[①] 从这个时期开始，中国的现代化不再囿于经济范畴，逐渐延展至政治、教育领域。

因为西方的现代化进程是囊括了经济、政治、文化、宗教为一体的全方位对于传统农业文明的超越与改变，"18世纪，伴随工业革命的爆发，欧洲兴起了启蒙运动，这场文化运动高扬理性主义和人本主义的大旗，确立了尊重理性、知识、科学的力量和人的现实利益的原则，从而建立了指向理性化和世俗化的全新的现代化的观念"。[②] 而清政府试图简单地把西方的经济、政治嫁接到落后的封建的生产关系上，就必然会出现各种问题。正如马克思在《雇佣劳动与资本》当中所批判的"黑人就是黑人。只有在一定的关系下，他才成为奴隶。纺纱机是纺棉花的机器。只有在一定的关系下，它才成为资本。脱离了这种关系，它就不是资本

① 郑观应：《盛世危言》，10页，北京：华夏出版社，2002。

② 许纪霖、陈达凯：《中国现代化史》，45页，上海：学林出版社，2006。

了，就像黄金本身并不是货币，砂糖并不是砂糖的价格一样”。[1]这种维持落后的封建生产关系不变，而强行移植西方的生产力，注定了洋务运动失败的命运。

1895年中日甲午战争中国的失败，宣告了洋务运动的失败。随着洋务派退出历史舞台，改良派成为现代化进程的主导者。以康有为、梁启超为代表的维新派认为洋务派的失误在于并未意识到制度才是根本，在1898年6月11日至9月21日在光绪的首肯下发动了戊戌变法。期间共颁布了一百八十多条新政诏令，在经济、政法、文化方面实行变法，以图实现君主专制向君主立宪制的转变。从《定国是诏》后，光绪皇帝接连发布了一百多道上谕，颁布各项有关政治、经济、军事、文化方面的新政，几乎每天都有有关新政政令的颁布，表现出光绪帝要大规模推举变法的决心。经济方面，命各省设立商务局，颁布《振兴工艺给奖章程》，在中央设立矿务铁路总局，兴办卢汉、粤汉等铁路。军事方面，命各省改以新法练军，并力行保甲。文化方面，急令废八股为注重时事实学的策论，诏举经济特科，创设京师大学堂。日益浓重的变法气氛逐渐笼罩京城。[2]这些革新政令，目的在于学习西方文化、科学技术和经营管理制度，发展资本主义，建立君主立宪政体，使国家富强。但是这场变法改革只持续了一百天就以失败告终，其中大多数有关改革的政令在社会上均没有付诸实施，更没有在社会变迁方面产生相应的实际效果。

戊戌变法失败之后，清王朝为巩固反动统治，不得不顺应世界潮流被迫采取一些新政措施，但也无法走现代化之路，无法挽救其灭亡的命运。康有为、梁启超的君主立宪制尝试的失败促使有识之士进一步思考制度改革背后的更为深层的、更为基本的因素。在这一历史时期，中国的现代化进程拓展到人的思想与教育层面。在甲午战败后，严复广译西学著作，强调人的思想力量在人类历史中的作用，如翻译斯宾塞的《天演论》、亚当·斯密的《原富》、斯宾塞的《群学肄言》、穆勒的《群己权界

---

① 《马克思恩格斯选集》，第1卷，344页，北京：人民出版社，1995。

② 许纪霖、陈达凯：《中国现代化史》，130页，上海：学林出版社，2006。

论》与《穆勒名学》、孟德斯鸠的《法意》等政治经济学、社会学、法学著作。在《万言书》中严复指出应该实施双重改革，一方面进行军事、财政、外交的外部改革；另一方面进行人才培养和习俗改变的根本改革。王国维、章太炎等人也是在甲午之后开始涉猎或专攻西方哲理书籍，收拾先进的学理，精神气象由此深刻而变。梁启超在戊戌后流亡日本，更是“广搜日本书而读之”“思想言论与前者若出两人”。由于通过戊戌变法看清了当务之急在于效法日本从根本处着手，在思想与学术层面吸收西学，中国知识界在20世纪初兴起了大规模留日潮流，东渡学人逐年剧增，介绍西方哲学、经济学、政治学、社会学等哲学社会科学思想的书籍以日本为渠道，大潮般地涌入中国，推动着中国的“向西方学习”迅速突破了洋务运动的“器”的层面，转向“道”的领域追寻，进入了讨论“形而上学”的最高阶段。一场声势浩大的中国学术史数千年的根本变革之局正在徐徐拉开序幕。

尽管戊戌变法以失败而告终，但其影响却历久不灭。戊戌变法后不久，便爆发了八国联军入侵事件，严酷的现实促使清王朝统治者在20世纪初被迫实行了一系列长达十余年的改革新政，改革内容涉及中国经济、政治、社会、文化生活的广泛领域。在教育改革方面，清末新政正式除了科举制。1905年9月2日清廷上谕宣布自丙午科为始，所有乡、会试一律停止。各省岁、科考试亦即停止。这样历时一千三百年的科举制被彻底废除。在长达十年的新政中，教育改革无疑是各项改革中进行得最广泛、最深入的一项，因而它的影响也显得最深刻、最持久。通过废科举、兴学堂、促留学为思想观念层面的现代化奠定了重要基础。1909年，国内各类学堂已有57000所，学生160万人。1911年，在美国的留学生有800名左右，在欧洲的留学生约有400。这批优秀的海外留学人才在日后中国政治、经济、文化、科技以至社会生活中起了非常大的积极作用。军队改革方面，主要是军事行政机关和军制的改革，扩展新式军队，以及新式军事学堂的兴办和军事留学生的广泛派遣海外留学；官制改革促使国家体制摆脱千余年的禁锢而向近代进步，宪政提出议事日程，并使西方“三权分立”政治制度成为实践，为立宪派的活动提供了条件；新政中推行的一系列奖励与保护工商业的措施，兴建铁路、发展实业和社会福利事业，促进了民族资本主义的发展壮大。从现代化的历史发展的角度看，在这十年多的时间里，中国的社会风俗和政治生活与过去几十年相比，发生了重大的变化。新的社会利益集团和政治势力也在崛起。“正是在这个意义上，我们可以认为，自20世纪初开始以来的清末新政，是中国现代化历史上一个重要的发展时期和阶段。就变革的深度和广度而言，就其对中国此后历史的影响而言，更为重要的是，就这一全国性的变革运动对现代化宏观研究的理论价值而言，清末新政的重要性均超过19世纪后期的洋务运动和19世纪末的戊戌变法运动。”①

凡是改革，都会遇到阻力。随着清末新政改革措施的推进，加深了中央与地方、满族与汉族的多重矛盾，加上当时统治者的新政主要目的是为了维护自身的统治，而无意于制定出推动社会发展和进步的政策。在晚清中央政府日益严重的财政危机之下，整个城乡民不聊生，下层群众的自发反抗斗争不断爆发，在1910年之前，据统计已达260余次。在新政无以为继的形势下，辛亥革命爆发了。

1911年辛亥革命通过暴力革命的方式，一举推翻了统治中国两千余年之久并已日趋腐朽的封建君主专制制度。它不仅摧毁了中国封建势力最顽固的堡垒，宣告了封建君主专制统治时代的结束，戊戌变法与清末新政证明了君主立宪不适用于中国国情，因而辛亥革命后建立了民主共和政府。康有为、梁启超与孙中山其政治主张虽有改良与革命之分，但发展资本主义却是他们的共同目标。辛亥革命的现代化措施主要包括三个方面：

(1)政治层面。革命成功后，孙中山建立了南京临时政府，成立了临时参议院，并制定了《中华民国临时约法》。它以根本大法的形式宣告

① 萧功秦：《清末新政与中国现代化研究》，载《战略与管理》，1993第1期。

了近代资产阶级民主共和国制度的正式确立。资产阶级“三权分立”的政治体制，从法律上限制了总统的专权和任期，这在当时是符合中国人民的愿望和要求的，因而促进了中国人民的民主主义觉醒和中国政治的现代化。对此，毛泽东给出了高度评价：“比如民国元年的《中华民国临时约法》，在那个时期是一个比较好的东西；当然，是不完全的、有缺点的，是资产阶级性的，但它带有革命性、民主性。”[①]孙中山引领的政治现代化为中国社会由传统社会向现代社会的跨越过度奠定了重要基础。辛亥革命最直接的结果，同时也是它对中国现代化发展最大的贡献，是它通过同时也迈出了中国政治从专制向民主转化的重要一步，为中国的政治现代化开创了一个新的阶段。

（2）经济层面。辛亥革命不仅促进了政治现代化，而且对中国近代资本主义经济的发展起巨大的推动作用。革命爆发不久，中国民族资本主义经济就进入了一个前所未有的“黄金时期”。制定出一系列有利于民族资本主义经济发展的政策法令。这些政策法令把中国民族工商业的发展纳入法制化的轨道，不仅为中国经济现代化提供了一定的政策、法律保障，而且为民族经济发展创造了良好的社会环境。辛亥革命对中国经济现代化的巨大推动作用，最关键的是它在一定程度上造就了市场经济的内在环境，使20世纪初雏型初现的现代经济体制，经过临时政府（乃至北京政府）时期，得到进一步巩固、完善，并日趋成熟。民国初年，在民族资本发展迅速的黄金时期，据当时农商部统计，在1904年到1911年的8年间，全国共设厂6393家，而民国建立后，1911年建厂787家，1912年建厂1504家，1913年建厂1378家，年设厂率远远超过了前清时期。据中国通商银行的统计，而从1896年到1911年十余年间，设立银行不过17家，民国成立后，仅1912年一年就建立了14家。除此之外，当时全国还成立了大量的实业团体和商业组织。无论从规模、范围还是影响上，这一时期的经济发展都大大超过了晚清几十年的

① 中共中央文献研究室编：《毛泽东文集》，第6卷，325—326页，北京：人民出版社，1999。

总和，这无疑是辛亥革命推动中国经济现代化的一个无可争辩的显著事实。

(3)社会意识层面。民主、共和、选举、法治、议会思想广泛普及、深入人心，使“民权弥张，民意弥达，于是平等自由之风起矣。既曰平等也，故长吏与属官无上下也”。[①]民国初年政党政治、议会政治之风盛行，党团林立，“集会结社，犹如疯狂，而政党之名，如春草怒生，为数几至近百”。[②]民众的参政、议政意识觉醒，民主主义思潮成为不可阻挡的历史潮流。伴随着民主共和的政治意识的现代化的自觉，是个人自由、平等人生价值观的自觉。思想的启蒙和观念的现代化，这是任何一个国家在从传统向现代转换过程中必经的阶段和必需的基础，特别是对中国这样一个具有几千年封建历史的国家来说，把长期束缚于封建主义精神枷锁中的人们解放出来，并使其实现思想意识的现代化，更是走向现代化的必不可少的前提。辛亥革命在这方面做出了卓越的历史功绩。

然而由于资产阶级革命的不彻底性和妥协性，导致革命的成果被袁世凯窃取，使中国未能走上民主与共和的西方式的现代化之路。辛亥革命后，中国社会出现了两个最显著的变化，一是政治倒退、军阀混战，出现了近代史上的政治最黑暗的时期；一是中国的民族工业得到了明显的发展，尤其是1914年到1922年左右，被称为民族工业发展的“黄金时期”。辛亥革命终结了封建制度，却不是标志着任何一种价值体系占据了社会主导地位，二是一系列新的政治斗争和社会价值紊乱的开始。“辛亥革命到北洋军阀统治时期是中国社会心理最为矛盾、社会意识最为混乱、社会思潮最为庞杂的时期。民主共和的招牌挂起来了，男人们的辫子剪了，女子们的裹足放了，但是，社会空气并没有真正清新起来。新旧思想、文化、习俗、意识在搏杀拼斗，旧的死命守住阵地，新

---

① 上海经世文编社编：《民国经世文编》，第4册，39页，北京：北京图书馆出版社，2006。

② 丁世峰：《民国一年来之政党》，载《中华民国史》第2编，31页，北京：中华书局，1987。

的决意要杀出重围。从普遍的社会文化意识来看，传统的成份仍极为丰厚，但新文化也已初步显示出其强大的生命力，并注定了最终要成为时代的主潮。这一方面反映出辛亥革命没有真正实现思想意识的革命，一方面又预示着一场更深刻的革命风暴即将来临。新文化运动则是这场大风暴来临前的惊天春雷。"[①]简言之，辛亥革命在政治上付出了惨痛代价，戏剧性地换来了文化的自由发展。

辛亥革命的失败，促使孙中山再次反思中国现代化的道路，意识到应"按照自己的社会情形"，寻找一条"凌驾欧美之上"的现代化道路，然而，孙中山并没有找到这样一条道路。毛泽东曾说过："没有独立、自由、民主和统一，不可能建设真正大规模的工业。没有工业，便没有巩固的国防，便没有人民的福利，便没有国家的富强。""一个不是贫弱的而是富强的中国，是和一个不是殖民地半殖民地的而是独立的，不是半封建的而是自由的、民主的，不是分裂的而是统一的中国，相联结的。在一个半殖民地的、半封建的、分裂的中国里，要想发展工业，建设国防，福利人民，求得国家的富强，多少年来多少人做过这种梦，但是一概幻灭了。"[②]从鸦片战争后的洋务运动开启的现代化萌芽，到戊戌变法、清末新政，再至辛亥政变，可以看出在中国实现现代化不仅需要政治条件、经济支撑，也需要制度保障，还需要思想观念的现代化。

2. 启蒙与救亡：1919—1949 年

1919 年 1 月，第一次世界大战战胜国在法国巴黎召开所谓的"和平会议"，中国作为第一次世界大战协约国之一，参加了会议。中国代表在和会上提出废除外国在中国的势力范围、撤退外国在中国的军队和取消"二十一条"等正义要求，但巴黎和会不顾中国也是战胜国之一这一事实，拒绝了中国代表提出的要求，竟然决定将德国在中国山东的权益转让给日本。消息传至或内，北京学生群情激愤，学生、工商业者、教育界和许多爱国团体纷纷通电，斥责日本的无礼行径，并且要求中国政府

---

① 丁三青：《辛亥革命与中国现代化》，载《史学月刊》，1996 第 5 期。

② 毛泽东：《毛泽东选集》，第 3 卷，1080 页，北京：人民出版社，1991。

坚持国家主权。此消息传到中国后，在这种情况下，和会代表提交了关于山东问题的说帖，要求归还中国在山东的德租界和胶济铁路主权，以及要求废除《二十一条》等不合法条件。但结果，北洋政府屈服于帝国主义的压力，居然准备在《协约国和参战各国对德和约》上签字。最终，英、美、法、日、意等国不顾中国民众呼声，在1919年6月28日还是签订了《凡尔赛和约》，仍然将德国在山东的权利转送日本。在巴黎和会中，中国政府的外交失败，直接引发了中国民众的强烈不满，从而引发了“五四”爱国运动。

如费正清先生所言，“五四”运动是一次“空前的最广泛的表达民族感情的示威”①。“五四”运动是一场深刻的思想解放运动。它使中国人民进一步认识到帝国主义侵略的本质和军阀统治的黑暗，同时进一步提高了中国人民反帝反封建的决心和觉悟；促进了全国人民对改造中国的问题的反思和探索，也促进了新思潮的蓬勃兴起和马克思主义的传播。

“五四”运动尽管时间短暂，从5月4日起，到6月28日落下序幕。但却开创了中国新民主主义革命的开端。“五四”之后，无产阶级登上了政治舞台，民众的力量得到了广泛的发动。更为重要的是，“五四”开启了思想文化层面的现代化进程，加速了中国现代化的过程。美国经济学家英格尔斯曾经尖锐地指出：“当今任何一个国家，如果它的国民不经历这样一个心理上和人格上向现代性的转变，仅仅依赖外国的援助、先进技术和民主制度的引进，都不能成功地使其从一个落后国家跨入自身拥有持续发展能力的现代化国家的行列。”② 从“五四”运动到20世纪20年代中期，中国知识界主要从文化领域探求中国现代化的出路。

“五四”运动后，中国如何现代化的问题在知识界引起了广泛的热议，形成了三种不同的观点：(1)“俄化”。俄国十月革命的胜利，加上“巴黎和会”事件让很多知识分子反思西方的“民主”“自由”的虚伪、功利，以陈独秀为代表的知识分子于是将目光从欧洲转向了俄国，认为中

① ［美］费正清：《美国与中国》，167页，北京：商务印书馆，1989。
② ［美］英格尔斯：《人的现代化》，7页，成都：四川人民出版社，1985。

国应该走俄国的路。1919 年 12 月，《新青年》发表了由陈独秀撰写的《本志宣言》，文章指出："我们相信世界上的军国主义和金力主义，已经造了无穷罪恶，现在是应该抛弃的了。"①(2)"西化"。以胡适、陈序经为代表，仍迷恋于西方文明，继续宣扬西洋文明"是真正理想主义的文明"②。(3)"东方文化"。既反对社会主义新文明，也反对资本主义文明，而主张回归、复兴中国固有之文明。梁启超旅欧看到西方"物质文明破产，哀哀欲绝的喊救命"，便欲请出孔、老、墨三位大圣，去拯救西方文明。这种"以中补西"论即是以重新"孔化"来代替"欧化"。而梁漱溟则发挥了梁启超的这一思想，开创了儒学现代化转换之先河，以文化多元的宏阔视野昭示了最近未来将为"中国化复兴"。"俄化"派、"西化"派、"东方文化"派互相论战，具体表现在 20 世纪 20 年代初关于用社会主义还是资本主义来开发实业的论战，以及影响更大、持续时间更长的东西方文化大论战。

1921 年中国共产党的成立，为现代化注入了代表广大无产阶级的新元素，"十月革命"的一声炮响使中国先进分子认识到，"俄国式的革命，是无可如何的山穷水尽诸路皆走不通了的一个变计"③，"走俄国人的路"是中国先进分子重新寻找中国现代化道路的时代结论。然而，在中国的土地上"走俄国人的路"并非易事，它必然会遇到一系列特殊的问题。毛泽东自觉地意识到"马克思主义必须和我国的具体特点相结合并通过一定的民族形式才能实现"④这就深刻地把握了"俄国式的革命"和中国国情之间的辩证关系，从而探寻到通向现代化的现实道路——新民主主义革命。

新民主主义革命的成功必需解决当时中国面临的种种矛盾，在半封建半殖民地的近代中国，鸦片战争后中国社会的主要矛盾是西方列强与

① 陈独秀：《独秀文存》，244 页，合肥：安徽人民出版社，1987。

② 罗荣渠：《从"西化"到现代化》，167—168 页，北京：北京大学出版社，1997。

③ 中共中央文献研究室编：《毛泽东书信选集》，6 页，北京：人民出版社，1983。

④ 毛泽东：《毛泽东选集》，第 2 卷，534 页，北京：人民出版社，1991。

中华民族的矛盾，以及封建统治阶级与人民大众的矛盾。新民主主义革命解决了鸦片战争后中国现代化始终无法进入“历史正轨”的宿疾，认清了外发型现代化的首要前提条件是民族的独立。

除此之外，现代化还面临着不能回避的本土文化与外来文化的矛盾问题。外发型现代化的开展，需要把外来文化与本土文化整合成一种新的文化形态。毛泽东全面把握了唯物史观关于文化与经济、政治之间关系的原理，科学地解答了中国现代化的文化难题。按照毛泽东的观点，新的文化形态——即“民族的科学的大众的文化”的形成是一个融合外来文化、扬弃本土文化的创新过程。“中国的长期封建社会中，创造了灿烂的古代文化。清理古代文化的发展过程，剔除其封建性的糟粕，吸收其民主性的精华，是发展民族新文化提高民族自信心的必要条件”，[①]同时，“中国应该大量吸收外国的进步文化，作为自己文化食粮的原料”[②]；现代化的实现离不开民族文化的自我创造，在走向“世界新文化”的过程中，中国文化不应失去民族的特性，中国文化应有自己的形式。

3. 中国的现代化尝试：1949 年至改革开放

1949 年中华人民共和国的成立为中国的现代化事业提供了发展的契机。毛泽东将俄国经验、马克思主义理论与中国的具体实际相结合，探索到一条社会主义现代化的中国式道路，为后来的中国特色的社会主义改革奠定了重要基础。在完成了祖国统一大业后，开始从三个层面来推进中国的现代化进程。

一是完成工业化，使中国“由农业国转变为工业国”。从历史上看，工业化有两条基本道路：一是以血腥的资本原始积累为起点的西欧道路；二是通过农副产品价格的剪刀差实现高积累的东欧（包括苏联）道路。毛泽东认为，“中国的工业和农业在国民经济中的比重，就全国范围来说，在抗日战争以前，大约是现代性的工业占百分之十左右，农业

---

① 毛泽东：《毛泽东选集》，第 2 卷，707—708 页，北京：人民出版社，1991。

② 毛泽东：《毛泽东选集》，第 2 卷，706 页，北京：人民出版社，1991。

和手工业占百分之九十左右”。[①]中国的特殊国情决定了中国的工业化既不能走西欧道路，也不能走东欧道路，而应走一条既不同于西欧又不同于东欧的第三条道路，这就是“发展工业必须和发展农业同时并举，工业才有原料和市场，才有可能为建立强大的重工业积累较多的资金”。[②]在提出国家工业化的同时，毛泽东就提出了农业现代化的问题。此外，毛泽东还注意到了科学技术在工业化中的重要作用，因此要“学习资本主义国家的先进的科学技术和企业管理方法中合乎科学的方面”[③]，从而高效开启了中国工业化的历史进程。

二是政治现代化。政治上加强执政党建设，反对个人崇拜，发展党内民主，健全民主法制；正确处理社会主义社会的基本矛盾和人民内部矛盾与敌我矛盾，强调对两类不同性质的矛盾要用不同的方法解决，推进社会主义民主政治建设，为工业化创造稳定和谐的政治环境；正确处理与民主党派和无党派人士的关系，提出共产党与民主党派要“长期共存，相互监督”。

三是文化现代化。思想文化上，针对苏联的文化专制主义，毛泽东认为应该坚持马克思主义的指导，贯彻“百花齐放、百家争鸣”的“双百方针”，学习近代的西方文化，研究中华民族传统文化之不足，以促进精神文明建设，建立宏大的知识分子队伍，强调教育，为中国的科学技术和文化的现代化作积极准备，从而建设“现代文化”。

然而，正当毛泽东探索着工业、政治、文化三个层面的现代化之时，他却非常令人痛惜地中止了此重要的历史进程。1966 年长达十年的“文化大革命”中断了经济与文化的建设，阶级斗争重新登上了舞台，由于毛泽东晚年错误发动的以阶级斗争为目的的“文化大革命”以及毛泽东始终坚持单一公有制和计划经济，导致了“中国社会从 1958 到 1978 年二十年时间，实际上处于停滞和徘徊状态，国家的经济和人民的生活没

---

① 毛泽东：《毛泽东选集》，第 4 卷，1430 页，北京：人民出版社，1991。

② 毛泽东：《毛泽东选集》，第 5 卷，400 页，北京：人民出版社，1991。

③ 毛泽东：《毛泽东文集》，第 7 卷，43 页，北京：人民出版社，1999。

有得到多大的发展和提高”。①

改革开放前二十多年的经验教训证明，单一公有制和计划经济，即排斥市场经济的体制不利于工业化，也无法实现社会主义的现代化。邓小平首先认清了社会主义改造完成后的社会矛盾不再是阶级矛盾，而是人民群众日益增长的物质文化需要与落后的生产力之间的矛盾，“多少年来我们吃了一个大亏，社会主义改造基本完成了，还是‘以阶级斗争为纲’，忽视发展生产力”②，因此走了许多现代化的弯路。以经济建设为中心矫正了以阶级斗争为纲的现代化的错误方向。

邓小平对于中国现代化的卓越贡献是辩证地处理了计划经济与市场经济的关系。从 1979 年到 1992 年间，邓小平同志曾先后 12 次论及市场经济问题，特别是在 1992 年春，邓小平同志视察南方发表重要谈话时指出：“计划多一点还是市场多一点，不是社会主义与资本主义的本质区别。计划经济不等于社会主义，资本主义也有计划；市场经济不等于资本主义，社会主义也有市场。计划和市场都是经济手段。”③邓小平的这个重要结论成功回答了如何建设社会主义的历史性难题，随着社会主义市场经济的改革实践大幅度发展了生产力水平，经济建设取得了举世瞩目的成绩，中国才真正得以“现代化”。施拉姆曾对毛泽东与邓小平做出过这样的评价：“马克思主义在今天的中国被运用的方式，与毛泽东在过去运用的方式已有很大的不同。过去，毛泽东是首先考虑阶级斗争与社会主义建设之间的辩证关系，而现在，邓小平则把政治改革和经济发展之间的辩证关系作为其政策的核心。毛泽东相信，只有在上层建筑开展持续不断的斗争，才能确保人民沿着正确的轨道进入一个大公无私的新社会。……相反，邓小平则认为，社会主义只能建立在高度发达的经济基础之上。”④应该说，施拉姆的这一评价是公正的。

---

① 邓小平：《邓小平文选》，第 2 卷，237 页，北京：人民出版社，1994。

② 邓小平：《邓小平文选》，第 3 卷，141 页，北京：人民出版社，1993。

③ 邓小平：《邓小平文选》，第 3 卷，373 页，北京：人民出版社，1993。

④ ［美］施拉姆：《毛泽东的思想》，田松年等译，291 页，北京：中央文献出版社，1990。

二、现代化诉求下的近代中西文化论争

从中国现代化的历史进程之中，我们能够看见隐含于其中的文化的线索，从鸦片战争后的器物、技术、制度层面的救国策略，到"五四"时期倡导的思想观念的现代化，彰显出"文化强国"的救亡图存的探索轨迹。"中国近百年来的危机，根本上是一个文化的危机。文化上的失调整，不能应付新的文化局势。中国近代政治军事上的国耻，也可以说是起于鸦片战争，中国学术文化上的国耻，却早在鸦片战争之前。"[①]在现代化的图景中，洋务运动、戊戌变法、辛亥革命等事件背后，映照出中国文化与西方文化、现代文化与传统文化的碰撞。

1."中体西用"之争

在中国进行洋务运动，内含一个前提条件：洋务、西学是否适用于中国。只有洋务与西学适用于中国国情，能够解决中国所面临的种种问题，国人才可能接受西方文化。中国文化与西方文化存在很多差异，必然包含着不同文化传统与价值观念的冲突，尤其在华夏中心主义长期盛行的中国，要学习洋务，引进西学，自然会面临一个诘问：如何对待中国传统文化？守旧派固守华夏乃天下之中心的盲目自信的观念，对本国典章文物古老传统的崇敬，对西方近代科学文化巨大发展的无知，使得他们偏执僵化，很多人并没有具体的、理性的思考洋务与西学的利与弊，而只是感性地担忧西学的传入将导致社会剧变，凭直觉断言"舍己从人""侈谈洋务"，必将动摇传统的纲纪法度、道义准则，必将破坏"中国数千年相承之治法"，威胁到整个上层社会安身立命之所。因此守旧者以卫道士自居，借势于博大精深的中华民族传统文化的深厚影响，对洋务运动提出了很多质问。

因此，在有关中学与西学的争论中，在具体理由层面，守旧派只能

---

① 贺麟：《儒家思想的新开展》，载《思想与时代》，1941第1期。

用空话应对，而在道义信念层面，洋务派却招致守旧派的诘问。守旧派借西学对中学构成破坏为理由，维护中学而贬低西学，洋务派在提倡西学之际，便不得不回答引进西学会对中学带来何种影响。洋务派中的代表人物，都是忠实于朝廷的臣仆，在思想上和道义上他们也都以孔孟之道的信徒自命，对于"中学"，他们完全和守旧派一样，奉之为万世不变的宗旨，不敢也不能变动。所以，洋务派在解决中学与西学的关系这道难题上，只能竭力证明中学与西学不会发生冲突，二者相辅相成，这样引进西学就顺理成章了。

在洋务运动时期，中国文化与西方文化被洋务派归结为"体用"关系。"中学为体，西学为用"指的是以中学为根本，学习西学的某些内容。至于学什么、如何学、哪些"中学"是根本，则是仁者见仁、智者见智。"中学为体，西学为用"这一概念最早见于1896年4月沈万康在《万国公报》上发表的《匡时策》中："夫中西学问，本自忽有得失，为华人计，宜以中学为体，西学为用。"8月，孙家鼐在《议复开办京师大学堂折》也指出："应以中学为主，西学为辅；中学为体，西学为用。中学有未备者，以西学补之；中学有失传者，以西学还之。以中学包罗西学，不能以西学凌驾中学。"两年后，洋务派著名代表张之洞在《劝学篇》中说"不可变者，伦纪也，非法制也；圣道也，非器械也；心术也，非工艺也。……法者，所以适变也，不可尽同；道者，所以立本也，不可不一。……夫所谓道本者，三纲四维是也"①，又指出"中学为内学，西学为外学；中学治身心，西学应世事。不必尽索之于经文，而必无悖乎经义。如其心圣人之心，行圣人之行，以孝弟忠信为德，以尊主庇民为政，虽朝运汽机，夕驰铁路，无害为圣人之徒也"。②

张之洞所说的"中体"指的是三纲思维——君为臣纲、父为子纲、夫为妻纲；礼、义、廉、耻。即维持封建的伦理道德、社会秩序、君主制作为根本不变，学习西方的"法制""器械""技艺"等。由此可见，从1860

① 张之洞：《劝学篇》，133—135页，郑州：中州古籍出版社，1998。

② 张之洞：《劝学篇》，161页，郑州：中州古籍出版社，1998。

早期的洋务派起，到甲午战争后的晚期洋务派，其根本思想就是固守某些中国传统，大多数改良派都认为应该维持封建的纲常礼教不变，而学习西方的技术、经济制度与政治制度。

在“学什么”的问题上，洋务派最初主张学习西方的技术，在这个时期，中学与西学是主与辅、本与末的关系，以中国传统的文物制度为主与本，以西方的科学技术为辅与末，随着历史的发展，洋务派认识到单单学习技术不足以改变落后的局面，于是中体西用演变成了学习经济制度、政治制度层面的“西用”，可以看出，“西用”的范畴不断扩大。在19世纪70年代后，从洋务派中逐渐分化出早期的改良派人物，如郑观应、王韬、薛福成等人，改良派认为中体西用是“道”与“器”的关系。郑观应明确指出“道为本，器为末；器可变，道不可变。庶知所变者，富强之权术而非孔孟之常经也”。[①]王韬在为郑观应《易言》所写的跋语中明言“器则取诸西国，道则备自当躬。盖万世不变者，孔子之道也”。在早期改良派看来，资本主义的经济制度和君主立宪的政治体制，是“富强之本”，在早期洋务派那里只学习船坚炮利，是“遗其体而求其用”。无论将中学与西学归结为本与末，还是主与辅，抑或器与道，其对待中国传统文化的共同点就是要维系封建伦理纲常不变。

对于“中体西用”，也引发了很多批评，如严复、谭嗣同等人。严复在《与外交报主人论教育书》中对“中体西用”进行了深刻的驳斥，他认为“体用本一原”：“善夫金匮裘可桴孝廉之言曰：‘体用者，即一物而言之也，有牛之体，则有负重之用；有马之体，则有致远之用，未闻以牛为体，以马为用者也。’中西学之为异也，如其种人之面目然，不可强谓似也。故中学有中学之体用，西学有西学之体用，分之则并立，合之则两亡。议者必欲合之而以为一物，且一体而一用之，斯其文义违舛，固已名之不可言矣，焉望言之而可行乎！”[②]在严复看来，中学与西学是异质的两个个体，各有其不同的“体”与“用”，因此不能将“中体”与“西用”嫁

---

① 郑观应：《盛世危言》，15页，北京：华夏出版社，2002。

② 严复：《严复集》，第三册，王栻主编，559页，北京：中华书局，1986。

接在一起。严复的这一批评直接否定了郑观应、李鸿章、张之洞等人的主张，然而，不容忽视的是，严复的体用概念指的是实体与它的功能与作用，与中体西用里的体用概念并不是完全一致的。

“中体西用”学说里的体用，是承接中国传统的文化体用观而来。中国传统哲学中的体用概念，从宋代发展到清代，经历了很多变化。“要而言之，‘中体西用’论者所谓的体用，不是指单一的个体与其功能、作用的关系，而是指一个文化系统的指导思想、根本原则，与在其指导、统御下的各文化要素及其功能、作用的关系。”①严复的体用论实际上并没有从文化系统的角度对中体西用进行深刻的批判，他没有意识到任何一个文化系统，都有自己的主导思想与根本原则。只要文化系统的主要思想、根本原则是健全的，就可以引进外来文化的某些要素为我所用。

1895 年甲午战争后，康有为、梁启超的改良派主张学习西方资本主义国家的自由、平等、民权等价值观层面的“西学”，这造成了与封建纲常的矛盾，从根本上，康梁的变革主张已经超出了“中体西用”的范畴。康有为等人更侧重于从“西学中源”说来论证自己的改良措施。“西学中源”说兴起于 19 世纪中后期，19 世纪 90 年代盛极一时，郑观应、郭嵩焘、曾纪泽、张自牧、薛福成主张“中体西用”的人大都也主张“西学中源”。在经世派、洋务派、早期改良派那里，“西学中源”是“中体西用”的补充。在当时的人看来，既然西方的科学技术源于中国，因此，向西方学习并不是“以夷变夏”，而是“以中国本有之学还之于中国”，“犹取之外厩，纳之内厩”。“西学中源”从本质上彻底取消了中西文化的差异，因此，学习“西用”的范围无限扩大，因为按照西学中源的说法，学习西方不过是学习中学而已。尽管“西学中源”是种臆断性的错误观点，却在中国现代化进程中起过历史性的作用，自由、平等、民主、人权之类的思想，都可以在中国早已有之的名义下引用学习，因此，西学中源冲破了原来中体西用的壁垒与顾忌，受到了改良派的广泛运用。

---

①　张岱年、程宜山：《中国文化论争》，269—270 页，北京：中国人民大学出版社，2006。

然而，在西学中源的思想指导下引进的西方文化，却通常受到严重扭曲，在梁启超看来，改良派人员鼓吹西学中源造就了“一种‘不中不西即中即西’之新学派”①，这个新学派一方面在反击守旧派的诘问中发挥了积极作用，同时对于研讨中西文化交流史也具有学理上的价值。它不但提供了一些中国古代文明传向西方的极有价值的线索，更重要的是证明了中西文化间事实上长期存在着交流，中学与西学能够互补交融。另一方面，西学中源在学术上很难自圆其说，即使能够明确证明西学确实源自中国，也仍然无法解释为什么形成19世纪末期西学如此先进而中学如此落后的现状。“要全面阐释清楚西学和中学的关系，只靠‘西学中源’说是不够用的。仅仅从文化源头上做解释，而不从文化现有性质上做分析，是难以充分说明中西文化交流的必要性的。这就是说，把中国传统文化与西方近代文化在比较中做出性质分析和价值判断，是回答中西文化应该不应该进行交流这个时代大课题时，无从回避的、必须做出明确判断的前提。”②

康有为的“三世说”、谭嗣同的“仁学”极力将中西文化同质化，构建了一个非中非西的体系，之所以如此，是因为西学中源论者不承认文化的时代性与民族性。文化的时代性表明文化并不是静态的、一成不变的因素，只考究文化的起源，忽视文化的历史发展，必然不能理解文化的本质，正如黑格尔所说，真理之为原则及其展开，对于文化的理解也需要从历史的视角切入，探讨不同时期的文化特征。文化的民族性表明文化的特殊性，文化是人化，是反映人们生活方式的意识形态，因此否认文化的民族性，就否定了文化的特殊性，否定了中外文化的客观存在的区别。由于西学中源的理论缺陷与无法解释现实，很快就淡出了人们的视野。

---

① 梁启超：《清代学术概论》，97页，上海：上海古籍出版社，1998。

② 丁伟志：《“中体西用”论在洋务运动时期的形成与发展》，载《中国社会科学》，1994第1期。

2. 文化保守主义与全盘西化的论争

1915 年新文化运动开启了新一论的文化论争。“五四”运动有人激烈地反传统，认为现代化就是西化，中国的现代化应该“全盘西化”，有人认为中国的传统文化才是世界未来的文化形态，形成了“文化保守主义”与“全盘西化论”的对峙。

“五四”时期，关于东西方文化的区别，流行着这样的观点：东方文化是主“静”的“精神文明”，西方文化是主“动”的物质文明。新文化运动的倡导者陈独秀、李大钊，一级文化保守主义者如宣称东方文化救市论者梁启超都赞同这一说法。不同之处在于文化激进者认为东方文化不利于民族国家需要改变，而文化保守主义者认为东方文化要比西方文化高明优越，需要发扬光大。如泰戈尔来华时明言“提倡东洋思想亚细亚固有文化之复活”①。

文化保守主义者坚持传统文化的优越性，批评放弃传统全盘西化的激进主张。他们不满于资本主义制度，致力于以东方文化改变世界，甚至是拯救西方。梁启超在《欧游心影录》中发生了呐喊：“大海对岸那边有好几万万人愁着物质文明破产，哀哀欲绝的(地)喊救命”，等着中国人去“超拔他”。在这些保守主义者看来，第一次世界大战标志着西方文化的式微与衰败。其具体政治立场与文化观点不尽相同。

杜亚泉主张东西方文明的“调和”。1916 年 10 月，杜亚泉在发表的《静的文明与动的文明》中就指出中西文明的差异属于“性质之异”，而不是“程度之差”。中西文明各有利弊，应当互为补充调和。在经济方面，主张东方“静”的生产文明与西方的科技的调和：“鄙人之意，以为给人足人之工艺，虽当妒之恶之，而自给自足之工艺，则亟宜提倡。惟(唯)既以自给自足为主旨，则其提倡，而不是道，当依下列条件：一，当以人类生活的必须者为限。二，凡可以手工制作者，勿以机械代之。三，吾国工艺制品，暂不能与列强竞争，保护之道，在于提倡国货。四，吾

---

① 陈独秀：《泰戈尔与东方文化》，载《中国青年》，1924 第 27 期。

国讲求工艺者，勿视此为投机致富之捷径，当常存公德之心，抱义务之念。”① 杜亚泉反对资本主义的商品经济，维持以手工业生产为主、自给自足的经济模式，在此前提下融合西方的技术文明。在思想层面，他认为传统的“名教纲常”是“文化之结晶”，不能弃之不用，而西方的“权利竞争”则必须抛弃：“救济之道，在统整吾固有之文明！西洋之片段的文明，如满地散钱，以吾固有文明为绳索，一以贯之。今日西洋之种种主义主张往往为吾固有文明之一部，扩大而精详之者也。今后果能融合西洋思想，以统整世界之文明，则非特吾人之自身，得赖以救济，全世界之救济，亦在于是。”② 杜亚泉的文化调和主张，以其现代化批判和意义重建的主题，成为现代文化保守主义崛起的先声。

梁启超《欧游心影录》标志着 20 世纪中国文化保守主义的崛起。他对于新文化运动提倡的“科学”及其所代表的西方文明进行了批判，并为儒家思想辩护。在梁启超看来，科学不过是在发展生产、增加物质财富方面作用甚大，尽管造就了高度的物质文明，但科学却导致了宗教的式微和传统哲学的瓦解，摧毁了人的精神价值，使外在的日常生活剧变、内在的精神生活彷徨动荡。梁启超列举了现代人的情感失落、紧张疲劳、欲望膨胀、竞争激烈的各种问题，他认为这些都是科学肆虐的必然后果。“当时讴歌科学万能的人，满望着科学成功，黄金世界便指日出现。如今功总算成了，一百年物质的进步，比以前三千年所得还加几倍；我们人类不惟(唯)没有取得幸福，倒反带来许多灾难。”③ 在批判“科学万能论”的同时，梁启超高度肯定了东方文化，他认为救治现代人精神危机的解药正是以孔子、老子、墨子为代表的东方文化。他期望一种由中国精神文明与西方物质文明融合而成的新文明，以尽“中国人对于世界文明之责任”。《学衡》主编吴宓则认为只有以儒家道德融合希腊以降的人本主义，才能做到“国粹不失，欧化亦成”，如此融合中西文明。

---

① 伧父：《工艺杂志序》，载《东方杂志》，第 15 卷第 4 号。

② 伧父：《迷乱之现代人心》，载《东方杂志》，第 15 卷第 4 号。

③ 李华兴：《梁启超选集》，724 页，上海：上海人民出版社，1984。

“五四”运动后出现的文化保守主义者当中，梁漱溟是极具代表性的一位。清末以来的民族生死存亡危机，使“中国问题”与“人生问题”成为梁漱溟终其一生所关注的两大主题。在《东西文化及其哲学》中借鉴叔本华的“意欲”概念展开了自己的文化哲学论述，他认为人生是“意欲”的活动表现，文化作为“生活的样法”，是人类解决意欲与环境之间矛盾的途径。文化的差异源于“意欲”的不同趋向及其所代表的人生态度。“根据意欲的不同趋向，梁漱溟概括了西、中、印三种不同的文化‘路向’。他指出，西方文化（第一路向）以意欲为根本精神，中国文化（第二路向）以意欲自为调和持中为根本精神，印度文化（第三路向）则以意欲反伸向后为其根本精神。这三路文化分别以‘奋斗’而改造世界、‘调和’而适应世界、‘弃世’而超越世界为宗旨。在梁氏看来，西、中、印文化的所有差异皆源于三者人生态度和文化精神的不同。近代西方的‘科学’精神、‘民主’制度和‘征服自然’的物质成就，都源于西方‘向前要求’的‘奋斗’人生态度。而中国的科学落后、民主未兴和物用不济，也无不与其‘调和’的人生态度和文化路向有关。据此，梁氏反对一切主张枝节改良和宣扬‘中西融合’的调和论。”① 在梁漱溟看来，中西文化的差异不是“先进”与“落后”的问题，而是它们分别代表了两种不同的文化发展之方向。他坚信西方的“奋斗”以改变世界已经没有出路，世界文化转换的新趋势是走向中国儒家文化所代表的“第二期文化”，世界未来文化就是中国传统文化的复兴。如何实现这种伟大的复兴？梁漱溟认为应该“全盘承受”西方文化，但应以儒家人生态度修正西方“逐求”的态度。

从以上主张东方文化救世论的文化保守主义者的思想中，显而易见的是，他们在宣扬“一种比顽固派和中体西用论者还要荒唐的东方文化中心主义”②，都企图将不可分离的元素野蛮剥离开来，又企图将不相容的东西生硬地拼接在一起。这就造成了他们所谓的“综合”“调和”实际上成了主观上的随意的搭配与嫁接。

---

① 许纪霖、陈达凯：《中国现代化史》，318—319页，上海：学林出版社，2006。

② 张岱年、程宜山：《中国文化论争》，292页，北京：中国人民大学出版社，2006。

“全盘西化论”以胡适与陈序经为代表。1929 年胡适以英文在《中国基督教年鉴》上写了一篇名为《今日中国的文化冲突》的文章，在其中，胡适首次使用了“Wholesale Westernization”一词，直译为“全盘西化”。此后，“全盘西化”逐渐流传开来。在如何对待中西文化的问题上，“全盘西化论”持有与宣传中国文化救世的文化保守主义者截然相反的观点，胡适批评梁漱溟的文化路向的学说，认为文化既然作为“民族生活的样法”，那么由于“生活只是生活对于环境的适应，而人类的生理的构造根本上大致相同，故在大同小异的问题之下，解决的方法，也不出那大同小异的集中”。因此，胡适，认为从本质上说，文化并无中西之分，而只有时代之别。不同民族的文化行进的速度不同，欧洲文化不过是走得比较快而已。而中国文化、东方文明被视为落后于西方的文化形态而需要改造、甚至抛弃。如何全盘西化？“全盘西化”论者对此的回答也是不尽相同。

胡适认为，“现在的人说‘折衷’、说‘中国本位’，都是空谈。此时没有别的路可走，只有努力全盘接受这个新世界的新文明。全盘接受了，旧文化的‘惰性’自然会使他成为一个折衷调和的中国本位新文化。……古人说：‘取法乎上，仅得乎中；取法乎中，仅得乎下。’这是最可玩味的真理。我们不妨拼命走极端，文化的惰性自然会把我们拖向折衷调和上去的”[①]。这也就意味着，胡适把“全盘西化”只是达成了“中国本位新文化”的手段，而不是最终目的。胡适的“文化惰性”反映了人们的生活习惯，有文化民族性的意蕴。总体来说，胡适的“全盘西化”概念一经提出，即遭致不少批评，这些否定的声音促使胡适反思“全盘西化”与民族特性之间的关系，承认民族文化各具特色，所以在后期胡适不得不放弃“全盘西化”、改用“充分西化”的提法。陈序经则认为未来的文化、趋向世界的文化、代表现代化的文化，就是西方文化。他主张“百分之一百的(地)全盘西化，不但有可能，而且是一个较为完善较少危险的文

① 胡适：《编辑后记》，载《独立评论》，第 142 期。

化的出路”。[①]胡适与陈序经的共同之处在于意欲使中国走上西式的现代化之途。

在20世纪30年代，大多数知识分子对于中国现代化的模式都不再极端化，陈序经的“百分百”西化是少数例外，胡适、梁实秋都承认全盘的西化是不可能的。胡适开始时宣称的“全盘西化”被他自己修正为“充分西化”，梁实秋也承认“我们若把文化分析成若干部门，我们就可发现：①有中国优于西洋者；②有西洋优于中国者；③有不必强分优劣而可并存者；④此外更有中西俱不高明而尚有待于改进者”[②]。

正如社会学家吴景超所指出的，“在‘西方文化’的名义下有许多相互冲突的子文化。贵族制是西方文化，民主制也是西方文化；资本主义是西方文化，共产主义也是西方文化；个人主义是西方文化，集体主义也是西方文化；自由贸易是西方文化，统制经济也是西方文化。还有许多类似的东西。全盘西化是指贵族制还是民主制，是资本主义还是共产主义？西方文化内在的这种矛盾性对全盘西化论是致命的”[③]。西化论的这种非现实性和概念上的局限性使得其影响力日益减弱，到30年代，中化论的影响已超过西化论。

由于文化保守主义强调传统文化的优越性，有妄自尊大之嫌，而“全盘西化”论凸显西方文化的优越性，有妄自菲薄之嫌。两种论调所犯下的一个共同错误在于没有清晰的中国文化的文化自觉，因此这两种文化观并没有在现代化的开展过程中发挥实质性的作用。

3. 中国本位文化与中国化的马克思主义

无论是文化保守主义，抑或全盘西化论者，双方争论至20世纪30年代，基本上达成了一个共识：全盘移植西方的文化近乎不可能。既然无法完全抛却中国的本土文化，中国文化与西方文化之间的关系重新进入了人们的视野，不同于早前的“中体西用”论调，20世纪30年代曾进

---

① 陈序经：《全盘西化的辩护》，载《独立评论》，第160期。

② 梁实秋：《自信力与夸大狂》，载《文化建设月刊》，第1卷第10期。

③ 吴景超：《建设问题与东西文化》，载《独立评论》，第139期。

行过一场试图定位两种文化复杂关系的运动——中国本位文化建设。

1934 年国民党发起了“尊孔读经”“新生活运动”，意在推进当时的中国文化建设，实则是完成军事“围剿”之后再完成文化“围剿”。1935 年 1 月，陶希圣等十位国民党教授联名发表了一份《中国本位的文化建设宣言》，正式拉开建设中国本位文化的序幕。宣言声明中国本位文化的建设是针对“复古”的文化保守主义、完全模仿英美、苏俄、意德的西化论主张，提出要建设中国本位文化：“中国是中国，不是任何一个地域，因而有它自己的特殊性。同时，中国是现在的中国，不是过去的中国，自有其一定的时代性。所以我们特别注意于此时此地的需要，就是中国本位的基础。”“把过去的一切，加以检讨，存其所当存，去其所当去”，在对待外来文化的态度则是“吸收欧、美的文化是必要而应该的，但须吸收其所当吸收……吸收的标准，当决定于现代中国的需要”①，“我们所主张的中国本位，不是抱残守缺的因袭，不是生吞活剥的模仿，不是中体西用的凑合，而是以此时此地整个民族的需要和准备为条件的创造”②。

宣言的这个声明过于笼统与抽象，由此带来了各种不同角度的解读。胡适认为“中国本位”就是“中体西用”，有人认为“中国本位”不过是适合此时此地需要的民族文化，有人迫于压力默许，有人抗议，如鲁迅讽刺“中国本位”只不过是在“扯淡”。

尽管宣言的这种抽象且笼统的提法相比于“中体西用”“东方文化救市论”来说，要显得更符合实际，然而，其中却蕴含着压制民主的政治倾向。《宣言》的作者故意避开民权主义、民主精神，他们对于“中国此时此地的需要”的解释是“充实人民的生活，发展国民的生计，争取民族的生存。”③民主被故意遗忘。张奚若一针见血地指出“中国本位文化的要义就是取消‘民权主义’，取消‘民权主义’是‘三民主义向更高阶段的发

---

① 王新命等：《中国本位的文化建设宣言》，载《文化建设》，第 1 卷第 4 期。

② 王新命等：《我们的总答复》，载《文化建设》，第 1 卷第 8 期。

③ 王新命等：《我们的总答复》，载《文化建设》，第 1 卷第 8 期。

展'！更透彻地讲，中国本位文化运动就是独裁政制建设运动"①。

在突出中国的文化独特性方面，中国本位文化的种种论调与辜鸿铭、杜亚泉的"文化保守主义"有着诸多相似之处，都试图寻求与定位中国文化不同于西方文化之处，中国本位文化建设尽管初衷不错，但充其量只能提出一些无比抽象的词句，根本没办法做到《宣言》中所说的"存其所当存，去其所当去"，中国本位文化囿于国民党缔造的政治局限而终被历史所淘汰。

在此之前，马克思主义已借助留日、留法知识分子传入中国，李大钊、李汉俊、李达、陈望道、董必武、周恩来等人接受了马克思主义的熏陶，回到国内或是大学开设相关课程宣扬马克思主义，或是著书立说，或是投身政治运动，将马克思主义原理带入政治实践环节。马克思主义作为一种先进的文化形态正在中国发芽成长。在中国本位文化建设时期，中国共产党人在政治高压下丧失了发声的机会，只有鲁迅等少数知识分子以微弱的声音在嘲讽，但随着星星之火微弱力量的逐渐积聚，形成了自"中体西用"以来最为科学性、最为系统的对待外来文化的方法论，这就是由共产党人和鲁迅共同提出的"民族的大众的革命的文化"理论。这种理论在毛泽东的《新民主主义论》中得到清晰的阐释。毛泽东运用马克思主义历史唯物主义的观点与方法论，将中华民族的文化新形态概括为"民族的科学的大众的文化"，新文化不同于"五四"运动之前的旧民主主义的文化，新文化是无产阶级领导的人民大众的反帝反封建的文化，对待传统文化应当在科学性的标准之下加以严谨审视，"剔除其封建性的糟粕，吸收其民主性的精华"，这是自"中体西用"开启的文化论争的科学解决。

从中体西用、文化保守主义与全盘西化论、中国本位文化的三次论争中，很容易辨认出其中的主线——中国文化与外来文化的内在关系，争论的内容以文化为中心，却是与中国的现代化进程的推进息息相关。

---

① 张奚若：《全盘西化与中国本位》，载《新闻周报》，第1卷第33期。

中国现代化的进程离不开文化的作用，如何处理政治、经济、文化三者之间的关系，关系到现代化的事业能否取得成功。

三、新中国成立后的社会主义文化建设

从近代中国救亡与启蒙交织的历史中，我们很容易看到无数仁人志士苦思中国自立自强之策的努力，答案有很多：器物、技术、制度、文化。文化如果成为中国近代落后的根本原因，那么要改变近代中国落后挨打的困局几乎无法在短时期内完成，因为文化是历史长期的积淀，文化的改头换面绝非一朝一夕能够完成。一些文化激进主义者——如钱玄同主张"废除汉字"，这是对于旧的文化形态的绝对告别——将近代中国现代化事业之所以失败的原因追溯到文化层面，继而解决这一历史难题的答案就变成了文化的变迁，尤其是对于传统文化，文化激进主义者往往持明显的抛弃态度。时过境迁，回头反思历史，将近代中国的种种历史难题归咎到"文化"上，可能是失之偏颇的。余英时认为激进主义者最后将板子打到文化身上，是没有找对病根，开错了药方。毕竟现代化的推进需要政治、经济、文化综合性的保障，其中政治、经济、文化可谓是社会有机体的有机环节，相互作用、相互协调、相互保障，中国的近代史证明了现代化的进程是社会整体环节的现代化，既需要经济的物质支撑，也需要政策体制的完善，还需要"文化软实力"不可或缺的作用。新中国成立后现代化事业的改头换面、面目一新，便是明证。

1. 社会主义文化主导地位的确立

新中国成立后中国现代化事业的稳步推进确证了近代清政府难以实现现代化的原因不在于传统文化的种种问题，因为新中国成立后与鸦片战争时期的传统文化并无二致。

毛泽东同志极富创见地提出对待传统文化，不能一概而论走极端，要么完全否定，主张"全盘西化"，要么盲目自信，觉得中华文明才是唯一可救世的文明。而是要"如同我们对于食物一样，必须经过自己的口

腔咀嚼和胃肠运动，送进唾液胃液肠液，把它分解为精华和糟粕两部分，然后排泄其糟粕，吸收其精华，才能对我们的身体有益，决不能生吞活剥地毫无批判地吸收”。[①]因此，毛泽东很早就确立了“批判地继承”原则，这也是他对传统文化一以贯之的态度。具体而言，新中国成立后社会主义文化确立了主导地位，对传统文化、外来文化实行批判吸收的态度，依据的标准是马克思主义的世界观、价值观、方法论，达到的效果是“又红又专”的文化。邓小平同志《在全国科学大会开幕式上的讲话》总结道：“毛泽东同志提倡知识分子又红又专，鼓励大家改造资产阶级世界观，树立无产阶级世界观。”[②]

“红”指的是坚持正确的社会主义道路，坚定正确的政治方向，突出的表现是否定私有制、否定资本，肃清资产阶级的“余毒”。“专”是学习和掌握现代化建设的专业知识，成为促进经济发展的专业人才。落在文化层面，就是同资产阶级划清界限、促进生产力发展的社会主义文化。这一历史时期，中国的独立结束了近代中国的混乱局面，在文化上同资产阶级分清彼此。客观言之，这个时期文化与政治、经济之间的关系比较复杂，一方面，社会主义文化的主导地位依赖于政治力量的保障，另一方面，新中国成立初期，经济还不发展，军事力量还不够强壮，解决落后的生产力仍是共产党领导人面临的历史任务。因此，传统文化、外来文化受到“红”与“专”的双重考察。毋庸讳言，对待文化的这种态度在“文化大革命”时更加激烈，传统文化在“打倒孔家店”的运动中黯然失色。习近平明确指出不能丢了中华民族的五千年文明，要努力实现中华优秀传统文化的创造性转化、创新性发展。可见，百年来国人对于传统文化的性质、作用以及局限性的认识，确实经历了比较曲折、复杂的过程。

2. 改革开放后的多元文化格局

改革开放最初作为经济领域的改革，开启了中国经济发展的新篇

---

① 毛泽东：《毛泽东选集》，第2卷，707页，北京：人民出版社，1991。

② 邓小平：《邓小平文选》，第2卷，92页，北京：人民出版社，1994。

章，其中也蕴藏着文化磅礴发展的先机。回首历史，改革开放对于文化的大繁荣、大发展可谓意义非凡。

首先，中国的改革开放结束了文化一元化的格局，真正实现了文化多样性发展。改革开放后，中国的市场经济建设走出了文化一元化的困境，多元文化开始焕发出自身的活力，传统文化与现代文化、中国民族文化与外来文化交融并存，真正交汇出不同形态的多元文化"百花齐放、百家争鸣"的局面。市场经济的确立一方面激发了经济发展的活力，另一方面间接促使文化的平等发展。这是因为市场经济建立在等价交换基础上，而等价交换又必然会呼唤人格的平等、文化的平等。因而改革开放不仅是经济领域的改革，也是文化从一元化到多元化转变的"催化剂"。如果说中华人民共和国立足于世界民族之林标志着中华文化主权的确立，那么改革开放则是进一步释放了文化发展的活力，马克思主义引领下的有中国特色的社会主义建设文化作为多元文化形态的主流，对于非主流文化并不是"文化霸权"的强制态度，而是和平共存、共谋发展。文化多样性是文化大繁荣大发展的必要条件，正如同黑格尔强调差异、矛盾是事物进步的源动力一样，文化的发展也需要多种不同形态的文化互通有无、彼此借鉴。市场经济为此奠定了坚实基础。改革开放后，中国的大众文化登上了历史的舞台，以知识分子为代表的精英文化也随之得到发展，客观言之，20 世纪 80 年代中国的改革开放确保了中国文化的多样性发展，为不同的文化形态能够充分展现自己的特色提供了实践舞台。

其次，经济改革为文化的发展提供了经济基础。任何一种文化形态若要获得普遍的认同，被受众所接受，经济支撑不可或缺。市场经济注重效率，批量化的生产方式降低了文化产品的成本，文化"产业化"与产业"文化化"相互激荡，文化也得以凭借商品的形式广为人识，新媒体的出现进一步加剧了这一趋势，互联网的出现大幅度繁荣了大众文化。文化被商品化后，其传播速率相较于人们的"口口相传"获得了线性提升，然而在这一过程中，也铸就了新的文化矛盾——有市场前景的、容易卖出去的文化产品往往被商品化、产业化，而有些曲高和寡的精华之作也许反而无人问津。

尽管市场经济有其两面性，改革开放对于文化发展的积极意义无人可以抹杀，然而我们必须要承认“改革开放”的历史性，改革开放面临的社会问题毕竟不同于当今，时代的变化决定了当初改革开放的许多路线、方针、政策都有待或多或少的调整，如果盲目照搬以前的历史经验，必然会付出沉重的历史代价。如“效率优先、兼顾公平”“经济搭台、文化唱戏”这些举足轻重的发展战略，时过境迁后，就需要认真反思当前面对的历史任务，做出相应的改变，否则就可能故步自封、不能与时俱进。

经济不是发展的目的，而只是手段，文化才是目的。16 世纪德国著名宗教思想家马丁·路德曾经认为一个国家的兴盛，不在于国库的殷实、城堡的坚固或是公共设施的华丽，而在于公民的文明素养，也就是人民所受的教育、人民的远见卓识和品格的高尚！这一观点深刻反映出了国家富强与人的发展的内在关系。“富”意味着占有对象的量的“多”，“强”意味着某一个国家与人民在世界民族之林中的地位。这个地位不可能单纯依靠武力获得普遍的承认，相反，国家的强盛程度囊括了经济、文化、政治多元的综合性的因素。其中，在路德看来，最为重要的因素恰恰不在于 GDP 数字之多少，也不在于国防、以及公共设施之强弱，简言之，不在于“物”，而在于“人”，在于人的发展程度。毋庸讳言，我国过去的社会发展出现过一些误区。如片面强调 GDP“赶英超美”，而忽略了“以人为本”；再如一些追求高、贵、奢华的公共设施的建造，不是考虑设施实际的使用功能，而是为了彰显所谓的“名片”，仿佛大楼建的越高，就越是表现出“国家的富强”，实际上却是为了“面子”，牺牲了“里子”，造成了许多无谓的资源的浪费，事实上这不过是“以物为本”的炫耀，而不是真切的满足大众日常需求。国家富强、民族振兴与人民幸福有机统一于社会主义建设实践过程中。国家富强是根本性的前提保障，人民幸福是国家富强、民族振兴的最终目的。“中国梦”的实现需要以人的发展作为最根本的检验标准，不断审视经济的发展方向，避免社会发展走上歧途。

3. 全球化时代文化的市场化发展态势

在全球化的时代，如马克思所说“过去那种地方的和民族的自给自足和闭关自守状态，被各民族的各方面的互相往来和各方面的互相依赖所代替了。物质的生产是如此，精神的生产也是如此。各民族的精神产品成了公共的财产。民族的片面性和局限性日益成为不可能，于是由许多种民族的和地方的文学形成了一种世界的文学”。[①]随着全球化的深入发展，文化与经济以及其他社会生活日益一体化。经济文化化、文化经济化已经成为全球化的一个突出现象。

在经济一体化与文化全球化的当代，一方面实体产业的发展必然会打上文化的烙印。企业的生产与大众的消费都反映出主体的价值取向、兴趣爱好、生活惯习、社会风俗，也即反映出文化的特征。另一方面，在经济的作用下，文化的生产与传播也存在着被“产业化”的可能。即商品被外在赋予其特定的文化涵义，如国旗上的图像，产品由于所“具有”的文化涵义才摇身一变成为“商品”，这就是消费被文化化，在全球化的时代，所有的消费行为都变成了文化消费，或是彰显消费者价值观念、爱好兴趣、社会习俗等等的文化内涵，或是无意识的符号消费。“符号消费”这一概念是法国社会学家、哲学家鲍德里亚消费思想中的一个重要概念，所指称的是出于物品的外在“符码”而进行的消费，物自身的功能淡出了消费者的视野，符号消费超越了“有用”“无用”的功能范畴。“有用”表现在它的符号象征意义，“无用”是指除了象征意义之外，没有其他的使用功能。显而易见的是，现如今，符号消费的范围与程度随生产力水平的提高而不断加深，甚至是没有多少实际用途的物品也会变成商品。甚至一些并没有使用价值的物品都会被符号化，从而成为商品。例如可口可乐，据统计，可口可乐公司在2012年的广告费用高达33亿

---

① 《马克思恩格斯选集》，第1卷，276页，北京：人民出版社，1995。

美元，在世博会、奥运会、各类体育比赛、杂志、电影中遍布其广告，由此可见可口可乐公司重视符号生产的程度。如可口可乐公司前任总裁伍德拉夫所言："可口可乐99.61%都是碳酸、糖浆和水，如果不进行广告，那还有谁会喝它呢?"消费者品尝可口可乐的原因大致是"我们喝的是广告上那幅少男少女畅饮的景象，我们喝的是'喝一口使你精神百倍'的标语，我们喝的是美国人了不起的习惯，我们很少去品尝味道。"[①]伍德拉夫的这句话说明了可口可乐公司为何每年不惜花费巨资用于广告宣传，也影射出文化消费的客观现实。只要有利可图，资本就会介入，形成文化产业。在全球各个国家都在竞相输出自己的文化产品的形势下，未来国家之间经济实力的衡量比较，文化产业将会是一个关键环节，如美国第一大出口产业自2000年以后，始终是文化产业。

在资本逻辑的肆虐下，"文化的商品化"与"商品的文化化"已然构成了一幅经济与文化交汇共生的图景，难分彼此。文化不仅是经济发展的重要倚重，更是一个人、一个国家、一个民族发展之根本。文化已经成为举国关注的全民事业，文化是民族的血脉和灵魂，社会的健康发展必须注重文化的建设。

四、当代中国的文化生态扫描

文化在当前我国的社会主义建设中的作用逐渐凸显出来，党的十八大报告明确指出要"扎实推进社会主义文化强国建设"，要"推动社会主义文化大发展大繁荣，兴起社会主义文化建设新高潮，提高国家文化软实力，发挥文化引领风尚、教育人民、服务社会、推动发展的作用"。然而，文化大繁荣、大发展并不是一朝一夕就可以实现的，社会主义文化建设的新高潮需要清晰了解当前的文化现状，尤其是对当前文化发展过程中暴露出来的问题要有清醒的认识，这是文化大发展大繁荣的前提

---

① [美]弗洛姆：《健全的社会》，孙恺详译，124页，贵阳：贵州人民出版社，1994。

条件。随着改革的不断深化推进，不可避免带来了一系列的社会问题，在文化层面，主要表现为以下三个问题：

1. 价值多元的文化乱象

21世纪是信息爆炸的年代，互联网上承载着海量信息，相较于以往历史时代，人们的视听选择非常丰富，造就了文化发展的“复调”时代。以互联网为代表的信息产物剧烈冲击着大众，形形色色承载着不同价值观的文化产品涌入大众的日常生活，与此同时，全球化促进了不同国家之间的文化交流，造成了国内的国外的、传统的现代的、积极的消极的诸种价值观在生活大舞台上精彩演出。因此，对于大多数“受众”来说，有充足的自由进行各种选择，有人选择“今朝有酒今朝醉”享乐主义的文化产品，有人选择清心寡欲的佛学；有人崇拜“金钱”的无上魔力，有人认为金钱不过是过眼云烟，皈依了“虚无主义”；有人相信消费能够带来幸福的消费主义，有人在劳动创造中实现自己的价值；有人强调“个人权利”、以自我为中心，有人一心奉献不求回报……当今的时代是“多元”的时代，当今的人们越来越个性化、碎片化，科技的发展、市场经济对于人欲望的极度挖掘造就了价值多元的文化乱象。

因为价值多元、人的需求多元、人的生活方式多元，所以更需要文化的规范、引导作用。对于大多数“受众”来说，选择娱乐性的、轻松幽默的、刺激感官享受的“视听盛宴”是再自然不过的事。这些轻松娱乐的文化产品一方面反映了大众的文化需求，但另一方面因为其内容无深度，欠缺对于社会现实的反思与批判，也缺少精神升华的人文关怀，因此在市场化的背景下，很容易形成“大众文化高歌猛进、精英文化节节败退”的形势，“主流文化宣扬的价值观理念一定程度上受到了大众文化的拒斥。大众普遍关注个人的日常生活，在人民群众的日常生活当中，有些政府宣传的文化没有成为大众真心接纳认同的文化，反而发展成为自说自话型的话语。在这些民众看来，主流意识形态的宣传是‘官方文化’，与己无关，与其关注‘某个主流意识形态’，不如关注‘银行利率’‘股市行情’‘菜价涨跌’‘油价上涨’等切合生活实际的文化，这就造成了有些主流文化与大众文化的脱节”。[①]这样一来，主流文化倡导的主流价值观难以很好地向生活渗透，就会造成大众价值观的多元化，各种媚俗庸俗、甚至错误的价值观念就会乘虚而入，如享乐主义、消费主义、拜金主义等价值观在中国的发展之势举世震惊。由此可见大众的价值观的多元化，道德楷模与自私自利者共存，先进的积极的文化与落后的消极的文化并生，反映出大众的价值诉求之混乱。之所以要凝练与宣传社会主义核心价值体系，其原因就在于人们的价值诉求混乱。

2. 文化落差与文化分层

社会主义文化建设面临的第二大难题是文化落差幅度较大。在这里，文化落差意指不同人群对于文化的接受、吸收、消费程度的差异性。文化落差的幅度差异首先表现在地域上，一般而言，城市的文化资源要比农村丰富许多，图书馆、书店、音乐厅、电影院、大学等文化载体通常坐落于城市中。城市越发达、越“现代化”，文化资源就越丰富，大众更容易消费不同的文化，反之，在农村或是欠发展的城市，文化载体较少，只能通过电视、书籍、报纸、互联网等渠道接触到文化产业。居民文化消费的机会就少一些，难度会大一些，这就造成了区域性的文化落差。在文化蓝皮书《中国文化消费需求景气测评报告(2014)》《中国文化产业供需协调增长测评报告(2014)》中显示，全国文化消费城乡差距近三倍，城镇文化消费总量年均增长远高于农村，乡村文化消费总量占比显著下降。蓝皮书数据分析表明，1991—2012年，全国城乡文化消费总量由668.21亿元增至11405.97亿元，增加10737.76亿元，21年间总增长1606.94％，年均增长14.47％。同期，全国城镇文化消费总量由257.96亿元增至8513.00亿元，增加8255.04亿元，21年间总增长3200.12％，年均增长18.12％。而全国乡村文化消费总量由410.25亿元增高为2892.97亿元，增加2482.72亿元，21年间总增长605.17％，年均增长9.75％。无论是单独看“九五”“十五”和“十一五”期

---

① 邹广文、宁全荣：《当代中国文化形态及其走向》，载《北京行政学院学报》，2012第4期。

间，还是前后21年贯通起来看，全国乡村文化消费总量年均增长都远远低于城镇增长。

其次，不同的阶层的文化落差幅度较大。市场经济的改革极大促进了社会财富的积累，随着改革红利的不断释放，人们的物质生活、精神生活、文化生活都出现了较大差异。众所周知，社会主义市场经济的改革实践不可能让所有人同步富裕，只能是让一部分人先富起来，先富带动后富，最终达到共同富裕。这样一来，就形成了收入水平高低不等的各个阶层。中国社会科学院社会学研究所曾以职业分类为基础，以组织资源、经济资源、文化资源占有状况，作为划分社会阶层的标准，把当今中国的社会群体划分为十个阶层①，十大社会阶层的人口总量结构非常特殊：底层和下层部分构成全国80%左右的人口，中层部分构成15%的人口，高层构成约5%的人口。它既不是发达国家比较普遍的"橄榄"型社会阶层结构，也不是很多发展中国家典型的"金字塔"形的阶层间过渡平缓的社会阶层结构，而是低端相当庞大、社会地位等级间落差较大而且过渡不平滑、中间阶层正在逐步形成的社会阶层结构。据中国社会科学院社会学所的调查分析，优势地位阶层的成员更可能进入消费分层的中、上层，而地位较低的社会阶层的成员更可能落入消费分层的下层。按照物质消费水平的高低可以区分出消费上层、中上层、中层、中下层、下层五个阶层：中国的消费分层大致是1/4私有企业主、少量的经理人员进入了消费上层，大多数经理人员、1/3的私有企业主处于物质消费的中上层，国家与社会管理者、专业技术人员和办事人员3个阶层的成员大多数分布于消费中层，个体工商户、商业服务业员工、产业工人大多数处于消费的中下层和下层，城乡无业失业半失业者和65%的农业劳动者处于消费下层。②可以看出，中国的消费结构呈现出两极分

① 十个阶层包括：国家与社会的管理者阶层、经理阶层、私营企业主阶层、专业技术人员阶层、办事人员阶层、个体工商户阶层、商业与服务人员阶层、产业工人阶层、农业劳动者阶层和城乡失业半失业阶层。

② 李春玲：《当代中国社会的消费分层》，载《中山大学学报》，2007第4期。

化的态势，绝大多数的人群都处于消费的中下层、下层，而消费上层的人数虽少，但消费能力惊人。我国已经成为举世闻名的奢侈品消费大国，据调查中国已沦为第一拜金主义国家，各种“攀比炫耀”“符号消费”现象屡见不鲜，世界任何品牌的名牌服装、烟酒、豪华车、化妆品和高档珠宝等在中国的销售量非常大。中国大城市娱乐场所的豪华程度、消费水平也绝不逊色于巴黎、伦敦和纽约等国际名城。美国高盛公司曾在一份报告中指出，如果没有中国奢侈品市场近些年来的“井喷”式迅速发展，奢侈品行业会遭到致命的打击。然而，就在中国的奢侈品消费能力强盛“井喷”的同时，日常商品、发展型消费却在萎缩。商务部贸研院研究员赵萍表示，从2013年前三季度的经济数据来看，“虽然消费对经济增长的贡献率有所上升，但仍低于投资的贡献率。目前我国储蓄率超50%，为全球最高，可见消费仍然是‘三驾马车’中的‘短板’，消费潜力亟待释放”。日常消费与奢侈品消费、消费增长与投资增长的明显对比凸显出贫富差异的现实。

概言之，不同阶层的消费观念、消费方式、消费结构表现出较大的差异性。物质消费水平的差异体现出文化消费的阶层落差。大量底层的人群物质消费不足，只能满足生存的需要，必然无暇顾及文化消费，处于大量的文化需求无法有效满足的状态。文化消费以城市人群、消费上层、中上层、中层为主，“在大城市中，阶层化的消费文化开始显露端倪，各阶层成员在发展其特殊的消费品味和取向。比如，经理人员、国家与社会管理者和专业技术人员倾向于有文化品位的、中高档次的消费模式，私营企业主则追求奢华的、炫耀性的、强调感官刺激的高消费模式，办事人员和个体工商户则倾向于追随这两种消费模式，商业服务业员工和产业工人偏向于经济实惠的消费模式，而无业、失业、半失业者和农业劳动者则受制于个人经济条件而处于低消费状态”。①大众的文化生活以文化消费为前提，地域性的、阶层性的文化落差幅度较大是当前

① 李春玲：《当代中国社会的消费分层》，载《中山大学学报》，2007第4期。

社会主义文化建设不能忽视的问题。互联网作为跨地域性的文化载体，亟待发挥出其文化资源均衡器的作用。

3. 信仰缺失与道德滑坡

时下中国的信仰问题已然成为关乎社会进步与人的发展的严重问题。唯物主义宣扬的是无神论的教育，教导人们不信神、不信宗教。绝大多数人对待宗教的态度是出于功利的目的，“无事不登三宝殿”，只有出现了健康、事业、功名、爱情等个人问题的时候，人们才会去烧香拜佛。在人们价值观多元化之时，呈现出大众普遍的信仰缺失。甚至有新闻报道湖北武昌实验小学毕业的留言册上遍布着“为人民币服务”“向钱看”“梦想将来有很多钱”这些视金钱为梦想、理想的极成熟的“童言”。在就连小学生也物质化的今天，普遍性的信仰缺失已是不争的事实，不仅“上帝”已死，就连共产主义信念也遭到质疑。

“五四”运动之后，“孔家店”被打倒，两千年封建社会信奉的儒家思想走下信仰神坛，代之而起的是“科学”，然而科学技术从其本质上讲只能满足人的物质需要，严格意义上并不能解决人的信仰问题，信仰正如黑格尔所说，是“对本质的一种纯粹意识”，“本质是直接存在于信仰中的，其所以是直接的，是因为信仰的对象即是本质”，① 也即黑格尔认为信仰是人超验的心理状态，是对于现实世界的超验性的反思与把握，既出于现实而又超越现实，现实存在的物质无法成为信仰。然而，当前中国社会普遍存在的问题正是真正意义上的信仰缺失，许多人的“信仰”客观化与物质化，视金钱、权力、地位为人生追求的目标，物欲横流带来的是精神层面的信仰体系坍塌，崇高被消解，人们害怕崇高，或是不愿崇高。信仰蜕变为欲望。

信仰是人的精神寄托。信仰为人的生活设置了“底线”，所解决的问题是在法律约束之外的人的自律。没有真正地信仰，人们就没有正义感与责任感，就会无所顾忌、无所敬畏。信仰的缺失继而造成了道德底线

① [德]黑格尔：《精神现象学》下卷，84页，北京：商务印书馆，1979。

的不断突破，没有信仰就没有道德底线。以食品行业为例，五彩馒头、三聚氰胺、苏丹红、孔雀绿、瘦肉精、皮革胶囊……层出不穷的食品安全事件表明生产厂家的道德底线已经突破了“民以食为天”的底线。的确，市场经济极大限度地挖掘了人的欲望，而人的物质欲望是永远也无法满足的，一旦人的信仰变成了“物欲”，道德的底线就会被逐渐侵蚀，倘若再缺乏外部的对于人们愿意善、敢于善的道德行为的相关保障，那么大众的信仰体系、善恶观、道德感就真的堪忧了。

30 年的改革开放给当代中国造成了“历时性文化的共时性承受”的现状，要有效解决文化层面诸种问题，培育良好的文化生态环境，除了要考虑社会主义文化的因素，还需思考经济、政治层面的综合作用。具体而言，必需注重以下三个方面：

第一，彰显社会主义核心价值观的引领作用。在全球化的图景中，只要坚持改革开放，就必然会遭遇各种外来文化，带来价值的多元化。文化只有在与他者文化的不断交流、碰撞、相互借鉴的过程中，才会迎来发展的契机，“闭关锁国”拒绝与外来文化交往已然不具现实性，因此正视价值多元化的现象，发挥社会主义核心观的引领作用才是有效推进社会主义文化大繁荣、大发展的有效之策。在意识形态领域，存在一些居心不良的社会思潮不同程度上危及社会主义事业的建设，如极具代表性的“历史虚无主义”戏说胡说民族英雄人物，“价值虚无主义”消解了人的各种价值，使人仅仅追求享乐，也使得文化被庸俗化、低级趣味化，习近平多次强调意识形态的安全问题，在弘扬优秀社会主义文化的文化强国进程中，需加强社会主义核心价值观的引领作用。一方面，积极破除历史虚无主义、价值虚无主义的消极影响，另一方面，努力促进多元文化和谐共生、交融发展的发展态势，文化多元化并不是无视文化对于人、对于社会的影响，并不是让良莠不齐的各种文化自行发展，而是要甄别具体的文化形态的实际作用，引领与规范一些不健康的文化走上正确的社会主义道路。当然，加强社会主义核心价值观的引领作用绝不意味着文化一元化。

第二，注重分配正义，减少文化落差。物质财富的两极分化必然导致文化的落差，“效率优先、兼顾公平”的改革在历史上确实有其至关重要的作用，但对于当前的中国来说，社会公平问题日益凸显，贫富差距有不断扩大的趋势，共同富裕是中国特色社会主义的根本原则。社会主义事业的根本目标不是不关注个体、只关注整体的发展生产力，而是要先富带动后富，最终达到共同富裕。注重分配正义，缩小贫富差距，减少文化落差，满足绝大多数人民群众日益增长的文化需求，是当前社会主义改革事业的历史任务。要实现中华民族的伟大复兴，既需要强大的经济支撑，也必须关注作为个体的“人”的生存境遇，毕竟“社会”不是抽象的概念，脱离了一个个鲜活的个体，社会也就不复存在，中国梦也难言真正地实现。党的十八大报告中已指出了要不断缩小城乡、东西部的文化落差，要普遍提升大众的教育水平与精神面貌，促进文化共享，使大众的生活观、价值观更为健康、昂扬、向上。实现文化落差的持续减少，最终促进和谐的、更加富含公正性的文化发展态势是推进文化大发展大繁荣的“应有之义”。

第三，加强社会主义法治文化建设。党的十八届四中全会提出：“必须弘扬社会主义法治精神，建设社会主义法治文化”，“法治文化是一整套思想、价值和行为体系，包括熔铸在人们内心的法治精神和法治信仰，镌刻于法律制度中的法治价值和法治权威，贯彻到行为方式上的行为习惯和行为准则”。①法治文化的建设有助于解决信仰缺失与道德滑坡现象，完善的法律体系能够保障人的生存，合理惩戒不道德的行为能够预防道德失范现象的扩散蔓延。显然，如果只是对食品安全事件的厂商进行单纯的道德批判，呼唤企业家身上多流淌“道德的血液”，缺乏了法治文化的外在规范，很难切实解决道德滑坡现象。加强社会主义法治文化建设，构筑自律与他律的共同约束，清晰描画生活的底线，弘扬共产主义信仰，这是走出道德乱象必不可少的基础。

---

① 张效廉：《大力建设社会主义法治文化》，载《求是》，2015 第 9 期。

第三章　文化实践的基本主题

当代中国的文化实践走向是在最广泛的意义上对社会文化精髓及其根系的宏观把握，它包含了一个庞大的问题集合，毫不夸张地说，任何一种对当代中国文化走向的直接预言都是缺乏责任意识的行为。但是，这并不否认我们对文化事实的直观能力。无论在价值多元的文化乱象中，或是经济文化的深层角力中，我们都能够洞悉在波澜不惊的社会文化发展进程下隐藏的暗涌，而文化落差与文化阶级的形成，乃至信仰缺失与道德窘境的出现，宛然已经成为这股否定性力量之蠢蠢欲动的表征。

因而，当我们在反思当代中国文化走向的种种可能性时，必然要设定一个基本的期许，用以寄托我们对当前文化现状的基本立场。虽然文化研究的最大难点就在于人与文化之间这种不可触碰而又密不可分的关系，但或许正是人自身的这种基于文化的期许反而对上述难题的解答提供了可供探索的路径。正是这些期许，构成了当代中国文化走向的基本主题。

一、中国文化：在和平与发展的背景下

改革开放以来中国社会的崛起伴随着社会文化的不断塑形，在改革之中暴露出的种种社会问题以常常凝固在我们的文化形态之中。从长远来看，中国的文化如何在种种冲突与困境中实现崛起，将是我们必须要面对并思考的问题，从当前来看，我们如何在未来的五到十年这一关键

的机遇期找到前进的方向，则是我们必须要完成的工作。改革开放以来，中国共产党确立了“坚定不移地走和平发展的道路”这一基本原则，应该说这既是对“中国威胁论”和“中国霸权论”的有理反驳与主动回应，也是对当代中国文化发展方向的奠基与定调。和平与发展既是我国在国际关系格局中的性格阐释，也是中国文化在目的论意义上的自我规制。

不同于英美等国对和平与发展的诠释仅仅受限于外交策略、其本质还是基于国家意志的军事干预，我国对这两个根本原则的理解则是融合在国家的文化形象之中的，这说明中国人讨论和平与发展不是表里不一地玩弄辞令，而是在国家灵魂与民族血脉之中倾注了深刻的文化反思，它的意义绝不限于有形的国际关系威慑，而更加体现在国家意愿在文化与价值层面上的输出与传播。

通常我们说一个国家的文化战略往往是无形战略，它是在经济实力与军事实力之外的柔性实力，它不构成国家崛起的“坚强”后盾，但却构成了一个国家对经济军事等硬性指标的基本判断力，它让国家崛起成为经济发展与军事领先的必然性成果，而非偶然性结果。换句话说，国家硬实力的提升并不一定带动国家的崛起，这两个事件之间必须要求文化的参与，才具有现实意义。换句话说，国家并不仅仅是一个经济实体，一个军事实体，还是一个文化实体。“发展”是文化对国家经济提升的精神阐释，而“和平”则是文化对国家军事进步的精神阐释，两者共同构成了国家硬实力的另一面，两者又共同融合在文化之中。因而我们常常说文化是国家软实力①的基本要素，在一定程度上是对上述多元关系的一个合理转述。

中国自古就有以和为贵的文化传统，当然这里的“和”的内容要比“和平”丰富许多，但是这种偏重君子气质的文化形象依然对我们当下的文化发展战略影响巨大，其中“君子”作为中国古代知识分子的人格自画

---

① “软实力”是由美国学者约瑟夫·奈(Joseph Nye)提出的概念。他认为，软实力就是一个国家通过吸引和说服其他国家从而满足自己需要的能力。“文化”是软实力的重要指标与要素。

像所具有的儒雅特质一直都是颇具理想主义格调，它在很大程度上形成了我们今天对“和平”的自我认同。从孔子的“己所不欲，勿施于人”，到孙中山的“世界大同”都描绘了国家意义上的如君子间和平共处的景观，这样来看，“和平”并不仅仅是一种手段，并不是维持国家间各自利益底线的策略，相反，它更接近于一个目的，并且是国家间通过交往实现相互理解、相互确证从而实现的目的。从人类历史上来看，“和平”并不是唯一的发展思路，却是成本最低的发展思路。在这个意义上，讲求“和平”的文化战略是对“发展”的一种限定，“和平”代表的“稳”与“发展”代表的“变”构成了辩证的二元关系。在一定意义上，我们说“和平发展”就是文化的发展，就是借用“稳”与“变”的文化反思校正我们的发展实践，用丰富全面的价值体系衡量我们的发展路径，在“做什么”之前想一想“是否应该做”的问题。

1. “和平”求“稳”：文化发展的总体稳定

当代中国的迅速崛起构建了一个斜度很大的发展曲线，这在很大程度上依赖于国家经济体制转型带来的积极影响。然而，文化却不能与经济发展一样实现某种“飞跃”，甚至可以说，文化应该拒绝“飞跃”。

我们并不否认文化对于一个国家或民族的影响是巨大的，但这种影响是建立在文化历史的沉淀之上的。文化的沉淀越是饱经风霜，越是坚固实在，越是不容动摇。文化以一种经验的形式凝固，却能够以一种先验的形式发生影响。所谓“经验”是指文化的本质是人类现实活动的精神成果，它虽无形，却是实在的；所谓“先验”是指文化作为精神成果是超越任何一个个体生命的，它成为历史，成为真理，成为国家，成为法律，成为先在于我们每一个人的生命之前就已经存在的东西。需要强调的是，这里的“先验”并不完全等同于康德知性范畴的“先验”，而是“先于经验的经验”，前一个“经验”是“个人”的经验，有限的经验，而后一个“经验”则是“类人”的经验，历史的经验。正是文化的这种非同寻常的“先验”特征，使得它不可能被我们进行经验的操作，它的存在与发展是隐藏在历史之中的漫长过程，它虽然以我们有目的的经验活动为基础，却并不以这些经验活动为本质。因此，正如我们不能超越历史，我们同样不能超越文化。在此意义上，所谓“文化的飞跃”永远只是表象，它背后的本质并不是“我们期待文化成为那个样子”，而是“急功近利的文化操纵”这一行为的精神沉淀。也就是说，“文化的飞跃”的结果并不是文化的转型，而是我们漫长的文化沉淀中结下的急功近利的内伤，可以预见的是，这一内伤或早或晚将带来一定的伤害，并且不可避免。

因此，我们说文化发展要坚守“和平”的原则，这是为了避免由于违背了文化发展的基本原则所带来的负面后果。

2.“发展”求“变”：文化发展的自我调整

虽然文化的发展必须要坚守一种持久性与稳定性原则，但并不代表我们对文化就难以施加影响。其实在上文我们也谈到，我们对文化的影响是客观存在的，但问题的关键在于保证这种影响的确定性与正面性。

我们谈文化发展的目的就是要考察是否存在某种途径，能够允许文化在“和平”的前提下得到“发展”。同时，前文我们也提到文化不能被人施以主动的目的性干预，否则会带来否面的影响，那么解决上述问题的关键点就在于，如何通过合理的文化操纵，实现文化发展的“定向”。我在此给出的方案是国家意义上的文化自觉，即国家对文化主权的反思与实践。

国家主权是一个国际法意义上的概念，而国家的文化主权是国家主权概念的延伸概念，它在知识结构上与领土主权、经济主权，立法主权类似，表明国家在某一领域的自主权力。文化主权是国家主权的重要组成部分，与领土主权、政治主权、经济主权等主权概念相联系。文化主权的特殊之处是，它在代表某一民族或某一国家的文化权力时，并不构成直接的排他性，它虽然强调主权的不容侵犯与不容剥夺，却不强调权力或利益的最大化。在大多数时候，国家的文化主权是一种内在软实力的体现，它只有在民族尊严与文化自我认同水平达到较高程度时才具有的现实意义，也就是说，只有民族意识的苏醒与国家意义上的文化自觉，才能带来树立起强大的文化主权。

国家的文化主权[①]是文化发展自我调整的结果。然而，与直接的文化操纵不同，国家文化主权的树立并不直接将文化本身作为对象，而是以文化的主体“人”为对象。这其中，“人”又可被精细化为两个层次：首先是国家，它作为人的权力的外化实体先天具有文化的属性，因而国家在文化的意义上对反思自身，并意识到自身中的文化内容与属人的部分，这即是第一层次的“人”的文化自觉；其次是其他国家，在各个国家的文化主权得以确立后，彼此之间实现文化权力的互动，并实现国家之间的文化交往，最终以此确定国家的文化地位，这即是第二层的“人”的文化自觉。这两个“人”的层次分别意味着“区域”与“人类”两个不同的范畴。

国家的文化主权之所以是国家文化发展的第一要义，是由于它在最广大的范围内实现了自身文化的诠释与传播，各个国家的文化主权在文化交往的过程中形成了彼此关照、彼此考察的监督关系，而各个国家的文化自觉又保证了彼此之间的监督能够实现良好的反馈，并产生积极的自我修正。这在最大程度上减少了基于主观意志的文化操纵所带来的负面效应，保证国家的文化发展在不断地自我修正中稳步前行。与此同时，由于国家的文化主权是在国际关系的意义上考虑问题，它所指向的是一个空间上的“世界”概念，这与文化所代表的时间上的“无限”概念形成了一种契合，即文化的意义范围在于人的空间范围，那么文化的有效影响与“世界”也是保持一致的。因而，并不存在一种超越“世界”的文化，也不存在一种文化之外的“世界”，上述两种“不存在”的根源都是“超越人”的。

正因为此，在“世界”的意义上考察文化能够保证所有的对话与讨论的有效界限。从国家文化主权的视角看，文化发展的自我调整最终的目的将是一种“人类世界的文化”，虽然这一目的仅仅是一种理想设定。

---

① 国家文化主权的概念是与文化霸权所代表的文化扩张主义相对立，且相对具有一种文化保护主义倾向的概念，具体的讨论请参见王沪宁：《文化扩张与文化主权：对主权观念的挑战》，载《复旦大学学报》（社会科学版），1994 第 3 期。

3. 当代中国文化走向的主题确立

国家的文化主权理论从目前来看依然是一种理想化的设定，原因在于无论从国家的文化自觉层面，还是国家间的文化监督层面，文化的核心地位并没有得到凸显，传统的国家主权思维依然把持着重要地位。

虽然全球化对传统国家主权及其权力格局产生了巨大的影响，但文化依然无法从经济与政治的权力博弈中超脱出来，反而现有的文化主权都被刻下了国际政治相互博弈、相互斗争的痕迹。在军备竞赛与经济制衡的传统对抗之后，西方世界将文化支配与文化扩张包装成文化主权进行战略布局。随着新世纪以来互联网技术的成熟，这种文化支配以一种前所未有的方式将某些国家的物质生活方式与价值观作为一种可通约的行为准则加以推广，并赋予其在文化上的支配地位。

由于经济、科技与文化的一体化发展，文化的霸权是以知识系统，资本运作与信息传播等方式来进行的，比如计算机编程语言以英文为主，网络系统域名以英文为主，电影与电视节目在网络时代的无缝传播，新闻与出版物的低成本传播，游戏与软件等产品在规范使用规则或游戏规则的同时也规范了生产流程与生活方式等。为了避免个性文化被同化与淘汰的危险，并确保不同国家和地区的历史文化能够得以弘扬，针对西方国家的文化扩张战略，国际社会逐步提出了与其相对立的文化主权概念，这一理论在20世纪末达到了空前的关注度。

然而，对于中国的国家文化主权问题，我们首先要明确这一命题的成立需要以国家意志上的文化自觉为前提。文化主权不应该是一个封闭的体系，而应该是一个开放的体系，这意味着文化主权必须尊重且建立在一个在人类普遍意义上的价值落点上，而不是主观而孤立的将自身的文化意志强加到其他文化系列身上。显而易见，上述两点是相辅相成的。亨廷顿的“文明冲突论”敏锐地洞悉了文明在世界政治角力与权力制衡中的重要地位，却认为文明的冲突是不可避免的。然而，“文明”作为一种与文化类似的精神成果的表达过于强调个性与成就，这种强烈的自我认同往往带来一种偏执的立场，在这个意义上，亨廷顿坚持文明冲突的不可调和是合理的。但在文化的意义上，上述的冲突将在更为温和的对话体系中得到缓解甚至消融，这也是中国文化发展强调自觉，强调开放与包容的原因。

进一步讲，要真正做到文化的自觉并不容易，这里的悖论依然根源于上文所述的文化与物质世界的关系——由于人类世界的发展，人的知识积累已经十分可观，这在很大程度上允许我们用科学的态度去考察非常庞大的对象集合，这意味着对一个类似于社会或文化的系统来讲，人们需要去严密考察的变量也非常繁杂，以至于任何一个操作的任何一个结果都需要被谨慎地论证，而基于冒险精神的尝试则变得不被接受。简而言之，对于文化，我们顾虑的越多，就越是难以下手；如果我们顾虑太多的话，那么要引导优秀的文化，非但不会变得简单，反而会变得更加艰难了。于是我们再次回到了上述的问题：要创造一种文化究竟是否可能？

其实，从古希腊哲学家对世界的本原进行探索并试图构建完整的知识学起，人类对自身的文化反思就从未终止。有趣的是，虽然关注的角度与层次多有不同，但几乎所有的思想家都在不停地抱怨自己所在时代的文化衰败，即使他们所处的时代在我们今天看来实为“黄金时代”。对于这一事实我们必须从两个角度看：其一，人类的文化发展真的自始至终都存在问题，如果以更为严格的批判视野考察，文化的衰败必然与“某一深刻的历史要素”存在关系；其二，文化并不真的只是衰败，但文化的进步却要建立在对文化的批评之上，因而人们越是发现自身文化中存在的重大问题，越是表明其文化自觉意识的苏醒，越是文化进步的现实表征。与此同时，上述两个角度又是可以通约的，因为人类对自身的文化批判正是发现“那一个深刻的历史要素”的方法与途径。

以此为基础，回到对当代中国文化走向的考察，我们已经可以明确一点，即对当代中国社会中存在的文化问题的深入分析，将成为影响未来中国文化走向的道路，而对未来中国文化走向的规定性主题，也就是分析当代中国文化困境的基本思路。

具体来说，对这些主题的规定遵循着马克思主义哲学的实践现象学逻辑：

其一，从广泛的文化实践的一般现象出发，我们可以得到关于文化的直观特征——文化的多样性，而处理这一特征性问题的路径则是“统筹兼顾”；

其二，对不同文化的分量培育要求它们彼此之间的冲突得到最大限度的缓和，而处理这一问题的路径则是“和而不同”；

其三，在妥善处理文化的“多”与“一”的问题之后，需要保证在历史的进程中文化发展的这种稳定特征得到保持，这就要求我们从一个时间的维度来反思文化自身，即“与时俱进”；

其四，在处理好文化的问题之后，我们必须要回到我们自身，回到人的价值主体本位，考察一个稳定发展的文化对人来说究竟意味着什么，即“以人为本”。

以上四点前后相继构成一条完整的文化分析逻辑，但需要强调的是其中的逻辑起点本身是偶然的，它仅仅代表文化众多直观特征中的一个，但它起到的作用却是以点带面。从这个角度看，我们并不反对从其他切入点入手考察文化的路径，但我们相信这些考察在完善的论证之后将会殊途同归，寻得一个相同的落脚点。

二、“统筹兼顾”——文化的丰富性

“统筹兼顾”的文化意义十分深刻，它代表了中国传统文化的核心精神在现代社会的全新形式，并且与现代系统论的哲学底色十分契合。无论在意识形态领域，还是社会发展领域，“统筹兼顾”都意味着一种健康的文化生成姿态，更是避免文化木桶效应的切实解决方案。

1. 中国传统文化的“统筹兼顾”

统筹兼顾在中国传统文化中具有显著的地位。“统筹”的本义为通盘筹划，作为象形文字“兼”的含义则是“一手执两禾”，引申为同时照顾或操作几件事情。在军事战略的意义上，统筹兼顾是指能够统领全局，洞悉战局细节，从而做出合理的对策。深究起来，统筹兼顾的类似观点在中华传统文化中也是十分常见。

从儒学的角度看，“中庸”思想是它最为重要根源之一。中庸之道要求在相互对立的要素之间寻求平衡，避免走向极端。“中庸”既是认识世界的方式，也是为人处事的行为准则。孔子在其君子论与政治学中都有对中庸的说明，其内容不外有二：过犹不及，以和为贵。这里，所谓“过犹不及”，在《论语・先进》中记载，“子贡问：‘师与商也孰贤？’子曰：‘师也过，商也不及。’曰：‘然则师愈与？’子曰：‘过犹不及’”。[①]孔子认为“过”和“不及”都是不合礼数的，都不是中庸之道。简单地说，中庸之道的核心在于把握事物的“度”，人们应该通过掌握事物发展的程度，从而掌握事物的本质。再者，所谓“以和为贵”，在《论语・学而第一》中记载，“有子曰：‘礼之用，和为贵。先王之道，斯为美；小大由之，有所不行。知和而和，不以礼节之，亦不可行也’”。孔子认为，要复归周礼中所规定的高尚情操与道德规范需要以“协调”与“和谐”为评价标准。尧舜禹等先贤的治国之道就在于万事皆能以“和”的方式行“礼”。“和”的本质在于彼此不同的要素之间的相互协调，既不冲突，也不对立。但与“中庸”不同的是，“和”不能成为行为的准则与目的，而只是世界的一种存在状态——为了和谐而制造和谐，就违背了和谐的本质，反倒是不和谐的了。“中庸”与“和谐”是儒学中对统筹兼顾这一理念的基本诠释，而两者间又有一种因果关系。从孔子思想中可以看出，行“中庸”也就是合“礼数”，也就自然而然的能够实现“和谐”；而如果国家社会的基本形态是“和谐”的，也就意味着其中的人与事都是符合“中庸”之道的。因此，在儒家看来，“中庸”与“和谐”二者相融合，也就基本构成了我们今天所说“统筹兼顾”的内涵，其中既规定了实践的原则，也规定了

---

① 这里，对于子张和子夏哪个更贤能的问题，孔子回应：子张常常超过周礼的要求，子夏则常常达不到周礼的要求。子贡以此反问子张能超过周礼是否意味着更好，孔子则指明超过和达不到的效果是一样的。

评价体系，这与“统筹兼顾”的思想之间形成了相互阐释的关系。

从道家的角度看，《老子》中说“道冲而用之，或不盈，渊兮似万物之宗。挫其锐，解其纷，和其光，同其尘，湛兮似或存。吾不知谁之子，象帝之先”。道家所言的“道”是指难以言明的世界最根本的原理或本质，它既可以是世界的本原，也可以是世界的运行方式，甚至可以是世界和人本身。“道”是道家思想体系中对世界的最高规定，也是其中最为复杂的概念。老子在这里对“道”规定了一个重要特征，即“道冲”或“不盈”，两者是同意，其描绘的是一种潜在却深刻的存在方式。他认为“道”以一种柔和到不可察觉的方式作用在这个世界，但却渗透到世界的每一个最细微的细节。这种理解与儒家的入世哲学不同，具有非常浓厚的出世感。因而，道家思想对“统筹兼顾”更侧重一种力道的控制与平衡的把握，而这种平衡并不是政治实践中的利益权衡，或物理世界中的数量相等，而是纯粹的或先验的“平衡”，如同创世神一视同仁地抚恤万物般的平衡。

在儒道从不同的角度诠释了“统筹兼顾”的本质之后，后人更多是将儒道所讲的道理融入到了生活实践之中。而清代刘坤一所著的《复松峻帅》中则直接使用了“统筹兼顾”一词，因而有“同属公家之事，务望统筹兼顾，暂支目前”。这已经是从社会治理的角度讨论这一思想了。总的来看，“统筹兼顾”的核心精神在中国传统文化中呈现出了不同的表现形式，这也从一个侧面论证了“统筹兼顾”在我国文化传统中的重要地位。作为这一传统的延续，这种精神在当代中国的展开则更具现实意义，具体来看，它是在意识形态领域生根发芽的绝美奇葩。

2. 科学发展新时期与文化发展的统筹兼顾

“统筹兼顾”的意识形态内容是在改革开放以后被赋予的，因而它也具有“以经济建设为中心”的目的指向。此前，党中央领导集体重新规定了统筹兼顾的内涵，不仅把统筹兼顾提升到了科学发展观的根本方法的高度，还从国家战略的层面对其进行了非常全面的内容划分。其中，“统筹城乡发展、统筹区域发展、统筹经济社会发展、统筹人与自然和谐发展、统筹国内发展和对外开放”①作为科学发展观的根本要求，既是统筹兼顾方法论发展的最新成果，又是统筹兼顾方法论正式形成的标志。

事实上，中国共产党在历史上曾多次提出统筹兼顾的观点，但每一次的提出都是根据当时的国内外局势具有针对性地借用这一思想，试图解决改革发展中遇到的发展不均衡问题。而在新形势下提出的统筹兼顾的新要求，则更加强调从方法论的角度重新诠释统筹兼顾，于是便有了上述的“五个统筹”思想。后来，党的“十七大”报告在“五个统筹”的基础上进一步提出要“统筹中央和地方关系，统筹个人利益和集体利益，局部利益和整体利益，当前利益和长远利益，统筹国内国际两个大局”，进一步拓展了统筹兼顾思想的内涵、对象和范围，体现了我党对社会主义建设规律认识的不断深化。

“统筹兼顾”是科学发展的内在规定，它的存在前提是“科学”与“发展”。即使在文化领域，将文化发展“科学化”的理论自觉也是这一阶段社会文化的主流共识。在这个意义上，科学发展的文化是可预期的、可评估的。而在文化建设中深入贯彻统筹兼顾的方法则是我们需要完成的任务。具体来看：

第一，统筹城乡之间的文化。城乡文化差异是我国消费文化盛行之后，城市与农村由于生产性质的差异导致的消费理念与消费意识的差异，从本质上说这是符合世界经济发展潮流的，城乡文化发展的统筹要求两者之间的协调互进。另外，在市场导向下的消费文化本身就具有极强的包容性，城乡文化的差异背后所代表的市场空间也能够为这种文化间的共融提供解决路径。

第二，统筹不同区域之间的文化。我国幅员辽阔，各地的发展模式

① 中共中央《关于完善社会主义市场经济体制若干问题的决定》提出：按照统筹城乡发展、统筹区域发展、统筹经济社会发展、统筹人与自然和谐发展、统筹国内发展和对外开放的要求，更大程度地发挥市场在资源配置中的基础性作用，增强企业活力和竞争力，健全国家宏观调控，完善政府社会管理和公共服务职能，为全面建设小康社会提供有力的体制保障。

与速度多有不一，区域发展水平也存在较大差异，因而在这种经济模式指引下的文化差异也是巨大的。本质上说，不同区域的文化对立与城乡之间的文化对立存在相似性，两者对立的原因都是经济发展水平与方式的差异造成的，但由于涉及人员构成的差距很大，两者之间执行文化统筹的方式也完全不同。从国家政策扶植上，首先应该尽量平衡各地区之间的经济差异，因而在后面的文化策略上，才能有针对性地进行规划与制定。例如对于比较发达地区，在经济上要大力扶持落后地区，在文化上却要避免这种直接的比较，用经济评价体系来评价文化发展水平是不合理的；对于我国西部地区，除了要继续积极推进西部大开发之外，在文化上应突出地区的历史与传统，加强区域文化的自信，同时在文化产业上给予大力扶持；另外，在东北老工业基地中，应注重推进现代化的发展思想，从文化上对地区中固有老旧的思想体系进行修正，从而真正做到解放思想，并以思想带经济，从而实现各地区的统一协调发展。

第三，从文化视角统筹经济社会发展。在文化的润滑作用下，一方面要大力推进经济发展，另一方面要更加注重社会发展，同时避免和缓解两者之间的矛盾。经济发展与社会进步本来就应该是一个有机统一的整体，两者之间的矛盾之所以在当下如此凸显，根源在于我们之前的发展模式并未真正遵循统筹兼顾的根本方法。在此基础上，文化的融合作用则必须要凸显出来。文化的系统性与多样性发展要求在科技、教育、文化、卫生、体育、社会保障、社会管理等不同领域的全面进步，同时文化的包容性又有利于上述不同领域的相互融合。事实上，用文化的名义来规范社会事业的发展思路，也是满足人民群众在精神层面上的现实需要，因而在执行起来的时候应该不会遭到太大的阻力，从而帮助实现经济发展与社会进步的有机统一。

第四，统筹人与自然和谐发展。要重建我们的生态意识，倡导绿色文化。生态文化的建设具有非常长远的意义，这是事关人类发展的重大决策。当今我们社会的生态文化凸显，其中一个原因是中国自古没有生态文化的传统。由于之前的生产力低下，人类开发自然的能力受限，加之我国幅员辽阔，资源丰富，事实上并不存在资源枯竭等问题，因而也就没有生态意识的传统。这与西方世界历来就受困于地理狭小而长期面临生计难题的背景完全不同，因而西方世界中的资源观念与征服观念都比较强，核心也是为了解决上述问题。随着现代化进程的推进与生产力水平的全面提高，资源与环境的问题自然愈发突出，这在世界范围内也并不罕见。但是，若要解决这个问题，首先要从我们的思想上纠正既有的靠山吃山、我行我素的生存逻辑，而这在很大程度上则是一个文化问题，因此也就要求我们在生态文化建设上迎头赶上。

第五，统筹国内发展和对外开放，在文化的输入与输出上做到平衡。文化产品的进出口问题具有极强的不可预测性，它不具有物理实体，却又拥有庞大的市场，它不具有优劣之分，却又常见价格涨跌，甚至文化的内外之分也愈发模糊，举例而言，现在究竟有多少文化产品可以被冠以“中国”的头衔？自古的中医名方都需要临床试验的论证，京剧的戏服材料更多的采用复合混纺，画脸谱用的色料都加入了甘油成分防止对皮肤造成伤害，中文语词的纯净度也早已受到挑战。然而，上述的文化融合在大多数情况下又是合理而积极的，同时，其中属于“中国”的那一部分也并没有变。这个事实就要求我们在文化的内外问题上要做到克制，但又不能放任。克制意味着尽量少干预，因为文化之间的交流的结果，如果仅仅从文化本身的角度去看，永远是积极的，无需干预；相反，不能放任又说明文化交流的影响力绝不仅限于文化本身，而最好的文化策略正是积极有效地控制好文化的这种影响力，通过改变它的作用方式，改变它的利益相关性。

第六，统筹中央和地方关系，切实推进政治文化的改革。政治改革绝不仅仅是一个体制问题，而更应该是一个文化问题。如果说体制强调政治主体的他律，那么文化则侧重于政治主体的自律。尤其在当前中国全面推进国家治理水平和能力现代化，构建中央和地方的政治文化新格局必将成为改革的首要任务。在这一背景下，中央政府的文化角色将进一步得到凸显，而其本应发挥的文化功能则会顺势升级，成为国家全新治理体系与生态的风向标。

第七，统筹不同利益主体的关系，强调物质利益背后的文化价值。我们说，个人利益和集体利益的冲突，局部利益和整体利益的冲突，当前利益和长远利益的冲突，在很大程度上都是认知主体之间的价值认同不一致造成的。这就要求我国全面建设统一的价值认同体系，价值秩序标准，从全体人民的整体利益、长远利益和根本利益出发，做到个人利益服从集体利益、局部利益服从整体利益、当前利益服从长远利益，既切实维护好最广大人民的根本利益，又着力解决好人民最关心、最直接、最现实的利益问题。事实上，中国特色社会主义核心价值观就是这一文化实践的重要成果。

第八，统筹国内国际两个大局，将文化上升到国际战略的高度。正如前文所述，这要求我们首先实现文化的自觉，也就是从上述的七个方面统筹社会文化的发展，并以此作为今后文化建设的重要主题。之后，我们才能在世界的文化博弈战场上把握发展方向，做到审时度势，实现文化强国的战略复兴。

三、“和而不同”——文化的同一性

在前文考察“统筹兼顾”的主题时，我们指出“和”在儒道思想体系中的重要地位。但在中国传统思想中，“和”偏重于强调一种状态，它是人自身的崇高修养在实践中的表现。而借用这一概念来分析当代中国的文化问题时，“和”则必然要具有一种目的论指向，因为摆在我们面前的情况是，文化系统彼此之间的排他性过于严重。那么，造成这种排他性的原因究竟是什么呢？或者说，文化系统之间的这种“不同”源于何处呢？

1.“不同”的因：文化背后的价值对立

文化本身的复杂性决定了我们不能绝对精准地为文化划界，我们通常对文化的各种区分都融入了过多的个人立场，而这种区分之后的各类文化在外延上也多有重合，因此他们彼此之间的“不同”只能是相对的。

然而，我们不仅看到了文化之间表现出的直接对立，甚至还十分确定这种对立客观存在，因为文化之间的对立已经到了要彼此毁灭的地步。对于这一事实的解释，我们可以从“价值”入手去考察。

价值通常是指主客体之间的关系，即客体满足主体需要的关系。将价值归结为一种关系意味着价值并不具有内容，而是一种形式，或者说我们不能说价值是什么，而只能说某个东西是否具有价值。这个关系范畴内有三个要素：主体、客体、需要满足的关系。价值关系的成立是指客体要满足主体的需要，客体的内容与意义要同主体相一致，客体的目的是主体服务。但如果只是把价值关系归结为客体主体化的过程、结果与程度，那么价值关系就仅仅是依托于主体视野建立起来的依附性关系，价值本身也就不具有普遍性。因此，价值的普遍性必须要求主体与客体之间的需要满足关系进入到社会生产实践中，并转化为一种基于生产方式的社会关系。从马克思主义哲学的基本观点来看，客体与主体需要之间的关系，实际上就是社会实践关系，主体与客体只有在社会实践中，才能实现需要与满足的普遍化。价值关系本身就是实践关系。

价值从相对的主体性价值到绝对的普遍性价值是一个动态发展的过程。人们总是在追求一个确定的最高的价值，但这种所谓的“最高”在历史的意义上也总是相对的，因而将这种“最高”寄托在一个“确定”的东西上就是有风险的，相反，将其寄托在一个“不确定”的东西上则是更好的方案，因为不确定性本身就是提供了一个机动且灵活的解释空间，让“普遍价值”与“相对价值”之间的转换能通过“解释”而变的易于接受。这种具有“不确定性”却又具有普遍性的东西有很多，而文化就是其中的一个。

文化这个概念本就具有一种普遍化的表征，是人们在漫长的发展过程中所得到的经验与道理的积累，以及对这种积累的继承、延续与再诠释。文化是传统，也是超越传统。但从另一个角度看，文化的普遍性也总是有边界的，上文指出我们倾向于对文化划界，似乎是对我们自身的个性寻找一个普遍性的依托，从而使其具有某种权威。试想，一旦我个人的观点与立场成为某种文化，那么这种个人化的东西也就实现了普遍的承认，它就因此具有了巨大的影响力，而这将是对我个人的最大证明。正是在这个意义上，文化的划界导致了文化自身的普遍性的破裂，这是人的个体性对文化的侵袭，其结果就是文化成为了不同的人表征自身个体性的手段，那么文化之间的彼此对立的本质也就是人与人之间的彼此对立，而文化之间的水火不容，也就是人与人之间的水火不容。同理，价值理应借由文化而展现自身的普遍性，而在文化普遍性破裂的情况下，文化反倒成了抽象的个体性价值的奴隶，它成了人们之间价值对抗的牺牲品。考虑到价值是主客之间需要关系的满足这一事实，似乎就可以得出，文化之间的对抗也就成了人的彼此不同的主体性需要的对抗。

在此基础上，文化成了以主体尺度为根本尺度的主客体关系的代言人。而各种不同的文化，也就是不同的主体性需要指引下的，满足这些需要的信念、信仰和理想等内容。

当今的全球化是不同国家和地区之间的经济交往，物质性收益是这种交往的主要价值评判体系，因而依托于经济交往的文化交往，也在前者的普遍化找到了自己的地位。基于经济交往的文化交往在人类历史上并不罕见。马克思和恩格斯曾指出："各个相互影响的活动范围在这个发展进程中越是扩大，各民族的原始封闭状态由于日益完善的生产方式、交往以及因交往而自然形成的不同民族之间的分工消灭得越彻底。"[①]马克思与恩格斯在这里洞悉了两个历史原则：其一，是随着生产力的发展，以人类物质生产活动为基础的交往将愈发频繁，并且这种变化是被动的，它是人类社会发展的历史选择。随着人类活动范围的扩大及生产力水平的提高，人类彼此交往的范围也逐渐地扩大了，但物质交往为基础的本质形式并没有改变，只是其附带的文化交往的意义变得更加重要，影响力也日益增大，因而，以文化的交流和传播为主要目的的

---

① 《马克思恩格斯文集》，第1卷，571页，北京：人民出版社，2009。

交往活动也就随之产生了，曾经贯穿亚欧的丝绸之路就是这一历史阶段的闪耀点。其二，伴随着这种经济交往而发生的文化交往将是不可避免的，任何一种封闭的文化自我主义要么成为历史的遗迹，被关在橱窗里供后人回眸，要么成为历史的燃料，燃烧自己而晋升为高级形态。然而，正如经济活动的结果是社会财富的普遍增加，这其中有竞争，有对抗，有诡计，有合作，但在市场调节之下无法预计的秩序却能够保证最终结果的积极有效。

同样的，在文化交往过程中，这只看不见的手也成为文化对抗的隐匿的协调者，在类似的战场上做出类似的判决，并保证当事人能够获得应有的正义。在这个意义上，我们没有必要也没有能力对文化对抗的结果感到悲观，只需要积极认识和反思这些事实本身就可以了。

2.“不同”与文化冲突的积极意义

文化冲突的出现是历史事实也是历史必然，冲突在给文化带来危机的同时，也相应地带来机遇和挑战，它既对文化的生成与发展具有积极的作用，也不可避免带来消极的影响。然而，消极与积极的作用并不直接等价于文化的消亡或发展，在大多数情况下，文化冲突的消极作用非但不会造成文化衰亡，反倒能够促进文化的繁荣。①

文化交流开阔了人们的视野，让它们认识到更加丰富的世界，这是不同文化体系背后所代表的人类精华之间的碰撞与融合。任何一种文化在任何一个地区或群体都不会完全没有受众，只是受到既有文化传统的影响，人们难以客观地认识某一种外来文化而已，以至于在很多方面上都会存在理解上的偏颇，从而带来偏见。文化的相互作用虽然不能创造出文化的具体类型，但却能够在一定程度上创造出文化的内容。因此，文化冲突为从多种视角出发，为民族或地域文化的发展提供了可资借鉴的成果与更加广阔的空间。因而，可以说文化冲突是文化发展的重要动力之一。

---

① 汤一介先生曾借用雅斯贝尔斯的轴心时代理论回应亨廷顿的“文明冲突论”。参见汤一介：《“文明的冲突”与“文明的共存”》，载《北京大学学报(哲学社会科学版)》，2004 第 6 期。

这种重要动力的作用方式是，通过不同文化之间的比较与竞争，引发人们对既有文化传统的反思，甚至引发人类对自身意义的反思。在这个过程中，特定的文化通常把自己传播到其他区域，而它自身也受到传播对象的异质文化的影响。二者之间的交流与碰撞必然带来一定的文化反差，这些文化反差会促使人们比较和鉴别不同文化的优劣，这种比较依托的标准是考察这种文化是否更符合自身背后的价值体系，即是否更加满足自身的需要，或者说，这种比较是否能够引导人们反思自身的需要是否存在问题，因而从更根本的层面上引导自身做出反应。因此，人们面对不同文化之间的竞争，会不自觉地吸取异质文化中的优点并扬弃自身的弱点进行优化，这个过程无需任何干预，就能够使自身的文化更富有个性，也更具有竞争力。

这里需要考虑的另一个问题是，文化冲突也必然会引发我们对自身文化的反思。这在一定程度上也加深了我们对自身文化的理解。在文化的矛盾和冲突面前，我们首先要做的是对我们既有的文化给予足够的反思，分清楚哪些是积极的、哪些是消极的，只有这样，文化冲突带来的才真正是机会与动力，否则就是直接的文化杀戮。

近代以来，随着资本主义的发展，西方资本主义背后的价值体系以文化的方式不断扩展，在日益紧密的文化交流与冲突中逐渐由文化交流，转变为文化殖民主义或文化霸权主义，这主要表现在以美国为首的发达资本主义国家凭借自身在全球资本市场上的强大实力，对市场上的其他竞争对手实施文化控制，在国际关系、政治形式、权力结构等方面对其他国家加以干预，并将这些干预隐藏在文化商品之中参与流通，意图在文化商品的消费环节释放影响。

这种文化殖民的手段破坏了文化交往的公平秩序，它通过影响殖民对象的物质性需求来消解它们既有的价值观念，从而造成它们对自身文化的抛弃。

没有竞争就没有进步。资本主义市场上，文化成为了绝对垄断的支点，文化之间在尚未加以比较与取舍的前提下就被无情地抛弃，其中积累的人类精神世界的诸多成果也就被丢进了垃圾堆，继而造成巨大的浪费。因而，文化霸权主义的本质非但不是文化竞争的结果，而是消灭文化竞争的结果。它消除了文化的多样性对话，必将造成世界文化逐渐单一化的发展趋势。

文化殖民与文化霸权是资本主义全球化过程中的必然衍生品，理论上也是不可避免的，但这并不意味着人们对这一事实束手无策。

从辩证的角度看，文化殖民与文化霸权是文化冲突的极端化方式，它使不同文化进行的相互比较与竞争逐渐消失，取消了人们对文化的直接鉴别。但从另一个角度，人们对文化多样性的需要本身也是必然的，人们根本无法忍受在文化霸权主义的世界中生活，文化单一性本身也必然会引发人们去思考，自觉地取舍其中的优劣，甚至在文化霸权的阴影下创造全新的文化。人类社会的发展在自我调解中通过各种手段来解决其中的矛盾，文化只是这些矛盾中的一个，只有每一种文化都实现了丰富的发展，文化世界才能自然而然地走向均衡。

因此，文化百花齐放也就是人类社会的发展与繁荣，也就是人类本质实现的过程。

从历史的角度讲，在文化殖民与文化霸权中，霸权主义的文化表征本身也就丧失了对话的对象，成为了单一的文化实体。这就说明它终将失去反思自我的唯一路径，那么它自身的矛盾就会开始凸显。葛兰西就曾指出文化霸权导致的“欧洲文化中心论”，即“即使人们承认其他各种文化在世界文明的等级制的统一过程中具有一种重要性和意义(这肯定无疑地是会被承认的)，它们也只在其变成欧洲文化的构成要素——就是说，就它们对欧洲思想进程做出贡献并被它所同化吸收而言——的范围内才具有一种普遍价值的，欧洲文化是唯一的历史和具体的普遍文化”①。霸权文化的多样性遭到破坏，其自身的个性也就失去了意义，它的霸权优势与霸权地位也就因文化多元格局的消失而失去意义，它背后

---

① ［意］葛兰西：《实践哲学》，徐崇温译，107页，重庆：重庆出版社，1993。

深藏的价值意义也就变得无所适从了。

因此，从上述两个方面看，文化的发展也遵循事物发展的一般原则，是以波浪式、螺旋式曲折地向前发展的。

3.“和”：对文化融合的可能性说明

文化融合的结局通常有两种，其一是不同文化形态之间在相互冲突中实现的统一，两种文化或不再具有对抗性冲突，或直接合二为一；其二是两个不同的文化系统融合在一个系统中，成为一种全新的系统。这种全新的文化生成方式并不一定具有先进性，它可能消灭了先前的两种文化，也有可能与先前两种文化实现共存。但无论如何，新的文化系统具有其他两种的特性，能够看出它们之间的传承关系。总的来看，文化融合是一个动态过程它是在世界历史背景中，各民族文化之间相互学习、相互交流、相互吸收，相互交换的这样一个过程。文化融合是指通过各民族文化之间的对话，而在某一个领域渐形成共同的价值取向，形成具有全球意义的文化，即全球文化的这样的一个结果。

那么，文化融合又如何具有可能性?

第一，文化自身的有限性是文化融合的内在要求。任何一种民族文化都不会是完满的，都有自身的缺陷与不足，西方文化也是如此。现代西方文化的迅速崛起就与非西方文化的交流与碰撞有着直接的关系。它的成长与文艺复兴、宗教改革、启蒙运动、大革命是分不开的，但更重要的是，自 1492 年以后它对非西方文化的吸收与借鉴。相对于西方文化的崛起是非西方文化的没落，非西方文化之所以在近代以后有所式微，最主要原因在于它没有及时地认识到自己的不足，缺乏与外界文化的交流与沟通。人类的历史表明，文化的发展与应对竞争挑战的能力最终是要通过文化的融合来加强的。

第二，文化交往的普遍性是文化融合的外在动力。为各民族文化的相互借鉴与交流提供了有利条件。由于交往发展的比较迅速，特别是现代的信息技术的发达缩短了文化交往的距离，把不同的文化都置于一个信息平台上，人们接触其他文化的机会增多了，学习和借鉴其他文化的可能性也就增多了。人们和不同的民族的人交往都要面对一个文化适应问题，在适应他种文化的过程中，自身之所以也发生了相应的改变就在于我们的身上已经吸收了其他文化的因子。文化的相互理解和沟通的过程就是文化相互吸收和融合的过程。

第三，生产力的进步是文化融合的物质基础。物质文明的发展是人类文化得以融合的最根本的基础。而资本主义生产方式的出现和全面展开为人类社会的进步提供了这种现实的基础。马克思和恩格斯对此也有很高的评价。在《共产党宣言》中，他们明确指出："资产阶级在它的不到一百年的阶级统治所创造的生产力，比过去一切世代创造的全部生产力还要多，还要大。自然力的征服，机器的采用，化学在工业和农业中的应用，轮船的行驶，铁路的通行，电报的使用，整个大陆的开垦，河川的通航，仿佛用法术从地下呼唤出来的大量人口，过去哪一个世纪料想到在社会劳动里蕴藏有这样的生产力呢?"①物质文明的崛起都有它独特的文化表征，生产力的解放让人们的生活形态也发生了改变，这种变化带来的是人的创造力与生活激情的膨胀。从这个意义上说，生产力的发展把人类社会推向了一个新的阶段。这个"新"就是现代性的文化表征，也是各种文化碰撞融合具有现实可能性的前提条件。

第四，文化实践为文化融合提供了主体条件。文化融合并不是思维上的臆想，而是人类文化实践的结果。我们谈到文化融合，更倾向于描述一种现象，但这种现象背后的能动主体却是不明晰的。因为文化融合并不是某个具体的人，或某些具体的人所从事的具体工作，而是人在历史合力的引导下所呈现出来的结果，这一活动就是文化实践。从微观的层面看，没有人在从事文化融合的工作，他们只是选择做一些对自己有利或自己喜好的事情，但这些事情本身背后的文化意义却在不知不觉中被不断地解构与重构，在此意义上，每个人又都在从事着文化融合的工作。人是文化的人，也是文化实践的主体。在文化实践中，人创造着文

---

①《马克思恩格斯文集》，第2卷，36页，北京：人民出版社，2009。

化，也创造着自己。

第五，在世界历史发展中文化的不平衡发展和文化的差异，也给文化融合提供了条件。文化的不平衡发展一方面体现在时代发展的不平衡上，不同民族的文化由于历史条件等多方面的原因在进入现代化的进程中有早有迟，那些最先进入现代化的国家在文化的发展上就趋于强势地位，成为后进文化学习的榜样。另一方面体现在创造领域的不平衡。由于不同民族的生活方式和生产方式的不同，各民族文化关注的时代问题和解答的思路是不同的，由此他们在对待世界的态度和解释世界的思路都会出现明显的差异，因此在文化的创造上，文化创新的领域不同和侧重点就大为不同。就是由于文化的不平衡和文化的差异，才更凸显出了文化交流与沟通的必要性。

4."和而不同"与文化同一性融合

文化融合对于解决各民族国家的现实危机和问题，具有重大意义。1840 年鸦片战争以后，中国进入了半殖民地半封建社会，一些有识之士就企图用西学来拯救中国。虽然从"中学为体、西学为用"到"变法维新"，都以失败告终，但是它开拓了人们的眼界，促使更多的中国人把自己的眼光放到国外。于是有了马克思主义在中国的传播，马克思主义的到来给中国带来了新思想和希望。它不仅引导中国革命走向胜利，而且引导中国建设取得了一定的成功。

文化融合有利于整个社会历史的进步。全球文化的融合趋势，尽管要付出历史的代价，比如文化认同的危机。但是，它从总体上来说，是有利于生产力的普遍发展和交往的普遍建立，有利于社会历史的进步的。文化是人类创造的财富，文化资源具有共享性与非排他性。世界银行认为，发展中国家与发达国家之间存在着知识的差距，缩小知识差距既要依靠创造自己的知识，也要依靠获取全球的知识。世界上 80%的研究与开发以及科学出版物来自于工业化程度较高的国家。对于发展中国家而言，获取国外知识是扩大知识基础的最佳途径，发掘全球知识的宝库是至关重要的。先进文化在世界传播，是推动历史进步的重要因素。

人类文明有许多共同之处，各民族的价值观念、道德规范可以相互吸收、相互影响。文化融合有利于文化的保存。由于历史变迁，许多民族衰落了，其创造的文化也在其原创地消失了，但由于文化交往和文化的融合，一个民族的文化精华却在另一民族那里保存了下来。马克思说：“某一个地区创造出来的生产力，即使在通商相当广泛的情况下，也难免遭到彻底地毁灭。关于这一点，腓尼基人的例子就可以说明。由于这个民族被排挤于商业之外，由于它被亚历山大征服以及继之而来的衰落，腓尼基人的大部分发明都长期失传了。再如中世纪的玻璃绘画术也有同样的遭遇。”①埃及文化与美索不达米亚文化、爱琴文化很早就开始了交往和相互融合，当埃及文化在本土衰落后，在其周围世界里获得了保存；阿拉伯文化形成过程中受惠于古希腊文化颇多，但阿拉伯对古希腊文化的回报是丰厚的，古希腊文化衰落后，是阿拉伯著名的“百年翻译运动”，保存了古希腊文化。所以，文化融合就像接力赛，一棒接一棒地在各民族中间相互传承，使各民族文化烟火不断，使人类文化日渐丰富。

文化融合有利于消除各民族文化之间的隔阂，规避文化冲突的负面影响，达成文化共识。随着世界历史的进一步发展、交往的扩大，民族文化之间的冲突也越来越多，文化的交流与融合是消除冲突的最好途径。应积极开展各种形式的文化对话，了解隔阂的原因；建立平等的国际经济政治秩序，使各国的文化站在平等的平台，进行交流和学习。另外，人们面临着越来越多的全球问题，也需要各国进行文化交流，以达成文化共识。

四、“与时俱进”——文化的自觉发展

我们说，文化的发展应该是一个自觉的过程。这其中有两层含义：

---

① 《马克思恩格斯文集》，第1卷，560页，北京：人民出版社，2009。

第一，文化是发展的，人们的社会生活实践有机地反映在文化系统中，就表现为文化的发展。第二，文化既是自觉的，又是相对独立的东西，它拒绝突变，也不是直接地与人们的物质生活方式相一致，因而表现出极强的自觉性。因此文化既是人类历史的精神变奏，又是自我反思的逻辑展开。文化既是描述与解释，又是评价与批判。这就需要“与时俱进”成为文化发展的重要品格。

1.“与时俱进”与文化的历史逻辑

文化的独特性与多样性的变奏，构建了文化作为历史现象的独特逻辑，也是文化的内在生命力所在。文化是建立在经济基础之上的上层建筑中的一部分。文化与经济、政治等要素之间的相互作用共同构成了人类社会的发展逻辑。马克思主义认为，社会的经济发展对其文化发展具有决定作用。

回顾人类历史，那些在经济领域达到较高水平的国家或民族，在文化上也往往能够达到很高的水平，例如中国的盛唐，社会稳定，经济繁荣，声名远播，其影响在今天依然存在；西方的古典时代，包括希腊城邦之首雅典，政治上开明，经济上开放，社会发展水平很高，因而才能将诸多城邦联合起来，并在世界文明史上写下浓重的一笔。反过来看，文化对于社会经济的发展具有能动的反作用。文化作为上层建筑，它的功能是维护和巩固社会生产关系，也就是维护和巩固既有的经济、政治和法律制度。另外，文化对人的世界观、价值观和人生观产生影响，进而起到规范人们社会行为的作用。因而，从历史上看，但凡文化昌盛的时期或时代，国家经济实力也相应强大，且社会和谐稳定，人民安居乐业。文化的“与时俱进”在此可见一斑。

相同的原理，先进的文化对社会发展起推动作用，落后的文化对社会发展起消极作用。文化与社会发展的一般规律说明，我们在大力发展生产力，大力发展经济，大力发展国民政治水平的同时，也要重视文化的建设和发展。文化的发展水平应该与社会经济的发展水平保持一致，如果经济要素发生了变化，文化结构也应该相应地发生变化。

然而，文化的发展步调理应与经济发展相一致，但由于文化形态的独立性，它在发展上又表现出与经济发展的不平衡性。事实上，文化发展很难与社会的生产力水平完全同步。因而，这就告诫我们，并非所有的生产力进步都能够自然而然地带动先进文化的发展，生产力的滞后也不一定就产生不了先进的文化。文化的发展是持久的，相对落后的经济基础也可能产生先进的文化，相对进步的经济基础也可能产生落后的文化。因此，我们就不能因为生产力水平发展了，或者国家经济水平提高了，就无视了文化的建设。事实上，当代中国目前所遭遇的文化困境，主要就是改革开放时期，相应的文化建设滞后所带来的。中国改革开放 40 年取得了非凡的成绩，经济实力大幅提升，综合国力日益增强，国际地位今非昔比，这些成绩令世界瞩目，也是国人引以为豪的资本。但是，在荣耀之下，我们也必须承认，这 40 年的成绩来之不易，改革之路并非一帆风顺，甚至很多问题在今天看来依然十分突出。文化与社会发展出现失衡，其结果要么是带来严重的经济问题，要么就是严重的文化问题，这两个结果都是我们难以承受的。

还原这个问题，我们发现文化发展其实从未被遗忘，精神文明建设的口号喊了几十年，依然没有褪色。而问题在于，我们在发展经济的同时，仅仅要求一种适应于经济发展的文化形态，从而将文化自身狭隘化了。丧失了多样性，文化的生命就是不完整的。

前文也多次强调，文化的多样性是文化的一个重要特征，也是一个不争的事实。不同地域不同民族的发展水平并不完全同步，各自的发展方式也并不完全相同，因而各种文化百花齐放，文化水平参差不齐是正常的。世界文明史上的四大文明至今依然坚挺的已然不多，除此之外的很多特色文明却逐渐壮大，虽然西欧文化、伊斯兰文化、印度文化和中国文化等主要文化系统能够大体描绘出人类文化的基本形态，但在文化的细节上，或者那些让文化生动起来的部分，却是需要各种不同的特色文化加以补充的。

在反思文化的市场主义之后，我们同样要反思各种“中心论”的合理性。如英国历史学家丹斯就坚持否定西方中心论，他认为我们要反思历史积念，反思忽视东方文化的思想和做法，并且提出要完全放弃西方世界优越感，因为这种优越感已经成为“濒死”的优越感。他鼓励西方世界排除思想障碍，尊重世界上的其他文化。英国汉学家李约瑟虽然对中国并未率先进入现代化国家的行列表示遗憾，但他并不否认中国文化的伟大。无独有偶，人类学家马林诺夫斯基甚至通过田野调查的方式论证文化多样性发展的和平与稳定。以此来看，国外学者的观点大多是站在世界范围的宏观视野，表达了对文化多样性与文化平等的基本立场。

即使回归中国历史，文化的多样性发展也是一个非常重要的角度。中国是一个非常典型的多民族国家，中国社会中自古以来就遭遇着各种各样的文化难题，甚至可以说，中国历史本身就是各种文化相互交织、融合的历史。20世纪早期，汤用彤先生就在其《魏晋玄学与文学理论》中阐述了文化交流与发展中的民族性观点，他指出“各民族文化各有其文化之类型，一代哲学思想各有其思想之方式，盖谓各种文化必有其特别具有之精神，特别采取之途径，虽经屡次之革新与突变，然罕能超出其定型。此实源于民族天性之不同，抑由于环境之影响，抑或其故在兼此二者，或别有故……此一时代各种文化活动靡不受此新方法、新理论之陶铸而各发挥此一时代之新型，而新时代之形成即在其哲学、道德、政治、文学艺术各方面均有同方向之新表现，并因此种各方面之新表现而划为另一时代”。[①]因而，文化的多样性决定了文化发展方式的多样性，而文化发展的历史就决定了现存的任何一种文化都是历经各种碰撞与冲击而坚挺下来的，它们本身必有其巨大的优势，不能一刀切下来定性。中国传统文化博大精深，即使西方世界也或多或少的对中国文化表示出了罕有的敬畏，这也是他们担心中国人在这种文化精神的带动下实现民族觉醒的重要原因。

回到当代中国的语境中，文化多样性在多个社会领域中有所呈现。

---

① 汤用彤：《魏晋玄学论稿》，194页，上海：上海古籍出版社，2001。

尤其在“后改革开放时代”这个历史内容异常充实的节点上，经济改革带动的社会转型，以及对整个历史现象进行的理论反思，都已经沉淀为文化因子被当代中国社会所吸收。中国共产党十七大指出，改革开放的成功，最根本的原因与最直接的表现，就是形成了中国特色的社会主义理论体系。这就引出了一个问题，在当代中国的社会发展进程中，理论究竟处于一个怎样的位置。

2.“与时俱进”与当代中国的理论自觉

对“理论”的考察必须回到一个特殊的时代。在那个时代，“实践”实现了对“理论”的霸权。

1978 年关于真理标准的大讨论几乎可以成为改革开放的理论奠基，“实践”成为真理标准的提出具有深刻的时代背景。首先，“反右运动”“大跃进”和“文革”极大地摧残了国民经济，意识形态过度渗透到日常生活，“左”倾思想严重束缚了社会发展，国家贫困落后，濒临崩溃，而改革开放之“改革”，一方面是说国家经济战略的全新布局，另一方面也是对旧有思想禁锢的反抗与冲破，在此意义上，“实践”代表了全民反抗思想僵化与教条主义的决心，其作为“改革”的象征意义远远大于其指导社会发展的理论意义。其次，1978 年的中国社会转型缺乏必要的实战经验与理论积淀，甚至可以说是从零开始，市场经济这块试验田究竟该怎么种，以及它今后究竟会结出什么样的果实，没有人知道答案，这一步棋的确是开创性的，并且是机遇与风险并重的一招。在那个非常时期，现实困境决定了我们必须要摸着石头过河，从实战中一点点地积累经验，于是，“实践”扮演着为理论建构提供第一手经验材料的角色，必然成为国家建设的关键词。

然而，在具体的改革实践中，我们往往忽视了“实践是检验真理的唯一标准”这一论断的时代内涵，而将其教条化与狭隘化，于是，实践作为真理标准的内涵被误读，实践的重要性被过度凸显，理论的意义被人为弱化。这种误读的直接表现，就是在 40 年改革开放的巨大成绩下，也表现出了一种发展的盲目性与投机性。实践的霸权与理论的缺席，已经成为阻碍中国社会发展的隐性屏障。

至于实践作为真理标准究竟被误读为何意，有三点内容值得探讨：

其一，“实践”被误解为“小用”。中国自古以来就有“学以致用”的传统，但这里的“用”可以说是一种“大用”，是一种面向社会中的现实问题并给予回应的治学方法，清初盛行的所谓“经世致用”之学，就是强调任何理论都要在治国为民的高度上发挥作用，才算是实现真正的价值，从这个意义上说“实践”本为“大用”并无不妥。然而在日常生活中，人们往往将实践中的“大用”狭隘成“小用”或“日用”，以为评价一种理论的优劣，根本在于其在日常生活中是否能用，能够用得上的就是好理论、就有价值，而用不上的则是“务虚”的，没有意义。这样就给“实践”加上了一个庸俗经验主义的架子。事实上，所谓一种理论对人们的生活是否有“用”，并不是看它能否在需要的时候拿来即用，也不是将它的目的限定在日常生活的琐碎事务上，而是看它能否从一种更加复杂与深刻的角度对人们的生活产生积极的影响。不难发现，在很多领域，越是成熟深刻的理论体系，越是抽象晦涩，离人们的日常生活也越远，甚至完全没有“日用”的可能性，但我们却不能因此否定它的价值。英国学者斯诺在谈到理论工作者的地位时曾指出，“不管愿不愿意，他们的所作所为对人类至关重要。它从精神上改变了我们时代的气氛。对整个社会来说，它将决定我们的生死存亡，并决定我们怎样生和死。它拥有行善和作恶的决定权”①。如果我们期待任何理论都是人人能够参与其中的生活权利，那将无异于一种浪漫的臆想。

其二，“实践”被描述为一种功利主义诉求。伽达默尔在《赞美理论》一文中谈到，工业化在全球范围内的扩张构建了一个庞大的经济体系，并将整个世界拖入一个新功利主义的时代，于是，实用主义与功利主义共同压迫着自由研究与理论自觉，“对理论的损害就成了对实践的赞美，

① ［英］斯诺：《两种文化》，纪树立译，206页，北京：三联书店，1994

而理论则必须在实践的法庭上为自己辩护”。[①]不得不承认，“功利目的”取代“实践”成为真理的标准的确是一个危险的信号，更为严重的是，无论我们是否意识到，这个取代的过程已经缓慢开始，用实践检验理论正在成为一个面具，其潜台词则是这种理论是否能在短期内迅速创收。毫无疑问，在一个讲求效率的社会，我们似乎已经不再需要理论，我们需要的只是一套创造财富的行动指南。那么，如果我们不采取任何行动，这个过程将不可避免地给人类社会带来两方面的影响，其一，它加强了我们的武器装备(伽达默尔语)，让我们口袋中的钱越来越多；其二，它削弱了我们的智慧，让我们在生命的本初意义上变得格外贫穷。

其三，“实践”让理论成为理想主义的幻想。在很多时候，当我们提到一个论断或意见是“理论”的，也就意味着它仅仅在一种理想状态下才是可实现的。思维活动无阻力可言，似乎理论本身成为理想，其与现实操作注定是脱节的。久而久之，人们习惯上形成了一种对理论的偏见，将其视为一种对现实情况毫无知觉的不负责任的意见。然而，我们认为，恰恰是理论的这种“向上看”的理想姿态，才是它能够指导现实实践的根本原因。毛泽东说过，客观世界往往是错综复杂、变动不居的，但我们的头脑对客观世界的反映，“是由一个不完全到更完全，不很明确到更明确、不深入到更深入的发展变化过程”。[②]理论具有这种超越现实操作的局限性特征，使它能够比实践活动看得更远，从而在方向与路径上校正人们的实践之途。理论对于实践的超越，就是在于其能够从一个“可能性”的高度帮助人们把握现实世界，丧失了理论引导的实践，必然走向盲目。

如上，我们看到人们对实践检验真理的种种误读。这些误读造成公众意识中对实践效果的重视以及对理论发展的轻视。有趣的是，这样来

① [德]伽达默尔：《赞美理论——伽达默尔选集》，夏振平译，34页，北京：三联书店，1988。

② 中共中央文献研究室：《毛泽东文集》，第7卷，16—17页，北京：人民出版社，1996。

看，提倡理论自觉本身就成为一种实践意味颇浓的现实要求了。

我们知道，理论与实践本应是一对辩证范畴，理论源于实践，又指导实践，它既从经验材料的角度依托于实践，又从反思引导的角度超越实践。我们呼唤一种理论自觉，并不是说理论要占领实践的“高地”，而是寻求两者之间的平衡，避免偏颇。历史证明，经验主义与教条主义都是需要被纠正的。中共十七届六中全会提出深入文化体制改革，布局新时期的文化强国战略，其本质就是以一种“自觉”的方式，重建理论对实践的指导性地位。并且，在这个意义上，我们能够做的事情其实还有很多。

首先，必须积极推进理论创新。创新永远是一个理论富有生命力的最直接体现。理论创新既要注重从既有理论内容中寻求突破，又要敢于在目前理论视域之外寻找新起点。任何理论都有它的局限，这种局限可能是时代的局限，可能是地域的局限，也可能是理论能力的局限，然而正是由于理论的局限性，才使得他具有成长的空间，更富有创新的可能。与此同时，由于理论体系是基于概念阐释与逻辑形式的，那么理论的创新就要先于现实实践，这时，受限于人类的实践能力，往往其理论的真理性是无法被经验操作来检验的，那么，这也就要求我们必须变换一个视角去看待理论创新，不要用僵化短视的可操作性标准误伤了尤为珍贵的理论创新。

其次，虽然创新能够让理论实现某种突破，但真正让一种理论走向成熟的，却是理论自身的反思与积累。任何理论都具有一个成熟期，这个过程可能很快，也可能很漫长，这取决于一个时代对这种理论的期待程度。在这个成熟过程中，人们需要不断地对理论本身加以修正，使其得到发展并逐步完善，切不可急于将理论定性，消解其发展与成长的可能性。在此，我们以我国近期实行微博的实名制为例说明这个问题。网络实名制由于涉及公众隐私一直以来都是政策干预的禁区，但适度的实名管理却能够有效提升网络信息传播的可靠性，并且具有一定的理论可行性。在政策实施过程中，政府虽然谨慎制定执行方案，但最开始也难免受到公众抵制，毕竟这是一种全新且有风险的尝试，那么面对网民的消极反馈，网络实名的理论可行性就被消解了吗？当然不是，后来我们对实名管理内容的改进与调整，实际上就是一个理论成熟的过程。经过对网民提出的意见进行收集整理，我们改进实名的范围与管理方案，使其进入公众可接受的阈限之内，从而将一种“不可行”的理论变成了一种“可行”的理论。网络实名的案例实际上是一个注重理论自觉的成功案例，值得借鉴，但在生活中，我们往往很难做出正确的选择，过度地被可操作性的目的所牵制，从而扼杀了很多本可以发展成熟的理论，陷入盲目发展与重复建设的怪圈。事实上，中国特色社会主义理论体系的形成也不是一蹴而就的，在探索道路之初，我们也遇到了诸多难题，如若当时我们因此而否定了这个理论体系建构的可能性，也就谈不上我们今天所取得的辉煌成就了。

再次，马克思说过，“理论在一个国家实现的程度，总是决定于理论满足这个国家的需要的程度”①。这说明，理论的自觉首先需要我们对理论保持一种渴望。我们说对理论自觉的渴望，不仅仅是在现实需要的层面上，更是在人类知识储备与精神财富积累的高度上谈及的。这种渴望本身蕴含了社会成员对理论建构(尤其是纯理论研究)的尊重与肯定，在这个意义上，国民对理论自觉的渴望程度涉及了国民素质与社会价值引导等很多问题，是我们必须长期给予关注的问题。对理论自觉的渴望，从大的方面看，将从根本上转变中国社会的发展之路，从小的方面看，将改变我们每一个人的生活方式与价值认同，因此，提高全民对理论自觉的认识与期待，任重而道远。

最后，实践依然是理论自觉的唯一归宿。阿尔都塞曾指出，“理论”本就是“科学的理论实践”，他用两个概念的互释表达了两者之间的辩证关系，的确，世界上本就没有纯粹的理论与纯粹的实践，实践与理论在现实中本就互为镜像、互相佐证。我们虽然强调理论自觉的重要性，但

---

① 《马克思恩格斯文集》，第1卷，12页，北京：人民出版社，2009。

依然需要实践来作为整体语境，否则这种讨论就是无病呻吟，正如我们讨论理论自觉的重建，依然要在实践层面上展开才能具有自我生动的意义，理论自觉才能被“现实地重建”。马克思曾说，“人应该在实践中证明自己思维的真理性”①，并且“理论一经掌握群众，也会变成物质力量”②。无论是理论还是实践，它们都是人类本质的体现，理论和实践的融合正是人的本质的展开，是人对世界的全部对象性活动的唯一现实。正如马克思的那个著名的论断所言，“哲学家只是在用不同的方式解释世界，而问题在于改变世界”。理论与实践的异质同一，也正是在这个最终目的上才是必然的。

3.“与时俱进”与当代中国的意识形态情怀

“与时俱进”进入当代中国的意识形态领域，具有其独特的历史境遇与诉求。而在这一原则深深融入中国意识形态理论的内核之后，它的文化意义得到了积极的渗透。党的十八大以来，以习近平为核心的党中央经过深思熟虑提出了“四个全面”，即全面建成小康社会、全面深化改革、全面依法治国、全面从严治党的社会发展战略布局，更完整地展现出了治国理政的总体框架，使当前和今后一个时期内，党和国家各项工作关键环节、重点领域、主攻方向更加清晰，内在逻辑更加严密，这对推动改革开放和社会主义现代化建设迈上新台阶提供了强力保障。

最为重要的是，从内容上看，“四个全面”作为新时代中国特色社会主义思想的重要内容，和此前中国共产党所形成的中国特色社会主义理论体系的相关成果一脉相承。通过语词考证，我们发现：所谓“小康社会”，最早出自中国古代典籍《礼记》，是比“天下大同”的“大同”相对低层次的社会形态，1979 年邓小平答记者问时先提出来要建成小康社会。所谓“深化改革”，改革这个概念也是 80 年代提出的，改革开放是邓小平理论的重要组成部分，而且是我们一直以来坚持的东西。所谓“依法治国”，是在党的“十五大”会议上明确提出的，1999 年宪法修正案规定：

---

① 《马克思恩格斯文集》，第 1 卷，500 页，北京：人民出版社，2009。

② 《马克思恩格斯文集》，第 1 卷，11 页，北京：人民出版社，2009。

“中华人民共和国实行依法治国，建设社会主义法治国家。”将其作为宪法的第五条第一款。所谓“从严治党”，具有毛泽东时代的鲜明特征，党内从思想到行为上的自律与自治。所谓“全面”，也就是“既要注重总体谋划，又要注重牵住‘牛鼻子’”。眼看一个全，手抓一个点，这里不是一般的理解全面，而是辩证的全面。这和党的“十七大”会议上提出的“统筹兼顾”的科学发展思想可谓一脉相承。

整体上，“四个全面”不仅是顺延提升，更是集大成。这个“集大成”并不是一种具体的理论创新，而是一种“与时俱进”，它的意义更像是一枚文化坐标，对国家今后的治理方向给出的精神指引。具体来说：

第一，注重理论的系统性。虽然四个全面的具体内容是既有的，但四者构成的体系却是独创的。其中，“全面建成小康社会”是总目标，其他“三个全面”就是基本途径、重要保障和战略举措，“全面深化改革”是实现总目标的动力和活力，“全面依法治国”是实现总目标的法治保障，“全面从严治党”是实现总目标的政治保障。人民幸福，要靠经济、法与党三根支柱来支撑。与此同时，“四个全面”的每个小项，放在“四个全面”的大语境中去定位，放在历史和现实的坐标中去把握，也会形成不同的解读体系。

第二，凸显出鲜明的务实精神。由于四个全面的很多内容在以前都提到过，因而这一次相当于“重提”。通常重提一个东西会有两个理解，一个是这个东西很重要，要一而再，再而三地强调；二是这个东西没做完，要继续做，因而重提。同样的，内容上的继承，表明我们并不是没有意识到四个全面的重要性，反而是在说，这些工作很重要，但我们之前做得不好，不够全面，因而要继续做，要做好，要做完，要做得全面。那么，在这个意义上，“四个全面”的创新之处反而不是理论上的，而是实践上的，这四个全面体现的是一种建立在务实基础之上的实践意志。“务实”是习近平的个人行为风格，已经深深影响了我们的执政风格。例如，2014 年政府工作报告上，“新开工保障性安居工程 666 万套，基本建成 544 万套”“保持物价总水平基本稳定”“基本完成省市县政府机构改革”。“基本完成”到底是完成还是没完成呢？但这就是中国特色。2015 年的政府工作报告中，“基本完成”则完全没有出现，“基本稳定”只出现一次，描述国际收支的动态平衡。如果单独看“基本完成”似乎没什么问题，是比较保险与严谨的措辞，但是把“基本”和“全面”连起来看，“基本完成”和“全面完成”之间的区别还是很大的，而“四个全面”也正是在这个意义上做出超越的，这里面体现了我们对“务实”“实在”的理念的践行。

第三，“四个全面”体现出浓厚的文化意蕴，彰显了一种特殊的意识形态情怀。

其一，全面建成小康社会：四个全面的历史唯物主义基础。小康社会内涵的丰富，实际上是建立在历史唯物主义的基本原则之上的，蕴含着经济基础与上层建筑相互作用、带动社会历史发展的基本原理。小康社会，我们之前谈这个概念，通常强调它的物质生活水平，但在“四个全面”的背景下，强调是一个现代的完善的社会体系，它不仅仅代表物质生活，同时代表了先进的经济形式、法律体系，政治体制等等。也就是说，如果之前我们更强调“小康”，现在我们更强调“社会”。这似乎就带来了一个过渡，物质生活层面的小康可预见的 2020 年前后可以基本实现，但一个基于小康的现代中国社会则还有值得憧憬的空间。因而，“小康社会”在四个全面中的作用，似乎就成为了一个宣言，它的潜台词是走向中国梦，首先要奔小康，但奔到了小康还不够，还要奔社会，让社会富强和谐，从而既保证了中国梦的“落地”，也规划了小康以后的社会发展目标。

其二，全面深化改革：四个全面的方法论原则。改革是四个全面的方法论，无论是建成小康社会、还是法治与党建，改革是贯穿始终的不变逻辑，也是实现这些宏伟目标的具体方法。改革的方法论品性源于它的实践本性，它是人主动介入社会历史发展的实践。首先，小康社会虽然是宏伟的中国梦，但也是底线思维的产物，它的评价标准是让更多底层的人进入生活富足的行列，社会发展的不均衡性表明，当社会上的大多数人都生活富足的时候，一定有人已经抢先一步走向富足了，而这些人主要是中国发展的试水者。他们享受开荒的福利，也承担相应的风险。因此，改革作为一个方法论原则，具体表现为“敢动手”，也就是硬骨头要去啃，不能有畏难情绪。其次，社会发展的系统性也决定了改革的被动特征。改革是一种实践，是人主动介入社会历史发展的行为，然而，社会改革牵一发而动全身，在时间与空间序列上引发的蝴蝶效应也决定了人在这个过程中也是一个受动体。也就是说，改革从某种程度上总是被迫的，拒绝改革就等于拒绝历史。因而，我们说“实践发展永无止境，解放思想永无止境，改革开放永无止境”。言外之意，改革作为方法论原则的第二个表现，就是“不间断”，也就是要正确认识改革的必然性、阶段性与必要性，不能逃避，不能无视，不能自满自足。再次，改革作为四个全面的方法论原则需要建立在实事求是的基础上，最直观的例子是，我国 40 年改革开放在经济体制上的改革可谓是成功的，但经济改革上的成功却不能直接套用到其他领域，尤其在抽象的意识形态领域或文化领域，要“具体问题具体分析”，改革的思路与路径需要灵活做出调整。

其三，全面推进依法治国：四个全面的价值基点。首先，依法治国的侧重主体是什么？法是一个约束系统。法的本质是通过人类理性的客观化与普遍化对社会发展提供保障，它的具体形式是市民法。法就是这么一个奇怪的东西，它通过规定人“不能”做什么，来回答人到底“能”做什么的问题。从市民法的层面上理解依法治国，它主要针对的并不是人民群众，对于大多数人来说，我们早已处在一个绝对权威的法治社会，因为我们承认法的权威，法在人民群众之上。法治的主要诉求对象是社会上还不受法律约束的那些人，或者有手段可以逃避法律约束的人，靠财富和权力逍遥于法律之外的人。从法理层面理解依法治国，当代中国距离法治社会还差得很远，因为在法的背后，我们看不清价值基点。由于法是人的理性的外化产物，理性的有限性决定了法律条文本身的有限性，决定了法律条文终归不可能尽善尽美，总有漏洞，但法的精神却可以实现至高权威。这个权威的核心并不是约束，而是平等，是让法律面前的每个人更加平等。从这个意义上，法在人与人的层面上体现了权利的对冲，因而，全面推进依法治国也就体现了平等这个价值基点。

其四，全面从严治党：四个全面的主体自觉。我们常常会问，相对于“依法治国”，我们自然要问的是“依？治党”，显然“严”只是一个态度，而不是一个标准。但事实上，对于党而言，我们只能期待一种自律，而无法期待一种他律，这和“党”的本质有关。“党”是以政治目的而形成的共同体，它是以共同目的为核心驱动的，我们不能说一个目的是否违法，更谈不上用法来约束目的了，因为正如前面所谈，法也是为了某种目的而存在的。换个角度，如果说把中国共产党分解为 8700 万党员，其中每一个个体在社会生活中都应受到法律约束，这是不容置疑的。但将 8700 万人抽象成一个具有共同目的的“党”，它就成为了一个具有超越性本质的共同体。在这个意义上，党和法是类似的，它们都是人实现某种最高目的的形式，只不过，党是以人的主动性为基础的形式，而法是以人的受动性为基础的形式。因而，党与法只可能出现目的或价值上的偏差，而不会出现行动上的错位。而所谓“从严治党”，本质上就是让共产党在最高价值与最终目的的意义上，保持一种积极上进的自觉意识的手段。与之相反，依法治国的“国”则是一种特殊的共同体，它的前提并不是其中个体的价值与目的的趋同，恰恰相反，它的前提是个体之间彼此需求上的、目的上的、价值上的冲突与对立，国家的目的也就是最大程度地限定这种对立带来的负面影响。在这个意义上，单单依靠主体自觉是不够的，必然需要外在约束的存在，因而我们强调德法兼治，双管齐下。

在中国，党与法的关系更加密切，因为党代表人民，党的目的同一于人民的目的，而这个目的本身也是法的目的，是法需要保障的东西，因而，党、人民、法，三者并不存在分疏关系。因而，人民群众虽然提出了“法大还是党大”的问题，但这并非他们真正关心的问题。群众关心的是自己生活水平是否提升，社会环境是否健康，个人诉求能否被满足，并不是党和法谁大这样一个触及哲学本体论的问题，这个问题本身只是表示一种忧虑，他们担心的其实是党不再代表自身，不再以为人民服务为目的。因而，共产党需要做的，正是避免这种目的上的偏差。

当然，目的与价值上的东西不能用法来约束，我们说党风党纪严于法，但这仅仅是约束外在行为，而无法约束共产党员的内心。严肃党风党纪的结果是让广大人民群众看到共产党员的行为举止，帮助他们认识到共产党是严于律己、全心为民的，从而让他们产生认同感，这是一种政治手段。而要想让别人认同自己，首先要自己认同自己，而这个过程强调的就是共产党员的自觉。因而，这也是从严治党不仅要严肃党风党纪，还要深入群众，加强理论修养和学习，同时辅以党性锻炼的原因。从严治党只是手段，从严治党背后的东西，才是我们真正期待的。

五、“以人为本”——文化的主体性

文化的现代性是文化系统中人的工具理性凸显，亦即人的主体性膨胀。近代以来，人们试图对文化进行更丰富且更深入的探索，文化被当成了一个对象，甚至成为了自然科学的研究对象。这种把握体现在，人们尝试对文化的概念进行把握，并尝试用人类学或社会学的方法对文化进行研究，然而这种文化研究方式又是一个运动的过程，在这种运动中，我们逐渐发现文化的目的与本质和人们自身的关系是无法被割裂开的，两者之间就是个体性与普遍性的辩证的渗透与统一。

1. 文化的现代性：中国人本主义思想的发展

众所周知，西方人本主义的崛起是对神本主义的批判与颠覆，它肇始于文艺复兴运动，并在哲学与政治学领域得到发展，继而普遍化为一种社会思潮。而在中国，“人”自古以来就是中国文化的核心，人本主义的理念贯穿于中国思想史，并与近代西方现代性理论融合为具有中国特色的人本主义。

中国主流文化本就没有宗教传统，这与中国自古以来的“人本”而非

“神本”传统有关。中国的人本主义思想主要集中在两个方面：其一，从世界观上，中国人思考“天”与“人”的关系，并主张以人为本；其二，在政治观上，中国人思考“君”与“民”的关系，并主张以民为贵。早在西周时期，文武二王从商朝灭亡的历史中就认识到了“天命靡常”的观点，并提出“天视自我民视，天听自我民听”“民惟邦本，本固邦宁”等思想，反映了当时的统治者对民众与国家稳定之间关系的基本认识。之后，在春秋初期，我国已有“重人事、轻鬼神”的思想，如《左传·桓公六年》记载了季梁的“夫民，神之主也。是以圣王先成民而后致力于神”，《左传·庄公三十二年》记载了史嚚的“国将兴，听于民；将亡，听于神。神……依人而行”等主张，是说治国思路上以民为先，而神事在本质上是祭祀形式，是劳民伤财的形式主义活动，应该避免。后来，以孔子思想为体系基点的儒家思想则基本代表了中国人本传统的主流。在人神关系上，孔子认为“不语怪、力、乱、神”，有“未能侍人，焉能侍鬼”的观点，更提出“务民之义，敬鬼神而远之，可谓知矣”；孟子有“民为贵，社稷次之，君为轻”的观点，他曾劝说统治者应“治民之产”以保证社会稳定发展；荀子则明确提出人“最为天下贵”的主张，还把君民关系用舟水关系来类比，指明“君者，舟也；庶人者，水也。水则载舟，水则覆舟”，这是对君民关系中民重君轻思想的重要表述。此外，道家也有“贵以贱为本，高以下为基”的观点，从辩证的角度阐释贵贱权势的相互转变，而在“王霸之辩”中主“霸”的法家也在人事关系上提出，齐国的管仲在《管子·霸言》中说：“夫霸王之所始也，以人为本。本治则国固，本乱则国危。”在《管子·牧民》中也有“政之所兴，在顺民心；政之所废，在逆民心”之句。

然而，受制于时代，传统人本思想本就有一些局限。具体来看，传统人本思想中对“人”的尊崇实际上是出于统治的目的，其并不认同西方人本主义中的人类基本价值不可侵犯的观点，而更多的是说，通过君主的自轻换取民众的臣服，完全不考虑个人的基本权利与价值取向。宋明理学家在“义利之辨”和“天理人欲之辨”等问题上走向了极端，认为人要克制内在人性而贴近理性与秩序，这其实是传统人本思想的局限对人性的扭曲和摧残，背离了人本思想的初衷。在古代中国社会中，“民”的范围是阶级性的，“君民”关系是建立在“君民”的地位差别之上的。所谓重民、利民也只不过是维护统治阶级利益的手段，况且大多数统治者在重民、利民之后也只会将阶级意志凌驾于民众意志之上，这是由他们的阶级属性决定的。因而，“民本”思想大多存在于开明知识分子或政治家的政治理想之中，并无现实的用武之地。因此，传统人本思想的理想其实是民众的民主性和自主性的消解，它不可能诞生出民主的内涵，更不可能衍生出民主的萌芽。

2. 文化的后现代性：大众文化与人的主体性消解

如果说文化的现代性凸显了作为文化主体的人，那么这个“人”在大多数情况下其实是在说“人民”。与此相对，文化的后现代性要求对文化主体的消解，但所谓的“消解”并不是不谈“人”，而是不谈“人民”，或者说，不谈具有同一目的的人，只谈独具个体意识的人。当然，这种独具个体意识的人也呈现出它的社会性，即“大众”。因而，文化的后现代性作为对人的主体性的消解，无论它的手段是批判还是论证，实质上都肯定了大众文化在后现代社会的核心地位。

大众文化属于文化的范畴。大众文化概念的发展变化过程离不开对文化概念的梳理，只有厘清了概念，才能进一步地分析和阐述。对于文化这个概念，英国文化学者雷蒙德·威廉斯有一句名言：“困难之处在于我们必须不断扩展它的意义，直至它与我们的日常生活几乎成为同义的。”在界定文化与大众文化的问题上也存在同样的问题，要考虑多方面的因素，更不能忽视概念在现时代背景下的发展。主导文化是社会主导力量倡导的文化，以社会安宁、秩序稳定、道德伦理和谐为旨归。

在当下的中国，主导文化主要由政府通过行政手段倡导推行，主导文化作为一种主导意识形态，它提倡什么和鼓励什么，对其他三种文化形成强大的影响，主导文化的真实功能是一种支配文化，是一种政治对文化规制的体现。大众文化是为市场活动成批制作出来的，为了追求更好的经济利益，要最大可能地迎合大众的喜好。这样大众文化文本既可能配合、强化主流意识形态，也可能以某种隐蔽的形式和方法，表达出对主流意识形态的一种抵制和颠覆。美国好莱坞电影可以很典型地说明这种特征，好莱坞的电影一方面是对于美国主流意识形态的宣扬、强化，另一方面又充满对这种意识形态的疏离、消解，甚至是抵制。

归根到底，大众文化与主导文化的这种既配合又冲突的关系，是隐身于大众文化和主导文化背后的政治力量、资本力量、民众力量之间相互博弈的强弱结果所致。市场经济充分发展而产生的文化形态。

大众文化在现代工业社会中诞生，在后工业社会中发展。因此大众文化展现出如下的一些特征：

第一，大众文化具有商业性特征。大众文化是现代社会工业化、城市化的产物，按照市场规律批量生产的，主要目的是获得商业利益，大众文化在现代社会的强力传播，与大众文化的市场化运营有密不可分的关系。大众文化的发展是由大众文化的市场的需求来调节的，歌星、影星和笑星等成为大众文化市场的主角，他们成为商品的代言人，身价被抬高。没有大众文化的市场化运营，就不可能产生出持续不断的动力，吸引优秀的创意人才加入到这个行业中来，创作出受欢迎的文化作品，使大众文化成为现代社会中不可小觑的文化力量。大众文化实际上就是文化产业，也就是用文化的内容制作出精神性产品，供大众消费。既然是一种商业行为，满足消费者(受众)的需求就成为题中应有之义。而大众选择消费大众文化产品时也要为此付费，商业赢利也是大众文化本身的内在目的。我国的大众文化产业中，金庸武侠小说就是一个典型通过商业运作创造出来的文化精品的范例，金庸的武侠小说本来在香港《新晚报》上连载获得读者的追捧，后来金庸发现了自己小说的商业价值，就自己创办《明报》，刚开始，报纸的影响力弱，只能靠武侠小说的连载来维持运营，这种商业压力下，使金庸的创作有更高追求，就是要长期吸引读者的注意力。因此金庸小说受众广泛，横扫各年龄段的读者，成为经典化的作品。这其中香港报业高度商业化起到不小的作用。

第二，大众文化具有娱乐性特征。娱乐性文艺作品本身是具有娱乐性质的，而大众文化作品则把娱乐性强调到了一个极致。因此，美国学者尼尔·波兹曼对现代传媒和现代大众文化进行深入的研究后，得出了“娱乐至死”的结论。大众文化的娱乐性揭示出人类的本性。因为社会经济发展使得大众拥有了享受生活、享受精神愉悦的可能性。这种可能性包括大众拥有了时间、金钱、大众文化的传播技术。同时充分的娱乐活动带来的快乐，是进行创造性精神活动的一个必备条件。在现代社会中，制度更健全、社会经济发展水平更高，同时有世界性大众文化的交互影响，大众文化的娱乐性也会呈现出更多样化、更精致化的状态。比如在电视节目中，一直以来是电视剧占据主流地位，而电视剧的主要题材是以中老年观众为第一目标的家庭伦理剧。但是近几年，随着中国经济的快速发展，电视节目开始向年龄更轻、学历层次更高的家庭观众倾斜并获得成功。各种电视益智节目、电视谈话节目和电视真人秀节目等都成为受欢迎的大众节目。

第三，大众文化具有新媒体特征。大众媒介性大众文化是随着传媒技术的发展而发展的，现代科学和技术既提供了大众文化传播的载体，又成为大众文化发展创造的必要前提；现代大众文化绝大部分都通过大众媒介手段进行制作、传播。大众传媒是大众文化传播的途径。因而具有大众媒介所带来的特点。同时现代传媒、现代传播与电子技术、数字技术的迅猛发展息息相关，新技术的应用迅速改变了传媒的生态，对大众文化的内容和形态也产生了巨大的影响。电视文化的最新发展就鲜明地体现出这种变化，电视文化一开始向广播、电影、戏剧、报刊、文学、舞台表演等大众文化样式学习，形成了肥皂剧、电视杂志、电视谈话节目、电视综艺节目等节目形态，进入 21 世纪后，电视真人秀节目异军突起，成为电视节目中最引人关注的一种节目形态，就是因为电视媒体将自身迅捷直观的特点发挥到了极致，创造出融真实与虚拟、纪实与想象于一体的全新的节目形态，掀起了电视节目创新的高潮。手机在近年来也逐渐由通信工具向通信工具兼新兴媒体的角色转变。而在这个新角色中，语音通信的比重逐渐减少，媒体的功能日益强化。电信运营商们都敏锐地感受到了这个变化，争相推出各种增值业务，各种手机游戏、手机小说、手机报刊、手机动画、手机电影等，使这些大众文化形式具有了全新的传播渠道。

第四，大众文化具有日常生活性特征。文化和普通大众的日常生活紧密相关，大众文化的内容材料是以大众的日常生活为基础和来源的。大众文化的受众是普通市民，对于这个群体来讲，他们没有太多的兴趣去思考主导文化的宏大叙事，也没有太多的心思去沉思终极追求和终极价值，他们的主要活动是生存的压力、柴米油盐带来的烦恼，因此大众对于贴近日常生活的内容更感兴趣。因此，大众文化作品中，总是表现出普通人的世界观、人生观和价值观，更适合大众接受的文化品位。比如，以大众生活中最重要的一个大众文化形式——电视为例，全天 24 小时的分类频道滚动播出，各种节目分类细化，保证每个人打开电视后都可以找到各人喜爱的口味，而且从电视的发展趋势来看，电视的受众群体主要是中老年人，电视节目的制作就趋同于这些群体的欣赏品味，反映普通大众日常生活的方方面面，来吸引大众的关注热度，所以电视剧里播出的多是普通人的生活情感经历，娱乐节目也倾向生活化，健康保健和购物节目等都受到普通大众的欢迎。同时大众文化制作商充分考虑大众的主体能动性，根据个人的需求和喜好制作娱乐节目，邀请大众积极参与其中来，吸引大众参与到节目中来，增加节目以人为本的旨趣，大众的积极参与使得大众文化成为真正意义上的文化。

第五，大众文化具有文本多样性特征。大众文化是由具体的、多样的各具自身特点的文化形式构成的复杂系统。那些反映大众日常生活并为大众所广泛接受的文化几乎都可以被归于大众文化形式之列，比如广播影视中的大众文化、报刊书籍中大众文化、日常生活中的大众文化。人们可以发现，在生活的环境中，既可以发现流行与时尚的符号冲击，又可以找到传统的娱乐文化的影子，只是有大众群体的需求存在，就会出现越来越多的大众文化的文本形式。一种大众文化作品得以流行，也绝不是只靠着有力的市场营销行为就可以做到的，还是因为这些作品敏锐地触及到了社会心理，满足了大众的精神与心灵的需要。

3. “以人为本”的文化主题与人的主体性回归

之前的两节我们论证了两个问题：其一，中国传统文化的“人本”思想源远流长，近代以来与西方的现代性观点发生融合，形成了“民本”的思想；其二，大众文化批判了传统的“民本”思想，试图从“个体”与“大众”的角度重新规定现代性，亦即后现代性。然而，当代中国的特色文化发展始终要避免上述两个极端，这就要求真正的人的主体性的回归。这里的“真正”是指作为个体性与整体性相互融合的人，即作为一个具有完整人格的人。

“以人为本”是马克思主义基本观点的体现，也是当代中国社会实践和人类活动必须遵循和坚持的一般原理和实践原则。马克思曾多出提出“以每一个人的全面而自由的发展为基本原则的社会形式”。作为理论延伸，中国共产党的十六届三中全会提出了“坚持以人为本，树立全面协调、可持续的发展观”的基本理念。而在 3 年后，“以人为本”作为党的执政理念正式写入党的十七大报告。中国共产党的“以人为本”是建立在马克思主义基本理论及其发展的基础之上的。

“以人为本”作为提高我国文化水平的原则之一，其实是文化创生与发展自然而言的取向，是人作为一种文化存在的生动展开。从文化的生成逻辑来看，文化的内核包含了两个彼此融合的过程，即“人化”和“化人”。“人化”是指人将自身人格通过劳动外化到外部世界或自然界，从而对其进行改造，“使自然界打上人的印迹，成为人生存的家园，从而更适合人的发展和进化”。人化的过程既凸显了价值指向的一面，即凝聚了人的需要、目的等，又凸显了现实指向的一面，即是一种具象的劳动活动。“化人”是指人在能动的改造世界的过程中，对象世界也因为凝聚了人格而具有了人性，它们反过来对人进行了规定，使得“人”实现了成长与进化。人对自身的认识与期待也不断地提高，人在反思自身的同时得到了发展与进步，而“人化”的过程从某种程度上来说也就是“化人”

的过程，两者共同构成了“文化”的灵魂。因此，未来中国文化的发展必须关注人、必须坚持以人为本的基本原则，这是在对文化本质进行细致分析之后得出的必然结论。这其中包含了两个内容：

第一，人作为文化的主体是文化发展的执行者。这里回答的是当代中国的文化发展主要依靠谁的问题。文化的主体是人，文化发展的主体是人，文化建设的主体也是人。这里的人既是广大人民群众，也是具有文化意识的个体。人民群众是历史发展的主体，他们既是物质财富的创造者，也是精神文化的创造者，而这种创造只有体现在个体的现实生活中才有意义。中国特色社会主义文化建设要坚定人民在文化建设中的主体和中心地位，围绕人民的各种文化需求进行展开，并以现实生活中的文化实践为落脚点。在现代社会，人的价值和精神一度发生了迷失，这是由“物本主义”的时代精神所决定的。“物本主义”极大地拓展了人的主观能力，在物质上、知识上给人以全面的支撑，这也使得人的活动范围与活动能力达到了空前的高度。在此基础上，人对文化建设的具体实践才是可能的，人为自身主体性的寻回过程才能够得到最终实现，人才能真正成为文化发展的执行者。

第二，人作为文化的主体是文化发展的最终目的。它所以这样说，究其原因在于：首先，人成为文化发展的最终目的是一切文化建设活动的出发点和落脚点。人是社会主义文化最本质的要求，发展社会主义文化的根本目的就在于满足人民群众的精神文化需要，实现人的全面发展。在当代社会生活中，人民的物质生活水平得到了巨大提升，因而物质利益的实现已经不是人民需求的重点，相反，人民越发关注自我完善和自我发展等问题。文化需求不应是奢侈消费品，而是人民群众的基本需求，因而社会主义文化建设就不只为少数人提供文化服务，而是为全体人民提供文化服务。社会文化成果由全部人民群众共同创造，其文化成果的消费也由全部人民群众共同享有。其次，人成为文化发展的最终目的是文化强国的需要。人是我们进行文化建设的立足点，人民群众的精神人格得到了发展，就能更好地促进人的发展，也就能带动我们国家的发展，实现民族的复兴。反过来，衡量一个国家是否富强的标准也就不仅仅要考察经济实力，而更要关注文化指标。在走向小康社会的步伐中，我们追求的是吃得饱、活得好，前一个标准还是物质生活上的，后一个则是精神生活上的。“活得好”的内容极为丰富，并且在不断扩充，因而要达到这一目标，需要我们生产高质量的文化产品，引导人民群众去积极消费，继而提高人的整体素质，最终实现人的生活幸福。联合国教科文组织提出：“发展最终以文化概念来定义，文化的繁荣是发展的最高目标”。文化发展是为了文化强国，文化强国是为了文化生活。再次，人成为文化发展的最终目的是中国共产党执政理念的展现。中国共产党的根本宗旨是全心全意为人民服务，中国共产党始终把最广大人民的根本利益作为全部工作的出发点和落脚点。中国共产党执政为民的理念不仅要求把人民的经济、政治利益实现好，也要求把人民的文化权益实现好。同时，人民群众的文化权益得到巩固，就能够实现更深层次的文化自觉，也就对中国共产党的政治信仰认识得更加透彻与深刻，对党的执政思路与路线政策也就会更加认同。这不仅有利于国家的稳定，也有利于党的群众路线的最终落实。

总结以上，在本章我们重点讨论了当代中国文化走向的四个主题，其中：“统筹兼顾”是说文化的发展要注重丰富性，要求从系统论的视角统筹当前的文化格局；“和而不同”是指在兼具文化多样性发展的基础上，要求从整体论的视角对文化发展的同一性做出规定；“与时俱进”是指文化发展要保持先进性与创新性，要求从历史主义的视角对文化发展的战略性布局；“以人为本”是指文化发展要凸显文化的主体——人，要求从人本主义的视角重新审视作为一种文化性存在的人。

这四个主题前后相接，体现出文化研究中从“人”到“文化”，再从“文化”回到“人”的基本思路，其背后蕴含当代中国对现代性的文化反思。正如吉登斯所言，“在其最简单的形式中，现代性是现代社会或工业文明的缩略语”。[①]或者说，文化及其背后的价值秩序本身就是现代性的重要表征。而“中国特色”的文化之路与凸显工具理性的现代性文化不同，它以社会和谐、以人为本等价值理念作为根基，更加关注社会发展的价值维度。因而，这种文化不仅继承了现代性的核心精神，又能坚持对现代性精神的价值反思，也就是文化的现代性与先进性的内在统一。

当然，本章所重点论述的四个主题并不能完全概括改革开放以来当代中国的全部文化实践，但却凸显了这段历史中最为核心的四个部分。同样，这四个主题也不是对未来中国文化走向的精准预测，但却是我们在今后的文化实践中不可回避的角度。在下面的章节中，我们将进入微观视野，从当代中国的文化矛盾分析中寻求对上述主题的深入论证。

---

① [英]安东尼·吉登斯：《现代性——吉登斯访谈录》，尹宏毅译，69页，北京：新华出版社，2001。

第四章　文化矛盾的总体性考察

此前章节，我们对当代中国文化矛盾的时代境遇、历史渊源以及实践走向做了多角度思考，本章我们将从共时态角度，对当代中国的文化矛盾进行总体性、系统性的考察，这包括对五对主要矛盾的分析把握：民族特色与世界文明的矛盾、文化传承与文化创新的矛盾、文化主流与文化多元的矛盾、经济发展与文化发展的矛盾、虚拟文化与现实文化的矛盾。

民族特色与世界文明的矛盾、文化传承与文化创新的矛盾也就是所谓“古今中外”的矛盾，这是当代中国文化内在蕴含的根本矛盾，决定着其他各种具体矛盾的内容和形式。文化多元化是文化全球化时代的重要发展潮流之一，其与文化主流之间存在着明显的矛盾和张力。经济发展与文化发展的矛盾是当代中国文化（特别是改革开放以来）面临的最主要外部矛盾，直接影响着当代中国文化的形式和实质。虚拟文化与现实文化的矛盾是信息网络化时代中国文化的新特征、新矛盾，具有前沿性、高科技性和复杂性。

一、民族特色与世界文明的矛盾

当代中国文化乃至近代以来中国文化的最主要矛盾是文化的民族性与世界性、传统性与时代性的矛盾，可以简要概括为“古今中外”的矛盾。一般而言，当代中国文化应当继承传统文化中的精华，借鉴世界文明中的优秀成果，批判其糟粕，做到古为今用，洋为中用。但在具体的文化实践中，这些矛盾要复杂得多、深刻得多。

1. 文化的普遍性与特殊性

文化的世界性与民族性的矛盾，在哲学上体现为文化的普遍性与特殊性的矛盾。普遍性与特殊性是一对基本的哲学范畴，又称为共性与个性。文化的普遍性与特殊性的矛盾是人类文化中所固有的基本矛盾之一。文化的普遍性主要指不同文化共有的属性，这是不同文化能够对话交流的基础；文化的特殊性主要指不同文化各自具有的、互相区别的特性，这是特定文化区别于其他文化的特定属性，所以又可理解为“同”与“异”的矛盾。在各民族文化相对孤立、交往有限的古代，文化的普遍性与特殊性的矛盾并不突出。文化的普遍性与特殊性的矛盾日益凸显主要是因为近代以来人类文化交往的不断拓展和深化，特别是全球化进程和全球性问题的出现，不同文化之间的交流、冲突与融合日益加剧，文化的共性与个性、普遍主义与特殊主义的矛盾也日益加剧。

如果说共同的生存境遇是人类呼唤普遍文化价值的现实根据的话，那么，透过纷繁陈杂的现象去把握事物的一般本质，则是人类思维的本性，也是普遍主义哲学信念得以存在的根据。普遍主义哲学认为，人们相信人类生活中存在着或应该寻找某种终极的、绝对的、统一的、普遍适用的价值及其标准，而这种价值是化解经验世界纷争、达到人类文明进步的基本尺度。近代以来，黑格尔、孔多塞、孔德、狄尔泰、马克斯·韦伯、哈贝马斯等思想家都从不同角度表达过他们的普遍主义文化理念。我们不能简单否定普遍主义信念的合理性，但问题在于：在全球化时代，为什么文化的普遍性与特殊性的矛盾如此凸显？有何表现？如何解决？最关键的是三个问题：

(1) 虚假的普遍性与特殊性之争

近代以来文化的普遍性与特殊性、普遍主义与特殊主义之争绝不只是一个理论之争，而是很多民族文化生死存亡之争。近代以来的经济文化全球化进程是由西方文化主导的，西方文化(包括工业文明、资本主义、世界市场、殖民主义)向全球的扩张导致越来越强化的西方文化中心主义，强势的西方文化与相对弱势的非西方文化之间产生了非常激烈和复杂的冲突，西方文化与非西方文化之间的地位是不平等的，对于非西方文化来说，交流是非自愿的，甚至可能是灭绝性的。正如马克思所说："资产阶级，由于开拓了世界市场，使一切国家的生产和消费都成为世界性的了。""它迫使一切民族——如果它们不想灭亡的话——采用资产阶级的生产方式；它迫使它们在自己那里推行所谓的文明，即变成资产者。一句话，它按照自己的面貌为自己创造出一个世界。"[①]这就产生了一种并不合理的关键事实——西方文化越来越倾向于把自己的特殊性冒充为普遍模式和普遍标准，并用军事、经济、政治、文化等各种手段强迫非西方文化接受，而非西方文化在西方文化的强烈冲击下要想继续生存发展，或者全盘接受西方文化的普遍性而丧失文化自主性和个性，或者在接受西方文化的普遍性的同时艰难地维护文化自主性和个性。于是，一个在学理上并不成立的公式在现实中成立了：西方文化＝普遍性，非西方文化＝特殊性，普遍性要进攻，特殊性要防御。由此衍生出一系列二元对立：现代/传统、先进/落后、文明/野蛮、中心/边缘、发达/不发达、富强/贫瘠、高贵/低贱、理性/非理性、强势/弱势、主动/被动……似乎前者是西方的特质，后者是非西方的特质。

很多学者对这一关键问题进行了深刻的剖析。英国学者约翰·汤姆林森称之为"坏的普遍主义"[②]，也就是所谓的文化霸权主义和文化帝国主义，认为这种建立在西方中心主义基础上的"坏的普遍主义"必然导致文化的冲突，不利于跨文化间的理解与沟通。埃及学者萨米尔·阿明认为，资本主义第一次在世界范围内创造出对于普遍主义的客观需要，然而由此导致的一种倾向是将西方发达国家的文化价值标准世界化，赋予其普遍主义的身份，并据此提出了一种超越国界的"全球市民社会"

---

① 《马克思恩格斯选集》，第1卷，404页，北京：人民出版社，2012。

② ［英］约翰·汤姆林森：《全球化与文化》，郭英剑译，283页，南京：南京大学出版社，2002。

(global civil society)，以此来寻求一种新的“全球社会秩序”。[①]哈贝马斯认为，所有社会中的社会进化的可能性空间或逻辑和所有文化的形式属性或结构是普遍的，基于这一观点，他曾建议“把国际法转化为世界公民法”[②]。然而，如果将哈贝马斯的这种理解延伸开来，作为理想价值层面的普遍主义就被现实化、经验化了，这将导致一个无法克服的实际矛盾：无法让它的西方中心主义现实和它的普遍主义理念协调一致。显然，当一个民族置身于所谓普遍主义的边界就会清晰而强烈地意识到：如果这种普遍主义并不适用于我，甚至要消灭我，它怎么会是普遍的呢？

（2）真的、好的普遍性与特殊性

随着人类文化交流的深化，西方文化的危机和困境（如两次世界大战），殖民主义的衰亡和民族独立解放浪潮，人们越来越认识到，用强力将某种特殊文化伪装成普遍模式，并同化甚至消灭其他特殊文化，在理论上不合理，在道义上不合情，在实践上也行不通。但是接下来的问题是：如果那种假的、坏的普遍性不合理、不合法、不可行，那么人类还有没有必要和可能去寻求真的、好的普遍价值？人类文明有没有共同的愿景？答案应该是肯定的。人类只有一个共同的地球，这种共同的生存环境，是人类在价值层面达于普遍性思维的客观物质前提。人类不同群体、不同文化间无论如何差异、如何冲突，还是一个整体，人类文明的共性始终存在，并且随着文化全球化的深化逐渐增强，人类交往也越来越密切，面临着越来越多的共同挑战，越来越趋于成为命运共同体。面向未来，人类应当超越狭隘的地方性和民族性，追求全人类共同利益和共同价值。所谓真的、好的文化普遍价值，应当是有利于人类整体生存和发展的价值，是维护和发展人类整体利益的价值，是世界各国各民

---

① ［埃及］萨米尔·阿明：《当代阿拉伯世界的文化与意识形态》，载王逢振主编《全球化症侯》，185 页，天津：天津社会科学出版社，2001。

② ［德］哈贝马斯：《兽性与人性——一场法律与道德边界上的战争》，刘慧儒译，载《读书》1999 第 9 期。

族在文化交往中共同遵守的基本原则，如“己所不欲，勿施于人”、和平共处、求同存异、和而不同等。普遍文化价值的途径是，在尊重各种文化传统价值的基础上发掘和利用不同民族文化传统中的价值思想资源，建构普遍文化价值来解决当今经济全球化进程中人类所面临的共同问题。

从本质上讲，文化的全球化不应是一个以普遍性代替特殊性的过程，相反，它应是一个在承认特殊性基础上寻求共性的过程。文化的全球化在引发文化竞争和冲突的同时，也产生了积极后果：其一，全球化进程推进了世界各民族对于文化的普遍价值的认同。正是在文化的比较、交流与冲突中，人们才逐渐客观地看待自己的文化和“他者”文化，并唤起旨在把各种分散的、孤立的、甚至冲突的文化价值力量整合为一种凝结着人类整体利益和整体价值理想的力量。也许这种对于文化的普遍价值的真正认同尚需时日，但是，正是全球化进程的展开为其创造了历史机遇。其二，全球化进程并不必然以牺牲文化的个性发展为代价，甚至唯有文化的个性化和多样化发展，全球化历史进程才是真实的、合理的。面对全球化趋势，每个民族文化都要努力把自己的文化特点和个性展示出来，并贡献于世界文化。在世界文化的交流与对话中，尊重每个民族文化发展的传统和个性，反对文化霸权主义和文化帝国主义，真正促进世界各民族文化的共同发展，这乃是文化全球化进程的真正使命。

追求人类文化普遍价值要避免两种错误倾向：其一是西方中心主义倾向，全球化不等于西方化，在全世界各民族的共同努力下，未来全球化的发展进程必将越来越凸显出文化的普遍价值维度；其二是经验化倾向，即主张现实文化操作层面的趋同，并达到文化的同质化（cultural homogenization），即在文化经验层面的整齐划一，其后果往往导致文化帝国主义或文化霸权主义。我们认为，文化的普遍价值作为文化的理想维度，并不是在经验层面实际发挥作用的，而是居于文化的精神内核对现实文化实践的一种导引、规范和提升，它并不是“必须如此”的，而是

“应当如此”或“期望如此”。一种真正的普遍价值，绝不能是某种伪装的特殊文化价值，更不能借助于某种特殊集团的政治势力、经济势力和军事势力来获取，而只能通过文化的平等对话和交流来展开，只有这样，它才可能获得真正的价值普遍性认可。

（3）文化的普遍价值应该如何达成

文化的普遍价值的达成需要各民族文化的自觉和全人类的共同努力。首先，应该谋求一种建立在人类共同利益基础上的公共理性(最大公约数)，如与自然和谐相处、维护人类和平、维护全球公平正义、保护人权、消除贫困等。这些公共理性因为是在多元文化的沟通与共识前提下形成的，所以具有广泛的可接受和普遍性。其次，有效地缓解文化的普遍性(同质化)与文化的多元个性(异质化)之间的紧张关系，在更高层次上进行文化整合。理想状态的文化整合不仅要超越具体的文化价值和目的，还要引导和融合那些具体的文化价值和目的，使其顺乎人类整体价值而成为一种文化实践合力，其结果是人类文化精神将在一个更高层次上超越迄今为止所面临的分裂与冲突的格局。再次，普遍文化价值作为全人类的价值，应该把承认文化差异、尊重文化个性作为其重要的追求指向，在促进多元文化间的沟通对话中呈现文化个性存在的意义。因为普遍价值预设了对于文化个性的尊重，所以对于不同的文化形态说来，文化的普遍价值为它们提供了文化的交往平台，体认文化的普遍价值对其生活实践的指导与调节意义，从而逐渐增加特殊文化对文化普遍性的认同。

也许我们时至今日尚没有达成为全世界各个民族所共同认可的文化的普遍价值，但是这并不妨碍我们对它的追求，更不应成为我们拒绝文化普遍价值的理由。当人们形成一种人类存在共同体和命运共同体的文化意识时，将有可能和必要达成越来越多的普遍价值。

2. 民族文化个性的培育

在当代世界的文化实践中，与提倡文化的普遍价值相伴随的，则是民族文化个性的张扬。

面对全球化的现实推进，全世界各国的有识之士都从不同角度呼吁，要警惕全球化对于文化个性的消弭。这种担忧不无道理。的确，环顾当今世界，伴随着经济全球化进程，我们看到的是各种形式的文化冲突与纷争。而这些文化冲突与纷争的起因，多根源于对民族文化个性的关注与捍卫。保护和倡导民族文化发展的个性，已经成为全球化进程中一个首要的文化课题——无论是发展中国家还是发达国家，几乎都意识到了这一课题的紧迫性。

从文化现实演化来看，西方发达的资本主义文化的扩张，已经形成了对各民族本土文化的强大冲击。面对西方国家的强势文化入侵，首先是发展中国家充满了对于民族文化传统丧失的深切忧虑。他们认为，西方利用在经济、传媒等方面的优势，对发展中国家实施文化殖民，使其文化日益沦为西方文化的附庸，产生了民族文化的身份认同危机。西方所倡导的文化及其价值观，只是西方中心主义或美国中心主义的表现，民族本土文化被强制地纳入了一个以西方文化为评判标准的价值系统，因而，本土文化价值没有得到有效的发扬。

不仅是发达的资本主义文化冲击发展中国家的本土文化，而且，这种现象同样发生在西方发达国家之间。据报载，近年来，文化产业在世界经贸中的比重激增，美国凭借优势，特别是在多媒体、互联网络、卫星电视等方面的强大势力，以贸易自由化为借口，积极打入他国文化市场，既渗透文化，又获取实利。美国的近邻加拿大首当其冲，受害最深。其绝对数量的电影、电视剧、英语电视节目和书刊市场为美国文化产品所控制。加拿大政府对此深为忧虑：如果听任美国文化大举入侵，加拿大文化就有被美国文化淹没的危险。在法国，反对美国文化入侵的呼声近年来也日益加强，一些法国思想家指出，美国人的消费方式、行为方式思想习惯以及经济哲学的“全球标准化”，使欧洲各民族正逐渐丧失自我意识，所以“在捍卫我们的民族自我意识时，我们是在保护多样性免于标准化。”①

“文化多元论”(multiculturalism)的兴起和反全球化运动，正是这种文化心态的反映。他们所倡导的是本土主义(localism)，旨在维护并弘扬本民族、本地方的文化传统，主张从文化精神层面来发掘并阐释民族本土文化的内在价值，使被西方文化排挤而边缘化的本土文化重新回到它本来的位置，用以抵抗全球化大潮中西方文化和价值观念的侵蚀和支配。这无疑是值得肯定的文化立场，因为倡导文化多样性是全球化进程的一个重要内涵。文化首先应当是地区的、民族的，任何跨文化传统的价值目标和价值认同都必须基于这一前提。捍卫民族文化个性，这是一种义不容辞的文化责任，因为它关系到一个民族和国家的生存理由和命运。所以，应对强势外来文化的冲击去着力于民族文化个性的维护，往往是一种十分正常的选择。但是从辩证的观点看，对于文化的普遍价值的认同与强调民族文化价值是相辅相成、辩证统一的，两者离开任何一方，都不能真实地反映全球化的本质要求。这诚如德国学者海因里希·贝克所言：“绝对的多元主义，无论作为一种知识态度，或作为一种生活方式，因其只是各种独特文化的简单共存，也是淡薄了人性的。那唯一的和平，根本上将以人道的方式‘和平着’，更多的是对立两极端的中和：如同一种智能的有机体，在其中，个体成员表现出一定的独立性和自主权，也表现出一定的互补性和相互依存的需要。只有在相互补充完善的关系中，个体成员才能获得他们所向往的‘存在的完整性’，并从中找到自己的完整身份。”②英国学者罗兰·罗伯逊也强调：“我自己的观点，包括了既对特殊性、差异性又对普遍性和同质性保持直接关注的尝试……我们是一个巨大的两重性过程的目击者和参与者，这个过程包含

① Christopher Caldwell, *The Crescent and the Tricolor*, The Atlantic Monthly, November 2000, p. 32.

② [德]海因里希·贝克等：《文明：从“冲突”走向和平》，吴向宏译，7页，北京：中国社会科学出版社，1998。

了特殊主义的普遍化和普遍主义的特殊化二者的相互渗透。”①

毫无疑问，坚守民族文化发展的个性，是维护民族文化的心理认同的首要前提。从文化哲学的视角来看，一种文化形态生生不息向前发展的最持久动力，莫过于体现该文化的内在精神及其个性。同时，也正是这种内在精神及其个性，使该文化区别于其他文化形态并在世界文化之林展示出其独特的魅力。培育民族文化个性，应从以下几个方面进行：

第一，积极推动跨文化理解。从本质上说，世界各个民族的文化都是平等的，因此，应该以平等心态，积极推动不同民族文化形态之间的理解。就跨文化理解的本义来说，去理解别的文化与希望被别的文化所了解就像一枚钱币的两面，缺一不可。通过有效的跨文化理解，我们要发现的是交互文化性(inter-culturality)。它不是存在于文化中的某种具体东西，也不是不同文化的简单混合，而是通过文化的比较才能获得的真理。从讨论协商的多元主义出发，重新建立一种新的、彼此均可借鉴的文化价值原则，便有可能成为人类文化的普遍价值的要素资源。

第二，倡导多元宽容精神。坚守民族文化精神，就应当承认差异，宽容差异，倡导个性；而且要把这一原则推及对待“他者”文化的行为之中。从文化的普遍价值视角，我们当然也期待不同文化形态间能够达成基础性的一致、同一，但更应推崇的是差异与兼容、协调的“相似”和“相近”，以此实现一种和而不同、兼容并包的全球文化。进一步看，在文化认同问题上的多元宽容精神不但应当适用于各民族国家之间的文化认同，而且也应当适用于民族国家内部的各团体、社会或阶层的不同文化之间的认同。从多元宽容的文化立场出发，我们欣赏、鼓励的是不同文化形态间的“相似”“相近”“相容”“相补”，这样才能弘扬民族文化的个性。

第三，积极发掘传承民族文化资源。从多元文化视野观之，任何民族的文化形态都对世界文化有着不容替代的意义和魅力，因此必须对本

① [英]罗兰·罗伯森：《全球化——社会理论和全球文化》，梁光严译，144页，上海：上海人民出版社，2000。

民族丰富的文化传统、文化资源进行积极的保护发掘，并着力于民族传统文化的现代转化。从文化个性培育的视角来看，就是如何将民族文化传统中的优秀成分，转化为在当代具有全球意义的文化价值资源，进而对世界文化做出独特的贡献。当然，这种民族文化资源的发掘必须在一种开放的时代视野中进行，保护传统文化，并不是像对待古文物那样把它与周围世界隔绝开来，相反，一种文化只有与时代相适应，跟上时代前进的步伐，既不断地更新和发展，又不失却自身传统的特色，才是一种有生命力的、根深叶茂的文化。

第四，培育全球化时代的新文化精神。对于中国而言，中国社会正在同时经历着两种转型：一是从传统农业社会向现代工业社会转换，二是从工业社会向信息化、全球化社会转换。用费孝通先生的话说就是“三级两跳”。这种特殊的社会历史定位使中国的文化模式和文化精神处于一种断裂期。旧的文化模式和文化精神失范，新的主导性文化模式和文化精神尚未确立起来。原本不同时代、不同民族的各种文化精神要素，同时并存于当代中国，“前现代”“现代”和“后现代”交错杂揉，形成众声喧哗的多元化格局。在这种现实背景下，培育全球化时代中国的新文化精神就势在必行。应当在确立对于全球化的积极的、开放的态度的基础上，通过对全球化背景中多元化的人类文化精神的梳理和批判，确立中国新文化精神的主要内涵。我们既要考虑到中国社会以工业化、信息化、全球化等多重历史任务构成的社会转型所必需的文化精神要素，又要考虑全球文化中基于人类共同的本性、价值和需求而形成的共同的文化特质和精神内涵。

在全球现代化的整个历史进程中，不同国家民族之间的文化价值冲突也许将会伴随始终。因此，在文化的普遍价值与个性发展之间保持必要的张力，这也许是我们谋求当代世界文化健康合理发展的基本思路和目标。而要达成这一目标的有效手段就是世界各个民族在新的全球意识的指导下，进行富有建设性的平等“对话”，在对话过程中匡正文化偏见，达成文化共识。

3. 中国文化的民族性与时代性

(1) 中国文化现代化的历程

任何一个国家和民族的文化都具有民族性，中国文化当然具有中国特色、承接中国传统、符合中国人民的根本利益、满足中国人民的文化需求，这在中国文化正常发展的情况下基本不成为问题。然而，近代以来，中国文化的民族性之所以成为一个重大而复杂的哲学问题，主要原因有三：一是中国文化近代以来遭遇到严重的挫折和屈辱，导致文化自主性的危机，严重打击了中国人对中国文化的自信心和认同感，中国文化的民族性成为值得怀疑和批判的重大问题；二是时代主题的挑战：近代以来西方主导的现代化、工业化和全球化浪潮；三是中国人的民族心理的变化：从自大到自卑，从中央帝国心态到崇洋媚外。

15 世纪初，比哥伦布的航海大发现早近一个世纪，中国人郑和率当时世界上最强大的船队七次下西洋。然而，遗憾的是，中国人并没有抓住历史的机遇，开辟“中国式”全球化的历史。此后，又长期闭关锁国。1840 年鸦片战争以后，由于东西方列强的侵略渗透，中国逐渐沦为半殖民地半封建社会，中国文化与西方文化激烈对抗，中国被动地进入全球化和现代化进程。无论中国人对中国传统文化采取何种态度，无论中国学者如何寻求原因，曾经有过数千年辉煌历史的中国文化在遭遇西方文明入侵后，落后挨打了，甚至到了生死存亡的关头。于是，从各个角度和层面对中国文化进行反思批判就成为那个时期的思想主流。有数千年辉煌的中华文明为何在西方的坚船利炮面前不堪一击？怎么对待自身的传统？怎么对待现代化？怎么对待西方文化？中国文化的哪一部分、哪一层次有问题？抑或中国文化的整体和根基有问题？中国文化如何改造和创新才能生存发展，避免亡国灭种的悲剧？一代又一代仁人志士展开了艰苦卓绝的思考和探索：从器物到制度，再到思想文化等角度反省中国文化，提出全盘西化、中体西用、洋为中用、传统文化现代化等各种解决方案。

近代以来中国文化面临的格局有三个层面：在时间维度上，是前现代—现代—后现代的交错更替；在空间维度上，是不同民族和地域文化的交流、冲突与互动，是文化的一元化与多元化、国际化与本土化的矛盾；在内容和实质维度上，是从物质文化（坚船利炮机器工业）到制度文化（政治民主法制）再到精神价值文化的不断演进、不断深化的过程。三个层面的冲突互动交织在一起，构成非常错综复杂的文化格局。经过一百年艰苦卓绝的斗争，辛亥革命和新中国的建立完成了民族独立和政治解放的历史使命，而20世纪70年代末开始的改革开放，才真正开始了全球化的进程。1992年，中国确立市场经济体制，开始融入经济全球化浪潮；1994年，中国接入国际互联网，此后互联网在中国迅速普及；2001年，中国加入世界贸易组织，真正融入经济全球化浪潮。这期间，经历了由被动到主动，由外生到内生，由封闭到开放，由自卑到自信，由边缘到中心的历史转变。中国与世界全球化进程的关系也从疏离到日益紧密，在自我封闭、自我中心、极端排外与丧失自我、崇洋媚外、全盘西化的两极之间摇摆，在21世纪初，终于走上了既全面开放、融入全球化进程，又自力更生、自主创新的自立自主、自信自强的正途。

无论赞成不赞成，喜欢不喜欢，愿意不愿意，中国文化走向全球化和现代化的方向已经不可逆转。在此过程中的希望与失望、拥抱与拒绝、兴奋与沮丧、快乐与痛苦、光荣与耻辱、成就与失误，必须由我们自己来承当。唯有理性的思考，积极的应对，审慎而坚定的实践，确立立足中国、拥抱全球的文化坐标，树立自主自强又开放创新的文化定位，整合古今中西优秀文明成果的当代价值取向，海纳百川，壁立千韧，固本开新，勇闯新路，才能走上全球化和现代化的正途。

（2）全球化时代文化开放与文化自主的矛盾

当代中国文化的民族性与时代性还表现为文化开放与文化自主的矛盾。开放性是全球化时代的根本特性和基本价值之一。全球化进程就是一个各民族的经济、技术、文化不断开放、共享和交流的进程。随着经济全球化的发展，越来越多的国家和民族主动或者被动地融入到全球化大潮中，从前基本上独立发展的异质文化和意识形态在全球范围内的遭遇、碰撞、冲突、矛盾、交流、互动、融合，日益加剧、不断深化。虽然当代全球化的文化背景在很大程度上仍然由西方文化占主导，但其一元化的垄断格局已经被打破，全球化和西方文化的全球扩张非但没有消除不同文化之间的差异，实现其他文化的“西方化”，反而在不同文化的交流、冲突与互动中，日益呈现出一体化与多元化、国际化与本土化、普遍化和个性化、集中化与分散化并存的文化格局。不同文化之间以及文化的一体化与多元化趋势之间的交流互动日益加剧，而两者之间的冲突矛盾也日益加剧，两种不同过程同时并存，形成了表面上截然相反而实质上不可分割的奇异局面，不同的学者看到不同的侧面提出截然不同的理论解释。

德国学者乌·贝克把人们对待全球文化的态度概括为四种：反抗、共处、接受(消极的认同)、真正掌握(积极的认同)①。有些人认为，全球化文化就是所有民族文化无差别的趋同，或者担心在全球文化整合中，出现赛伊德的“东方主义”所描述的文化的中心/边缘、西方/东方、强势文化/弱势文化、文化生产国/文化消费国等非均衡的二元文化结构现象，即文化殖民主义或文化帝国主义等问题。其实，这些都是对全球文化整合的误解。乌·贝克明确指出：“我们不会变得相同，但是会用一种普遍接受和理解的方式展现、表达和沟通我们的区别。”②谢里夫·海塔塔也认为：“对抗全球经济和文化霸权的可能性在于一种真正为各国、各族人民所共享的文化的出现。这种文化超越边境，兼济各国；它人道而普遍，但也尊重差异；它立足于统一性，但也保护多样性；在承认个人、社区、国家、文化、阶级、种族和性别等各种同一性时它探寻一致性。”③

---

① ［德］乌·贝克、哈贝马斯著：《全球化与政治》，王学东等译，61页，北京：中央编译出版社，2000。

② ［德］乌·贝克、哈贝马斯著：《全球化与政治》，王学东等译，64页，北京：中央编译出版社，2000。

③ ［埃及］谢里夫·海塔塔：《美元化、解体和上帝》，弗雷德雷克·杰姆逊、三好将夫编：《全球的文化》，236页，南京：南京大学出版社，2001。

然而，在开放和共享的背后，仍然存在着封闭和垄断，中国这样的发展中国家维护文化主权和文化安全任重道远。全球化经济、技术和文化的控制权和主导权仍然集中于少数西方发达国家，特别是美国手中，全球信息网络更是被几家美国公司所垄断，美国文化在网络上占据着越来越显著的垄断地位。全球化的开放性与全球安全性之间也存在着矛盾。越开放的社会，它自身的安全性受到的挑战就越大，风险也越大。全球化社会是一个高风险社会，除了传统的社会风险，如战争、自然灾害、动乱、经济危机等外，当代全球化社会还出现了新的风险——恐怖主义、传染性疾病蔓延、网络安全问题等。

一方面，不同国家和民族的不同文化通过人、信息、知识、教育、科技的交流与合作越来越频繁，特别是全球互联网络把地球连为一体，乐观派(如丹尼尔·贝尔等)据此断言统一的全球文明即将到来，全球文明将从分散、对立、冲突、斗争走向和平、宽容、和谐、共存；另一方面，文化联系的日益紧密并没有必然导致全球文化的和谐一致，而是在很多情况下导致冲突和矛盾加剧，甚至引发文化、宗教和意识形态方面的战争，悲观派(如亨廷顿等)据此提出“文明的冲突”，认为全球化时代的文化冲突虽然不一定以殖民化与反殖民化、侵略与反侵略等暴力方式表现出来，而更多地以文化和意识形态的控制与反控制、渗透与反渗透的形式表现出来，但这种文化价值和意识形态的冲突关系到本民族的文明是生存与发展，还是被同化与消亡的关键问题，因此冲突的激烈程度恐怕比以往有过之而无不及。西方用麦当劳和好莱坞电影向非西方输出文化，也许没有用坚船利炮输出来得激烈，但肯定更深远持久。

需要强调的是，文化的全球化不等于文化的一体化和趋同化。文化的一体化和趋同化强调的是文化的一种普遍的一致性，这种一致性指的是质的同一性和单一性，是排斥差异、矛盾和冲突的，是文化的一元化。而文化的全球化则不同，它所强调的乃是文化的一种普遍的相关性，这种相关性并不排斥差异、矛盾和冲突，而恰恰是建立在差异、矛盾和冲突的基础之上的相互影响、相互制约、相互依存。文化的全球化不同于文化的一元化。文化的全球化不会也不可能使各具特色的民族文化消亡，也不意味着各民族文化“统一”为一种文化，它与原有的以民族文化为基础的文化的多元化并不矛盾。文化的全球化以文化的多元化为前提和基础，并通过它表现出来，而文化的多元化则必须依据文化全球化的基本趋势调整自己的发展方向。人类文化发展的未来前景，必将是文化的全球化与文化的多元化的并存共进。

我国社会学家费孝通多次提出“文化自觉”概念，并把它看作思想界对经济全球化的一种反应：文化自觉只是指生活在一定文化中的人对其文化有“自知之明”，明白它的来历、形成过程、所具有的特色和它发展的趋向，不带任何“文化回归”的意思，不是要复旧，同时也不主张“全盘西化”或“坚守传统”。自知之明是为了增强对文化转型的自主能力，取得为适应新环境、新时代而进行文化选择时的自主地位。[①]

费孝通用一句话概括了文化自觉的历程：“各美其美，美人之美，美美与共，天下大同。”就是各自以自己的文化为荣并发扬光大，尊重、宽容、欣赏其他文化，各种不同的优秀文化达成共识、共生共存，最终实现天下大同的理想。

法国前总理拉法兰在2005年11月16日访华时在外交学院的演讲中提出“21世纪的主流思想是和谐”：“如果说中国在世界经济方面的重要性得到了肯定，那么，对21世纪世界思想的发展，中国的重要性也是不言而喻的。因为20世纪思想的主流是对抗的思想，认为只有对抗才能产生真正的活力，而21世纪的思想完全不同，我认为应该是一种和谐的思想。现在法国的很多学者都主张一种复杂性思维，他们认为在政治思想方面应当能够把反面的、对立的、冲突的东西都纳入进来。这种思维归结起来，其实就是超越的思维，和谐的思维。而我认为，中国的古老文明为世界上和谐思想的发展做出了卓越的贡献。”[②]

---

① 费孝通：《文化的生与死》，210页，上海：上海人民出版社，2009。

② ［法］拉法兰：《中国的利益就是世界的利益》，详见 http：//news.xinhuanet.com/world/2005-11/24/content_3828828.htm。

习近平在2014年3月27日在中法建交50周年纪念大会上的讲话中说："天下太平、共享大同是中华民族绵延数千年的理想。历经苦难，中国人民珍惜和平，希望同世界各国一道共谋和平、共护和平、共享和平。历史将证明，实现中国梦给世界带来的是机遇不是威胁，是和平不是动荡，是进步不是倒退。拿破仑说过，中国是一头沉睡的狮子，当这头睡狮醒来时，世界都会为之发抖。中国这头狮子已经醒了，但这是一只和平的、可亲的、文明的狮子。"① 由此显而易见，发展中华文明，为世界文明做出更多更好的贡献，应该是我们今天实现中国梦的重要内涵之一。

二、文化传承与文化创新的矛盾

在时间维度上，文化传承与文化创新是一对基本的矛盾，两者是辩证统一的。一般而言，任何一种优秀的文化都是既传承传统，又不断与时俱进，随时代变化而创新内容和形式，形成一条生生不息的文化长河。然而，一旦涉及中国文化传承与创新的具体情境，问题就非常复杂。近代以来，由于中国传统文化面临现代西方文化的强有力的冲击和挑战，传统与现代的矛盾日益激化，形成近代以来中国文化发展的主线之一。当代中国在改革开放后，由于经济社会生活的急剧变迁，创新成为时代精神，创新压倒传承成为正面的、优势的价值取向，文化创新也成为文化发展的重要取向。然而，由于文化发展的特殊性，我们应该谨慎对待文化创新的理论和现实，认真深入思考文化传承与文化创新的辩证关系，谨慎负责地处理文化传承与文化创新实践中的复杂问题。

1. 文化传承与创新的误区

文化传承与文化创新的矛盾的基础是传统与现代的矛盾。传统与现代的关系或者说传统文化的现代化问题是近代以来特别是"五四"以来一

---

① 参见 http：//news. china. com. cn/2014-03/28/content _ 31927442. htm。

代代中国学者思考讨论的焦点文化问题之一，学者们提出了各种观点，如抽象继承、综合创新、返本开新、传统本位主义、文化现代化等，概括起来不外乎几种观点：以传统为本而反现代、扬弃传统使其现代化、传统与现代融合、以现代为本吸收传统精华、以现代为本而反传统等，其中存在一些严重的误解，在文化实践中产生了一些严重的误区：

第一，对传统与现代的实体化理解：企图用一种固定不变的范式和标准，把所涉及的文化归类划分于传统或现代之中，也就是把传统与现代都视为一种逻辑上周延严谨的、抽象的、统一的、有严格边界的实体，这两种实体之间只能存在机械的、刚性对立的关系。这种对传统与现代的实体化理解首先把传统与现代的关系看成是一种历时性关系，把传统等同于“过去的文化”，当作一堆僵死的、既定的、静止的、封闭的东西，而把现代等同于与传统无关的“新的文化”。接着，这种仅仅是历时性关系的传统与现代之间产生严格的断裂和机械对立，非此既彼，此消彼长，走向两个极端，或者为追求现代化而极端反传统，或者为保护传统而极端反现代。前者为追求文化的现代化，把传统文化当作现代化的阻力和障碍，更极端者把现实文化中的一切问题、矛盾、负面现象都归咎于传统文化，在实践中就是“不破不立”，要进行现代化，就要彻底清除传统文化，精华与糟粕全都清除，“五四”时期的“打倒孔家店”“消灭汉字”等口号，“文革”中“砸烂封、资、修”等做法就是实例。这种思维和行为走向极致就导致文化虚无主义和历史虚无主义。后者为保护民族文化传统，视现代文明特别是现代西方文明为洪水猛兽，极力拒斥现代文化，如无法抗拒，则在传统典籍或遗迹中固守传统，抱残守缺。这种思维和行为走向极端就可能导致文化守旧主义和传统的僵死。

第二，对传统与现代关系的进化论逻辑：将文化发展中的强弱、差异偷换成时间先后和价值优劣，将“此后”当作“因此”，断定“先进”的、新的文化就是好的、正确的，“落后”的、旧的文化就是坏的、错误的，在对待中国文化时就认为，中国传统文化因为“落后”于西方，所以是坏的、错误的，西方现代文明因为“先进”，所以是好的、正确的。这种文化逻辑产生了对待中国文化传统的三种态度：一是全盘继承，结果可能使之僵化死去；二是全盘否定，结果可能造成文化虚无与断裂；三是“吸取精华、剔除糟粕”，结果可能把传统当作古董和僵尸任意加以摆布，并不能对真正的文化发展做出贡献。这三种态度都脱离了具体的历史的参照系，没有真正的现实意义。

在文化创新中也存在着一些误区。

创新性是当代人类文化的基本特性和基本价值之一。不断创新、不断超越是人类文化之所以始终保持旺盛的生命力的根本。能否始终保持创造精神和自主创新能力，已经成为个人、企业、社会和国家生存和发展的关键之一。现代文化在多方面否定、批判和超越了传统文化，甚至走向极端，遵循“比较级法则”：没有最新，只有更新；没有最快，只有更快；没有最好，只有更好……我们在无穷的追求中进入了一个“比较级时代”，求新、求变、求快、不断升级已经成为当今时代的基本价值取向，甚至成为新的“崇拜”。

但问题在于：第一，创新并不总是有意义的，新的不一定就是好的。有些文化产品的创新只是为了占有市场、追求短期经济利益，并没有多少长期的价值。有些新兴的文化形式“你方唱罢我登场”“各领风骚三五天”“神马都是浮云”，并没有给文化整体留下什么有价值的东西。第二，社会文化的发展跟不上技术的加速度发展，必然在社会结构、伦理道德、文化心理方面产生许多断裂、错位和冲突，许多人无法适应社会的飞速变化，出现“晕车症”。

真正属于我们自己的文化应是在扬弃传统文化的基础上，汲取现代文化优秀成果的产物。全球化文化不应当也不可能成为彻底西化的文化，不应当也不可能完全抛弃传统文化。在对待传统与创新关系上，我们既不能妄自尊大、故步自封，也不能妄自菲薄、崇洋媚外。如何在大力推进和保持创新能力的同时，保持文化的稳定性和连续性；如何在向数字化和信息化转化的同时，保持自己的民族特色；如何在向西方学习先进的科技文明的同时，弘扬中国传统文化中的精华，将成为中国当代文化发展的重大课题。

2. 传统与现代的有机张力

在文化实践中，无论是传统文化还是现代文化，都不是抽象的、空洞的、僵化的，而是鲜活的文化之河，是一条从“过去”经“现在”流向“未来”的生生不息的河，我们很难人为割断文化河流的脉络。传统与现代既然都是人的文化活动的有机组成部分，它们就不是机械对立关系，不可能简单予以取舍，不可能只取其一而舍其二。一种特定的文化在历史中的延续、演进形成文化传统。所有文化都有自己的历史，而并非所有历史的文化都有传统。所谓传统，仅从字面意义上看，包含“传”和“统”两重含义：“传”指时间维度上的传承、延续、流传；“统”指空间维度上的统一、统治。可见，传统并不等同于历史，更不能归结为“过去的历史”，只有当一种文化形态具有较为完整、独立、长期的发展过程，并且在整体文化结构中占有主导或显著地位时，才能被称为传统。文化传统是人的文化生命在历史中的存在形式，是人的文化生命的遗传基因。文化传统并不等同于“过去”，一种文化既然形成传统，就不仅是曾经存在的事实，而且影响着现在和未来，“传统是一个开放的动态系统，它是在时空中延续和变异的，它存活于现在，连接着过去，同时也包蕴着未来。因此我们才有可能在现实中（和为现实乃至为未来）研究传统”①。

传统的发展是内在与外在的统一，任何特定文化传统都不是完全封闭自足的，它时刻处于与外来文化——“他者”传统相互交流、相互影响的过程之中，不仅对现在和未来开放，而且对“他者”开放。任何民族都没有纯而又纯的文化传统，如若真要在其传统中一一剔除外来文化的影响，很可能剩不下多少自己的东西。尤其是在“历史向世界历史转变”（马克思语）的今天，只有面向世界、面向未来，具备健康、开放、宽容的文化心态，立足于本民族优秀文化传统的自我觉醒、自我变革、自我

---

① 郭于华：《生活在后传统之中》，载《读书》，1997 第 6 期。

创新，才能在世界文化大潮中创造自己的新文化。

文化一旦形成传统，就不仅要在空间上“统”，更要在时间上“传”。人不仅有延续自己肉体生命的生物本能，也有延续自己文化生命的文化本能，人不仅把后代看作具有血缘关系的后裔，更看作自己文化生命的继承者。传统的“传”不仅要靠先天的遗传，还要靠自觉的后天学习，而学习的途径主要是教育，教育包括学校教育及前辈对后辈的全部文化传输和习得。特定的文化传统对每一代人来说都是别无选择、必须面对的。诚如米希尔・兰德曼所言：“人要成为全面的人，只有生存于承担了传统的同类群体中。人的文化方面只能以这种方式发展。”① 人要成长，“个体首先必须吸收与他相关的文化传统。个体首先必须达到他出于其中的文化高度”②。按照伽达默尔的看法，人作为有限的存在，是处于传统文化中的，不管他是否了解这种传统文化，也不管他是赞成还是反对、喜欢还是厌恶，他都不可能超越传统文化的观念和价值观。不管意识到与否，传统总是影响并形成着我们，始终是我们的一部分，从过去流传下来并影响到当代文化实践的方方面面。

然而，后辈对前辈传统并不是完全被动的“承”，并不是将祖先的文化原封不动地继承传递下去，而是经过相当的反思、批判、改造和重建的。传统的连续性恰恰在于保守和创新因素的辩证统一。保守因素使文化传统相对保持稳定，成为维系民族文化生命的纽带，创新因素使文化传统不致凝固僵化，永葆生命力。传统一方面是前人文化活动的结果，对当代人是一种无法自由选择的既定条件，但同时也是一种价值和财富，是前人文化实践智慧的结晶，使当代人可以在前人基础上继续前行。“传统不单纯是我们进入其中的某一先在条件，传统是我们自己创造出来的，因为我们理解、参与传统的演变，从而传统就由我们进一步加以决定。”③

---

① [德]米希尔・兰德曼：《哲学人类学》，彭富春译，260 页，北京：工人出版社，1988。

② [德]米希尔・兰德曼：《哲学人类学》，彭富春译，277 页，北京：工人出版社，1988。

③ 刘奔等编：《哲学与文化》，289 页，北京：中国社会科学出版社，1995。

之所以如此，原因在于人的文化生命的二重性矛盾。一方面，人是社会性存在，每一代人都必须以既定的文化传统作为自己文化行为的起点；另一方面，人的文化生命具有超越性和未完成性，人总是在继承既定的传统时，主动、积极地改造传统，超越传统。另外，人类生存环境的变化也使每一代人都会遇到新的问题，做出新的解答。这种二重性矛盾导致了文化传统的二重文化作用：文化传统一旦形成，便以一种客观性形式成为外在于人的规范力量，这种规范性从积极意义说来，构成了对人类的一种保护，引导着每一个体实现与他人、与社会的联系，进而实现自己的本质；从消极意义说来，又对个体的自由和全面发展构成束缚、限制和压抑，特别是在传统逐渐僵化和腐朽之时更是如此。传统的这种二重文化作用，使当代人对传统具有相当复杂的矛盾心态。尤其是在特定民族的文化危机乃至生存危机时期，人们面临着传统与现代、本土与外来的双重冲突与矛盾，必须做出抉择。

3. 如何提升文化创造活力

我们传承本民族的优秀文化传统，学习他民族的优秀文化成果，目的是为了进行新的文化创造。文化创造是文化传承与文化交流的目的，文化创造活力是人类产生新思想、创造新成果的能力，是一切文化成果的来源，是文化大发展大繁荣的不竭动力。马克思指出，“动物只是按照它所属的那个种的尺度和需要来构造，而人懂得按照任何一个种的尺度来生产，并且懂得处处都把内在的尺度运用于对象，因此，人也按照美的规律来构造”①。在全球化和信息化时代，文化创造活力已经成为一个国家文化软实力的最重要内涵，也成为综合国力的重要组成部分。党的十七届六中全会指出：“建设社会主义文化强国，就是要着力推动社会主义先进文化更加深入人心，推动社会主义精神文明和物质文明全面发展，不断开创全民族文化创造活力持续迸发、社会文化生活更加丰富多彩、人民基本文化权益得到更好保障、人民思想道德素质和科学文化

---

① 马克思：《1844 年经济学哲学手稿》，58 页，北京：人民出版社，2000。

素质全面提高的新局面，建设中华民族共有精神家园，为人类文明进步做出更大贡献。”①

第一，文化创造活力的主要内容包括创新文化精神、创造文化产品、改革文化机制体制、发展文化事业和文化产业。核心是提升文化生产能力和文化产品质量水平，创造出顺应时代潮流、满足人民需求、表达中国声音、富有文化精神的优秀文化作品。

第二，提升文化创造活力要把握好文化创造的方向和规律。处理好“二为”(文艺为人民服务、为社会主义服务)方针与“双百”方针(“百花齐放、百家争鸣”)的关系，既要坚持文化的人民性和社会主义性质，又要营造宽松、自由的文化发展环境，尊重文化发展规律，鼓励和支持文化工作者创作出更好更多的文化精品。

在2014年10月15日召开的文艺工作座谈会上，习近平鲜明地指出：“改革开放以来，我国文艺创作迎来了新的春天，产生了大量脍炙人口的优秀作品。同时，也不能否认，在文艺创作方面，也存在着有数量缺质量、有‘高原’缺‘高峰’的现象，存在着抄袭模仿、千篇一律的问题，存在着机械化生产、快餐式消费的问题。”他强调：“一部好的作品，应该是把社会效益放在首位，同时也应该是社会效益和经济效益相统一的作品。文艺不能在市场经济大潮中迷失方向，不能在为什么人的问题上发生偏差，否则文艺就没有生命力。”“文艺不能当市场的奴隶，不要沾满了铜臭气。”“坚持以人民为中心的创造导向，创作更多无愧于时代的优秀作品。能不能搞出优秀作品，最根本的决定于是否能为人民抒写、为人民抒情、为人民抒怀。”②这些思想为我们在新时期推进文化建设、提升文化创造力指明了原则和方向。

第三，提升文化创造活力要处理好文化市场化与文化精神追求的关系，正如习近平所说，文艺不能当市场的奴隶，在市场经济的冲击下，

---

① 载《中共中央关于深化文化体制改革推动社会主义文化大发展大繁荣若干重大问题的决定》，6—7页，北京：人民出版社，2011。

② 参见 http://news.sina.com.cn/c/2014-10-15/212230994688.shtml。

不少文艺作品，包括小说、电影、电视剧等，过分追求商业利益，轻视社会价值和精神价值，进行机械化的、低俗化的生产，粗制滥造，抄袭模仿，戏说历史，污染文化生态，降低文化水准，伤害人民群众。当然，文化创造也不能当政治权力的奴隶，要避免过度政治化和意识形态化，要符合文化自身的发展规律，要尊重文化创作者的自主性。当代中国文化的创造力关键在于真正追求和弘扬真善美，弘扬民族精神和时代精神，弘扬社会主义核心价值观。

第四，提升文化创造活力的重点是培育高素质的优秀文化新人。文化创造的主体包括专业文化工作者和广大人民群众，包括老中青三代人，但主力是中青年，既要充分发挥德艺双馨的老艺术家的作用，更要鼓励和支持青年文化工作者的成长，既要发展和保护传统文化创作形式，更要大力发展新兴文化，如网络文化、新媒体文化等。习近平在2014年文艺工作座谈会上专门鼓励两位青年网络作家，希望他们创作更多的正能量作品。

第五，提升文化创造活力要加强对外文化交流，提升中国文化的国际竞争力和软实力。要通过各种文化交流形式传播优秀中国文化，提升当代中国文化的世界影响力和国际竞争能力，提升中国文化软实力和文化形象，转变自改革开放以来，中国在综合国力和国际影响力方面，经济硬实力和文化软实力严重不平衡的状况。

三、文化主流与文化多元的矛盾

我们在本章第一节所讨论的文化的民族性与世界性的矛盾，和本节将要讨论的文化主流与文化多元的矛盾，其哲学实质都是普遍性与特殊性、共性与个性的矛盾，前者主要是从全球文明与各民族文明的关系角度论述的，本节所讨论的文化主流与支流的矛盾主要是就一个民族文明内部而言的。

1. 文化的多元化趋势

文化的主流与支流在哲学上就是一元与多元的矛盾。任何文化形态都是一元与多元、共性与个性的对立统一。一个社会之中可以有多种文化并存，其中一种文化起核心和主导作用，称为主流文化，其他文化起辅助作用，称为支流文化。主流文化与支流文化间存在共同性，但这种共同性并没有消除它们之间的差别性。例如，中国传统文化就是以儒释道为核心的，以其他民间文化和少数民族文化杂糅的"多元一体格局"（费孝通语）。在世界范围看，联合国教科文组织在《多元文化的星球》的报告中，把世界文化定义为：由欧洲文化、北美文化、拉美文化、阿拉伯文化、非洲文化、俄罗斯和东欧文化、印度和南亚文化、中国和东亚文化等不同部分构成的多元组合。从历史发展来看，人类文化从相对一元走向相对多元是客观趋势。全球化成为文化多元化的催化剂，消解了各民族文化之间的文化边界，促进了各民族文化的交流，又使每个民族文化内部呈现多元化、分层化、个性化格局，简言之，全球化促进了文化的外部多元化和内部多元化。

(1)当代中国文化的多元化格局

当代中国文化与改革开放前相比，呈现出显著的多元化格局，中国、西方、前现代、现代、后现代、精英、大众等多种文化形态和文化要素并存交错，真正出现了"百花齐放、百家争鸣"的格局：第一，文化的主体的多元化。当代中国的文化主体是多量和多质的集合体，不同性别、年龄、职业、阶层、学历、财富、价值观的人，都有权利、有能力进行文化创造和文化交流。第二，文化的生产与消费的多元化。文化工业、文化市场可以满足各种层次、各种品味、各种水平的大众的需要，而文化的形象、符号也多样化，只要媒体或文化创作者认为有市场价值，有名利可图，就可以对任何一种东西进行包装、炒作，可以炒影视明星，可以炒政商学界公众人物，也可以"讲述老百姓自己的故事"。文化的生产、复制、交换、消费的手段和方式更是多种多样。第三，文化产品的多元化。由于文化主体的阶层、水平、趣味不同，由于文化传媒的形式和内容不同，文化产品也异常丰富多彩、并行不悖。同一个世界，不同的梦想。第四，不同文化类型的多元化。如精英文化、大众文化、主流文化、城市文化、乡村文化、消费文化、网络文化等。

(2)多元格局背后的一元实质

由此看来，人类文化似乎已经进入了多元、自由、和谐的繁荣时代。然而在多元表象背后有没有一元实质？多元文化在消解过去的一元文化的霸权地位或中心意识形态的同时，是否也构成一种新的文化霸权或中心意识形态？在促进文化的共享化、个性化的同时，是否构成对其他文化形态的压制和排斥？在其异质性的形式下，有没有同质性的内容？只要稍作思考就会发现，文化多元化的表象蕴含着一元化的实质。全球化时代文化的主体、传媒、生产与消费、产品都要服从市场与技术的逻辑(市场利益最大化原则和技术效用最大化)，市场与技术的标准事实上已经成为评价文化的主要标准，更注重文化作品的经济效益而忽视了其社会效益和精神效益。文化的一元化具体表现在：

首先，文化主体的相对一元化。不论主体的背景如何不同，他们的行为方式、交往方式、思维方式和价值观念都要符合全球化时代的主流。

其次，文化客体和中介的一体化。如在网络文化中，虽然文化内容多种多样，但形式是一致的，即数字化的信息。

再次，文化生产和消费方式的市场化。全球化时代文化的创造和实现主要服从市场和技术的逻辑，文化主体需求的多样性与文化的市场化和商品化造成的文化生产和消费方式的单一性之间存在着深刻的矛盾。文化的生产、传播和消费像其他任何商品一样，首要的是占有市场、占有消费者，其内在的质量、价值、意义倒在其次。能带来直接、丰厚、迅捷的市场价值的快餐文化、通俗文化过度繁荣，而一些缺少直接的市场价值的文化作品和文化形式甚至面临消亡的危机。电视首先追求收视率而非节目质量，电影首先追求票房价值而非艺术价值，图书首先追求畅销而非质量，网站追求点击率而非深度。

最后，全球文化的相对一元化。西方文化特别是美国文化在全球文化中仍然占强势地位，在信息网络上尤其如此。网络上的信息内容以英语为主，网络的硬件、软件、协议、语言都是以美国为主导的，很难想象人们不受到美国文化价值观念潜移默化的影响。这种全球文化交流中的不平等、不均衡状态甚至某种程度的激烈对抗还将长期存在。如果说工业时代的文化冲突曾经表现为殖民化与反殖民化、侵略与反侵略等暴力方式，全球化时代的文化冲突也许会表现为在文化主权和文化安全方面的“虚拟战争”的形式，也许不会出现血淋淋的场面，但这种意识形态和文化价值的冲突是关系到本民族文明是生存与发展，还是被同化与消亡的关键问题，因此冲突的激烈程度恐怕比以往有过之而无不及，这就是亨廷顿等人担忧的“文明的冲突”，也就是所谓文化帝国主义或文化霸权主义。文化霸权的存在除了传统地缘政治霸权的影响外，文化的市场化与技术化也是重要原因，文化的市场化与技术化打破了民族文化交流的障碍，在同等条件下，文化资源会流向市场更发达、技术更强的地方，导致文化传播上的“马太效应”，强的更强，弱的更弱。我们概括为“多元的一元化”，即，全球化文化在多元化的表象下，隐藏着一元化的实质，看似自由、开放、多元的文化越来越牢固地掌握在市场这只看不见的手中。于是，一方面是高度发达的传播媒介构成的全球统一体，另一方面是不断加大的各种文化裂痕；一方面是由网络和卫星等造就的地球村，另一方面则是村里的人虽然相互认识却并不友好；一方面是许多弱势民族文化有了自己的声音，另一方面美国的文化霸权却不断加强。按照目前的发展趋势，全球化时代文化一元与多元的冲突还会继续演变下去，如何应对文化一元化与多元化的矛盾带来的挑战，是关乎人类文化发展的重大问题之一。

2. 不同文化主体间的矛盾

全球化和信息化的发展打破了过去文化资源和文化权力垄断在少数文化精英手中的状况，为文化的民主化提供了新的条件，在信息网络特别是微博、微信等自媒体中，“人人皆媒体”，“沉默的大多数”开始说话和互相交流了，“草根”、大众的众声喧嚣取代了精英的独白，这无疑是人类文化发展的重大进步。有学者乐观地说：“网络时代，文化不会终结，而将获得新生。网络将使文化从‘诸神的狂欢’变为‘众人的狂欢’，从‘精英的独白’变成‘人的合唱’。”① 尼葛洛庞帝乐观地认为网络时代的“数字化生存”有四个特质：分散权力、全球化、追求和谐和赋予权力。“我看到同样的分权心态正逐渐弥漫于整个社会之中，这是由于数字化世界的年轻公民的影响所致。传统的中央集权的生活观念将成为明日黄花。”②

这方面的例子不胜枚举，这里只举一个。“快闪”是近年来出现的一种新文化现象。快闪是“快闪行动”的简称，是网络时代在国内外流行的一种嬉皮行为，可视为一种短暂的行为艺术。许多网友出于同样的爱好，利用网络联系约定在指定地点指定时间同时做一些指定的引人注意的行为，然后赶快走人，有的是文艺活动，有的是社会或政治活动。③ 在2014年国庆节期间，互联网上出现了许多网友上传的各地国庆快闪活动的视频，主要内容是一些非专业人士通过网络召集和训练，在特定时间特定地点进行短暂的文艺表演。这些歌舞表演虽然未必达到专业水准，但这种非专业、没有导演、没有剧本、没有舞台、没有界限、非营利、纯自发、纯公益的文艺行为却很容易引发群众的积极参与，营造大众的快乐，产生了非常好的文化传播效果，是网络时代最接地气、最时尚、最朴实、最快乐的文艺形式之一。

然而也有很多学者对全球化和信息化时代的文化前景比较谨慎。他们认为，互联网等新媒体文化虽然带来了文化的多元化、自由化、民主化，是人类文化发展的重大进步，但是并没有完全改变人类经济政治文化结构的不平等，其自身也带来一些负面文化现象。曼纽尔·卡斯特认为：“由于历史演变与技术变迁的汇聚，我们已经进入社会互动和社会组织的纯文化模式之中。这便是为何信息是我们社会组织的主要成分，

---

① 陆俊：《重建巴比塔：文化视野中的网络》，84页，北京：北京出版社，1999。

② [法]尼葛洛庞帝：《数字化生存》，胡泳、范海燕译，270页，海口：海南出版社，1997。

③ 参见百度百科“快闪”，http://baike.baidu.com/subview/133831/10481013.htm?fr=aladdin。

以及为何网络之间的信息和意义流动构成了我们社会结构的基本线索。……这是一个新存在的开端，事实上也是新时代的开端，即信息时代，其独特之处乃是文化相对于我们生存的物质基础获得了自主性。但这未必是令人振奋的时刻，因为终于在人类世界里独处的我们，必须在历史真实之镜中观察自己，但我们可能不喜欢见到类似景象。”①丹·希勒也指出了网络的另一面：“互联网绝不是一个脱离真实世界之外而构建的全新王国，相反，互联网空间与现实世界是不可分割的部分。互联网实质上是政治、经济全球化的最美妙的工具。互联网的发展完全是由强大的政治和经济力量所驱动，而不是人类新建的一个更自由、更美好、更民主的另类天地。”②如果不改变目前不合理的世界经济、政治秩序，文化的真正多元化、民主化、公正和谐还不可能实现。

具体来说，不同文化主体间的矛盾主要表现为：(1)为了发展国家文化战略、维护国家文化安全、遏制文化负能量、规范文化秩序，政府及其他社会组织对文化的集中管理和控制是非常必要的。于是，无论在国家范围内还是在全球范围内，文化主体的多元化、个性化和民主化的要求与政府管理和控制文化的行为之间总是存在着程度不同的矛盾，在有些情况下这一矛盾还会激化。(2)不同文化阶层之间的矛盾。不同文化阶层在文化资源占有和分配上的不公平，以及在文化素质、文化取向、价值观、审美趣味等方面存在着各式各样的差别，有些差别是正常的，有些差别是不合理的，特别是一些在政治、经济和文化资源的占有上处于弱势地位的阶层，其文化生活的需求远远没有得到应有的满足。(3)不同文化组织之间的关系。在文化事业与文化产业中，文艺团体、企业、市场、学校、政府和网络等各组织之间存在着复杂的关系，有些关系也并不和谐与协调。如有些政府部门的文化管理存在着一放就乱、一管就死的困境，有些文化产业虚假繁荣、文化产品的质量和精神层次

① [美]曼纽尔·卡斯特：《网络社会的崛起》，夏铸九等译，578页，北京：社会科学文献出版社，2001。

② [美]丹·希勒：《数字资本主义》，杨立平译，289页，南昌：江西人民出版社，2001。

不高，等等。

3. 不同文化类型的矛盾

在当代中国文化的整体中，存在着多种次级和亚型文化类型，如精英文化、大众文化、主流文化、城市文化、消费文化、网络文化等，当代中国文化的整体性矛盾都具体体现在这些不同文化类型中，对于这些文化类型及其矛盾，我们将在第五章对此问题展开专门讨论。

四、经济发展与文化发展的矛盾

自1978年改革开放以来，我国长期坚持以经济建设为中心的基本国策，特别是1992年社会主义市场经济体制确立以来，经济发展呈现出狂飙突进的态势。但正是因为经济发展的一枝独秀，相对而言文化发展则滞后了。以至于今天我们已经切实感到，经济发展与文化发展的矛盾成为改革开放时期中国文化的最重要和最突出的矛盾之一。

按照马克思主义的基本原理，经济基础决定上层建筑和意识形态，上层建筑和意识形态对经济基础具有能动的反作用，我国以经济建设为中心的基本国策符合马克思主义的基本原理。然而在具体实践中，由于种种主客观原因，经济发展的中心地位和主导作用被简单化、庸俗化和极端化，往往把社会发展简单归结为经济发展，把经济发展简单归结为GDP等少数经济指标的增长，结果经济政治社会文化发展不平衡不协调，经济增长的质量、效益、结构和可持续性不足，经济发展付出的代价太多太高(如人力资源代价、阶层两极分化代价、生态环境代价)，其他领域出现了明显的短板(权力腐败、民生福利、伦理道德、生态环境等)，经济发展与文化发展之间产生了显著的矛盾。尽管全社会已经普遍认识到这种以经济增长为中心的单一发展观、改革观的不合理性，提出并实施以人为本的全面、协调、可持续的科学发展观和“十八大”以来的“五位一体”改革观，但要在实践中真正转变经济增长方式，转变不健康、不全面、不公平、不可持续的发展和改革模式，真正落实科学发展观和新改革观，还任重道远。

社会主义市场经济决非是一种单纯的经济行为，而是一种自觉的有目的促进文化现代化、推动社会文化发展的过程。自觉反思当代中国市场经济发展的实践，揭示其应有的文化价值内涵，从而使市场经济的发展与文化的进步协调平衡，就成为中国改革开放实践和中国文化发展的双重要求。

理论上，经济与文化是紧密联系、相互影响的，从广义上讲，经济行为也是人类整体文化实践的一部分，经济活动必然体现出特定时代的文化精神，任何经济活动和经济模式的背后，总是存在着某种人文观念和文化价值的影响，不存在没有文化的经济和没有经济的文化。我们应该超越抽象的经济与文化的关系分析，而抓住文化的本质——文化是人的实践活动——这一核心，正是人的实践活动，才使经济与文化产生了不可分割的联系。但另一方面，狭义的经济和狭义的文化毕竟有本质差别，具有不同的发展规律，经济发展主要涉及社会物质层面的变革，文化发展主要涉及社会精神层面的变革，前者比后者更为积极主动、力量更强、效果更显著、变化更迅速，文化发展特别是精神文化发展相对于经济发展明显具有滞后性和被动性。在实践过程中，由于种种原因，市场经济与文化之间产生了许多冲突和矛盾，有些冲突和矛盾还非常尖锐和显著，主要表现为：

1. 经济中心论带来文化边缘化

以经济建设为中心的模式和观念已经渗透到从国家政策到制度设计、社会行动、人民思想观念的方方面面，在某些领域和某些人的头脑里成为根深蒂固、不容置疑的僵化模式，主要表现为：

(1)经济发展的文化价值内涵越来越被有意无意地忽略和淡化。特别是市场经济发展的初期，人们从“唯技术主义”和“经济主义”角度把市场经济简单理解为经济体制和经济行为，看不到市场经济内涵中的文化价值，更无法理解市场经济发展的社会历史环境。这表现为对市场经济的严重误解：其一，认为市场经济就是效益经济、金钱经济。在许多人包括政府官员的观念中，经济指标和GDP成为衡量市场经济的核心甚至唯一的指标，金钱成为唯一的价值杠杆，现实生活中的不公平竞争、权钱交易、以权谋私等腐败现象经常发生，严重干扰着市场经济和改革的顺利进行。健全的市场经济应当是文明经济，需要人们用正当手段，遵循一定的价值规律和职业道德去谋取经济利益，“君子爱财，取之有道”，但现实的市场经济要达到这一目标还需努力。其二，认为市场经济就是“绝对自由”经济。由于我国市场经济初期的不健全，再加上新自由主义等西方经济理论和模式的影响，有些人认为市场经济行为就可以为所欲为、不择手段，突破任何法律、道德和思想观念的规范了。健全的市场经济应当是法制经济，具体经济行为也应当受宏观政策调控，受到伦理道德约束，随着我国市场经济及其相关法律法规的进一步完善，这一偏差会不断纠正，但很难完全消除。其三，认为市场经济主要是交易行为，而不重视生产和社会责任。在市场经济运行中，有些市场主体（企业）认为只要把商品高价卖出去，获取超额利润就是最重要的目的，对商品的质量、功能、用户的需求和反馈不够重视，更谈不上承担社会责任——维护劳工合法权益、参与社会公益事业、保护生态环境、维护国家民族利益等。以上种种对市场经济的误解及实践中产生的误区，使得我们在取得巨大的经济成就的背后，出现了严重的社会文化问题，付出了很多社会文化代价。

（2）经济社会文化发展严重不协调、不平衡。经济在社会整体中的主导地位越来越强，严重挤压了其他领域的地位作用，特别是文化在社会整体中越来越被有意无意地边缘化，文化在市场经济条件下日趋商品化、市场化。文化特别是精神文化本身不是商品，是非实用的、非交换性的。但一旦进入市场，文化产品就变成可交换的、有实用价值的文化商品。这就造成了文化的非商品性与文化产品和形式的商品化的矛盾，其结果往往是文化精神越深刻、越有意义，可能越难流行，而那些浅薄的、低俗的、意义淡化的、快餐式的文化产品却日益泛滥。大众文化、通俗文化自不必说，连高雅文化、精英文化、主流文化和意识形态也受到物质利益、市场化和资本逻辑的深刻影响甚至支配，经济对文化、物质对精神、利益对道德、现实对理想似乎取得了压倒性的胜利。在某些政府部门和官员眼里，衡量一个地区的社会发展和衡量官员政绩的主要指标就是经济指标，其他方面都可有可无，“经济搭台、文化唱戏”实际上还是为了经济效益。文化的市场化和产业化带来丰厚的经济利益、促进文化事业的繁荣的同时，也带来一系列的消极现象：“低俗、恶俗、媚俗”的快餐式文化盛行，质量不高、导向低俗，高雅的、经典的、精英的文化落寞。思想学术过度市场化、实用化，成果数量丰富，质量堪忧。教育的市场化导致专业之间发展不平衡、人才结构不合理，“热门”专业过度繁荣，“冷门”专业难以为继。在很多普通人眼里，衡量一个人是非成败的主要标准是经济地位和财富多寡，其他因素包括文化素质都可有可无，追求物质利益和物质享受也成为很多人学习、生活、工作的核心追求甚至唯一目的，全社会普遍盛行拜金主义、功利主义、享乐主义的价值观。

(3)经济与道德的矛盾比较突出。社会主义市场经济的建立，使得人们的利益关系发生巨大而快速的变化，与中国传统伦理道德和计划经济时代建立的社会主义、集体主义道德产生了明显的冲突，人们的道德和价值观出现了明显的分化。市场经济的发展会对伦理道德产生何种影响？市场经济是提升了还是降低了伦理道德的水平？是不是经济越进步，道德越退步？市场经济是否排斥人的高尚道德精神？经济人和道德人是否互相排斥？应当确立怎样的义利观？在市场经济时代人的同情心、公德心、利他主义、奉献精神和理想信念还有无价值？一个人除了追求物质利益和财富，还如何发展其他重要的生活价值，如爱、信任、友谊、忠诚、责任感，从而实现全面发展？在这些涉及经济与道德关系的一系列问题上，社会不同群体的看法出现了严重分歧乃至对立。改革初期，有人提出“代价论”，认为市场经济的发展必然要以伦理道德的堕落为代价，市场经济不讲道德，要发展市场经济，就要牺牲道德。这种观点受到了广泛的批评，有些批评认为，如果市场经济没有带来伦理道德的改善，不能促进人的全面发展和素质提升，不能促进社会和谐与公平正义，而只是一种单纯的恶，那么这种市场经济值不值得以伦理道德甚至整个社会的代价去换取？发展这种市场经济的意义何在？“代价论”虽然在理论上受到广泛的批判，但这种观念在社会生活和普通人中很有影响。不管我们承认不承认、喜欢不喜欢，目前的市场经济发展的确给伦理道德带来一些负面影响，突出表现在假冒伪劣、黄赌毒泛滥、拜金主义、见利忘义、损人利己、权力腐败、生活奢靡、卖国求荣等消极现象的滋生和蔓延上。“小悦悦”事件、老人跌倒了不敢扶等极端消极现象更是引发人们的震惊和深思。这些消极现象引起了人们的高度关注和争论，其中主要是“滑坡论”和“爬坡论”的对立。“滑坡论”认为，我国向市场经济转变引起了社会伦理道德的滑坡，负面后果远大于积极影响，这些消极现象与市场经济有必然联系，只要市场经济开启了以利己主义和追求物质利益的潘多拉盒子，上述消极现象就不可避免，因此市场经济与伦理道德水火不容、不可兼得；而“爬坡论”认为，市场经济在总体趋向上有利于人们的现代伦理道德水平提高，这表现在市场主体的独立人格、自由与权利、竞争与效益、公平公正、守信用守法规等观念，以及参与社会公益、承担社会责任几方面上。至于上述那些消极现象有些与市场经济没有关系，有些只是市场经济建立初期的不完善、不健全所导致，并不是市场经济的必然后果，随着市场经济和不断完善会逐渐缓解或消失。

如何协调市场经济与道德的矛盾，是一个理论难题，更是一个现实难题。我们也难以给出一个全面的、完美的答案，但至少有一些基本原则可以确定：首先，在社会主义初级阶段，发展社会主义市场经济不可动摇、不可逆转，我们不能因为要解决市场经济与道德文化的冲突，就退回到过去的计划经济时代去换取所谓道德的进步和社会的公平。我们要用辩证法和矛盾分析法来认识市场经济与道德的关系，市场经济对道德的影响具有二重性，既有积极影响，也有消极影响。市场经济对道德的积极影响主要有：第一，市场经济创造的经济增长和物质财富为社会发展和人的全面发展奠定了坚实的物质基础，为伦理道德的发展创造了物质条件；第二，市场经济本身会产生新的经济伦理和职业道德，如自由独立、公平竞争、等价交换、诚实守信、遵守契约等，丰富的社会伦理道德的内涵。第三，随着市场经济而形成的独立人格，以及与此适应的自由、权利、契约、法治、改革创新观念，对中国人的伦理道德的现代化有重要意义；第四，独立人格和自由、权利、契约、法治、改革创新等观念的发展也会使现代人全面介入社会公共生活，促进现代公民社会的发展，促进政治民主的进步。对于市场经济中及市场经济对道德产生的一些负面影响，我们要积极应对、辩证分析、在发展中解决。有些问题是市场经济自身的不健全造成的，并不是市场经济本身必然带来的，只是市场经济建立初期社会无序状态的伴生物，将会随着市场的逐步完善而消失或缓解；有些问题是市场经济造成的，我们可以通过积极的法律规范、社会政策和伦理道德引导（如“八荣八耻”、社会主义核心价值观）来将这种负面影响减少到最低。

2. 公平与效率的矛盾

在社会主义市场经济发展过程中，公平与效率的矛盾越来越突出，并成为人们关注和讨论的热点问题。人们由从前对平均主义的不满，转变为对两极分化日益严重的忧虑。公平与效率的关系根源于人类劳动实践的发展。人们在劳动中所追求的不仅是改造客体使之满足主体生存发展的需要，而且还要以较少的劳动量支出获得较大的劳动效果，也就是不断提高劳动效率。但是，如果不受限制地提高劳动效率，必然带来一系列的社会关系和人与自然关系的紧张，为了使劳动实践能够正常进行下去，特别是在分配领域就需要运用包括道德规范在内的各种规则去调节人们之间的社会关系，要求人们的行为遵从或符合某种价值观念，这样，就出现了“效率”与“公平”的问题。效率问题因为可以量化，较容易理解，而对公平的认识就要复杂得多。公平，又称正义、公正、公道，社会公平反映了社会生活中人们对权利与义务、行为和意志、群体与群体、个人与个人之间某种相适应的和谐关系的追求，反映了人们的利益关系和利益格局。从人类整体发展的角度看，公平与效率是统一的，两者统一于人类社会实践，但二者之间也有矛盾。当人类还处于原始状态时，极端低下的生产力和极度匮乏的生活资料决定人们的社会关系只能是原始共产主义性质的平均分配，进入阶级社会后，公平与效率的关系开始发生变化，常常相互冲突。在资本主义社会，决定公平的主要不是封建社会的等级与特权，而是自然竞争和等价交换，这种建立在效率基础上的公平观在历史上具有进步意义。但是工人和资本家之间的雇佣关系和剥削关系，使得表面上的人与人的平等关系成为实质上不平等的来源，尤其是资本主义从自由竞争转变为垄断的资本主义阶段，日益严重的社会不公和两极分化与市场经济的高效率形成了强烈的反差，使公平与效率的矛盾表现得异常尖锐和突出。

中国在改革开放前，实行计划经济和比较纯的公有制，在生产交换和分配领域的社会差距并不大，公平与效率的矛盾并不突出，相对的平均主义和“大锅饭”还影响到效率的提升。改革开放后所进行的社会主义市场经济实践，是同社会主义基本经济制度结合在一起的、以公有制为主体的、以按劳分配为主要分配形式的、在国家宏观调控下的市场经济，这种性质便从根本上决定了社会主义公平观的客观基础，为真正实现公平与效率的统一开辟了广阔的前景。但是在由计划经济向市场经济的转型过程中，由于市场经济本身的不完善，经济社会政策的失误，人们思想观念对社会变革的不适应，阶层和利益群体的分化等原因，公平与效率的矛盾日益突出，两极分化日益严重，反过来也影响到效率的进一步提高。特别是有很长一段时间提倡“效率优先、兼顾公平”，结果却是“效率优先、损害公平”。在此问题上人们产生了不同的对立的观点。有人认为市场经济应该强调效率优先、兼顾公平，要承认收入和地位差距，有人认为，社会主义应该把公平放在首位，否则社会主义的优越性就无从谈起。

我们认为，抽象地争论公平与效率何者优先的问题意义不大，而应该把这一问题放在具体的历史和现实中考察：在特定历史阶段，在国家的整体战略和具体社会运行中，究竟是把提高经济效益和生产效率放在第一位，还是把维护和增进社会公平放在第一位？在当代中国，公平与效率并非不可兼得、此消彼长的关系，而是相互依存、相互制约的。这主要有两层意思：一是在特定历史阶段，公平竞争是市场经济运行的必要条件，公平分配是这一过程的必然结果。如果没有参与机会的公平、竞争规范的公平和分配的公平，就会伤害人们的劳动积极性，阻碍生产效率的提高。在一个经济效率和生产效率低下、物质财富短缺的社会，不可能真正实现和增进社会公平。维护和增进社会公平，必须以相应的经济效率和生产效率为基础，社会不公的问题要靠经济的进一步发展才能逐步解决。换言之，只有做大蛋糕，才有可能分好蛋糕，只有分好蛋糕，才能做更大的蛋糕。只强调做大蛋糕，而不分好蛋糕不行，只强调分好蛋糕，没有办法做大蛋糕也不行。二是从历史发展的角度看，由于经济社会发展的水平和任务不同，处理公平与效率关系问题的优先顺序和方式会有差异。在改革开放初期，让一部分人先富起来，优先提高经济效益，提升经济总量，拉开收入差距，是必要的合理的；目前改革开放已经取得巨大成就，经济持续稳定增长，但是收入差距过大，两极分化日益严重，阶层差距和矛盾有所激化，现在更加重视公平正义，特别是注重一次分配和二次分配的公平，让广大人民群众共享改革开放的发展成果，最终实现共同富裕，更是必要的合理的。

3. 经济硬实力与文化软实力

提高国家文化软实力，推动社会主义文化大发展大繁荣，建设文化强国，已经成为我国文化建设的新目标。党的“十七大”报告第一次明确了“文化软实力”的提法：“当今时代，文化越来越成为民族凝聚力和创造力的重要源泉、越来越成为综合国力竞争的重要因素，丰富精神文化生活越来越成为我国人民的热切愿望。要坚持社会主义先进文化前进方向，兴起社会主义文化建设新高潮，激发全民族文化创造活力，提高国家文化软实力，使人民基本文化权益得到更好保障，使社会文化生活更加丰富多彩，使人民精神风貌更加昂扬向上。”党的十八大报告强调：

"全面建成小康社会，实现中华民族伟大复兴，必须推动社会主义文化大发展大繁荣，兴起社会主义文化建设新高潮，提高国家文化软实力。"

文化软实力概念最初是美国学者约瑟夫·奈(Joseph S. Nye)提出的，主要是指一个国家在文化、价值观、意识形态方面对他国的影响力——"软实力是一种能够影响他人喜好的能力"①、吸引力——"软实力是通过吸引的手段而不是强迫或收买的手段从而达己所愿的能力"②和同化力——"同化性力量是一种能力，根据这一能力，一个国家可创造出一种环境，使其他国家能模仿该国的方式来考虑自己的发展，确定自己的利益。"③显然，在约瑟夫·奈看来，文化软实力实质上是一种冷战思维，是经济科技军事等硬实力在文化层面的反映，甚至是美国推行文化霸权主义的另一种说法。不过，我们可以借此概念表达我们的看法，文化软实力就是一个国家在文化、价值观、意识形态等方面内在的凝聚力、创造力和外在的影响力、吸引力，广义上讲，就是一个国家在文化方面的整体实力。有学者认为"提升以'文化国力'为基本内涵的文化软实力，我们应当关注我们文化硬化能力、聚化能力、涵化能力、内化能力及转化能力的建设与发展"。硬化指确立文化的强大硬实力，聚化指有效确立社会主义文化在多样化文化中的主导地位，涵化指确立世界的眼光、开放的气度，内化是推动优秀文化内化为民族素质，转化指文化面向未来，更新创造。④

软实力是与硬实力相对而言的。经济、科技、军事等硬实力与文化、价值观和意识形态的软实力应该是相互影响、相互促进的关系，而不是非此即彼、此消彼长的关系。硬实力的提升是软实力发展的基础，

---

① [美]约瑟夫·奈：《软力量——世界政坛成功之道》，吴晓辉等译，5页，北京：东方出版社，2005。

② Joseph S. Nye, Jr. ,*Soft Power*, *The Means To Success in World Politics*, Public Affairs, 2004. Preface.

③ [美]约瑟夫·奈：《美国定能领导世界吗》，何小东、盖玉云译，158—159页，北京：军事译文出版社，1992。

④ 沈壮海：《文化软实力的中国话语、中国境遇与中国道路》，载《马克思主义研究》，2009第11期。

软实力的提升又会促进硬实力的发展。在这个问题上，要避免两个极端：一是单纯强调经济科技硬实力，单纯强调以经济建设为中心和科学技术是第一生产力，而忽视文化软实力和思想文化建设，一手硬一手软，实质上是经济决定论、技术决定论、单一发展观的表现。这一极端倾向在改革开放后曾长期存在，随着科学发展观和“五位一体”全面建设的展开，已经逐渐转变。二是反过来，过度强调文化软实力的重要性和独立性，甚至认为硬实力已经不再重要。根据历史唯物主义的基本原理，经济基础决定上层建筑和意识形态。恩格斯说过：“不论在法国或是在德国，哲学和那个时代的普遍的学术繁荣一样，也是经济高涨的结果。经济发展对这些领域也具有最终的至上权力。”① 文化软实力建立在经济科技军事等硬实力基础上并为之服务，不能因为强调文化软实力的建设就放松了经济建设和生产力发展。如果没有中国改革开放以来经济社会发展的伟大成就，文化大繁荣、大发展就无从谈起，提高文化软实力也无从下手。

在对经济科技硬实力与文化软实力的关系的理解上，还有一个重要方面是技术与人文的矛盾。技术也属于广义上的文化，但近代以来，技术逐渐从文化中分离出来，其地位和作用越来越重要，所以在狭义上，就有了技术文化与人文文化的矛盾，也就是斯诺所说的“两种文化”，与此相关的还有人与机器、自然科学与人文科学(文理科)之间的矛盾。

技术之所以重要，不仅在于它对社会文化的重要推动作用(“科学技术是第一生产力”)，更在于它可以为任何人所用，可以用于任何可能的目的，甚至可能超出人的控制，人们常说技术是一把双刃剑，就是此意。海德格尔认为，现代机器的本质比人类创造的任何东西都更密切地渗透到人的存在状态中，技术的危险在于技术进入到人类生存的最内在领域，改变我们的理解、思想和意愿的方式。海德格尔在其最后的手迹留下了这样的追问：在技术化的千篇一律的世界文明的时代中，是否和

---

① 《马克思恩格斯选集》，第 4 卷，612 页，北京：人民出版社，2012。

如何还能有家园？在 20 世纪 80 年代，有学者发出这样的警告："我们好比坐在火车上，在轨道上加速前驶，眼前有无数岔道一一引向未知的去处。这时，没有一个科学家在司机室，而一路随时都可能发生危险。社会上的大多数人则都坐在向后看的那节守车里。"①

今天，以信息网络技术与生物工程技术为代表的新技术对人类社会文化影响的力量之强、程度之深、速度之快、范围之广都是前所未有的，人们一方面享受着新技术带来的巨大物质财富和生活便利，一方面不自觉地陷入技术崇拜甚至技术统治的境地，导致许多社会、心理、文化的困境，甚至导致人的生存根基的动摇，如安乐死、转基因、克隆人、生物武器。技术的发展本来是要造福人类的，但也有可能反过来控制人类，甚至毁灭人类，这不仅是思想家和科学家思考的重大问题，也是科幻电影所重点表达的主题。凯文·凯利说得好："在意义的巨大真空里，在无言的价值的沉默中，在没有比自我更伟大的事物可景仰的空虚里，技术——不论是好是坏——将形成我们的社会。由于当今缺乏价值和意义，技术将代替我们做出决定。我们将听从技术，因为我们现代人的耳朵再也听不进别的。再没有其他坚定的信仰。"②于是出现了技术决定论、技术崇拜、"技术暴政"："现代科技专家只充当了'半个上帝'……即如何像全知全能的上帝那样创造出前所未有的工程或奇迹。而那本古老《圣经》的另一半，那与人的文化遗产、生活意义、生存目标和价值有关的另一半，反倒成了与现代生活无关的、陈旧的东西"。③

这种状况要求我们以理性精神和人性关怀反省技术至上的观念。然而，我们不可能因为技术的种种负面后果就拒斥技术，正如我们不可能因为技术的巨大成功就消解人文精神一样，这就是当代技术与人文的悖论。我们只能在发展技术的同时，加强对技术的选择、应用和控制，也

---

① 转引自[美]自托夫勒：《未来的冲击》，孟广均译，361 页，北京：新华出版社，1996。

② [美]凯文·凯利：《网络经济的十种策略》，肖华敬等译，224—225 页，广州：广州出版社，2000。

③ 李河：《得乐园·失乐园：网络与文明的传说》，193 页，北京：中国人民大学出版社，1997。

就是对技术的人文规范和控制。未来的前景是人的技术化，还是技术的人性化？这的确是个问题。“也许人类应该做的是在对技术的信仰和对人类自身的信仰之间，寻找一个平衡的支点。”①

五、虚拟文化与现实文化的矛盾

文化的理想性与现实性的矛盾是人类文化从来就有的基本矛盾，在全球化和信息化的今天，这一对矛盾突出表现为虚拟文化与现实文化的矛盾。

1. 文化的理想性与现实性

(1)真、善、美和自由是人类文明的理想目标

人类文明正在加速度前进。托夫勒在《未来的冲击》中说：如果把人类经历过的5万年分成世代，每个世代约为62年，那么到现在已经有大约800个世代了。在这800个世代中，整整650个世代是在山洞里度过的。只是在最近的70个世代，由于文字的出现，世代与世代间的信息沟通才成为可能；只是到6个世代前，人们(指欧洲人)才开始使用印刷文字；只是到4个世代前，人们才开始比较准确地计算时间；只是在两个世代前，人们才开始应用电力。而我们今天使用的绝大部分产品，还只是在最近这第800个世代里发展起来的。②

在过去的800个世代中，人类经历了无数的成长与衰亡、希望与失望、光荣与梦想，但是无论如何，人类从来都没有放弃过对理想的不懈追求。真、善、美和自由就是人类文明的永恒理想，是人类生存和发展的不竭动力。正是在对真、善、美和自由的追求中，人类得以生存和发展，人类文明得以延续和创新。

人类“求真”的观念和理想起源于人对自身存在以及与自然环境的关系的认识。对真的追求使人们形成一种追问原因、意义和本质，追求必

---

① 胡泳、范海燕：《数字化生存》，译者前言，海口：海南出版社，1997。

② [美]阿尔文·托夫勒：《未来的冲击》，孟广均译，7页，北京：新华出版社，1996。

然性和确定性的思维习惯，逐渐发展为科学研究，其成果就是科学知识，这种思维方式就形成理性思维，这样得来的知识被称为真理。这种科学理性思维方式和自然科学，使人类逐步揭示了自然界和人类自身的奥秘，可以对自然界进行越来越广泛、深入的开发和利用，但也带来一些负面后果，如技术崇拜、技术专制、人被技术异化、生态失衡等。

人类"求善"的理想和行为，是人对自我的意识、行为、目的、关系等的正当性、应然性的反思，善的价值，按照康德的说法就是为人为自己立法，人为自己的生存建构一种规范和标准，违反这些规范和标准就是善的对立面——恶。"善也就是人按照自然(世界事物)的性质来对它们进行'改造'，使它们形成一种对于人的生命存在'有益'的'秩序'。"① 这种内在的规范要求就是道德，道德的外在化和实体化就是伦理。全球化时代是伦理道德急剧变化的时代。

人的文化理想不仅包括"求真"和"求善"，还包括"求美"。如果说真是人对自身存在和外界存在的实在性和规律性的认识，善是人对自己与自我、社会、自然的应然性和正当性的关系的话，那么，美就是人对自我、他人、自然产生"愉悦感"和"舒适感"的追求，主要表现在艺术创造中。

真、善、美的统一就是广义的自由。自由不仅是对必然的认识和对客观世界的改造，而且是人追求真、善、美的最终目标。在共时态上，自由应当包括人的自由全面发展，人与外部世界的和谐统一。在历时态上，现实的自由是具体的、历史的、有限的，而作为终极目标的自由则是无限的。

(2)当代人类文化的现实与理想

人类文化是现实性与理想性的统一，是过去、现在与未来的统一。然而，在今天这样一个流行市场经济、世俗生活、实用主义、享乐主义的时代，理想似乎变得不那么重要，理想主义被越来越多人抛弃。在现

① 李鹏程：《当代文化哲学沉思》，276页，北京：人民出版社，1994。

代文明越来越快的节奏和越来越重的压力下，许多人不再拥有崇高理想，或者不再奢望理想的实现。在生活的压力与生命的尊严、骨感的现实与丰满的梦想、功名利禄与精神追求、世俗市民与伟大英雄的角逐中，失败的往往是后者。许多人的生存状态既失去了与大地的亲和，又放弃了对天空的仰望，飘浮在半空中。汪峰创作的那首歌曲《北京 北京》也许是“北漂族”的最好诠释：

当我走在这里的每一条街道
我的心似乎从来都不能平静
除了发动机的轰鸣和电气之音
我似乎听到了它烛骨般的心跳
我在这里欢笑
我在这里哭泣
我在这里活着
也在这儿死去
我在这里祈祷
我在这里迷惘
我在这里寻找
也在这儿失去
北京　北京

其实，梦想并不遥远，现实也并不只是眼前，人生活在世应当“顶天立地”，“顶天”就是要有梦想，有了梦想才有生活的方向，有了方向，在路上才有意义；“立地”就是要脚踏实地，立足现实，认真地务实地去实现自己的梦想。只要认准了方向，坚定地一步一步走下去，梦想就不会成为空想。仅有梦想是不够的，还必须认真地一步步实现梦想。

马克思通过他的思想和行动，通过对资本主义社会的深刻批判和对共产主义社会的理想设计，所要追求的正是人类的自由全面发展和人类的解放；旧中国一代又一代的仁人志士和革命先烈，历经艰难险阻、千辛万苦而百折不挠，为了独立自由解放的理想奉献了自己的青春和生命；新中国一代又一代的平凡的建设者，为了实现自己和民族的梦想而辛勤工作。

今天，中华民族伟大复兴的中国梦既是全体中华民族的梦想，也是每一个中国人的梦想。当代中国文化仍然存在着许多矛盾和问题，但从历史发展看，毫无疑问，当代中国文化以及整个中国社会正处于全面上升阶段，离中华民族伟大复兴的目标越走越近。每一个中国人无论自己的境遇如何，应该对自己国家的未来、对自己的未来充满信心。正如两位“蜗居”在北京但从未失去梦想的“蚁族”兄弟李立国和白万龙所唱的那样：

被遗忘在世界角落
不是我的错
虽被埋没绝不蹉跎
住在洞穴的我
每天忙忙碌碌奔波
不在乎别人怎么说
蚂蚁虽小但胸怀广阔
坚持做自我
不怕风我不怕风
雨点打湿我的梦
往前冲　我往前冲
脚印让我不懵懂
迎着风　我迎着风
向前的路虽然沉重
我会用触角撑起
雨后那片天空

在全球化和信息化时代，人们的理想与现实、现在与未来、虚拟与实在的距离从来没有这样近，甚至于二者的界限变得如此模糊，差别变得如此细微。人类追求一个什么样的全球理想，将决定人类社会和文化的前景。

(3)全球化时代人类文化理想实现的可能途径

全球化时代，人类正在朝着真善美和自由的更高目标前进，全球化进程为实现人类自由而全面的发展，为实现人与世界的和谐共存提供了可能途径。

第一，在“真”的维度上，全球化进程不仅使人对世界和自身的认识和改造达到前所未有的深度和广度，使自然资源、社会资源和思想资源在全球范围内得以合理、有效地配置与开发，为人类社会的可持续发展提供了可能条件，更重要的是人们对工具理性思维方式的反省更加深入，日益认识到科技与人文、工具理性与价值理性、人与自然等关系协调发展的重要性。普遍交往把有限的人的思维和存在互联起来，克服了个体的有限性和片面性，为每个人的自由全面发展提供了可能。

第二，在“善”的维度上，全球化进程为人类建设新的共同性的伦理道德体系提供了可能的手段和途径。全球化时代价值观念和伦理道德发生了翻天覆地的变化，旧的伦理道德观正在崩溃，新的适应全球化时代的伦理道德尚未确立，全球文化在新与旧、中与外、情与理的价值冲突与裂变中逐渐孕育、成长、成熟。虽然还远未形成一种全新的伦理道德观，但其以自由、民主、公平、共享、和谐等为核心的价值取向也许将成为未来全球伦理道德体系的核心要素。

第三，在“美”的维度上，全球化时代为人类文学艺术的发展和其他追求美的理想提供了前所未有的手段和途径。全球信息网络不仅为文学艺术的创作提供了无比丰富的技术平台和手段，更重要的是，使人的艺术实践的创造性、积极性、个性得到充分而自由地发挥，艺术和美不再是少数人的专利和特权，任何人都有可能创造、欣赏和评价属于自己的艺术和美。全球文明本身就是人类所创造的最美最伟大的“艺术品”

之一。

第四，在“自由”的维度上，全球化进程使人类认识和改造自然、社会和人类自身的力量不断提高。这种力量能否真正成为人们追求自由的手段，关键取决于这种力量是用来与自然共存，还是破坏自然；是用来追求社会的公平、进步与和谐，还是加剧社会差别和矛盾；是用来促进人的自由全面发展，还是奴役控制人，使人成为“单面人”。如果我们的目标和行动始终是前者，那么我们的理想就有实现的可能，全球化时代也将成为人类从必然王国到自由王国的过渡。

最后，我们之所以说全球化时代人类文化理想实现的可能途径，意指这种前景只是具有可能性，这些理想能否实现及如何实现，不仅取决于具体的社会历史条件，更取决于人们自觉的认识和实践活动。

2. 虚拟文化与现实文化

文化的理想与现实的矛盾在信息化时代突出表现为虚拟与现实的矛盾。[①]

虚与实一直是人类文化中的一对矛盾。全球信息网络的“虚拟实在”技术正在彻底改变人们的实在观，改变着“虚”与“实”的关系。“虚拟实在”(或称“虚拟现实”)本来是一个计算机科学概念，是一种用来模拟某种现实的人—计算机交互的复杂系统。虚拟实在的哲学本质可以概括为：“虚拟实在是实际上而不是事实上为真实的事件或实体。”(Virtual Reality is an event or entity that is real in effect but not in fact)[②]虚拟实在的“虚拟”绝不等于“虚假”或“虚幻”，而是一种观念化模拟。虚拟实在对人类的实践活动和生存方式具有重大的意义：“虚拟实在的哲学意义在于，计算机创造和生成了一种新的实在，它表明了世界的多元性、系统性和网络性。”[③]“电子技术提供的虚拟现实正在淡化着我们在传统生活

---

① “虚拟文化”与“网络文化”基本同义，我们将在第五章展开讨论。

② ［美］迈克尔·海姆：《从界面到网络空间：虚拟实在的形而上学》，金吾伦、刘钢译，111—112页，上海：上海科技教育出版社，2000。

③ 刘吉、金吾伦等：《千年警醒：信息化与知识经济》，140—141页，北京：社会科学文献出版社，1998。

中形成的那种实实在在的‘现实感’。这并不表明人们开始进入‘非现实’的时代，而恰恰说明‘现实’的含义发生了巨大变化。”①

在传统的实在观中，所谓“实”是指具有客观现实性(也就是现在存在)或物质性的事物；“虚”是指只具有未来可能性或精神性的事物，两者的界限是很分明的，非实即虚。但是，虚拟实在从根本上消解了现实性与可能性、现在与未来、实与虚、物质与精神之间的界限，事物的价值不在于它是否“现存”，而在于它的可能效用；事物的界限不在于事物本身，而在于人的想象力；人们“虚拟”地学习事物可以比“现实”地学习事物更有效；人们“虚拟”地做某事可以比“实际”地做某事更有意义……曼纽尔·卡斯特乐观地说：“这是一个新存在的开端，事实上也是新时代的开端，即信息时代，其独特之处乃是文化相对于我们生存的物质基础获得了自主性。”②

然而，虚拟实在在使人们自由穿梭于虚实之间的同时，有可能使生活世界空洞化，甚至使人自身空心化，也就是沉溺于“虚拟实在”中不能自拔，把“现实”当成“虚拟”，又把“虚拟”当成“虚幻”，把事物的虚拟的替代物当作事物本身。迈克尔·海姆深刻地指出：“虚拟实在这样的工具将教给我们一些新的把戏。我们将不得不适应这个新工具对我们最深层面的意识的触动，因为它所触动的是关系到我们是什么和我们在何处的问题。”③虚拟实在和虚拟文化造成人对信息技术的高度依赖，人的主体性遭受强烈的冲击。“我们将自己沉浸在符号环境中的能力已经发达到如此地步，以至于我们几乎注意不到我们消失不见了。”④戴维·申克在《信息烟尘》一书中曾举过一个典型例子说明人对信息技术的依赖：一

① 李河：《得乐园·失乐园：网络与文明的传说》，118页，北京：中国人民大学出版社，1997。

② [美]曼纽尔·卡斯特：《网络社会的崛起》，夏铸九等译，578页，北京：社会科学文献出版社，2003。

③ [美]迈克尔·海姆：《从界面到网络空间：虚拟实在的形而上学》，金吾伦、刘钢译，147页，上海：上海科技教育出版社，2000。

④ [美]迈克尔·海姆：《从界面到网络空间：虚拟实在的形而上学》，金吾伦、刘钢译，134页，上海：上海科技教育出版社，2000。

位专门研究“技术压力”的学者在演讲中要求听众做出一个两难的选择：假设你必须做出决定，或者放弃你的一根手指，或者今后再也不使用计算机。结果，在调查者中有三分之一的人选择放弃一根手指。麦克卢汉说，技术成了我们身体的延伸，但这并不完全是好事，“现在我们知道，当这一逻辑被推向极致时，会发生什么事情。放弃计算机和截肢是等价的”①。在近年兴起的微博、微信等新媒体文化中，人们对虚拟信息的依赖更是几乎达到极致：朋友聚会中，很多人与“现实的”朋友交流不多，却拿着手机发微博微信与“虚拟的”朋友聊天，很多“宅男宅女”把几乎全部生活寄托在网络上，几乎丧失了现实生活和交往的需求和能力。我们不愿意也不可能放弃信息技术和虚拟文化，我们也不愿意被截肢，变成信息技术的奴隶，怎么办呢？或者如迈克尔·海姆所问：“我们进入网络空间能有多远而仍然是人？”②

无论科技如何发达，无论时代如何进步，人终究是人，而不是机器，更不是虚拟的“比特”(信息)，人应当以现实的态度直面虚拟世界，走向虚实和谐、虚实相生。“从人出发，以人为本，加强价值层面的反思和建构，在人们自主、平等、自下而上的参与中，合理谨慎地驾驭虚拟技术，将电子时空建成为一个‘人为的’和‘为人的’理想世界。”③

以上，我们从总体上考察和分析了当代中国的五对文化矛盾，这些矛盾时时处处都体现在当代中国文化的方方面面，特别是体现在微观层面的不同文化类型中，如主流文化、精英文化、大众文化、消费文化、城市文化、乡村文化、网络文化等。我们将在下一章展开详细探讨。

---

① [美]戴维·申克：《信息烟尘：在信息爆炸中求生存》，黄碚坚等译，29页，南昌：江西教育出版社，2001。

② [美]迈克尔·海姆：《从界面到网络空间：虚拟实在的形而上学》，73页，上海：上海科技教育出版社，2000。

③ 孙伟平：《信息时代的社会历史观》，159页，南京：江苏人民出版社，2010。

第五章　文化矛盾的类型性审视

在前一章我们所讨论的诸种文化矛盾，在其现实社会生活实践中，又呈现出了种种复杂的情形，需要我们做深入讨论。具体而言，当前中国的主流文化、精英文化、大众文化呈现出了复杂的发展态势，消费文化、娱乐文化在人们日常生活中的比重愈来愈大，城市文化与乡村文化构成了当代中国不同地域的文化焦点，而网络文化作为“新兴文化”，对人们的现实生活影响日趋强烈，更需要我们予以特别关注。

一、主流文化、精英文化与大众文化

依据不同的标准，会界定出不同特征的具体的文化形态。从最基本的形态来看，当代中国的文化形态按照群体差异可以划分为主流文化、精英文化与大众文化。不同的文化形态在社会发展中发挥着不同的作用。

1. 主流文化、精英文化与大众文化的划界

主流文化作为在社会经济、政治上居统治地位的阶级、阶层利益反映的思想文化，是居于社会生活主体地位的思想文化。如马克思所说：“一个阶级是社会上占统治地位的物质力量，同时也是社会上占统治地位的精神力量。”[①]当代中国的主流文化就是有中国特色的社会主义的文化，它既是我国社会主义经济、政治在观念层面上的反映，更从根本上

① 《马克思恩格斯选集》，第1卷，98页，北京：人民出版社，1995。

促进着当代中国经济和政治的发展。如毛泽东所说："一定的文化（当作观念形态的文化）是一定社会的政治和经济的反映，又给予伟大影响和作用于一定社会的政治和经济；而经济是基础，政治则是经济的集中的表现。这是我们对于文化和政治、经济的关系及政治和经济的关系的基本观点。"①中国特色社会主义文化，是马克思主义的普遍真理同当前中国具体实践相结合的产物，它充分吸收了中华民族传统文化和世界其他民族文化的优秀成果，并在批判继承的基础上形成于新时代，因此主流文化的一个突出特征就是时代性，主流文化是反映中国改革开放时代精神的主导型文化。

除了时代性特点之外，当代中国的主流文化还体现了开放性和群众性的特点。所谓开放性是指主流文化不是封闭的、僵死的文化体系，而是以海纳百川的心态，宽容地对待其他文化的应对方式，弘扬主旋律的同时提倡多样化，促进不同文化之间的交流，合理吸收外国文化的积极因素，在多种文化的碰撞冲击中发展自身，使中国特色社会主义的文化与时俱进，不断发展。群众性则是强调社会主义的文化建设事业是亿万人民群众创造的事业，人民群众是文化的建设者和享受者，因此主流文化必然以群众为基石，只有被广大群众所接受的文化才可能成为真正的主流文化。

精英文化是知识分子文化的主要表现形态，在当代中国的社会文化中占有着十分突出的地位。随着我国市场经济的逐渐发展，精英文化的存在价值逐渐得到确认。精英文化是知识分子阶层创造、分享和传播的文化，"精英"是指社会为其设置专门职业或特殊身份的人文知识分子。在当前中国，人文知识分子负责生产精神文化产品，负有承传人文历史、矫正不合理社会现实、引领社会风气的职能。概括来说，精英文化的职能与作用主要有三方面。首先，精英文化具有解释、宣传主流文化的职能。知识分子参与对于意识形态的注解和宣传，将主流文化通俗

① 毛泽东：《毛泽东选集》，第2卷，663—664页，北京：人民出版社，1991。

化、大众化，向民众传达社会理想，将形式上的主流文化——官方的意识形态——内在本质化，变成大众普遍接受的本质上的主流文化。其次，精英文化承担着社会教化的使命。知识分子确立价值尺度和审美趣味的标准，发挥着价值引导的功能。再次，精英文化还秉承批判社会现实的职责，指出主流文化的不足，旨在矫正社会发展过程中可能会出现的错误发展方向，从而使社会更为进步、更加良性地发展。在国家与国家、民族与民族、文化与文化越来越联系密切的全球化时代，精英文化是主流文化与大众文化关联的纽带，是主流文化能够代表先进文化前进方向的前提，更成为大众文化发展的关键因素。换言之，社会科学发展以及国民素质普遍提高的不可或缺的前提，是精英文化真正发挥出自身的特性。

从本质上说来，“大众文化”（mass culture）主要是指借助工业化的高效率生产手段、依托于市场手段将文化产业化之后形成的特定意义上的市民消费文化。大众文化最早出现在西方，它的产生依赖于两大前提：第一，城市的出现。城市本质上是生产力发展和经济发展到一定规模后的产物，在欧洲近代，随着资本主义生产力的逐渐发展，城市的数量和规模开始迅速发展。在古代，城市象征着政治、宗教以及军事，近代工业化以后的城市则是经济与文化的中心，城市代表了一种先进的生产方式和生活方式，社会上的先进思潮、前卫观念均汇集于城市。不同血缘、不同地域、不同身份的人集结于城市后，他们也就开始转变成为同质的“大众”，在这个意义上，城市是“大众”得以形成的催化剂。第二，现代化的传媒。生产力的飞速发展导致文化的剧烈变革，文化的传播速度更为迅捷，传播途径更为多样化。在古代，一般是通过言语、书面的形式，20 世纪后，电子信息，尤其是因特网导致信息传播“质”的革命，人类进入了电子信息传播时代，文化通过声音和图像的组合方式，几乎可以瞬时传递到世界的各个角落，这就打破了文化的垄断，使文化能够被平民化、大众化。

在当代中国，随着改革开放的深化，大众文化开始崛起并逐渐发展壮大，现今已经成为社会生活引人注目的文化发展形态。市场经济为大众文化的发展提供了坚实的物质基础，大众文化正以各种形式、通过多种渠道广泛渗透于人们日常生活的各个领域。这种大众文化本质上是现代工业社会背景之下所产生的与市场经济相适应的一种市民文化。因而大众文化从一开始就是市场化、面向大众的。流行音乐、肥皂剧、闲谈等传播形式从一开始就受到城市民众的钟爱，他们热衷于这种形式，并在其中开始了属于自己的文化制作。大众文化的实践充分说明，大众文化是在工业社会中产生的、最初以城市大众为消费对象、通过现代传媒形式传播的、无深度的、易复制的、按照市场规律批量生产的文化现象，它是现代社会快节奏、高效率、便捷、时髦、变动不居的生活方式的体现。

2. 弘扬主流文化与培育精英文化

在有中国特色的社会主义建设实践过程中，需要大力弘扬主流文化与精英文化，合理规范与引导大众文化。概言之，弘扬主流文化与精英文化应注意以下四个方面的问题：

第一，基于文化多样性的前提。十八大报告中指出："建设社会主义文化强国，关键是增强全民族文化创造活力。"可见，文化创造活力的产生是奠基于文化多样性这样的前提之上的。"只有尊重文化多样性、独立性、异质性和完整性，我们才能感受到世界文化的多姿多彩。文化的恒常价值常常是渗透于文化多样性之中的，因此我们必须以文化多样性来抵抗、纠正、平衡单一的资本与市场逻辑，不能让现代化、工业化取代文化的进步、取代精神的富有。"[①] 弘扬主流文化并不是要以主流文化"一统江山"，倡导精英文化也并不是要"围攻"、抹杀大众文化，弘扬的前提是坚守文化的多样性。我国新中国成立后曾经出现过社会上仅盛行一种主流文化一花独放的时期，但事实证明，这不利于社会的进步与人的自由而全面的发展。

---

① 邹广文：《坚守文化的多样性》，载《光明日报》，2013 年 3 月 25 日。

第二，主流文化的“文化领导权”。主流文化是社会普遍接受、认同的文化，这也就意味着主流文化享有葛兰西所说的“文化领导权”，也就是说，它必须是通过非暴力手段达成的社会各阶层的普遍共识。主流文化是思想、文化、舆论的引导性力量，它必须得到大众主动的、发乎自然而然之情的认同，而不是消极的、被动式的接受与服从。因此，一方面，主流文化的弘扬需要以适当的方式，以人民群众喜闻乐见的方式，丰富主流文化的宣传渠道与传播方式，让主流文化更为贴合人民群众。另一方面政府应该合理地宏观调控文化的发展，引导大众的文化消费观、人生价值观，让主流文化真正影响到大众，进一步发挥主流文化“文化领导权”的作用。

第三，弘扬彰显人文关怀性的精英文化。精英文化是规范与引导大众文化的彰显人文关怀的文化形态，在现实中，精英文化却存在丧失其升华人精神追求的功用的危险。这种危险一方面源自统治阶级意识形态的影响，如在资本主义社会中，很多知识分子被资本的力量所支配，变成了宣传统治阶级意识形态的工具。资本主义把“医生、律师、教士、诗人和学者变成了它出钱招雇的雇佣劳动者”①，这样，一些知识分子都转变成了“御用”的精神生产者，精英文化与主流文化相当大程度上融合为一体。在当代中国，主流文化的包容性、开放性，使其能够接受、吸收其他文化的先进因素；同时，相对于改革开放前，中国的精英文化有了更多的自由来实现自身的价值，社会为知识分子提供了更为宽泛的发挥自身作用的客观环境。弘扬积极向上的精英文化需要适度的自由空间，创造让精英文化得以自由健康的发展的文化氛围。

另一方面，精英文化无法发挥其功效的危险源自商品化的生产方式。知识分子精英的精神生产应该是注重精神产品的社会效益，旨在提升大众的审美趣味与价值观，但是在以资本增殖为根本目的市场经济的冲击下，部分知识分子开始过度关注精神产品的经济效益，追逐利润变

① 《马克思恩格斯选集》，第1卷，275页，北京：人民出版社，1995。

成了精神生产的终极目的。从而造成了精英文化的娱乐化、世俗化、商品化，这种现象有愈演愈烈之势：严肃高雅的交响音乐被轻松世俗的流行音乐所压制；国家一流歌舞剧院观众稀少，亏损严重；艺术、历史故事片乏人问津，电影厂不得不舍雅随俗制作一些庸俗、甚至媚俗的缺少人文精神关怀的影片；人文学术著作出版困难，在文化出版业，一方面是严肃的有功力的人文研究书稿出版困难，甚至有些研究者自行负担经济压力来出版书籍，另一方面各种媚俗色情的文化垃圾却充斥于书店书摊网络……精英文化所面临的这种困境，折射出了目前我国文化建设所应注意的重大问题。我国正在进行社会主义特色的现代化建设，应该避免资本主义社会当中精英文化被过度商品化、片面追求经济利益的发展模式，协调精英文化产品的社会效益与经济效益的冲突，限制资本逻辑的过度扩张，从而促进物质文明与精神文明共同发展，在有中国特色的社会主义文化建设中发挥出精英文化不可或缺的作用。

第四，与时俱进的发展主流文化与精英文化。主流文化与精英文化的发展需要不断从大众文化中汲取养分，文化多样性是文化焕发活力的前提，人民群众是社会主义文化建设的重要力量，尽管大众文化有着自身的缺陷，但其中也不乏先进性的文化内容，主流文化也需要大众的认同，才能成为实质上的占主导地位的文化形态。此外人民群众还创造了人类社会赖以发展的物质财富与精神财富，历史的发展总是历史人物与普通人物的“合力”，文化的发展同样是主流文化、精英文化与大众文化的“合力”。大众文化是社会主义建设不可忽视的因素，主流文化与精英文化与时俱进的发展需要吸取大众文化的精华，需要借鉴外来文化，一句话，从异质的其他文化形态中获得自身发展的源动力，从而保持主流文化与精英文化的先进性。

3. 大众文化的矛盾分析

大众文化的矛盾主要表现在大众文化与主流文化、精英文化的复杂张力中。

首先，主流文化宣扬的部分内容一定程度上受到了大众文化的拒斥。大众普遍关注个人的日常生活，在人民群众的日常生活当中，有些政府宣传的文化没有成为大众真心接纳认同的文化，几近成为自说自话型的话语。在这些民众看来，主流意识形态的宣传是“官方文化”，与己无关，与其关注“某个主流意识形态”，不如关注“银行利率”“股市行情”“菜价涨跌”“油价上涨”等切合生活实际的文化，这就造成了有些主流文化与大众文化的脱节。

其次，精英文化和大众文化是不可调和的一组矛盾。它们是两种异质的文化形态，精英文化是一种前卫的、深刻的、带有超越现实的解放性质的文化。它们出于对社会的未来使命感和对人类的价值实现的关照，一般都超越了大众的日常生活，诸如倡导文艺创作的审美旨趣、批判现实的不足、呼吁大众道德的提升等；而大众文化则是受市场商品经济影响的市民文化，主要呈现出娱乐性、消遣性的形式，具有通俗性、模式化复制、无深度的特点。精英文化侧重于伦理的崇高性、创造性，是追求超越现实、人的自由个性的文化；大众文化则是一种快餐式的、复制性的文化，它追求程序化和媚俗的便于出售的特性。显然，两者之间的矛盾在其本质上是无法调和的，不过在主流文化的协调下，有可能出现“三赢”的局势，也有可能精英文化会逐渐分化、逐渐势弱。当越来越多的知识分子选择迎合大众的消费需求，放弃超脱的精神追求时，精英文化就屈从于商品化的威力之下；反之，当主流文化以及大多数的知识分子意识到精英文化面临着被商品化的危险以及批判现实的力量缺位，并且政府采取一定的措施保障精英文化的合理性地位时，必然会对大众文化产生一定的影响，精英文化与大众文化冲突的消解离不开主流文化的作用。

二、城市文化与乡村文化

改革开放以来，中国城市化进程实现了巨大飞跃，这与中国经济的成熟密不可分。如果说“城市化”这个概念强调对传统型社会形式的扬弃与对现代型社会形式的建构这两个过程，那么它的实质也就成了乡村社会扬弃自身走向城市的动态演进。在这个过程中，城市文化与乡村文化的碰撞与融合将成为当代中国文化研究的一个典型课题。

1. 城市与乡村的文化差异

城市与乡村给人的直接印象是不同的，这是人对两种社会组织形式的文化感知。从硬环境上看，乡村充满着土地、河流、耕种的汗水与自然的气息，各种硬件设备与建筑取向多以实用为主，人们从事着粗放的体力劳动；而城市则充斥着钢筋水泥、规则的几何图形、各种机械装置的运转与噪音，灯红酒绿，纸醉金迷，人们在精致的体力劳动与脑力劳动中开始与结束每一天的生活。从软环境上看，乡村充满着风土人情，风俗传统，家族意识强烈，生活节奏舒缓，人与人之间的日常交往简单而直接，对人生、世界、政治与知识的思考较为保守，人的见识也相对有限；而城市则弥漫着独立与漠然，规则与体系，集体意识淡薄，生活节奏很快，人们之间的交往关系复杂而多变，个人利益与政治生活永远是生命的主题，同时也积蓄着对知识、对世界、对人自身的执着思考。

然而，城乡软硬环境中体现的文化特征并不能说明两者间文化心态的肤浅或成熟。文化心态通常是指在对自我文化实现基本认知的前提下对文化事实的基本态度。虽然人们对乡村文化的固有印象是简单自然却庸俗浅薄，但乡村文化体现的文化心态却是积极的，追求变化的，甚至是倾向于理想主义的。乡村文化的“边缘”总是透露出一丝进取，虽然受限于见识，这种进取有可能表现为某种“落后”甚至“愚昧”，但这种文化中蕴藏的生命力是不容置疑的。同样的，虽然乡村人的社会关系较为简单，但并不意味着人们无法从这种社会关系中得到深刻的认知，乡下的一些老人虽然对现代知识系统一窍不通，但他们对家族观念、人情世故的认识程度并不弱于城市中的类似群体，甚至令大多数城市人汗颜，正如费孝通先生实证的，在传统宗族观念的影响下，人们对“家”这个最基本的社会关系的认知其实是很高的。反过来看，虽然城市中的人每天面对着大量复杂且变化的对象，但城市人所普遍认同的个人主义与物质主义立场却是简单且唯一的，这自然引导人们总是试图对变化复杂的世界做出固定且单调的解释，或者说做出一种个人主义的解释。这种倾向不仅造成人们对世界的狭隘理解，也容易导致固执、自大与非此即彼，这也是城市文化富于侵略性的原因之一。

总的来看，城乡文化之间差异是显而易见的，但这种差异并不能说明文化层次的高低，至少从文化心态的角度看，两种文化都有它们独特的优势与无法回避的劣势，两种文化都是高度成熟且发达的，都能够切入到人们对生存意义的反思这一层面上来。同时，城市与乡村之间的冲突在空间隔离的角度上看是不存在冲突的，也就是说，如果人们不追求城市与乡村的融合，而保持两者之间的绝对独立，那么城市与乡村的文化极有可能发展为两种独立的特色文化。举例来说，中国东海岸的城市文化与日本北海道的乡村文化之间并不产生直接冲突，前者只有可能和东海岸的周边渔村文化发生矛盾，因为两者间的文化发生了对接，而它们的目的是融合。

然而，并非所有形式的对接与融合都面临着冲突。事实上，在当代中国社会的城乡一体化进程中，城乡之间的文化渗透不可避免，但文化作为抽象实体之间的对接并不能造成实质的冲突，这里用两个案例说明城乡之间的“伪融合”。

第一，乡村文化作为表象的城市文化。人们在城市中的核心生活状态是固定的，因而在“非核心”的生活需求上就异常渴望一种多样性来弥补单调乏味的城市生活。这种对多种文化样态的包容性也是城市文化的主要特征。在此基础上，乡村文化以及其背后蕴藏的生态、绿色、健康与自然成为城市文化渴望吸收的对象。因而，可以看到城市中出现了各种各样的“农家餐厅”，“有机食品”，它们通过细致且隐蔽的设计赋予了商品一种粗犷朴素的农家风。乡村文化原有的丰富外延被剥离，剩下的文化要素被抽象成几个符号之后被应用在商品上，实现了城乡文化的“融合”。然而，这种融合模式下的乡村文化只是徒有其表，并没有体现出文化的核心部分。它们归根结底是在市场导向下的乡村文化产品，而不是乡村文化，它们的内核非但没有削弱而是加强了城市文化的特性。

第二，城市文化作为表象的乡村文化。从文化现象上看，城市文化似乎是乡村文化的进化样本，乡村文化总是在试图拷贝城市文化的现代性特征。例如，现代城市是被科技与网络技术包围的，消费电子产品在个人的日常生活中扮演着重要角色，人们的社交活动、消费活动与娱乐活动都被整合到一个便携设备中，这些设备成为了城市生活与城市文化的镜像。“科技改变生活”的终极目标在当今时代得到了充分的展现，它也成了城市文化所能诠释的“现代性”这一核心概念的全新维度。同样的，在科技生活的感召下，乡村社会也试图拥抱现代科技，但由于网络基础设施、人均消费能力等硬指标的差异，依托于消费模型高度成熟的现代科技很难在乡村社会生根发芽。因此，作为对乡村社会中庞大的市场需求的满足，以及对社会个体低购买力的妥协，“山寨”商品开始风行。在乡村社会中，我们总会产生一种印象：一切都那么熟悉，一切又那么不同。这就是“山寨”所带来的知觉。“山寨”在当今社会并不意味着假货或低质，而是意味着在品牌、功能与价格之间的平衡，甚至是一种全新的生产消费方式。“山寨品牌”也不仅仅是对著名品牌的低劣仿制，更多的则是“制造山寨商品的品牌”，即用低价实现品牌基本功能的二线或三线制造商品牌。“山寨”在乡村社会甚至乡村文化中长期存在具有相对合理性，它的确能够满足很多乡村消费者对城市“先进文化”的憧憬，又能够与他们对这种“先进文化”的理解程度相适应，同时还能在价格上维持在可承受范围之内。与“有机食品”将乡村文化符号化一样，“山寨”也将城市文化符号化了。城市文化在这里只是一种表象，其背后依然是乡村社会对文化的自觉与自持。

上述两种情况下，城市文化与乡村文化之间的确发生了某种接触与融合，但显而易见的是，这种接触并没有产生直接的冲突，所谓的融合也只是流于融合。事实上，这两种“伪融合”没有触及两种文化系统的核心，它们只是对彼此文化系统中的文化要素进行了挪用。“有机食品”的核心只是乡村文化中的自然与绿色，并非乡村文化的全部，“山寨手机”

的内核是城市文化中的科技与现代生活，也不是城市文化的全部。那么，下面我们用两个案例说明究竟哪些要素代表了两种文化各自的核心，哪些要素能够真正代表两种文化。

第一，城市文化对乡村文化的直接侵入。新中国成立之初，中国社会的城市化之路都是以工业发展为基础的。在计划经济下，工业化的宏观部署依赖于国家全部经济战略的倾斜，在经济体量不足的情况下，这种倾斜必然导致“以农补工”的情况发生，也就是用滞缓农业发展来补贴工业，用农村来支持城市。改革开放以后，市场经济的资本调控模式让经济体量的快速膨胀成为可能。在此进程中，城市化发展的两个优势得以凸显，其一是国家工业化战略中积累的物质资料与大量资本；其二是我国逐渐开始试点市场经济，让一些城市占据了先天优势。相应的，农村的两个劣势也尤其突出，一方面“以农补工”造成了前期资本积累严重不足，另一方面受农业生产方式所限不能快速实现市场化转型。两方面的动因共同造成了城乡的发展落差，这种落差在市场经济带来的马太效应作用下得到了进一步加强。进入 21 世纪，资本全球化的大潮席卷中国，中国进入市场经济的首批试点城市已经发展成熟，资本市场的发育需要大规模拓展市场，而中国广大的农村地区也就成了诱人的处女地。资本下乡是一把双刃剑，它可能帮助乡村经济快速实现快速发展，也可能带来城市资本对乡村市场的进一步掠夺，这两个过程共同构建了一个在文化冲突中快速发展的中国乡村社会，并且发展的速度与文化冲突的激烈程度成正比，与乡村社会需要承受的文化压迫力也成正比。

从另一个角度看，在以资本为载体的城市文化的侵入中，乡村社会的文化抵抗力也渐渐发挥作用，城市文化的入侵越是激烈，乡村社会的文化自觉越是深刻，这也是两种社会生产方式的冲突所导致的文化对冲。因而，乡村社会的文化抵抗力得以凸显，也是激发乡村传统文化实现最后的爆发的过程。传统乡村社会对城市人的固有印象是“坏”与“滑”，这是两个具有深刻内在关联的印象。显而易见的是，即使是被喻为“淳朴”的乡村文化中也不乏“坏”与“滑”的存在，至少这两种印象在乡村社会中并不少见，理应见怪不怪。但当这两个词用来形容对城市人的整体印象时，其中的隐晦之处则在于，“坏”与“滑”完全成为了一种备受嫉妒的描述。除去这两个词所蕴含的道德指向，它们往往象征着一种物质财富上的胜利，这是引人深思的。即使在文化上乡村社会对其排斥，但在生活中每个人却都希望获得切实的富足。因而，这就造成了乡村社会中的文化矛盾——人们一方面反对唯利是图的生存原则，另一方面却又对这种唯利是图带来的实在利益充满向往。这种矛盾带来的是对抽象的资本与实在的土地所代表的生活与生产方式的选择困境。而乡村文化的自我调整在这里发挥了作用，但其结果却是显而易见的——淳朴的乡下人也不再“淳朴”了，乡村人“变坏了”，甚至有的乡下人比城里人“更坏”。毕竟城市文化背后的现代性内核或多或少地包含着积极的自我反思，但这种自我反思在对现代性接受程度较低的乡村社会是难以落地的，这样就解释了为何有些乡下人在赚起钱来的时候比城市人更加不择手段，反倒在积累了一定财富之后才开始对当初的牟利之举多有愧疚。

在以“资本”为载体的城市文化进入乡村社会的过程中，两种文化之间的碰撞就注定出现。这种文化侵入的结果并非说明城市文化对乡村文化的霸权，而是乡村文化对自身文化遭到冲击时发生了自我觉醒。同样的过程也发生在乡村文化在对城市的侵入中，只是这种侵入的载体不再是“资本”，而是“劳动力”，是“人”。

第二，乡村文化对城市文化的直接侵入。中国社会庞大的劳动力流动对社会与文化所带来的影响是巨大的，更不必说这种流动性具有非常固定的流向，并且在可预见的未来还将保持相同的运动状态。因而，这也就为我们考察文化的流动提供了一个基点，而农民工则是这个考察基点的现实抓手。通常我们在考察农民工在城市生活中的文化困境时往往把焦点集中在农民工的文化适应问题上，然而，在肯定农民工尽力融入城市生活是十分必要的前提下，我们依然不能忽视农民工背后的乡村文化对城市文化的侵入。首先需要肯定的是，农民工进城是城市社会生产方式变革的必要条件，这个过程是必不可少的，且在事实上已经发生。

这说明农民工背后的乡村文化进入城市其实是一个十分被动的过程，虽然农民工进入城市的动力是更好的工作、更高的收入与更光明的前途，但他们背离自己熟悉的文化环境来到城市必然会带来巨大的文化对冲。如果说通过经济结构的合理化与社会公共治理的进一步完善，农民工的生产生活能够基本上与城市生态系统接轨，那么城市系统在文化层面对农民工文化的接受程度则要低很多。这种接受程度的不均衡在很大程度上源于城市文化从未试图在文化上接受农民工，而只是试图让农民工接受城市文化。与生产方式上的开放态度相比，城市系统在文化上则是相当封闭的，在现实生活中我们往往看到有很多人对农民工的认同程度很低，虽然他们并不否认农民工在社会生产中的巨大作用，但却普遍对农民工的文化水平表示怀疑。事实上，这里所谓的“文化水平”的本质是“文化个性”，这一现象只是城市文化对乡村文化进行排斥的表现而已。

与城市文化对乡村文化的拒斥相反，乡村文化在农民工进城这一现实的社会行为中则不得不保持开放，而这反倒赋予它一种极强的文化生命力。这种生命力表现在很多方面：其一，乡村文化的吃苦耐劳与不怕脏累得到了继承，这种文化要素在城市文化中转变为某种符号，它甚至限定了城市人在择业方面的倾向，也开拓了更多特殊的细分市场，如快递行业的配送市场，街道边上卖鸡蛋灌饼摊位的快速早餐市场，高校打印店的散客印刷市场等；其二，在上述特定领域中，乡村文化的粗犷特性与城市文化的精致特性发生了冲突，以个体装修队为例，其人员构成多数为进城务工的农民工，在装修行业的“师承”文化体系下成长起来，并逐渐将这种文化发扬壮大。它们的文化作风体现在个体手艺的成熟、细分市场的垄断、对市场价格的控制三方面。乡村文化中那种传统手艺工匠的职业内核在城市中发展成一种原始的垄断，同时，这种文化中固有的对价格的随意态度与斤斤计较也得到进一步强化。乡村文化进入城市之后进行了一种有效的进化，它能够在现有农民工生产方式的基础上最大限度地保证收益。由于农民工在特殊市场上的垄断地位，又导致这种“进化”了的乡村文化有权与城市文化保持对立，因而，从最终的结果上看，城市文化又不得不认同这样一种文化存在，虽然在心理上并不接受它。这样也就出现了讽刺的一幕，城市文化的先进的自我认同并不接受农民工背后的乡村文化，而后者却在城市文化的排斥下成长为更具生命力的文化形式，并最终成为了新的城市文化的一部分，反而确证了城市文化多样性与包容性。

也就是说，在乡村的"人"以文化载体的形式进入城市的时候，他们所带来的文化影响力也是不容忽视的。即使乡村文化在与城市文化的照面中似乎并不自信，但在人作为劳动力参与社会生产的支撑下，这种文化的不自信反而成为了文化自身发展变化的动力，甚至是它获得全新生命力的来源。

2. 城市与乡村文化差异的根源

回到之前对"城市化"的讨论，其本质是高等生产方式对低等生产方式的淘汰过程。在此基础上，城市与乡村之间的文化矛盾也就凸显了人类社会生产方式"现代化"的核心内容。

第一，人类社会城乡二元结构的产生。

科特金在《全球城市史》的序言部分指出，城市代表了人类的创造性欲望①。作为类比，乡村则象征着人类的生存性欲望。从人类学上看，人的社会性本质决定了人必须要在社群状态中才能生存并延续，这种原初的社群状态是人类最根本的交往模式的结果。"群"既意味着自然性的一面，是与一般群居性动物的生理目的相一致，同时也具有着人类社会实践的内涵，是人们社会性本质得以展开的方式。社群的出现与原始社会分工的形成在人类史上相继出现，虽然两者准确的相继关系并没有确凿的史料支撑，但可以确定的是，这两个要素共同决定了人类最初的生产方式。这种最初的生产方式包括了西方的海洋文明、东方的土地文明

① 美国学者科特金在其《全球城市史》的序言《神圣、安全、繁忙之地》中认为，人类最伟大的成就是城市，而城市在最初往往只是一些小村落，后来才发展成大城邑。这说明科特金的"城市"概念包括了它的前身，但这个前身并不是现在我们所说的乡村。参见[美]科特金《全球城市史》，王旭等译，北京：社会科学文献出版社，2006。

等等，这也构成了最为原始的且是建立在完善的生产方式上的社群，并逐渐成熟化为社会。这种社群并不是乡村，更不是城市，它是乡村与城市的原初融合态。原初社会的重要特征是人与自然的“亲近”，这种亲近并不是没有矛盾，而是人在对自然的敬畏与认知之中寻求到的“和谐”。路易斯·芒福德在《城市发展史》中指出，墓地、神祠构建了人类形成原始社群的精神需求，而驯化动植物则标志了村庄的形成[①]，当然这种标志方式也是以我们今日对村庄的定义为基础的，而这种推演能够上溯到中石器时代，也就是距今1万5千年前。

对于城市从乡村中崛起的过程，我们可以从不同的视角划定不同的起点。从哲学上看，亚里士多德认为“人们为了安全，来到城市；为了美好的生活，聚居于城市。”[②]从经济学上看，劳动产品交换场所的相对固定才是城市的雏形。从军事学上看，社群种族修建用来防御外敌入侵的原始护栏或城堡意味着城市的出现。从宗教学上看，以神庙为标识的公共祭祀场所构成了最初的城市广场。从建筑学的角度，汉斯·J·尼森(Hans J Nissen)在他的古代近东早期史研究中指出，面对大量的矿产、石木材与淡水资源，人们为了对其合理利用而建造原初的“工程”设施，而这成为了原初城市的基础[③]。在今天看来，原始社会的物质生产资料十分富饶，但这种富饶也只是在生产力水平较高的前提下才具有意义，科特金继而指出，对生产资料的利用要求工程建设，而工程建设要求人们必须凝聚起来，这种凝聚意味着道德、文化与社会秩序的出现，而这也正是城市文化的雏形。而一旦城市形成了固定的秩序，法律、道德与政治的上层建筑体系也就基本完成，这最终将城市从原初社群或原初村庄中独立了出来，并与后者共通构成了城市与乡村的人类社会二元结构。

---

① 参见[美]刘易斯·芒福德《城市发展史》，宋俊岭等译，第1章的第3、4节，北京：中国建筑工业出版社，2005。

② [古希腊]亚里士多德：《政治学》，吴寿彭译，78页，北京：商务印书馆，1996。

③ [美]尼森：《古代近东早期史：公元前9000～2000年》(*The Early History of the Ancient Near East*，9000—2000B C)，56页，芝加哥：芝加哥大学出版社，1988。

第二，中国传统社会城乡文化的对立。

《史记·五帝纪》中有写“舜一年而所居成聚，二年成邑，三年成都”。这大体上概述了中国古代社会形式的三个演变阶段。“聚”通常是指聚集，是人的有意或无意的集会，它的起源可能有生物上的群居倾向性，也可能有人类意志与目的性，具体则不甚可考。而“邑”的范畴则比“聚”更加清晰，《说文》中有“邑落曰聚”，可见它与“聚”的内涵是类似的，而从字形的角度看，它既有一定的包围结构，又有男女相聚的指向。因而，“邑”是“聚”的具象形式，是一个具有地缘特性，同时又具有性别地位分工的概念。随着“邑”的规模逐渐升级，其中聚集的人与物质财富价值也得到积累，因而需要强大的军事体系来作为保护，因而原始的堡垒与城墙逐渐得到升级，这是“城”的最初形式。继而，“城”与“城”之间形成“城邦”，而城邦中的核心城市则成为“都”。“城”的出现是中国传统城乡结构的起点，但这不仅仅是由于“城”的基础设施完备且规模庞大，也是由于它的出现孕育了原始的政治结构，也就是说，原始的城市文化得以出现。正是这一点才使得城市真正从乡村中脱离了出来。“邑”与“城”构成的政治共同体为“国”，而国与国形成“邦”，其政治核心为“国都”。而在一个具有政治意义的城邦中，“邑”则成了最边缘的单位，即“鄙邑”。所谓“鄙”即是“野”，我们常说一个完整的国家是“有国有野”，正是描述这样一个“城邑”共同体。在此基础上，后人说的“君子居国中”（《孟子》），“小人狎于野”①，则描绘了原始城乡文化之间的最初对立。

中国传统的城乡文化对立侧重于政治层面，这从传统文化中对“君子”与“小人”的论述中也可以看出。《论语·里仁》中说“君子喻于义，小人喻于利”；“君子怀德，小人怀土。君子怀刑，小人怀惠”。这里指出了三种对立，其中“土”与“德”对立，前者是物质上的利己，后者是精神上的利众；“惠”与“刑”的对立，前者追求的是个人在经济上的收益私

---

① 贺业钜：《中国古代城市规划史》，106—109页，北京：中国建筑工业出版社，1996。

有，后者追求的是国家法权上的最高普遍；“义”与“利”的对立，则是对“大义”与“小利”做出的价值评断，孰高孰低，一目了然。可以说，“土”“惠”或“利”是建立在农业生产方式基础上的文化表达。农民自身的生存延续被牢牢限定在土地上，加之古代农业种植对自然灾害的抵抗力差，因而“以土为生”具有很大的不确定性，而这又是关乎生死的，于是也不由得农民群体对土地及收成异常看重。最终，这种生存方式构建了他们独特的世界观与价值观。相反，城市在国家系统中的作用是政治与文化中心，因而城市生活其实是在人与人的交往关系中寻求和谐的伦理与政治表达。可以看到，城市人群考虑的是具有更高普遍性并能够维持公共秩序的东西，如“德”“刑”“义”。也就是说，城市文化更强调社会交往，并且试图从交往中寻求对自我的认同，而所谓“君子”也就是在这种自我认同的最高表现，因而也就成了一个具有深刻道德与政治内涵的概念。当然，这并不是说城市中的人并不追求个人利益，而是说他们是试图在一个完善的公共秩序之中追求个人利益，并试图通过建立这种公共秩序将自身的利益最大化。而这种生存方式则具有了显著的“阶级”特征。以此类似的论述还有很多，如《论语·为政》中有“君子周而不比，小人比而不周”之句。《论语·子路》有“君子易事而难说也。说之不以道，不说也；及其使人也，器之。小人难事而易说。说之虽不以道，说也；及其使人也，求备焉”。在社会交往上，顾“周”而非“比”也就是遇事为大多数人考虑而不在意个人得失。在为人处事上，君子具有极强的道德意识，遇事公道，识才用人有魄力，而小人则正相反。

从君子与小人的文化对立来理解传统中国社会中的城乡文化对立只是一个入口，它并不能说明这种对立的全部，但却能说明这其中最重要的部分。简而言之，这种对立源于不同的生产方式所造成的道德与政治意识的对立。然而，在中国漫长的社会历史中有一条更为深层的线索被长久遮蔽，直到近代才得以真正进入公众文化生活，并对当代中国城乡文化的对立起到了关键影响。这条线索也就是“资本”线索。

第三，从“轻商”到“重商”求解当代中国城乡文化对立的根源。

中国传统文化中有“轻商”之说，而所谓“轻商”并不是“轻视商业活动”，而是“轻视商人”。从上文梳理中可以看出，中国传统的“城”本就是一个为了保障公共利益而出现的东西，而这一点也恰恰规定了“城”所代表的文化意义，也规定了城中的“人”所肩负的文化职责，并在这个层面上，将“国”与“野”，或“都”与“鄙”，或“君子”与“小人”区分开来。

所谓“轻商”的传统是对儒家个人修养理论进行推演的结果。虽然“君子”与“小人”是相对的概念，但并不意味着“国都”中的人都是君子，而“乡鄙”之人都是小人。其实，儒家讲“君子”并非是一种生来既有的属性，而是在后天修身之中逐渐习得的一种风范。“君子”是一个理想态，至少孔子认为在周之后的社会中真正的“君子”已经不多，而它所谓的“君子”更接近于以“君子”为人生目的的人。如果从这个角度看，与此相对的也就是以“小人”为人生目的的人，而在现实社会中，这些人并不是农民，而是商人，毕竟前者是迫于生产方式而无奈为之，后者则是主动徇私谋利，因此更受人鄙夷。从另一个角度，传统社会的统治者很早就意识到了所谓“保障财富”一方面是指财富的保持，另一方面也要求财富的增值。战国齐桓公用管仲主国，管仲洞悉了盐铁业的利润远高于农耕税收且市场需求强烈，因此开发煮盐冶铁来提高国家收入。汉董仲舒反对国家权贵“与民争利于下”，大力推进了民间经济活动的发展。然而，由于民营经济的迅速崛起，使得社会财富向成功的商贾手中聚集，这逐渐导致底层民众穷困并带来社会不稳定，直接威胁了封建君主的统治。因而在历史上，封建君主对商人十分厌恶，一方面由于国家经济发展依赖于民间商人带动地方经济，另一方面这些商人大量敛财又会威胁君主权力。因而，从君主意志与国家意识形态的角度，商人所代表的民营资本家阶层一直以来就被正统道德所排挤，也被社会主流文化所拒斥，这就造成了中国文化中的“轻商”传统。

自明朝中叶以来，中国的工商业城市开始迅速崛起，包括长江以南的很多城镇，其中小手工业的规模已十分庞大，且生产水平很高；又如明代的景德镇，清代的天津，前者依赖精品瓷器具，后者依赖运河航运枢纽大力发展地方商业。即便在今天，两地的核心文化元素中有很多都成形于明清时期。然而在清朝的中后期，清政府的闭关锁国政策严重阻碍了中国社会各个方面的发展，与此同时，工业革命则推动西方世界全面进入现代化，并与东方世界逐渐拉开了差距。直到新中国成立，中国人依然在为进入现代社会的反应迟缓买单，这一事实直到改革开放以后才有所改观。

改革开放以前，中国城市与乡村的发展在计划经济的宏观干预下实现了一种平衡，而在邓小平批判的或自我反思的经验主义原则的指引下，同时考虑到“文革”时期对儒家文化的批判，“资本家”观念与“轻商”观念已经不再成为阻碍，中国社会能够非常顺利地进入到一个极具颠覆意义的“重商”阶段。

“重商”阶段的出现代表了中国社会积蓄已久的社会矛盾终于得到释放，而在国家意志层面对“重商”的支持则迅速推动这一价值理念在社会主流文化中扎根。因此，可以看到从“重商”延伸出来的政治倾向、价值秩序与道德评价体系已经构建了一个新的文化系统，并且深深扎根到了社会的最深处。但是，以“重商”作为文化基点来反思城乡文化对立，却能够看到它并未真正消解两者间的矛盾，而是转变了矛盾的形式。如果说传统中国社会从未对农业生产方式和“以土为生”的生活方式进行否定，而只是对建立在它之上的价值观进行了否定，那么，当代中国的“重商”文化则直接将改革之刀割向了生产方式本身，割向了人与土地的这种深刻的依存关系。虽然资本市场下的农业生产提高了农民耕种土地获得收成的效率，但问题在于农民进行耕种的“目的”不再是为了生存与延续，而在于获得更多的物质利益。

我们说文化是一个庞大与复杂的整体，那么文化的整体性就决定了中国古代崇高的道德准则与传统的以农辅政的生产关系的浑然一体，两者之间的联系是在历史中被固化的。同时，所谓“重商”只是一种社会意识，其背后有资本的影子在恍惚晃动。然而，资本运作的基础是人作为理性经济人的自由行为，这在一定程度上决定了它天生缺乏道德维度。

因此，当代中国的“重商”文化宣告了与中国传统社会的生产方式及其文化底色的决裂。有趣的是，这种文化上的决裂在现实中是不合法的，因为城市的发展根本无法离开乡村，而乡村社会却是中国传统文化精神最后的阵地。于是，城市发展在物质生产领域需要乡村的参与，而城市文化的内核在本质上又是反对乡村文化的，这也就是城乡文化之间的矛盾难以消解，并且在长期之内依然会持续存在的原因。

总的来看，现代城市的发展要求对旧的生产方式的变革，以及对旧的社会文化体系的扬弃，必然导致城市文化与乡村文化的对立。同样，正如上文的案例所示，随着资本进入乡村社会，或农村的大量劳动力进入城市，新的且高级的生产方式正在取代既有生产方式引导城乡各自的发展，但生产方式的取代关系并不意味着文化之间也具有取代关系，相反，它带来的是两种文化的融合。

3. 城市与乡村文化融合的可能性

城市与乡村为社会共同体提供不同的产品，工商农产业的互利互补是国家持续稳定发展的前提，因而在物质生产上寻求城乡一体化是发展的必然趋势，这就要求两者在文化上也需要寻求相互融合。然而，文化上的城乡融合并非意指此消彼长，更不是对哪一种文化形态的盲目崇拜。也就是说，文化上的城乡融合不是“去乡村化”，也不是“乡村文化复兴”，而是文化的“城乡一体化”。

第一，从文化极端主义到批判的文化自觉。

城市文化与乡村文化在当今中国社会中存在冲突是可解释的，因为两者都呈现出一定的文化极端主义倾向，只是表现形式稍有不同。乡村文化的极端形式根源于文化上的自卑，而城市文化则恰恰相反，根源于文化上的自信。两种文化自觉上的偏差最终导致在各自维度上的极端化发展，而这种极端主义趋势越是严重，两种文化之间的对立就越是难以融合。如果要寻找一种解决方案，首先就要消解这种文化的极端主义。

乡村文化相对于城市文化更注重对中国传统文化的继承，但这种继承并不是乡村文化的内核使然，而是一种文化身份迷惑所导致的。乡村社会从来就不是精英与先锋文化的诞生之所，而古老的生产与生活方式所自有的民俗风味又决定了它的基本特征。在封建中国，用政治评价取代文化评价来为乡村社会定性是一种传统，因而“农”的文化意义在很大程度上都一直被政治狭隘化了，原本依托于耕种这种“无价值指向活动”的劳动主体被赋予了价值评判，这也就导致了乡村文化生来就存在着某种自卑。乡村文化并不认为自身的本源文化带有特殊性，也不认为自己的文化内容具有任何优势，甚至否认自身拥有文化属性。于是，它只能从外部寻求文化上的依托，并努力塑造自身的文化身份。这一过程持续了两千多年，已经通过历史得以凝固。也正是由于乡村文化的自卑，促使它对已经寄托其中的文化传统异常崇拜，因为这种文化传统意味着“自我”，同时也决定了它对新的文化形式的排斥，因为它意味着和“自我”决裂，成为“非我”。对传统文化的“迷信”意味着文化的极端主义，这毫无疑问是由于对文化缺乏正面且积极的思考所导致的，也必然会带来与现代社会的文化体系，甚至是与全新生产方式的格格不入。举例来说，中国乡村文化中一个很显著的特征在于，它并不能够吸引优秀的人们“留下来”。西方世界的人才流动机制在文化的作用下实现了很好的效果，乡村中固有的“家”的文化意义对很多年轻人具有吸引力，除了通过普遍的选拔机制离开家乡的人之外，很多年轻人愿意留在乡村，留在家里，并为了让它变得更好而努力。与此相反，中国乡村文化传统中虽然也有“家”的意识形态，但却没能在年轻一代中渗透。大多数人都想方设法离开自己的家乡，而即使是那些暂时留下来的人也继续保持着总有一天会“走出去”的期许，而不愿为了自己的生长之地贡献全力。中国传统文化中的“家”更强调宗族传统与家法戒律，这种文化印象偏向于对人的制约，与年轻人寻求突破渴望自由的性格是相悖的。在这一方面，城市文化的优势则体现了出来。事实上我们也可以看到这种文化上的优势已经影响了中国劳动力的整体流动，并间接造成了中国城乡发展的巨大落差。

另一方面，城市文化自我认同为“先进”的文化，但其实这是一种错觉。城市将生产方式上的先进性作为文化先进性的判断依据，并忽略了文化自身的价值指向以及它背后的庞大意义群。城市文化在某种程度上能够适应以社会化生产为基础的生产关系，也能够促进生产力的创新与发展，因而它的优势在于对生产方式的推进作用，或者说，城市文化的优势在于它的“有用性”。但显而易见的是，文化的内涵远非“有用性”可以概述，而过于强调文化的单一性质却容易走向文化极端主义。具体来说，城市文化凸显了现代性的内核，凸显了人作为理性主体所能达到的最高水平，因而工具理性对自然世界的自大也就表现为城市文化的自大。工具理性意味着人为自然立法和人对自然的规制，随着理性能力的提高，人将自然看作是依托于理性而存在的对象，甚至用理性认知取代了自然世界本身。这种理性自大的负面影响有很多，例如人对核能量的误用所带来的灾难，人类社会现代化进程中带来的生态问题，甚至人通过“完美的”理性建立起自我保护的政府反倒成了人走向真正自由的桎梏，成为了人所畏惧的“利维坦”。而在文化上，理性的自大就体现在文化的霸权上，这即是城市文化走向文化极端主义的现实展开。事实上，正是城市文化的这种急功近利往往限制了城市资源的进一步开发，甚至阻碍了城市自身的发展。放眼望去，当今中国城市建设中如火如荼的“旧城改造”“危房改造”普遍都是商业化运作的结果，地处城市黄金地段的人文历史区域被冠以“危旧”之名而遭到灭顶之灾，无数的城市街道被反复重建，大量的城市建筑在远远未及设计寿命的前提下就被重新开发。同时，这种短时期的建筑更迭也造成了城市建筑风格的失调，城市绿地的减少，城市可吸入粉尘颗粒的激增，大量住房被闲置，其不仅严重违背了城市统一的审美走向，也是对城市优质资源的浪费，更是对城市居民日常生活的破坏。

我们常常为城市或乡村贴上某种文化标签，城市往往等价于“富裕的”“文明的”“现代的”，乡村则是“贫穷的”“野蛮的”“原始的”。但对于一种文化形式来说，任何标签都是狭隘的，因为它们都是依托于一种现有的价值倾向对文化主体的误解。因此，若要修正这种文化身份的误读，必须要用批判的方式重建对既有文化系统的传统认知，并寻求城乡文化的融合。

第二，城乡文化群：城乡文化融合的实现形式。

在城乡文化融合的前提下，文化的规划与建设也就需要同时考虑两个角度，一方面要保证城市和乡村文化特色的延续，另一方面也要积极促进两种文化间的沟通与交流。在这个基础上，可以想象城市与乡村在文化融合的作用下成为一个统一的整体，那么所谓文化上的城乡一体化也就具体表现为“城乡文化群”。为了实现这个目的，需要完成三个步骤：

第一步，用文化重新定义城市与乡村。从古代城市的出现开始，城市与乡村的二元结构就成为人类社会的基本形式，历经千年而不变。城市的出现从不意味着乡村的消失，在文化领域亦然。当代中国城市文化的发展离不开两方面的原因，一是伴随西方技术与资本输入而来的西方文化，二是中国传统文化中的农耕文化。这也就解释了中国文化的特色之处，它既有现代城市的先锐、奔放与生命力，同时又有传统中国的克制、沉稳与内敛。城市的文化功能从来就不是让之前的文化绝迹，反而是将它们集中、放大、强化与稳固，并在这个过程中实现某种递变。正因如此，城市文化往往具有先导性与方向性。另一方面，乡村社会是中国传统文化的“天然温床”，也是华夏悠久文明的活化石。乡村文化中的“俗”与“旧”是一种特殊的文化余味，它是人们回忆一个久远时代的入口，也是历史之“真”的现实表现。可以说，从文化的视角，我们得以看到城市与乡村的灵魂，也论证了用文化重新定义城市的可能性与必要性。

文化的审视角度有很多，它可以是历史的，可以是自然的，也可以是艺术的。从历史的传承视角看，城市建设可以注重城市历史的展现，对于具有纪念意义的标志性建筑给予重点保护，对城市人文精神的表达可以在博物馆中得到实现，而乡村中对于民俗与手艺等民间文化瑰宝的延续与保持要尤其注意，这些在城市中已经遗失的东西具有着重要价值，更是乡村文化自我价值的展现；从自然的角度看，城市发展要注重引入生态视角，这包括城市建筑的节能环保，城市产业的生态可持续，城市环境的优质与健康，而乡村则要维护自身的生态优势，对于陈旧低效的生产方式要给予扬弃，对土地、空气、水源、耕地、森林等自然要素的养护继续；从艺术的角度看，城市规划要注重和谐的美学原则，打破水泥森林的格局，在保证实用性与坚固性的同时最大限度地融入自然美的理念，在城市硬件中体现城市性格，树立城市形象，而乡村规划要注重在细节上施力，提高文化景观的创造性与独特性，当然这种注重细节与乡村文化的粗犷气质并不相悖，反倒是对既有文化气质的提升与加强。简而言之，用文化来定义城市和乡村需要体现一个开放性视角，而不是用资本与市场来作为唯一的评价标准。

第二步，用文化意识重塑“城市人”与“乡村人”。这具体表现在五个方面：其一，无论是城市还是乡村，人都是文化的主体。虽然在当地社会中，人并不能真正体现出自身作为一个文化主体的本质，但人基于这种本质而发生的文化需求却是庞大的。例如城市人与乡村人都向往闲适的生活状态，那么前者只需打开天窗畅快地呼吸，后者只需接入网络畅想所需，这就是文化自觉下的文化生活。其二要强化文化建设的规划意识，以人的深刻的文化自觉为起点，以满足人的丰富的文化需求为落点，从宏观上坚持规划先行，从微观上坚持统筹兼顾，避免自由市场对文化发展的偏狭干预，从文化共同体的利益出发部署长远的文化发展战略。现代城市虚假的文化市场表现为文化的空洞与重复，而在合理规划下的文化市场则表现为丰富。其三要注重文化特色的培养，文化的特色并非人的创造，正如同人不能塑造自己的性格，但文化特色却是在人的行动中得以展开的，一个民俗文化博物馆，一个民间手艺体验馆，甚至是一个运作顺畅的乡村博物馆，都是这种文化特色的重要表征。其四要注重文化的渗透性，人将文化融入语言系统与思维范式之中，这是人与文化之间相互融合的确证，是真正的渗透，也是人对自身中的文化本质的确证。在文化的普遍性之中，“城市人”与“乡村人”的界限将变得模糊，因而，城市人不仅能够在乡村中看到城市的过去，乡村人也能够在城市中看到浓郁的乡愁。这种文化自觉必然会带来社会文化走向的变化，而“城市群”也终将等同于“地球村”。其五要塑造城乡文化融合样态下的“文化人”，这是文化融合的目的与落点。文化的塑造在社会转型时期表现为人的主体行为，然而在这个过程之中文化也反过来塑造了人。所谓的城市与乡村都只是人的对象世界，它们只表明了一种偶然性与可能性，人在这种偶然性的文化表征中走向本真才是走向了必然性与确定性。文化是人的生存环境的整体抽象，这个生存环境本身并不重要，无论是城市还是乡村，人们都可以从中领悟生命的意义。

第三步，构建基于现代信息技术的新型城乡一体化。从全球经验来看，信息化是在工业化高度发展的基础上产生的，而信息化一旦出现和发展起来，便会反过来改造传统工业领域，成为提升城市化水平的巨大力量。在信息技术的强大支持下，催生了一股强而有力的文化旋风，“互联网思维”与“互联网＋”的全新概念，正在自上而下进入市场，带动了最新的产业革命。信息技术革命不仅提高了劳动生产率与产业价值链延伸，同时也渗透到城市生活中来，如智慧城市、柔性制造、智能生产等概念的提出，就体现了以信息共享与网络协同为核心的新型城市生态系统。为什么说信息技术能够推动新型的城乡一体化建设呢？原因在于信息技术是以产业融合为最终目的的，它的价值在于推动全面的产业联动。首先，以新型工业化快速发展为契机，可以重点发展城镇经济，加快工业、商贸、物流建设，打造新型城乡经济圈。在此背景下，统筹城乡协调发展将不再需要政策推动，而完全实现产业结构推动，这将极大地加强城镇化建设，完善城镇服务功能，并逐步提升城镇基础设施智能化和管理精细化水平。其次，在巨大产业链的背景下，城市与乡村的区分并没有具体意义，它们各自代表了不同的产业上下游结构，也是一个巨大的产业链之中不可或缺的一部分。与此同时，在大数据发展起来后，信息源正成为推动社会发展的第一资源，而城乡区分在信息源的层面上也不具有现实意义，反倒信息源的有效利用与整合十分有利于城乡之间的交流与互通，为城乡融合奠定信息基础。再次，城市与乡村代表着不同的文化空间与不同的文化需求，其背后是不同的市场资源与庞大的信息。大数据分析的本质是概率问题，数据基数越大，分析可靠性越高，这就需要信息的大规模收集。在庞大的数据面前，任何市场都是巨大的，都是价值无限的处女地，那么城乡之间的消费能力都能被充分地开发，两者之间的差距也将逐渐缩小，城乡在经济活动的整体特征上将趋于一致。最后，在信息技术的文化导向下，可以预见未来的城乡融合很有可能首先发生在虚拟社区之中，虚拟社区的文化指标也将极大地影响现实社会文化发展的趋势。“线上”与“线下”世界各自的矛盾能够在彼此之中找到消除或缓解的空间，这势必带来新型城乡一体化的迅速形成并走向稳固。

总的来说，当代中国社会中的城乡文化矛盾是人类社会文化演进的一个微观表征，这种矛盾是现实的，也是必然的。但随着城市与乡村两种文化系统的成熟，两者之间的矛盾也终将消解，两者的融合也必然会实现。可以预见，以城乡文化群为主要形式的文化共同体将在未来中国社会中迅速成型，并主导中国社会的文化走向，而城市与乡村的二元结构也将在这种文化融合中走向真正的一体化。

三、消费文化与娱乐文化

消费文化、娱乐文化与大众文化既有“交集”，又有差异。消费文化与娱乐文化并不仅仅是呈现与反映市民阶层的消费与娱乐的特征，也映射了知识分子阶层的消费旨趣与娱乐习性。大众文化的突出特征是追求感官享受的娱乐性，娱乐大多通过消费达成。在市场经济成为主要的资源配置方式的背景下，消费文化与娱乐文化构成了“资本的个性”与“人的个性”的深层矛盾。

1. 市场经济与消费主义

市场经济的全球盛行带来了消费主义的滥觞。市场经济从本质上说，一方面是要求资源的最佳配置，通过市场的自由竞争自行调节资源的配置与产品的价格，从而达到利润的最大化。正如马克思所指出的，市场经济图景中的资本主义的生产以追求利润的最大化为根本目的。工人工作时间确定的情况下，资本家就通过相对剩余价值的生产来实现资本的增殖。而相对剩余价值的生产必然会要求不断提高生产率，由此导致的结果是商品的巨量堆积。另一方面，却是贫富的两极分化日趋严重，财富越来越多的积聚到资本家手中，大众的消费能力日趋微弱，资本的不断积累，最终会形成经济危机。

众所周知，19 世纪的资本主义社会周期性爆发经济危机，直接的现实表现是生产与消费的脱节，大量生产出来的物品无法销售出去，导致牛奶只能倒往沟壑的荒唐结局。如法国调节学派代表人物阿吉列塔所说，“生产与消费的联接(articulation)对于资本主义再生产来说是至关重要的，一旦联接的链条中断，就会爆发经济危机”[①]。资产阶级为了维持社会再生产的循环进行，一方面不断刺激国内民众的消费需求，资本家“寻求一切办法刺激工人的消费，使自己的商品具有新的诱惑力，强使工人有新的需求等等”。[②]另一方面借助大量的精神产品使消费主义席卷全球。

消费主义的盛行始自“二战”之后，它鼓吹物欲的享受与感官的刺激，崇尚消费为人之根本，奉行“我消费故我在”的价值观宗旨，宣扬消费是人的自由权利的体现。芭芭拉·克鲁格曾说过“我消费故我在”，消费俨然成为人存在的本体论前提。消费主义从其价值观来说，是享乐主义。如何获取享乐？通过“大量占有—大量抛弃—重新占有”周而复始的消费，这又无异于物质主义。消费主义鼓吹消费能够满足人的需要与欲望，因此消费能够带来快乐与幸福，人能够感到自我价值的实现。

消费主义促使始作俑者的国家贸易出口额的扩大，大批量生产出来的产品被销往全球各个国家，这就在一定程度上缓解了其经济危机。

---

① 罗钢：《消费文化读本》，3 页，北京：中国社会科学出版社，2003。

② 《马克思恩格斯全集》，第 30 卷，247 页，北京：人民出版社，1995。

"全球资本主义的文化—意识形态力图使人们超越他们的感官需要去消费，以使带来私人利益的资本连绵不断地积累下去，换句话说，以保证全球资本主义体系的永恒存在。消费主义文化—意识形态郑重地宣称，生活的意义存在于我们所拥有的商品之中。因此，消费就是生命的全部活力所在，为了保持生命的活力，我们就必须不停地消费。"[①]消费主义正是这种试图巩固生产与消费联接链条的产物，其本质是刺激大众的消费需求，服务于资本增殖的目的，为资本主义的物质生产保驾护航。

然而，消费主义却导致了大众价值观的扭曲，突出表现为两方面：一是崇尚金钱，蔑视道德。拜金主义、利己主义风行，中华民族的一些优良美德(如勤俭、节约、艰苦朴素)逐渐在褪色。用马克思的话说，就是货币拜物教的现实表现，人将自身的力量对象化在货币当中，货币具有了支配人类命运的神秘力量。"金钱万能"的理念盛行，人生的丰富意义单一化地表现在金钱的拥有与追求上。在消费主义支配下的人们只关注自己的钱包，人与人、人与社会之间的关系被金钱、利益关系所掩盖，近年来频频曝光的"地沟油""毒奶粉""瘦肉精""彩色馒头"等食品安全事件，足以表明诚信的缺失、道德的滑坡已不是个别现象。二是崇尚消费，蔑视生产。消费主义追求简单、刺激、新鲜的感官享受，国内炫耀性消费事件接连不断，各种天价烟、天价酒、天价表、天价年夜饭、世纪婚礼等等事件频频上演。"官二代""富二代"在炫耀权力与金钱，"高富帅""白富美"更是青少年男女的梦中伴侣……炫耀性消费者自得其乐，不少普通民众更是"眼红"，感叹自己财力有限。当前的社会现实是中国已是全球第二大奢侈品消费国，由此可见消费主义的冲击力之大。简言之，大众已习惯了把炫耀性消费看作是自身价值的实现、获得认同的手段。如法兰克福学派洛文塔尔所说，大众的偶像已经由生产性偶像转变成了消费性的偶像。很多穿越剧，以总裁、经理、皇帝为题材的电影、电视剧、小说，充分说明了这一点：故事中的主角一夜之间凭借总

---

① ［美］莱斯利·斯克莱尔：《全球化社会学的基础》，载《社会学研究》，1994第2期。

裁、经理、皇帝的外力获得财富与成功，这些“总裁、经理、皇帝”之所以受人崇拜，正是因为他们的消费能力——消费金钱的能力和消费权力的能力。生产已经被遗忘，唯有消费至上。由此可见，在大众文化层面，消费主义加深了大众文化无深度的、休闲消遣的、娱乐的庸俗化倾向，故而造就出了更多喜欢低级、庸俗趣味的大众。

2. 消费文化的双重矛盾

消费文化是反映大众消费旨趣与价值取向、引导大众消费的文化形态。在当代，由于资本逻辑对于大众日常生活的全方位渗透，导致了消费文化的双重矛盾。在消费文化的反映层面，消费文化反映的更多是资本的个性，而不是人的个性，形成了人与资本的矛盾。在消费文化的引导层面，形成了消费自由与资本诱惑的矛盾。

消费是当代社会发展的源动力，是人实现自由全面发展的重要手段。消费不仅是经济现象，也是文化现象。在当代，消费在人们生活中所占的比重越来越大，鲍德里亚认为我们处在消费控制着整个生活的境地。消费是大众最强烈、最直接的展现自我个性的途径，大众普遍通过消费来享受生活、实现人生的价值。因此，消费文化直接反映了当代人的生活价值观，透过消费文化这面镜子，能够映照出人的发展的具体样貌。消费文化是当代中国诸种文化形态之中较为独特的组成，对于消费文化的深入分析，不仅有助于构建理性的消费文化，而且有利于促进当代中国文化的大繁荣、大发展。

文化是人化，对于文化的考察不能脱离了人的实践活动。消费文化是人的消费行为所折射出的文化意蕴。人们对于消费对象的选择彰显着自身的文化底蕴。经过长时间的积淀，逐渐形成了极具共性的、能够普遍反映某个区域人们购买商品的消费习俗、消费观念，这些消费习俗、消费观念就是消费文化的具体表现。但是，消费文化并不是静态的抽象意识形态，而是不断演变的动态结构。在不同的历史时期，消费文化有着不同的表现形式，不同时代人们的消费观念与价值取向往往不同。在远古时期，生产力水平较低，社会普遍倡导勤俭节约的消费观，消费文化主要反映的是人与消费对象之间的关系。而随着历史的发展，消费文化的具体表现越来越复杂。

在当代，大众的消费行为有一个突出特征：消费动机多元化。大众可能是纯粹为了获得消费对象的使用功能而去消费，也可能是出于炫耀个人社会地位或是财富，如凡勃伦所说的上层阶级通过“炫耀性消费”来使下层阶级折服。他们会去消费一些生活中很少会使用的、甚至是根本不会用到的奢侈品，以凸显消费主体的社会地位以及个人所占有的财富。“要获得尊荣并保持尊荣，仅仅保有财富或权力还是不够的。有了财富或权力还必须能提出证明，因为尊荣只是通过这样的证明得来的。财富有了证明以后，不但可以深深打动别人，使人感觉到这位财富所有人的重要地位，使人一直保持这个活跃的印象而不磨灭，而且可以使这位所有人建立起并保持一种自鸣得意的心情，在这一点上其作用也是不小的。”[①]消费还可能受时尚驱使。德国社会学家西美尔研究了不同阶层的人们的服装、审美、装饰品等时尚物品的消费，他认为底层阶层人群会模仿权贵阶层，可见，时尚具有鲜明的等级性，“每种时尚在本质上都是社会阶层的时尚，也就是说时尚通常象征着某个社会阶层的特征，以统一的外表表现其内在的统一性和对外区别于其他阶层的特性”[②]。因此，对于社会上层阶层的人来说，唯有不断更新时尚内容才能与下层阶层的人们“存异”。当较低社会阶层开始接受较高社会阶层的风格，“越过较高社会阶层已经划定的界限并且毁坏他们在这种时尚中所具有的象征意义的同一性，那么较高的社会阶层就会从这种时尚中转移而去采用一种新的时尚，从而使他们自己与广大的社会大众区别开来”[③]。此外，消费还有可能是出于物所承载的“象征意义”、“符号”的考量，法国社会学家鲍德里亚称此类消费为“符号消费”。他认为资本主义生产高度发展之后，西方社会已经进入了“消费社会”。当代消费的逻辑是“符号和差

① ［美］凡勃伦：《有闲阶级论》，蔡受百译，31页，北京：商务印书馆，2004。
② ［德］西美尔：《货币哲学》，陈戎女等译，374页，北京：华夏出版社，2002。
③ ［德］西美尔：《时尚的哲学》，费勇等译，74页，北京：文化艺术出版社，2001。

异的逻辑”①。商品已经被符号化，消费主体选择商品的动机不再是其纯粹的使用价值，而是物所承载的符码与意义。如对于“玫瑰花”“钻戒”“LV”等商品，购买者所在意的并不是商品的使用功能，而是物品所外在的“符码”或“意义”。这种符号消费已经超越了物的使用功能、以及向他者炫耀的维度，仅仅是在追求差异、追求物的外在象征。按照鲍德里亚的符号逻辑，在消费行为中，物品的符号维度起着关键性的作用，人们因为符号才会去消费某个商品。毋庸置疑，符号消费现象在当代社会越来越普遍。

由于大众消费动机的多元化，造就出形形色色的消费文化。消费文化具有两个功能：一是反映大众消费旨趣与价值取向的文化形态。消费文化不仅映照出人与消费对象之间关系，同时，在当代消费文化渗透着交往文化，反映着人与人之间的交往状态；二是引导大众的消费。消费文化作为既成的客观存在因素，在表现自己的同时，也在同其他消费文化竞争，竞相吸引更多的消费群体，以获得消费者的文化认同。能够赢得更多消费者关注与认同的消费文化就会获得更大的发展空间。由于人与消费对象、人与人存在着天然的差异，而资本逻辑“普照光”的作用改变了前资本主义社会中人与物、人与人的关系，这就酝酿了当代社会消费文化的内在矛盾。

在消费文化的反映层面，消费文化理应是消费者自身个性的彰显，然而，事实上主体通过炫耀性消费，不过是表现了所炫耀物品的物的个性，而非个体自身本质力量的真正表达。炫耀者之所以能够与他人“区分”，是由于炫耀者的消费能力或权力所致，只要拥有足够的货币，只要法律允许所有人都有权消费此物品，那么任何人都可能获得此物品的个性。因此，炫耀性的消费现象所呈现出的并不是人的真正个性。在资本主义社会，绝大多数商品都可以“飞入寻常百姓家”，只要有相应的消费能力，法律并没有宣布某些物品为特殊人群所独有。因此，在这种形

---

① ［法］鲍德里亚：《符号政治经济学批判》，夏莹译，47页，南京：南京大学出版社，2009。

势下，炫耀性消费实则是变成了马克思所说的对于“货币”的炫耀。“依靠货币而对我存在的东西，我能付钱的东西，即货币能购买的东西，就是我——货币持有者本身。货币的力量多大，我的力量就多大。货币的特性就是我——货币持有者的特性和本质力量。因此，我是什么和我能够做什么，这绝不是由我的个性来决定的。”①也就是说，拥有货币，人们可能拥有原本自身并不具备的能力。用马克思的话说，丑的人能够用货币买来绝世倾城的美女，那么丑的人就不再相貌丑陋了，丑被“货币化为乌有了”。如此一来，人便将自身的力量对象化在货币当中，货币僭越为个性的表现者了。

时尚消费所反映的同样不是人的个性，而是资本逻辑支配下的符号的个性。“今天的时尚在一定程度上，已经不能传递任何具有意义的信息。”②大众在时尚消费过程当中，顾及不到消费对象与自身的关系，也无法去批判某种时尚，时尚的合法性不证自明。鲍德里亚在《象征交换与死亡》中指出时尚在当今，已经没有确定性可言，时尚的“所指”退隐，“能指”不再指向任何事物。“这些时尚符号不再有内在确定性，因此可以自由地、无限地替换，对调。”③显然不具确定性的时尚无法传递任何有意义的信息。“在时尚中，意义的消解更为彻底。”④大众与其说是享受时尚消费，不如说是被时尚所奴役。作为资本运行逻辑的产物，时尚消费所反映的绝不是人自身的个性，而是物的无意义的个性。

至于符号消费，主体的消费批判意识更是被彻底消解。如果说时尚代表了“人的个性”，人还残存着薄弱的自我意识，主动要求完成与他者的“区分”。而在符号消费过程中，人则是无意识的消费各种虚幻的符码。“符号和差异的逻辑”使物任意指向各种不同的符号。在传统的观念中，钻戒一直作为爱情的象征出现在婚礼中，戴在新娘的左手。而在钻

① [德]马克思：《1844年经济学哲学手稿》，143页，北京：人民出版社，2000。

② [挪威]拉斯·史文德森：《时尚的哲学》，李漫译，69页，北京：北京大学出版社，2010。

③ [法]波德里亚：《象征交换与死亡》，车槿山译，125页，南京：译林出版社，2006。

④ [法]波德里亚：《象征交换与死亡》，车槿山译，126页，南京：译林出版社，2006。

戒生产厂家戴比尔斯宣布“钻戒＝爱情”后，继而又宣布女人“戴在右手上的钻戒＝自信”。按此逻辑，如果某天戴比尔斯宣称戒指“戴在脚趾上的钻戒＝激情”，也不足为奇。

以上各种消费文化看似反映的是人的“自我个性”，而事实上人的所谓个性已完全对象化在“物”中，此时，人的个性只不过是物的个性、资本的个性、符号的个性的折射。正如马克思所言，“在资产阶级社会里，资本具有独立性和个性，而活动着的个人却没有独立性和个性”。①人是在追求个性的过程中丧失了个性，这是当代消费文化在反映人们消费行为特征层面的矛盾。

在消费文化的引导层面，则呈现出消费自由与资本诱惑的矛盾。消费过程并不像自由主义者、消费主义者所说的那样，是完全自由的。消费是人主观的选择，看起来消费过程不存在强制，消费者不想买某个东西，商家不可能会强行让消费者购买。然而消费是否自由，还要回答一个至关重要的问题：人的需要是如何产生的？如果人的需要并不是自主的、自由的，如果人的需要不归自我支配而被外部环境所控制，那么消费自由从一开始就是个幻象。正如马克思所说，“我们的需要和享受是由社会产生的；因此，我们在衡量需要和享受时是以社会为尺度，而不是以满足它们的物品为尺度的”。②人的需要是在社会活动中形成的，诚然人们都有某些自然需要，如人饥饿了就需要饮食，但是吃什么、喝什么都受社会因素的规约。因此，就需要的形成与需要的满足的层面来说，人的感性的、具体的需要受文化、习惯、风俗等社会因素的影响与制约。由此可见，人的需要并不是人主观随意的想象，而是在具体的文化土壤中生长起来的。

当代，人的需要因资本逻辑的巨大影响而受到各种眼花缭乱的诱惑。资本逻辑支配下的生产方式通过各种途径——社会保障制度的完善以及通过传媒进行符号生产等——来“诱惑”大众消费，以此维持不断扩

---

① 《马克思恩格斯选集》，第1卷，287页，北京：人民出版社，1995。

② 《马克思恩格斯选集》，第1卷，350页，北京：人民出版社，1995。

大化的社会再生产的运行。在此过程中，人的需要如马尔库塞所说，存在着被“生产”出来的可能，变成虚假需要。“‘虚假的’需求是指那些在个人的压抑中由特殊的社会利益强加给个人的需求……按照广告来放松、娱乐、行动和消费，爱或恨别人所爱或恨的东西，这些都是虚假的需求。”①原本大众并没有感觉到自己需要某个物品，但是在外部环境的刺激下突然发生了心理转变，觉得自己“需要”这个物品，这就是资本的诱惑作用。

资本的扩张形成了消费主义。然而，正像很多消费批判的思想家所指出的，消费并不必然会带来幸福与快乐。由于人的欲望总是指向尚未占有之物，故而欲望是永无止境的，永远无法满足。人越是为了满足自己“病态的欲望”而消费，就越容易成为永无止境的消费机器，越会使自己沉浸在物欲的陷阱之中。“由于被消费主义文化所蒙蔽，我们一直在徒劳地企图用物质的东西来满足不可缺少的社会、心理和精神的需要。”②因此通过消费并不能使人们真正获得快乐与幸福，反而会使消费主体受消费对象的奴役，形成消费异化。所谓的消费快感转瞬即逝，无法持久。“生活在20世纪90年代的人们比生活在上一个世纪之交的他们的祖父平均富裕四倍半，但是他们并没有比祖父幸福四倍半。”③可见，试图通过不断的占有物满足欲望并不能导致幸福与快乐。

资本的诱惑作用还表现在宣扬消费是个性化的行为，意图将大众的个性颠倒地表现在消费对象之中。正是由于资本逻辑疯狂追逐利润的扩张作用，才催生出炫耀性消费、时尚消费和符号消费。物所“承载”的意义、符号、时尚因素都不是从天而降的，而是在资本的积累与扩张中出现的。正因为资本的逻辑才形成了消费主义意识形态，才使消费文化没有发挥出引导非理性的过度消费向理性的适度消费转变的功能。资本的

---

① [美]马尔库塞：《单向度的人》，5—6页，重庆：重庆出版社，1988。

② [美]艾伦·杜宁：《多少算够：消费社会与地球的未来》，毕聿译，6页，长春：吉林人民出版社，1997。

③ [美]艾伦·杜宁：《多少算够：消费社会与地球的未来》，毕聿译，6页，长春：吉林人民出版社，1997。

诱惑不仅使人与人之间的关系颠倒表现为物与物的关系，人是追求意义的存在，人生的丰富意义绝不在于所拥有物的多少，人的自由个性也不能对象化在打上资本烙印的各种商品中；同时也加剧了人与自然之间的矛盾。消费主义主导的“大量生产、大量消费”生活模式必然会导致自然生态的危机。因此，当代的消费文化建设亟待走出资本疯狂追逐利润的阴霾，适度限制资本的作用。唯如此，才可能促进人的理性消费，才可能促进人的自由而全面的发展。

3. 娱乐文化的矛盾分析

娱乐文化是呈现人们娱乐消遣、享受生活、追求快乐的文化形态。娱乐是人生不可缺少的内容，通过娱乐，人们可以放松身心、舒缓压力、精神愉悦、享受快乐的感觉。尤其在当代，人们生活节奏越来越快，紧张工作之余，娱乐的需求越来越大。不过，从人的发展的角度看，娱乐只是人生旅程的一个心灵“驿站”，一副生活的“调味剂”，并不是人生的终极目的。将娱乐视为人生的最高追求是荒谬的，人生的丰富意义、人生的价值并不体现在娱乐之中。人生不能仅仅娱乐，如“娱乐至死”，娱乐变成了人的终极目的，这就颠倒了本末。

随着时代的发展，人们的娱乐方式越来越多样化，电视上的节目越来越多，各类题材的电影在上映，种类繁多的书籍可供阅读，歌舞活动、艺术活动、一些竞技运动都是常见的娱乐方式。互联网的出现极大程度丰富了人们的娱乐途径。基于互联网虚拟技术的应用，人们可以体验各种“虚拟真实”式的生活：虚拟交往、虚拟爱情、虚拟家庭、虚拟游戏等等。尽管不同的个体娱乐的形式往往极具差异，追求快乐却是共性。

由于大众的娱乐活动大都通过消费来完成，而大众消费的目的大都也是为了娱乐，因此，娱乐文化一定程度上带有着消费文化的色彩，二者具有很多共性。消费文化表现出的“人”与“资本”的矛盾同样也会出现在娱乐文化中。当娱乐行为变成商业行为时，娱乐文化就等同于消费文化了。娱乐行为作为人追求快乐的途径，在资本的巨大诱惑作用下，娱乐活动却或是变成了炫耀性的消费行为，或是追求所谓的“时尚”，或是沦为符号的支配物而不自知的符号消费行为。更有甚者，是利用“资本逻辑”的游戏规则，迎合大众的消费心理，制造一些吸引眼球的庸俗、媚俗的假新闻，甚至不惜暴露身体的隐私部位“炒作”，以期获得关注……凡此种种，皆与“利润”有关，以致为了“点击率”(点击率是获得利润的极为重要的指标)，毫无底线地生产出文化垃圾供大众“娱乐”，大众开始习惯“审丑”，“审美”的点击率在网络上似乎还没有种种“审丑”事件的关注度高。在这些利用资本游戏规则的人“娱乐”了大众之后，也完成了他们的“自我娱乐”。

可见，资本不仅创造了物质商品、文化商品，也生产出了一些人们借由商品进行娱乐的意识形态。在娱乐行为商业化后，娱乐文化同样表现出“人的个性”与“资本的个性”的矛盾。看似是人在享乐，实则是“资本的人格化”在享乐罢了。

娱乐文化不同于消费文化的地方，在于非商业化的娱乐活动上。还有很多娱乐行为是非商业的行为，如“自娱自乐”“恶搞经典”(网络上流传着很多非商业性的“恶搞”，与追求利润无关)等。这部分的娱乐文化大致上可以分为三类。第一类是不牵涉道德教化，纯粹的娱乐。如网友用各地方言(北京、上海、天津、重庆、四川、东北、广东、山东、湖北、陕西、江苏等)和外语(英语、法语、意大利语、日文)对《大话西游》这部影片的“戏述”，再如用各地方言对于黄健翔在世界杯上激情解说的演绎。第二类是有意或无意宣扬不健康价值观的娱乐。如一些网络歌曲《存折代表我的心》《我爱人民币》等对于金钱至上的宣扬，再如曾经在电视上热播过的一些真人秀节目、电视剧等等，充斥暴力、色情桥段，以“暴力文学”为突出代表。第三类是“犬儒”式的批判。通过戏仿、揶揄、讽刺的形式对社会事件进行娱乐性的抨击。

娱乐文化的矛盾还表现在这三种类型文化的碰撞与冲突上。第二类的低俗娱乐与第三类的犬儒抨击构成了娱乐文化的批判性与肯定性的矛盾。批判性旨在诉说社会的不公平、不正义，肯定性则是对于种种消极价值观的肯定，会造成社会不公平、不正义的进一步恶化。批判性与肯定性的矛盾。相对于教化性的、需要仔细思考的、艺术性的、批判性的、追求精神升华的、自我超越的文化来说，大多数受众可能都会倾向于选择迎合自己的、无需深度思考的、趣味性的、娱乐享受的、肯定自己的文化。第一类的纯粹娱乐尽管并不会对社会造成多大的损害，然而也没有促进人的精神升华，人们打发时光、消磨时光的意义大过了娱乐本身，一定意义上，反映了人对于自身人生意义的迷失。当然，这并不是说，人就不能轻松地娱乐，而是应该把握一个合理的度，在反思人生意义、追求精神升华与轻松休闲之间寻求一个适宜的度。在马克思看来，对于享乐的批判不仅是享乐活动的批判，而且应该放置在一个深刻宏大的历史性条件下加以审视，尤其不能脱离了生产方式与交往方式的批判。“迄今为止的一切等级和阶级的享乐一般说来一定或者是孩子般的、令人厌倦的，或者是粗陋的，因为所有这些享乐总是同个人的全部生活活动和生活的真正内容脱离的，因而多少可以归结为：假想的内容加在毫无内容的活动之上。当然，只有在资产阶级和无产阶级之间的对立发展到有可能批判现存生产方式和交往方式的时候，才能对这些至今存在着的享乐进行批判。”① 这也就是说，享乐的正当性、合理性不是抽象的人本主义的批判，而是现实的资本批判与人与人交往的批判。唯如此，才能彰显出真正的生活内容的丰富内容，才能梳理出对于人来说，究竟什么样的娱乐方式才是适当的、适宜于人自由发展的。

四、网络文化与信息化

网络文化是近年来随着互联网等新媒体的迅速普及而兴起的新兴文化形态，加强网络文化建设，建设网络强国，已经成为我国的国家战略，网络文化已经越来越从支流变成主流，从边缘走向中心，网络文化

---

① 《马克思恩格斯全集》，第 3 卷，490 页，北京：人民出版社，1960。

研究也成为哲学和文化研究的新兴领域之一。网络文化兴起的基础是以互联网为代表的信息化进程。2014 年 11 月 26 日，据媒体报道，国际电信联盟最新发布的数据显示，目前全球互联网用户已超过 30 亿人，占全球总人口的 40%。[①]中国互联网络信息中心(CNNIC)发布的第 36 次《中国互联网络发展状况统计报告》显示，截至 2015 年 6 月，中国网民规模达 6.68 亿，互联网普及率达到 48.8%，接近总人口的一半。其中手机网民规模达到 5.94 亿[②]。

1. 信息网络技术与信息化

互联网的发明和普及是现代信息技术和信息化进程的产物。现代信息网络技术是现代科技革命的核心技术之一，它肇始于 20 世纪 40 年代中期计算机的问世，前身是美国于 20 世纪 60 年代发明的"阿帕网"(ARPAnet)，是在冷战期间为防止核打击而创建的，后逐渐转向科学研究用途。l992 年，互联网协会(ISOC)成立，作为全球信息通讯工具的互联网正式形成，并得到飞速发展和广泛普及。中国首次接入国际互联网是 1994 年。

信息网络技术与传统技术形态的显著不同之处在于其强大的渗透性。信息网络技术的变革导致了人类社会生产方式、生活方式、交往方式、组织方式和思维方式的全面变革。所谓信息网络化就是指这些变革的过程和趋势。以互联网为代表的信息网络技术的广泛普及和应用，早已跃出了技术的边界，而影响到社会生活的方方面面，一个全球性的信息网络社会("地球村")已经到来。信息网络具有开放性、全球性、共享性、数字化、虚拟化、多元互联性、创新性、非线性等特征。信息网络化进程的迅速发展意味着超越工业时代的信息网络时代的到来，但这并不意味着信息网络技术和信息网络产业成为唯一的技术和产业，而是说所有技术、产业乃至生活、交往方式都被信息网络所渗透，成为信息网

---

① 参见 http://www.chinanews.com/gj/2014/11－26/6814821.shtml。

② 中国互联网络信息中心，《第 34 次中国互联网络发展状况统计报告》(2014 年 7 月)，www.cnnic.net.cn。

络化的技术、产业、生活方式和交往方式。正如曼纽尔·卡斯特所说："由于历史演变与技术变迁的汇聚，我们已经进入社会互动和社会组织的纯文化模式之中。这便是为何信息是我们社会组织的主要成分，以及为何网络之间的信息和意义流动构成了我们社会结构的基本线索。……这是一个新存在的开端，事实上也是新时代的开端，即信息时代，其独特之处乃是文化相对于我们生存的物质基础获得了自主性。"①

如果说，中国进入经济全球化进程还具有被动性的话，中国进入信息网络化进程则具有更强的主动性，中国的信息化对于中国的现代化建设具有非常重要的意义。因为，在信息网络化面前，中国与西方的差距并不大，可以说，能否把握信息网络化的历史机遇，是中国实现现代化的赶超战略的关键之一。我国在20世纪90年代形成了明确的信息化发展战略：在推进信息化的过程中注重运用信息技术改造传统产业，工业化与信息化并举，以信息化带动工业化，发挥后发优势，努力实现技术和社会的超越式发展。基本方针是积极发展，加强管理，趋利避害，为我所用，努力在全球信息网络化的发展中占据主动地位。在2007年4月23日中共中央政治局会议中，胡锦涛强调要"大力发展中国特色网络文化，加强网络文化建设和管理，充分发挥互联网等信息网络在我国社会主义文化建设中的重要作用，有利于提高全民族的思想道德素质和科学文化素质，有利于扩大社会主义精神文明的辐射力和感染力，有利于构建社会主义和谐社会"。② 在2007年10月，"网络文化"首次写进党的十七大报告中。

2014年2月27日，中央网络安全和信息化领导小组成立，中共中央总书记、国家主席、中央军委主席习近平亲自担任组长，李克强、刘云山任副组长，这表明我国在信息化国家战略和建设网络强国的道路上迈出了重要的一步，是互联网在中国发展20年来具有划时代意义的大

---

① [西班牙]曼纽尔·卡斯特：《网络社会的崛起》，夏铸九等译，578页，北京：社会科学文献出版社，2001。

② 胡锦涛：《以创新的精神加强网络文化和管理》，载《人民日报》，2007年4月24日。

事，体现了中国最高层在保障网络安全、维护网络主权、推动信息化发展的坚强决心，标志着这个拥有 6 亿网民的网络大国加速向网络强国挺进。习近平强调，没有网络安全，就没有国家安全；没有信息化，就没有现代化。网络安全和信息化是事关国家安全和国家发展、事关广大人民群众工作生活的重大战略问题，要从国际国内大势出发，总体布局，统筹各方，创新发展，努力把我国建设成为网络强国。[①]这一重要思想是今后一段时期我国信息化和网络文化建设的根本指针。

2. 网络的文化与文化的网络

随着互联网和信息网络社会的兴起，网络文化的理论研究日益成为跨学科的前沿和热点问题，在此问题上，哲学特别是马克思主义哲学不能缺席。马克思说："问题就是公开的、无畏的、左右一切个人的时代声音。问题就是时代的口号，是它表现自己精神状态的最实际的呼声。"[②]真正的哲学是"时代精神的精华"，它所要反思、分析、批判的正是那些重大的时代性问题。

网络文化的定义是网络文化研究的逻辑起点。多数学者公认，网络文化是技术与文化相互结合、相互渗透的最新产物。但在具体研究维度和方法上，又有明显差别。

一是技术—文化维度。美国学者大卫·波特(David Porter)将网络文化定义为：以计算机技术和通信技术为基础，依靠网络产生、形成或者借助网络得到延伸发展的各种现象的综合，并且把网络文化分为三个层次，其中包括物质(计算机和网络)、制度(网络协议规范、法律)和精神(网络道德、价值、审美)。[③]周毅认为，网络文化有广义和狭义之分，广义的网络文化是以网络技术广泛应用为主要标志的信息时代的文化，狭义的网络文化仅指建立在网络技术和网络经济基础上的精神创造活动

---

① 参见 http：//news. xinhuanet. com/info/2014-02/28/c _ 133148804. htm。

② 《马克思恩格斯全集》，第 40 卷，289—290 页，北京：人民出版社，1982。

③ 白淑英：《网络文化研究的哲学观问题》，载《哲学研究》，2010 第 8 期。

及其成果。[①]李仁武认为：从狭义的角度理解，网络文化是指以计算机互联网作为“第四媒体”所进行的教育、宣传、娱乐等各种文化活动；从广义的角度理解，网络文化是指包括借助计算机所从事的经济、政治和军事活动在内的各种社会文化现象。[②]这些观点具有明显的技术决定论特征，简言之，他们认为，网络文化就是网络技术扩展渗透到文化领域产生的新文化形态，网络文化的逻辑就是网络技术的逻辑。

二是文化—技术维度。这一维度从文化出发来定义网络文化，把信息网络技术当作网络文化的工具或载体，认为网络文化是文化的网络化、信息化、数字化。美国学者大卫·波特将网络文化与文化的三个逻辑层次相对应，认为网络文化具有三层内涵：首先，网络文化表现为一种自由、民主、平等的网络精神和在长期网络活动中形成的各种共识；其次，网络文化有制度层面的内涵，这是维系网络关系的规范与准则的集合体，形成并调控着整个网络社会的正常运行；最后，网络文化也有外化的物质形态。[③]于海波也从这个角度认为网络文化包含物质文化、精神文化和制度文化三部分。其中物质文化是指以计算机、网络、虚拟现实等构成的网络环境；精神文化是指网络内容及其影响下的人们的生存方式、价值取向、思维形态等；制度文化是指包括与网络有关的各项规章制度、组织方式等。[④]

三是文化—实践生成观的维度。“虽然网络文化的发生是以网络技术和现实文化为基础的，但它不是信息网络技术与现实文化的简单叠加，而是人类在特定的历史文化条件下，利用信息网络技术改造自然、社会和人自身的实践活动中‘生成’的——即网络文化生成于在线实践的过程中。”[⑤]这种观点要还原网络文化的“文化”属性，强调网络文化生成

① 周毅：《网络文化释义》，载《重庆交通学院学报》，2003 第 4 期。

② 鲍宗豪：《网络与当代社会文化》，295—302 页，上海：上海三联书店，2001。

③ D. Porter, *Internet Culture*, London: Routledge, 1997, p. 21.

④ 于海波：《网络文化研究的哲学视阈》，载《长白学刊》，2009 第 3 期。

⑤ 何明升、白淑英等：《中国网络文化考察报告》，21—22 页，北京：中国社会科学出版社，2014。

于人类的“在线”实践，正视现实文化与网络文化的关系，强调网络文化是作为“过程”而存在的，把网络文化的发生看作一个“过程”，一种“建构”。①

综合国内外相关研究成果，我们认为，网络文化主要有两方面含义：一是网络作为一个新生事物，不仅是一种技术与社会现实，更是一种文化现实，网络就是一个新兴文化形态；二是文化本身是以网络的形态存在和发展的，人无时无刻不生活在文化之网中，网络文化可以说是人类文化发展的网络化形态的最典型体现。简言之，就是“网络的文化”与“文化的网络”。

网络不仅是一种技术与社会现实，更是一种文化现实，网络不仅具有技术和社会特性，更具有文化特性。“把网络看成是电脑之间的连接是不对的。相反，网络把所有使用电脑的人连接起来了。互联网的最大成功不在于技术层面，而在于对人的影响。”②“网络在每一个经济形态里都存在。而与以往不同的是，现在的网络得到技术的强化，深深地渗透到我们生活里的每一个角落。网络已经成为我们的中心话题，思想和经济活动都围绕着它。”③网络的产生和发展历史并不长，把网络当作一种文化现实来思考更是晚近的事。在信息网络技术发展的初期，并没有引起人们在文化层面的关注，只是在网络广泛应用于人类生活以后，人们才在文化和价值层面思考网络，提出网络文化的研究课题。

网络的文化特性主要有四个方面：一是网络的形成和发展本身有一种文化动力和文化支柱，即人们内在的文化需要和文化精神推动着网络向前发展，这种文化动因主要在于它符合人们互相交流、获取信息的‘文化本性’；二是网络产生了各种新的文化现象，形成了自己独特的文

---

① 何明升、白淑英等：《中国网络文化考察报告》，21—22页，北京：中国社会科学出版社，2014。

② D. 克拉克语，转引自郭良：《网络创世纪》，162—163页，北京：中国人民大学出版社，1997。

③ [美]凯文·凯利：《新经济，新规则》，刘仲涛等译，前言8—9页，北京：电子工业出版社，2014。

化形态；三是网络中蕴含着独特而丰富的文化价值和文化精神；四是网络中特有的文化价值和文化精神对其他文化形态产生或多或少、或大或小的冲击和影响，促进其他文化形态的变革。

从人类文化的历时性角度看，网络文化是一种新文化，代表了文化发展的新潮流，属于“先进文化的发展方向”；从共时性角度盾，网络文化属于一种亚文化，在文化整体结构中，网络文化越来越从“边缘”走向“中心”，由“支流”变为“主流”。

网络文化的内部结构分为四层：网络文化的主体——网民；网络文化的客体——网络的“硬件”“软件”和协议；网络文化的中介——通过网络平台传输的信息及其意义；网络文化的价值——由网络而形成的人们的新的价值观和生活方式。网络文化具体表现在各个不同方面，比如网络科技、网络教育、网络经济、网络政治、网络组织、网络语言、网络文学、网络艺术、网络思想、网络价值等。网络文化具有文化的共性，也具有与其他文化形态不同的特性，主要是技术基础性、全球性、开放性、共享性、多元性、虚拟性、交互性、分布性、创新性与超限性等。

总之，“网络文化是人类20世纪的创造物，它以计算机技术和通信技术两大技术融合为物质基础，以发送、接收信息为核心。它正在衍生着人类对自身价值、生活方式、交往方式、思维方式等等的反思。”①“网络时代，文化不会终结，而将获得新生。网络将使文化从‘诸神的狂欢’变为‘众人的狂欢’，从‘精英的独白’变成‘万人的合唱’。”②

另一方面，人类文化的发展也是一个不断从单一、孤立向多元化、网络化发展的进程。人类文化从古至今大体上经历了原始游牧文化、农业文化、工业文化和信息网络文化四个阶段，每个阶段既有共性，又有特性。文化主体越来越全面发展，文化产品越来越丰富，文化精神越来越多样，文化事业越来越繁荣。

---

① 陆群等：《网络中国：网络悄悄改变我们的生活》，299—301页，北京：兵器工业出版社，1997。

② 陆俊：《重建巴比塔：文化视野中的网络》，84页，北京：北京出版社，1999。

任何一种文化的存在与发展都不是线性的、孤立的、单一的，而是网络化的。所谓文化的网络化形态有两方面含义：一是外向的网络化，即特定文化形态与其他文化形态及其整个外部环境形成一个网络系统，特定文化形态是在与其他文化及其外部环境的互联互动中存在与发展的。即使在相对封闭的古代，各种不同的文化形态也有不同程度、不同范围的交流和互动，中国古代的丝绸之路就是不同文化形态之间交流的明证。二是内向的网络化，即同一文化形态内部表现为一个由主体、客体和中介等不同的要素组成的网络系统，文化就是一张网，把人、自然、社会、历史等网在一起。我们的文化就是由一张张大小不同、功能各异的"网"所组成的。

从人类文化发展的历史趋势看，文化发展程度越高，文化的开放性就越高，不同文化之间的交流互动就越发达，同一文化内部的层次结构也越复杂，文化内部不同要素和层次之间的互动也就越发达。一句话，文化越先进，其内外两方面的网络化程度越高。

3. 网络文化的价值意义

网络文化的发展对于推动整个社会文化的发展，具有显著而强大的进步意义，主要体现在：

(1)信息网络技术促进了文化网络系统的形成

网络本身就是人在信息时代的一种文化创造物。信息网络技术革命，实质就是文化领域的产业革命，它使人类文化的发展和传播如虎添翼，它正在促进全球性的、丰富便捷的文化信息网络系统的形成。文化网络系统融多样性的物质产品与精神产品于一炉，能通过各种设备和媒介，向人们提供文、声、图、像集成一体的并能进行动态交互作用的丰富多彩的信息，人类将享受到前所未有的丰富多彩的文化生活。

(2)网络文化推动了传统文化形态的创新变革

网络文化为人类创造了新的文化载体，并推动了传统文化形态的创新变革。数字化的网络通信使文化产品以光速无障碍地传播。在人类文化变迁中，如果说第一代文化是以语音为载体的语音文化，第二代文化是以文字为载体的文字文化，那么第三代文化则是以数字化的信息为载体的网络(数字)文化，网络文化为人类文化的传承、创新和繁荣奠定了坚实的基础。过去的文化产品传播受各种条件限制，速度慢、易受损、难保存、传播范围有限，而现在，随着网络技术和网络文化产业的迅速发展，任何有价值的文化作品都能得到快速、有效、广泛的传播、复制和储存，从而成为世界性文化财富。

(3)网络文化促进了全球文化交流

网络文化使人类突破了时间和空间的局限，进行更直接的、跨文化的交流，扩展和深化了人与自然、人与社会以及人与人之间的联系与交往，而且将这种文化交流提升到信息化、知识化的水平，从而使文化交流展现出新的境界、层次和状态。网络也使个人的思维、观念和价值得到充分完整的发挥，并真正成为全人类的思维、观念和价值的一部分，为更高层次的全人类文化的形成奠定了基础。网络文化还是一种低污染、高效能的生态文化和绿色文化，可以促进人与自然的和谐共存和发展。

(4)网络文化促进了人的自由全面发展

网络文化最深层次的意义在于促进人的自由全面发展。网络文化是一种开放、自由、互动的一种多元文化，它的发展对人的自由全面发展起着积极的促进作用。首先，网络文化的出现改变了人们原有的生活模式，拓展了人们的需要，人的需要从单一片面向相对全面发展，由低层次需要向高层次需要发展，由消极需要向积极需要发展，提升和完善了人们的认知能力、道德情操和审美观。其次，网络文化使人的主体性得到了极大的提高。由于网络文化的虚拟性特征，不仅仅提高了人的主观创造性，更有效地促进了人对现实生活的自我超越。再次，网络文化充分发展了人的能力，特别是想象能力、认识能力、交往能力和创造力。网络文化的平等性、交互性和便捷性为普通人的能力发展提供了充分条件，创造了大量的自由时间，使人的全面发展有了更大的空间和平台。最后，网络文化拓展了人们的社会关系。正是因为网络文化的平等、自由、开放、互动等特点，使得在网络虚拟社会里人们不再需要社会背景、经济状况、地域局限等因素为前提条件，只需要网络用户之间具有共同需求即可进行自由自在的交往。

4. 网络文化的内在矛盾

正如其他文化形态一样，网络文化也具有两面性，不仅具有上述正面价值意义，也存在许多内在矛盾、冲突和困境。尽管在表面上，它消解了或试图消解其他文化形态中的二元对立和中心意识形态，但它并不能真正摆脱二元冲突对立，只是使之具有了更新的形态，并为对立面的互动与融合提供了新的挑战和机遇。正如凯文·凯利所说："原子的辉煌年代已经过去，网络将是下一代世纪人类的信仰。它不存在中心，不存在既定轨道，没有什么是一成不变的。……几乎一切我们感兴趣且意义重大的话题都可以看到网络的身影。如果说原子代表着简洁精巧，那么网络向我们展示了世界的错综复杂。"① 通过对网络文化的现象考察和哲学反思，我们可以归纳出网络文化的几大内在矛盾：一元与多元、自由与安全、技术性与人文性、全球化与民族性、建设与管理等。

(1)网络文化一元与多元的矛盾

一元与多元是一对相对的概念，从文化哲学角度讲，任何文化形态的价值观念和价值取向都是一元与多元、共性与个性的对立统一，人类文化从相对一元走向相对多元是必然趋势。

与改革开放前的一元价值观相比，近年来我国文化价值发展呈现出显著的多元化格局。中国、西方、前现代、现代、后现代等多种文化价值共时并存于当代中国，真正出现了"百花齐放、百家争鸣"的格局。网络成为文化价值多元化的催化剂。一方面消解了传统的文化边界和价值垄断，使个人价值得到前所未有的凸显和发挥；另一方面又使整个社会文化体系极度分化，其内部出现多元化、分层化格局，呈现出极其丰富多彩的面貌。具体表现在：①网络文化的主体——网民的多元化。网民

---

① ［美］凯文·凯利：《新经济，新规则》，刘仲涛等译，1页，北京：电子工业出版社，2014。

是多量和多质的集合体，不同性别、年龄、职业、阶层、受教育程度、趣味的人，都有权利、有能力进行文化创造、文化传播和价值评价。②网络文化客体的多元化。网络文化客体的多元化主要指多元化、分层化的信息。③网络文化实现手段的多元化。网络文化的实现手段主要是经济的、技术的、社会的、道德的、观念的各种力量。网络技术的应用和普及使这些力量在数量上极大丰富，在质量上极大提高。④不同文化形态的多元化。网络为全世界不同民族文化的交流与互动提供了前所未有的工具，文化呈现出全球化、一体化格局。但不同文化形态的交流与互动并没有消除各自的差别和特性，相反，文化的民族特性更加突显，不同文化价值之间的冲突也有加剧的趋势。

由此看来，网络文化似乎已经实现了多元化、民主化、平等化，人们似乎已经进入了自由、平等、多样的文化伊甸园。然而在多元外貌的背后有没有一元实质？网络在促进文化价值的共享化、平等化的同时，是否构成对其他文化形态的压制和排斥？只要理性地思考，就会发现，问题的答案是肯定的，至少是可能如此的。这就是网络文化的多元与一元的二律背反：在多元的外表下隐藏着一元的秘密。网络文化的主体、客体、实现的手段与过程都要服从技术和市场的逻辑(技术效用最大化和市场利益最大化原则)。技术与市场的标准事实上已经成为衡量文化先进与落后的标准，技术力量越强大，市场经济越发达，价值就越大，文化就越“先进”，甚至在某种程度上，网络文化已经成为技术的工具和市场的奴隶。网络文化的一元化具体表现在：①网民的相对一元化。不论网民的背景如何迥然不同，他们的网络行为方式、交往方式、思维方式和价值观念都要符合网络本身的规范。②网络文化客体的一体化。网络上的信息虽然内容多种多样，但形式是基本一致的，信息具有相同的面孔——数字化的“比特”。③网络文化创造和实现手段的一元化。网络文化的创造和实现主要服从技术和市场的逻辑。网络主体文化需求的多样性与网络文化创造和实现手段的单一性之间存在深刻的矛盾。④全球文化的相对一元化。网络本身是美国文化的产物，网络文化至今仍带有显著的美国文化色彩。网络的核心技术、软件硬件规则都是由美国主导的，很难想象不受到美国文化和价值观念潜移默化的影响。在网络社会一个相当长的历史阶段，经济和文化间的交流主要是“单向”的，即发达国家向不发达国家单向输出自己的科技和文化。而“落后”民族则处于一种尴尬的二难局面：要么拒绝网络的深入，从而游离于信息社会之外；要么任由强势民族的文化把自己改变成新的“世界公民”。如果说工业时代的文化冲突曾经以殖民化与反殖民化、侵略与反侵略等暴力方式表现出来，网络时代的文化冲突也许会通过对信息的操纵与反操纵、渗透与反渗透的“虚拟战争”的形式表现出来。民族间的冲突也许不会出现血淋淋的场面，但这种意识形态和文化价值的冲突关系到本民族的文明是生存与发展，还是被同化与消亡的关键问题，因此冲突的激烈程度恐怕比以往有过之而无不及。如果说以前本民族的文化尚有地域作为主要的边界的话，那么网络将无情地摧毁这道防线。当民族国家的“空间防线”不存在时，“文化主权”赖何为生？

为什么会出现这种情况呢？根源还在文化的技术化和市场化。网络打破了文化交流的技术障碍，同时也打破了本土文化的自然屏障，在同等条件下，文化资源会流向技术更强、市场更发达的地方，导致文化传播上的“马太效应”，强的更强，弱的更弱。虽然网络从原则上给许多弱势文化提供了发展的空间，但更为强势文化的全球传播和建立文化霸权提供了手段。有人称之为“网络上的文化帝国主义”(cultural imperialism on network)、网络霸权主义。“如果说交互网络也是一个虚拟的国际政治舞台的话，我想能够说话的声音大概也只有一个：实力。或者说虚拟实力(virtual power)。”①

于是，一方面是高度发达的传播媒介构成的信息网络统一体，另一方面是许多信息的内容并没有被真正理解；一方面是由交互网络和卫星电视等等造就的地球村，另一方面则是村里的人虽然相互认识却感到交

---

① 易丹：《我在美国信息高速公路上》，341 页，北京：兵器工业出版社，1997。

流困难；一方面是许多落后民族有了自己独立的声音，另一方面美国的文化霸权却不断加强……

相对于互联网产生之前的时代，开放、多元、自由、民主、创造、共享等互联网精神极大地促进了人类社会文明的进步，但这并不意味着在网络时代这些优秀的价值都已经完全实现，网络时代并不是人间天堂，一切人间的罪恶也找到了成长的土壤，真善美与假恶丑的斗争在互联网上非但没有消失，反而更加激烈、复杂。在当代中国的网络形态中，还存在一个值得高度警惕的现象——"群体极化"，就是网络言论和意识形态越来越分裂、对立、极端化。一些价值立场和利益诉求比较明确的网民群体——如"左派右派""五毛""美分""公知"①"网奸网特"(网络汉奸特务)等——越来越极端化，党同伐异，只要观点和立场不合，就使用语言暴力，甚至网下"约架"，理性讨论问题的空间越来越小。凯斯·桑斯坦对此有所批评，"团体成员一开始即有某些偏向，在商议后，人们朝偏向的方向继续移动，最后形成极端的观点"②。"网络对于许多人而言，正是极端主义的温床，因为志同道合的人可以在网上轻易且频繁地沟通，但听不到不同的看法。"③

按照目前的发展趋势，网络时代的文化价值冲突还会继续演变下去。如何应对文化一元化与多元化的矛盾带来的挑战，是关乎人类未来生存与发展的重大问题之一。

(2)网络文化自由与安全的矛盾

自由是网络的基本价值之一。自由包括个体自由(个体意志的自决)

① "五毛""美分""公知"等都属于网络语言而非严格意义上的学术用语，本书只用此说明此类现象。所谓"五毛"是对受政府雇佣或指导的网络评论员的蔑称；"美分"是对亲西方者或为西方敌对势力服务的中国人的蔑称；"公知"即"公共知识分子"，原意为关注参与公共事务的知识分子，逐渐转化为贬义词，指非理性不客观地干预公共问题、只要言论自由而不负责任的网民和媒体。

② [美]凯斯·桑斯坦：《网络共和国》，黄维明译，47页，上海：上海人民出版社，2003。

③ [美]凯斯·桑斯坦：《网络共和国》，黄维明译，51页，上海：上海人民出版社，2003。

与“一切个体的同等自由”(西方意义上的“正义”)，两者结合，进一步引申为通过人与自然、人与人关系的互动而达到的精神自由。网络文化极大地促进了社会文化和个人自由。

但是，网络文化的个人自由与公共规范之间存在着矛盾：网络个人自由提供了手段和工具，但是从技术手段里面不会自动生长出现实的自由。比如在交往过程中，自由的实现还需要法律条件(对自由的限度、自由与纪律、自然与责任的关系等的法律界定)和道德条件(交往主体相互之间对基本权利的尊重和信任)。哈贝马斯认为这样的道德规范往往可以通过交往过程自发形成，他称之为“交往伦理”，而基于交往过程人们所获得的理性被他称为“交往理性”。有什么样的法律和道德条件，就有什么样的社会自由。在现阶段，个人网络行为的权利、义务和责任很不明确，缺乏规范，导致网络秩序的混乱，个人自由与公共秩序、公共安全间没有明确的规范。另一方面，市场经济条件下的自由仍然是有限的自由。“号称自由公开的互联网，正是在市场经济的工业生产线上制造出来的，其最终出路也不可避免地走向商业目的——现实的商业目的。当我们在为虚拟而欢呼时，商人们正数着美元哈哈大笑。当我们诉说自由时，别忘了我们的市场经济。自由，也许就是排除了他人拘束的自由，亦即只受美元拘束的自由。互联网络中的自由，也许正如互联网经济一般，也是一个泡沫。网络并非是自由的，它受商业利益和信息富有者的控制。”①

自由与自然之间也存在矛盾：自由使人脱离动物界，摆脱自然条件的束缚。人的自由来源于制造工具代理者，这些代理者使人越来越自由。人的技术发明、人的世界、人的文明和人的自由是同步发展的。然而，人是一种从不满足的动物，他总要追求自由的最大值。人所拥有的一切并不能使他满足。因为他一旦拥有，对他来说也就失去意义了。当人的大部分活动都被工具代理之后，他与工具相比反而成了一个有缺陷

① “有缺斋主人”：《网络絮语》，http：//www. ncdx. gov. cn/yqz/hh/wen/wlxy. htm。

的有机体。安德尔斯在《人类已经过时》中说："我们今天的身体与过去没什么两样，还是我们父辈那样的身体，还是我们祖先那样的身体。火箭制造者的身体与穴居人（原始人）的身体几乎毫无区别。在形态学方面，人的身体没有变化；从工具的角度看，人是保守的、没有进步的、陈旧的、不可修改的，是工具进步中的一个累赘。简言之，自由的和不自由的主体变换了——物是自由的，人是不自由的。"① 当工具只能部分取代人的活动时，它只是人的代理者，换句话说，当人获得有限自由时，自由对他才有意义；反之，如果工具全面取代人的活动，它就是人的替代者，也就是说，当人想获得全部自由时，这种对自由的追求就可能把他自己全部吞噬——这就是工具与自由的悖论！②

当网络正在改写全球社会和文化时，是做"运筹于帷幄之中，决胜于千里之外"的网络的主人呢？还是做一个深陷网中、无助且无法自拔的网络的奴隶？这道选择题将考验地球村里的每一个人。

网络文化的自由与安全之间存在着深刻的矛盾，这一矛盾是个人与社会矛盾在网络时代的表现，具体表现为个人隐私与社会监控的矛盾。隐私权是公民的基本权利之一，合理的个人隐私权应当得到有效的保护，而且网络文化从本质上是鼓励个性化的。但是社会安全和社会监控又是社会存在和发展的前提，也应该得到保证，这样两者之间就会产生一定的冲突。在传统社会中，个人隐私与社会安全的矛盾并不很突出，但是在网络社会中，这种矛盾非常突出，一方面，个人隐私的边界难以界定，公私的划分很不清楚，个人隐私得不到完整有效的保证，有意无意地侵犯个人隐私的行为日益泛滥，如严重的"人肉搜索"问题；另一方面，社会安全和社会监控面对日益严重的网络犯罪和恶行又显得无能为力。具体说来，由于信息网络技术的发达，特别是"大数据"技术的应

① 转引自李河：《得乐园·失乐园：网络与文明的传说》，128页，北京：中国人民大学出版社，1997。

② 李河：《得乐园·失乐园：网络与文明的传说》，129页，北京：中国人民大学出版社，1997。

用，人的活动几乎全部通过网络来完成，信息数据的搜集、储存、处理和交换技术特别发达，可以把人在网络上活动的每一个细节都记录和储存下来，可以很方便地找到行为的过程和用户的身份。除了用户自己有意提供的数据外，还存在其他搜集用户信息的手段，比如系统本身的安全漏洞、大数据技术可以自动记录你在该网站上的一些活动信息，比如你访问过哪些网页、停留时间长短、浏览偏好、个人资料等。好处是可以使你以后更快地浏览该网站，也可以简化某些登录程序等，但坏处更明显，你不能保证你的个人信息不被泄露、扭曲、多手传播甚至恶意利用。政府和商业机构为了防止日益猖獗的网络犯罪及其他社会问题，有必要对网络上的个人行为进行一定的监控，这在客观上就会侵害到个人隐私和言论自由，更不必说一些政府和商业机构有意地侵害个人隐私的行为。2013 年爆出的"斯诺登事件"证实，美国中央政府有意监控着全球互联网的绝大多数信息，无论其目的如何，都不能不让人感到恐惧。"在方兴未艾的监视机器面前，我们面临的并不是一个中性的技术发展过程，而是实用主义哲学家终于通过计算机而实现的一种社会模式，它没有阴影，没有秘密，更没有神话，一切事物都变成了赤裸裸的数据。"[①]一句话，信息技术为一切合法和非法的权力滥用和权力控制提供了崭新机会。

在网络上，完全的个人隐私是不可能的，除非你根本不上网。困难的并不是对每件事情保密，而是如何使用户能够自我控制有关个人信息的流向以及制止他人滥用这些信息。为解决这一问题，可以有技术和社会两种手段。技术的手段就是进行技术升级，开发一些隐私保护软件，但道高一尺，魔高一丈，治标不治本。社会的手段主要是法律和伦理。目前还没有专门的网络个人隐私保护法和网络信息安全法，只有一些相关的政策法规。基本原则是：在用户在网络上的个人隐私权和言论自由权，与政府和其他法定机构为国家安全和防止犯罪而监控个人信息的权

---

① ［美］西奥多·罗斯托克：《信息崇拜：计算机神话与真正的思维艺术》，苗华健等译，175 页，北京：中国对外翻译出版公司，1994。

利之间保持平衡，难点在于把握一个“度”。伦理方面主要是建立个人隐私和社会安全的双重规范，对个人隐私的保护不能以损害他人和社会的安全为代价，社会安全和监控也不能以侵害个人隐私和言论自由为代价。“社会从整体来说无法完全保证每个人的隐私权。但是，我们可以造成这样一种局面：每个人都能够根据其自行确立的牺牲隐私以交换其他东西的程度来选择在多高的水平上使自己的隐私得到保护。还必须在承诺被破坏以后给人们提供资源和手段。如果这一切能够实现，我相信，人们会在总体上对网络更加放心，不再担心网络所带来的私人生活可见度的提高。”①

网络文化的未来应当朝着个人与社会、个体与群体、个性与共性之间分散而有张力的互动形态发展，从而实现个人的自由发展与社会共同体的健康发展的双重目标。

(3)网络文化的全球性与民族性

全球性和开放性是网络文化的本质特征之一，网络文化本身就是全球化和信息化的产物，但在现阶段及可预见的将来，民族国家仍然是文化发展的基本单位，文化的民族性不会也不应该被全球化的浪潮所消解，网络文化的全球性与民族性之间存在着深刻的矛盾。

如果说在现实社会，文化具有国家和民族的确定边界的话，那么，这种边界在网络中如果不是被彻底摧毁，也是大大弱化和流动化了。现实国家的领空、领海和领土虽不可侵犯，但信息流可以随意穿越国界流动。在网络上，不同国家、民族、阶层的文化，甚至不同时代的文化都找到了无障碍、迅速而广泛的传播的空间，导致非常复杂和尖锐的互动与冲突，极大地挤压了主流文化和意识形态的空间，极大地增强文化管理和引导的难度。不必说主权国家的主流文化间的冲突非常复杂，就是在现实社会被有效控制的一些极端负面的文化和意识形态也借助网络沉渣泛起、大行其道，如恐怖主义、种族主义、民族分离主义、宗教极端

① ［美］埃瑟·戴森：《2.0版：数字化时代的生活设计》，胡泳等译，251页，海口：海南出版社，1998。

主义、邪教等。“基地组织”“ISIS”等恐怖组织就把互联网作为宣传其恐怖主义、原教旨主义的工具；2011 年 7 月 22 日，制造了挪威二战以来最严重爆炸枪击事件的布雷维克更是利用互联网学习、宣传极右的新法西斯主义；在我国的西藏“314”事件、新疆“75”事件和云南昆明“301”暴恐案件中，互联网也成为境内外“藏独”和“疆独”分裂势力和宗教极端势力煽动和制造暴恐事件的重要工具。

另一方面，网络文化仍然没有完全超出现实文化的范围，国家和民族仍然是人类社会文化的主要组织形式，国家主权和国家安全虽然受到全球化和信息网络化的冲击，但仍然有正当性和合理性。只不过，国家主权和国家安全的概念和内容已经发生了根本性的变化，有学者提出了“信息疆域”“信息主权”“网络主权”“信息安全”等新概念。所谓“信息疆域”是指一个国家通过采取各种手段和措施在虚拟的网络空间所能控制的最大范围。“信息主权”是指一个国家在虚拟的网络空间中对信息进行自主控制和自主管理的权利。在虚拟的网络空间中如何争夺信息制胜权和文化主导权，如何保卫和拓展自己国家的信息疆域，而又不闭关封国，已经成为每个主权国家越来越重视的新的国家安全战略问题。

(4)网络文化建设与管理的矛盾

网络文化不是空穴来风，不是法外之地，不是铁板一块，不是一片净土，而是鱼龙混杂，充满了各种主体、利益、立场、思想、价值、意识形态的冲突和矛盾。网络文化的建设不能放任自流、为所欲为，也必须进行适度的管理，树立合理的规范。但是，网络文化毕竟不同于现实文化，它具有全新的特点，传统的文化管理方式不完全适合，甚至会起到反效果。在网络文化的建设与管理中，主要存在着开放性与垄断性、分权与集权、平等与差异的矛盾。

开放性是网络的根本特性之一，也是网络的基本价值之一。开放性应该体现在四个方面：“①对用户开放。不强迫用户进入一个封闭的体系，或者强迫用户不得联结到其他系统上。而是允许广泛的联结。就像电话系统一样。②对提供服务者开放。可以为商业的或学术的需要，提供一种开放的、可以接入的环境。③对提供网络者开放。使任何提供网络者可以成为整个互联网络的一部分。④对未来的改进开放。可以在今后增加新的服务，而不是限制在一种服务中。”①

开放与共享一脉相承。网络在现实发展中始终贯穿着开放与共享的精神。以网络软件为例，在使用方式上主要有四种：一是收费软件，以营利为目的；二是共享软件(shareware)，由鲍比·华莱士提出，作者拥有版权，可以要求使用者付款，也可以不要求付款，买前试用；三是免费软件(freeware)，版权一般仅限于让其传播版权拥有者的名字。使用者随便使用，随便拷贝，但不得对软件的程序进行任何的修改；四是公共软件(Public Domain Software)，不具备版权，允许任何人自由使用、修改。网络的共享性给传统的知识产权观念提出了很大的挑战。

但是，网络的开放与共享精神与知识产权保护、网络营利等方面存在严重冲突。近年来，一些 PtoP 软件(个人对个人间共享网络资源的软件)不断受到封杀，一些免费资源如字幕网被迫关闭，“网络资源＝免费”的模式几乎不复存在。如何在开放共享与保护知识产权之间寻求平衡是一个非常麻烦的问题。

在网络的开放和共享的背后，还存在着刻意的垄断。由于互联网产生于美国，美国拥有网络域名的控制权和垄断权，拥有世界互联网高速公路的主干线，控制着互联网运行的“中枢神经”——13 台根域名服务器，拥有全球最大的 CPU 芯片制造业和全球使用最广泛的 Windows 和 Android 操作系统，TCP/IP 协议、WWW 超文本系统、电子商务标准等都是由美国人制定的，全球最大的搜索引擎 Google 也来自于美国。2014 年 3 月 14 日，美国政府宣布，正在考虑向一个基于“多边利益相关方”模式组建的机构，转交对互联网号码与名称分配当局(缩写为 ICANN)的管理权限，但又设限说，不会移交给“主权国家”或“政府间机构”，也就是说，不可以交给联合国和国际电讯联盟。从这个意义上来

---

① 转引自郭良：《网络创世纪：从阿帕网到互联网》，170 页，北京：中国人民大学出版社，1997。

说，美国这次选择提出“放弃”对 ICANN 的管理，更多是表现出一种政治姿态，以挽回在斯诺登披露“棱镜门”之后美国形象上所受的伤害。①因此，美国牢牢地控制着互联网，我们在接受大量的网络信息和使用网络服务的同时，也自觉不自觉地、或多或少地受到美国的文化、价值观念和生活方式的影响，因而网络文化具有非对称性和垄断性。但同时，由于网络技术的平等性和开放性，信息网络的进一步发展为打破美国的垄断，促进全球不同文化的平等交流提供了可能性，如何使这种可能性变成现实性，是我们今后努力的方向。

网络文化的发展无疑为民主的发展提供了新的手段，但并没有自动带来政治民主和经济民主。早在 20 世纪 80 年代，托夫勒就曾指出：世界已经离开了依靠暴力与金钱控制的时代，而未来世界政治的魔方将控制在拥有信息强权的人手里，他们会使用手中掌握的网络控制权、信息发布权，利用英语这种强大的文化语言优势，达到暴力和金钱无法达到的目的。

尼葛洛庞帝乐观地认为网络时代的“数字化生存”有四个特质：分散权力、全球化、追求和谐和赋予权力。“我看到同样的分权心态正逐渐弥漫于整个社会之中，这是由于数字化世界的年轻公民的影响所致。传统的中央集权的生活观念将成为明日黄花。”②然而，丹·希勒指出了网络的另一面：“互联网绝不是一个脱离真实世界之外而构建的全新王国，相反，互联网空间与现实世界是不可分割的部分。互联网实质上是政治、经济全球化的最美妙的工具。互联网的发展完全是由强大的政治和经济力量所驱动，而不是人类新建的一个更自由、更美好、更民主的另类天地。”③如果不改变目前不合理的世界经济、政治秩序，真正的民主化和权力分散仍然不可能实现。

---

① 沈逸：《说美国放弃互联网管理权，还太早》，http：//news. sina. com. cn/pl/2014－03－17/072329723627. shtml。

② ［美］尼葛洛庞帝：《数字化生存》，胡泳译，270 页，海口：海南出版社，1996。

③ ［美］丹·希勒：《数字资本主义》，杨立平译，289 页，南昌：江西人民出版社，2001。

另一方面，为了国家安全、防止网络犯罪、规范网络秩序，对网络的集中控制又是非常必要的。于是，无论在国家范围内还是在全球范围内，网络用户的民主化和分权的要求与政府管理、控制网络的需要之间总是存在着程度不同的矛盾，在某些特定条件下还可能激化社会矛盾。

追求社会平等，消除社会差异，是人类共同的文化传统，是人类永恒的社会理想。社会主义和共产主义就是这一社会理想的集中体现。平等性是网络的根本原则之一。网络文化一方面消除了人与人之间的传统界线，降低了技术应用的门槛，冲击了传统的社会等级结构，提高了普通人民大众的科学文化素质，在社会平等方面前进了重要一步；另一方面，由于网络技术和网络文化发展的不平衡，国家与国家、个人与社会、个人与个人、社会各阶层之间的差异与矛盾有加大的趋势，即“数字鸿沟”。

> 很可能，信息技术将打破人类社会迄今为止的金字塔式的层级结构。但取而代之的很可能不是人们原来设想的一张网结构，而是两张网结构。一张是小网，那是精英集团，他们互相之间没有层级结构而是平等的网状结构，但他们的这张小网是高高在上的；另一张是大网，低低在下，绝大多数人都在这张大网里。①

尽管这种看法过于悲观，但也绝非杞人忧天。网络的发展只是为社会差异的消除和社会平等的实现提供了技术条件，要真正实现社会平等的理想目标，还需要政治、经济、伦理、文化各方面的努力。

总之，网络文化存在着一系列矛盾和冲突，要解决这些矛盾和冲突，需要采取政治、经济、技术、社会、法律、伦理等多种手段。比如改革不合理的国际政治经济秩序，建构具有适应性和灵活性的网络社会结构，发展具有人性化的新技术、建构和完善网络法律规范，建构具有

① 王小东：《信息时代的世界地图》，24页，北京：中国人民大学出版社，1997。

现代网络精神的网络伦理，培养健康、全面的网络人格等。

5. 中国网络文化发展战略

中国网络文化既有世界网络文化的一般特点，也有自己的特色，中国特色网络文化应当也能够成立。中国网络文化的发展建设既要顺应世界网络文化发展的潮流，吸收世界特别是西方发达国家网络文化发展的优秀成果，也要维护中国网络文化的主体性，传承和创新中华文明，保持和发挥中国特色、中国风格、中国气派的网络文化。

(1)建设中国网络文化的意义

第一，建设中国网络文化是中国进入全球化和信息化时代的历史必然选择。全球化和信息化是当代人类社会发展的历史趋势，给中国文化的发展带来了难得的机遇，也带来严峻的挑战，建设中国网络文化是中国进入全球化和信息时代的历史必然选择。回顾，我们应当感谢“三钱”①、王选(汉字激光照排技术)、王永民(五笔字型汉字输入法的发明人)和其他科技工作者的伟大贡献，正是一代又一代人的艰辛努力，才使中国文化没有在信息化大潮中落伍。

第二，中国网络文化是中国特色文化体系的重要组成部分。不仅狭义的网络文化是中国特色文化体系的非常重要的组成部分，而且更为重要的是，在信息时代，其他一些文化形态，如传统文化、大众文化、城乡文化、市民文化等也需要借助于信息网络的手段来发展建设，极而言之，信息时代的中国特色文化都带有信息化、网络化的特点。

第三，中国网络文化的建设和管理可以推动社会管理的创新，促进社会和谐。当前中国处于社会转型期、深化改革期、战略机遇期和矛盾突显期，各种阶层矛盾、利益冲突、价值观冲突、意识形态冲突日益突显，而这些矛盾的最公开、最迅捷、最集中、最有力、最复杂的表现就是网络空间中。没有好的网络管理，就没有好的社会管理，没有网络和谐，就没有社会和谐。合理、适当、有效地管理好网络文化，对于缓解

---

① “三钱”即钱学森、钱三强、钱伟长。在1956年《十二年科学技术规划》编制过程中，他们力排众议，将发展计算机技术列入其中。

社会矛盾，沟通社情民意，监督公共权力，促进社会和谐，具有非常重要的、不可替代的作用。

第四，中国网络文化的发展繁荣是提升中国特色文化的软实力和国际影响力的重要途径。网络文化本身就是最具有全球性的文化形态，中国网络文化可以传承五千年中国传统文化的精华，反映当代中国先进文化的优秀成果、学习借鉴世界文化精华，在全球范围内传播和交流新时代的优秀民族文化，积极地引进来、走出去，为提升中国特色文化的软实力和国际影响力做出应有的不可替代的贡献。

(2)中国网络文化的发展现状

20多年来，中国网络文化从无到有、从小到大，发展越来越迅猛，影响越来越重大，内容越来越丰富，形式越来越多样，而且始终处于当代文化的最前沿。一方面，信息网络为文化建设提供了重大的机遇，如为文化建设提供了新技术手段，网络虚拟空间的出现为人们的精神生活提供了全新空间，实现了全球化的普遍交往，为实现"自由人的自由联合"的共产主义社会提供了技术条件，全面提升了网民的科学文化素质，等等。另一方面，信息网络也为文化建设带来严峻挑战。网络为各种文化和意识形态提供了传播和扩展的平台，极大地挑战了主流文化和意识形态的主导地位和影响力。"互联网一经产生，就迅速成为各种意识形态、价值观传播和斗争的新阵地。网络为不同意识形态的渗透和扩张提供了技术条件，使原有的意识形态调控和导向面临极大困难，使国际间意识形态的竞争变得更加'短兵相接'，使网民同时成为受众和信息源。"①"从国际上看，世界政治经济秩序正在大变革大调整，思想文化领域交流交融频繁、斗争深刻复杂，尤其是西方把中国崛起视为对其价值观和制度模式的挑战，加紧通过互联网等各种渠道进行渗透分化。从国内看，随着经济社会深刻变革和对外开放不断扩大，各种问题和矛盾叠加凸显，价值观念多元多样多变，一些人理想信念动摇、思想道德滑

---

① 杨立英、曾盛聪：《全球化、网络化境遇与社会主义意识形态建设研究》，121页，北京：人民出版社，2006。

坡，拜金享乐主义、极端个人主义等腐化落后的东西滋长泛滥，还有一些人醉心于制造传播错误观点，核心价值观、党史国史、四项基本原则、改革开放等都被拿来混淆、质疑甚至否定。综合而言，意识形态领域的斗争和较量是长期的、复杂的，也是严峻的、紧迫的，一刻也不能放松和削弱。"①

具体而言，我国网络文化建设面临的主要问题有：

第一，国际网络文化霸权严重威胁我国主流文化安全。

如前所述，信息网络起源于美国，美国至今仍掌控着信息网络的核心技术(软件、硬件、标准)，控制着信息传播的方向和内容。美国等西方国家利用其对信息资源及信息产业的垄断地位，对他国实行信息技术控制、文化扩张和意识形态渗透，形成互联网上的信息和文化霸权主义。而其他国家要运用信息网络技术，推动信息产业和网络文化发展，就自觉不自觉地受到美国文化霸权的影响和渗透，以 CNN、Google、Twitter、Facebook、微软、苹果等为代表的文化"软力量"，几乎在世界各国畅通无阻、无孔不入。这种强势的网络文化入侵与网络霸权主义，对我国保持民族文化的独立性和社会主义主流文化的主导地位都构成了严峻挑战。

第二，信息网络成为敌对势力对我国进行意识形态渗透和颠覆的最重要工具。

中国作为苏东剧变后最大的社会主义国家，无疑成为西方和平演变战略的最主要对象。瑞士苏东和中国问题专家欧内斯特·库克斯认为，西方的广播电视在苏联和东欧剧变中发挥了重大作用。而今天互联网正成为美国推行文化霸权和国内外敌对势力对我国发动和平演变和进行意识形态渗透的最重要工具。克林顿任美国总统时就曾宣称：要开辟一个新的战场，其目标就是西方价值观统治世界，实现思想的征服。2011 年 2 月 15 日，美国国务卿希拉里发表了第二次关于"互联网自由"的演说，

① 《意识形态领域斗争要敢于亮剑》，http://bjrb.bjd.com.cn/html/2013-09/02/content_104775.htm。

将其2010年第一次“互联网自由”演说提出的概念做了更详细的阐述，并且将这一概念纳入了美国外交政策框架。这表明，美国的互联网外交已经由口头上的言辞转向具体实施的阶段。希拉里的互联网自由主义，并不在于推动全球范围内的“互联网自由”，其核心实质是透过推动“互联网自由”来强化网络世界的美国主导，进而在网络世界拓展美国的国家利益。正如美国国务院所提出的那样，界定并强调“互联网自由”，是为了让美国在全球信息空间免受传统主权概念的束缚。这说明，“互联网自由”与输出“自由价值观”无关，核心在于扩张美国主权的应用范围，拓展美国国家利益，是一种网络信息空间的“圈地运动”。① 在2011年春开始的北非中东的“阿拉伯之春”、利比亚战争、叙利亚危机、2013年至今的乌克兰政治危机中，互联网和社交网络（如Twitter、Youtube、Facebook）都充当了不可替代的重要工具，被某些势力用来在一些国家窃取情报、煽动仇恨、分裂族群、制造暴力、颠覆政权。

我国国内的一些主流媒体也或多或少地受到境外敌势力的影响和渗透，影响到国家文化安全和主权。作为西方国家主流媒体的CNN、BBC和互联网媒体在2008年西藏“314”事件、2008年北京奥运圣火境外传递事件、2009年新疆“75”事件、2014年昆明“301”等事件中扮演了极不光彩的角色，它们对中国人民和政府的歪曲、污蔑、造谣和攻击充分表明，敌对势力无时无刻不在利用互联网向我们发动文化和意识形态的渗透和进攻，灌输和渗透西方价值观念和意识形态，攻击我国的社会主义制度，抨击我国的经济社会政策，歪曲我国的人权状况，收买我国的各界精英，破坏我国的安定团结和稳定统一，企图瓦解我国的主流文化和意识形态，颠覆我国的社会主义制度，分裂统一国家。对此，我们应当保持清醒认识和高度警惕。

第三，网络文化的多元化冲击着我国主流文化的主导地位，给文化建设和管理方式提出更高要求。

---

① 《互联网自由：希拉里式的单边主义》，http://news.xinhuanet.com/world/2011-03/14/c_121184569.htm。

网络文化的多元化和多样性是不以人的意志为转移的客观存在。它首先表现为国际范围内不同社会制度、不同国家、不同民族之间文化的多样化及意识形态领域长期、复杂的斗争；其次表现为作为一个复杂有机体的社会内部的文化的多层面和多样性。我国社会转型、经济全球化和对外开放过程中社会经济成分、利益关系、利益群体、就业方式、分配方式、生活方式、价值观念的日益多样化和复杂化，必然造成我国思想文化和意识形态领域的多样化状态日趋增强。现实文化和意识形态的多元化和多样性必然反映到信息网络中，互联网已经成为各种思想文化、价值观念和意识形态交流、竞争、冲突的集中地。网络传播的开放性、无中心性、虚拟化和多元化使互联网上各种思潮并存和相互激荡，导致人们信息选择和价值取向的多样化。网络文化的多元化的外部冲击，再加上主流文化内部的力量不强、手段陈旧、策略失误，共同挤压了主流文化的空间，降低了主流文化的影响力、控制力、说服力和公信力，甚至在群众中产生了逆反心理和虚无心理。

在传统的文化建设模式中，我们主要依靠集中统一的、自上而下的传播体制和以主流媒体为中心的引导方式，通过控制信息传播的内容和方向，"以正确的舆论引导人"，确保了主流文化和社会主义意识形态在我国文化中的主导地位。但是，在网络文化中，想要完全控制信息传播的内容和方向，既不可能，也无必要。网络信息超越时空、即时共享、多向交互的传播模式，使信息沟通和思想交流的方式发生了革命性变化。网络结构没有中心和边缘，没有主次，没有等级，为人们提供了平等交流的机会和信息自由共享的平台，人们不再仅仅是信息的被动接受者，不再仅仅听从单方面的宣传和教育，不再被动追随主流意识形态的观点，而开始怀疑、批判、挑战权威。比如微博、微信等网络平台。特别在一些年轻人（所谓"80后""90后"）身上，反传统、非主流的思想观念和行为反而成为"主流"，而主流文化反而成为"非主流"。而且，我国正处于人均国民收入1000—3000美元的小康社会初期，两极分化加大，社会矛盾凸显，腐败现象严重，民心民意不稳，一些敏感性社会问题和突发群体性事件很容易在互联网上形成“蝴蝶效应”——一个小小的帖子，在网民中往往会激起非理性共鸣，通过网络“病毒式”传播，并在传播中不断被加工、夸大和歪曲，迅速形成网络舆论风暴；与此形成强烈反差的是，官方有关部门特别是文化和意识形态主管部门却不能积极、及时、正面地应对网络舆论，而是更多地封堵、逃避、沉默。一面是虚假、恶意、违法信息满天飞，一面是官方不作为或简单粗暴作为，导致在一些敏感性社会问题和突发群体性事件中，主流文化和意识形态的控制力、引导力和公信力严重下降，加剧社会矛盾，影响社会稳定。

在这种情境中，主流文化和意识形态的功能和效果出现了不同程度的弱化，传统的文化建设和管理方式、传播体制、传播方式和传播手段必须与时俱进，不断创新。

第四，网民的公共性与政治参与性越来越强。

随着网络文化的发展，互联网已经从早期的个人交流工具变成民主监督和政治参与的工具。网络社会的公共性越来越强，政治参与性越来越强，强力推动着中国的民主政治进程。

网络文化的公共性与政治参与性主要表现在：①网民身份的大众化、全民化。早期的网民是社会公众中数量很少、身份很特殊、代表性很低的群体。随着互联网的迅速发展，中国网民的群体特征逐渐弱化，在性别、年龄、学历、职业、地区等方面越来越趋向于普通民众结构。中国网民已经逐步进入大众化、全民化阶段，在全体公民中的代表性越来越高。②网民对公共事务的参与和对公共权力的监督越来越强。网民上网的目的从早期的获取信息、交友、休闲娱乐逐渐转向政治参与，不断超越个人和小群体利益，越来越多地进行政治参与。网民与其他社会群体相比，具有更强的正义感、社会责任感和平民意识。③网民政治参与的主要方式是通过互联网讨论公共事务、监督公共权力、维护大众利益、促进公平正义。

网民越来越积极的政治参与产生了一种新的民主政治形式——网络政治或网络民主。与传统政治参与相比，网络政治参与具有显著的特点和优势：参与范围广，参与门槛低，监督力度大，监督时效快。网络政治参与还有上传下达的作用，可以实现网民与政府部门的良性沟通。一方面，网民通过网上互动参与政府管理，评价政府部门的工作成效，监督政府官员的腐败行为，参与公共政策的讨论。另一方面，政府部门可以通过网络调查了解舆情民意，宣传政策法规，办理公共事务，政府官员可以通过在网上宣传自己的政绩而提高自身知名度和号召力。面向未来，网络政治的作用和地位将越来越重要，网络社会的信息控制与人心向背越来越成为一种重要的政治资源。

(3)从网络文化大国到网络文化强国

正是由于网络文化的重大意义和网络文化面临的重大机遇和挑战，引起了文化工作者和全社会的高度重视。网络不仅成为思想文化建设的前沿阵地，也成为治国理政的重要工具。2008 年 6 月，胡锦涛在视察人民日报社时强调："互联网已成为思想文化信息的集散地和社会舆论的放大器，我们要充分认识以互联网为代表的新兴媒体的社会影响力，高度重视互联网的建设、运用、管理。"① 2014 年 2 月，习近平强调，网络安全和信息化对一个国家很多领域都是牵一发而动全身的，要认清我们面临的形势和任务，充分认识做好工作的重要性和紧迫性，因势而谋，应势而动，顺势而为。做好网上舆论工作是一项长期任务，要创新改进网上宣传，运用网络传播规律，弘扬主旋律，激发正能量，大力培育和践行社会主义核心价值观，把握好网上舆论引导的时、度、效，使网络空间清朗起来。②

如何积极应对社会转型、经济全球化和信息网络化给文化建设带来的挑战，能否积极利用和有效管理互联网，能否真正使互联网成为中国特色文化的新阵地、传播社会主义先进文化的新途径、公共文化服务的新平台、人们健康精神文化生活的新空间，关系到社会主义意识形态和

---

① 胡锦涛：《在人民日报社考察工作时的讲话》，http://politics.people.com.cn/GB/1024/7408514.html.

② 参看 http://news.xinhuanet.com/info/2014-02/28/c_133148804.htm。

社会主义文化事业的健康发展，关系到国家信息主权和信息安全，关系到国家的稳定和社会的和谐，关系到中国特色社会主义事业的全局。

近年来，中国经济社会文化发展的成就日新月异，问题和矛盾层出不穷，全面深化改革进入深水区，民众、社会、市场、政府的关系也进入敏感期，所有这些问题都集中在网络上凸显出来。我们最近做的一个关于中国网络文化的小调查，其中一个问题是“用一个词来概括 2014 年的网络文化”，调查对象使用最多的词是“乱”，“乱”字所表达的就是一种网络杂陈的状态和网民迷茫的心态，其他频度较高的词：杂、多元、丰富、热闹、混乱等所要表达的意思或描述的状态基本都与“乱”相近。

2014 年是中国接入国际互联网 20 周年，经过 20 年的高速发展，中国的网络文化已经从支流变为主流，从边缘走向中心。中国无疑已成为网络大国，但远远不是网络强国，这主要体现在：①网络核心技术不强，网络主权不足，网络安全问题严重；②网络监管能力不足、效果不好；③网络文化供给能力和创新能力不足，不能满足广大网民的健康文化需求；④网民的素质有待进一步提升，少数网民的人生观、价值观和世界观出现严重偏差。

对加强和改进网络文化建设的建议，调查对象大多数主张政府部门、网络企业和网民的共同参与，并把加强网络安全技术研究与攻关作为重点。但网络文化建设有一个主导者，这个主导者只能是政府，而政府的网络文化管理行为处于尴尬境地，很容易在两个极端之间摇摆：过紧或过松。当前中国的网络文化鱼龙混杂、良莠不齐，对于网络自由的过度放纵使得少数网民的言论和行为丧失基本的底线和责任，非但无助于其自由的真正发展，而且容易造成破坏公共秩序、威胁国家安全和民众的正常生活。习近平在对中共十八届三中全会《决定》的说明中明确表示，“面对互联网技术和应用飞速发展，现行管理体制存在明显弊端，多头管理、职能交叉、权责不一、效率不高。同时，随着互联网媒体属性越来越强，网上媒体管理和产业管理远远跟不上形势发展变化”。十八届三中全会《决定》明确提出，要坚持积极利用、科学发展、依法管理、确保安全的方针，加大依法管理网络力度，完善互联网管理领导体制。2014 年 2 月 27 日，中央网络安全和信息化领导小组成立，习近平亲自担任组长，这表明我国在信息化国家战略和建设网络强国的道路上迈出了重要的一步，体现了中国最高层在保障网络安全、维护网络主权、推动信息化发展的坚强决心，标志着这个拥有 6 亿网民的网络大国加速向网络强国挺进。①

今后一段时期的中国网络文化建设应当着重解决三大问题：首先，必须从法律和伦理层面上明晰网民、网络组织、政府三方各自的权责界限，明确该做什么，不该做什么，坚持什么，反对什么，提倡什么，批评什么，容许什么，禁止什么。其次，在网络的自由与责任、网络的自律与政府的管理、网络的多样化与意识形态主旋律、个人言论自由与公共利益之间应当保持适度的张力和平衡。特别是政府要提升网络文化管理能力和水平，管好、管对、管适度，该软的更软，该硬的更硬，监管与服务并重，既要传播正能量，又要遏制负能量。再次，政府要着眼大局，统筹协调各领域、各主体的网络安全和信息化重大问题，研究制定网络安全和信息化发展战略。在国际网络文化和意识形态斗争领域，要提高战略意识、风险意识和底线意识，主动积极应对，维护国家和民族的根本利益，提升文化和意识形态软实力。

总之，网络文化建设极端重要，正如习近平所指出的那样，"没有网络安全，就没有国家安全；没有信息化，就没有现代化"。网络文化建设又非常复杂，对此要有足够的思想准备。对网络文化建设进程中已经出现和可能出现的问题，困难要一个一个克服，问题要一个一个解决，做到"蹄疾而步稳"。具体来说，我们需要做到：

第一，始终坚持中国特色社会主义文化方向，顺应时代而不迷失方向。

在网络文化建设和管理中，坚持主流意识形态和社会主义核心价值

---

① 参见 http://news.xinhuanet.com/info/2014-02/28/c_133148759.htm。

的主导地位。从国际层面看，西方发达国家的网络文化也不是完全中立的，而是蕴含了西方国家文化价值观和意识形态，并作为文化领导权战略乃至文化霸权的重要组成部分。从国内层面看，中国网络文化也必须维护国家的文化主权和网络主权。但在学术界和社会各界，对网络文化持非意识形态化倾向的观点很多，[①]这个问题值得高度关注。当然，网络文化发展建设中，不能简单粗暴地沿用过去的文化建设和意识形态建设老路，必须创新内容和形式，适应全球化和信息化时代，吸收网民特别是青年人，真正提高主流文化和主流意识形态的吸收力、影响力和凝聚力。

第二，要在信息化时代发展和创新中华民族优秀文化。

创新性是网络及网络文化的基本特性之一。不断创新、不断超越是网络之所以始终保持旺盛的生命力的根本。能否始终保持创造精神和创新能力，已经成为个人、企业、社会和国家生存和发展的关键之一。网络文化在多方面否定、批判和超越了传统文化，具有明显的“后现代”意味。所谓“后……时代”的说法就意味着超越，超越所遵循的是“比较级法则”：没有最新，只有更新；没有最快，只有更快；没有最好，只有更好……我们在无穷的追求中进入了一个“比较级时代”。求新、求变、求快、不断升级已经成为网络时代的基本价值取向，甚至成为新的“崇拜”。但问题在于：其一，创新并不总是有意义的。许多现有的产品在性能仍很卓越的情况下就被更新的产品所取代。比如许多计算机硬件和软件的“升级”都不是实质性的，而是为了获取市场利益、控制市场份额。其二，社会文化的发展永远跟不上技术的加速度发展，必然在社会结构、伦理道德、文化心理方面产生许多断裂、错位和冲突，许多人无法适应社会的飞速变化。其三，传统文化与现代文化的冲突与矛盾日趋激烈。

真正属于我们自己的网络文化应是在扬弃传统文化的基础上，汲取

① 徐仲伟：《论我国网络文化中的非意识形态倾向与网络文化建设的主题把握》，载《马克思主义研究》，2008 第 7 期。

西方现代文化优秀成果的产物。只有这样的网络文化，才是活生生的、有无穷创造力的新时代文化。网络文化不应当也不可能成为彻底西化的文化，不应当也不可能完全抛弃传统文化。如何在大力推进和保持创新能力的同时，保持文化的稳定性和连续性；如何在向数字化和网络化转化的同时，保持自己的民族特色；如何在向西方学习先进的科技文明的同时，弘扬中国传统文化中的精华，将成为中国网络文化发展的重大课题。

第三，政府在网络文化建设和管理中要负起主要责任，既要着眼大局，统筹协调经济、政治、文化、社会及军事等各个领域的网络安全和信息化重大问题，研究制定网络安全和信息化发展战略和重大政策，推动国家网络安全和信息化法治建设，加强和改善网络文化管理能力和水平，管好、管对、管适度，保障广大网民的合法权益，又要有效遏制网络负能量和具有危害性的社会思潮，维护网络秩序和安全。具体做法上又要有所侧重，以微博微信等社交媒体如为切入点，逐步明晰网络各方的权责，对网络上那些破坏社会和谐和公共秩序、损害国家和公共利益的言论思潮及特定利益群体要采取合法而坚决的措施。在国际思想文化和意识形态斗争领域，要提高战略意识、风险意识和底线意识，主动应对，积极斗争，维护国家和民族的根本利益，提升文化和意识形态软实力。

第四，必须从法律和伦理层面上明晰网络、民众、政府三方各自的责任，明确各自言行的界限和规范，明确该做什么，不该做什么，坚持什么，反对什么，提倡什么，批评什么，容许什么，禁止什么；在网络的自由与责任、网络的自律与政府的管理、网络的多样化与意识形态主旋律、个人言论自由与公共利益之间应当保持适度的张力，传播正能量，践行社会主义核心价值观。

第五，以先进的网络技术和大数据等技术加强和改善网络文化建设和管理。

信息网络技术是网络文化发展建设的技术基础，也是我国网络文化发展建设的软肋和瓶颈之一，必须站在全局性和战略性高度加强信息网络技术建设，特别是新一代互联网、物联网、大数据、云网络等新技术的发展建设，这一点，我们在第五章等章节已有讨论，此处不再赘述。

面向未来，中国从网络文化大国，到网络文化强国，我们任重道远，道路曲折，前途光明。

第六章　文化发展的价值旨归

回顾中国改革开放 40 年的社会发展历程我们就不难看到，当代中国社会发展的突出特征之一，就表现在其取得的历史性成就亘古未有与社会矛盾凸显程度前所未有的态势并存上。比如，经济总量加速增长与发展不平衡和发展方式粗放、价值选择多元化与一些领域道德失范和信仰缺失、追求自由公正与社会治理理念相对滞后等现象，就同时存在于社会发展现实之中。基于此背景，为了促进社会的整体进步，我们党在进一步推进全面深化改革进而促进经济社会协调发展的同时，特别强调把文化建设上升为国家战略，提出了建设社会主义文化强国的发展目标，从而彰显了文化以及文化建设的重要性。其原因在于，随着经济的快速发展与社会的不断进步，人们逐渐深刻地认识到，单纯的经济增长并不必然能够促进社会整体进步，因为社会发展是一个系统工程，其中文化的重要性则突出表现在它始终发挥着“引领风尚、教育人民、服务社会、推动发展”的社会功能上，特别是，它规定着社会发展的前进方向，承载着全国人民团结奋斗的共同思想基础，因而构成了民族的血脉、人民的精神家园和民族进步的灵魂。

可见，能否促进文化大发展大繁荣，无疑直接关系到中华民族伟大复兴的目标能否实现。就此而言我们认为，推动文化大发展大繁荣作为一项重大课题，当然需要方方面面协同努力，但由于文化价值取向规定着文化建设的方向与坐标，先进的文化价值取向更是推动文化发展乃至社会前行的重要力量，而社会发展的系统性特征决定了文化价值取向的确立受多种前提性因素制约，其中政治改革环境、市场经济发展、当代社会变迁在上述因素中显得尤为重要，因此探讨它们对当代文化价值取向的影响，在此基础上树立文化建设的整体思维方式，无疑便成为我们不得不关注的重要问题域，唯此才能有助于构建、培育积极文化价值向度，为促进文化创造源泉充分涌流并有效破解文化发展难题，为促进当代中国文化大发展大繁荣提供有益的视角和路径。

一、影响文化价值取向的前提性因素

人是文化的存在，人类社会进步的重要表征之一就是文化的进步。我们通常说人是万物之灵，这里所说的“灵”，单从字面上就可以解读为聪明、灵巧、灵性等等，因此这句话无外乎是说人是世界上最具灵性的物种。人为什么能够成为万物之灵，究其原因，或许在于人具有其他动物所不具备的独特的东西——智慧，智慧本身虽然看不见、摸不着，但我们时刻感受着并享用着人类运用智慧的外在成果，那就是人通过智慧所创造出的文化和文明。文明与文化是人类走出自然状态，与自然相区别并实现对自然的远离的结果，换言之，文化实际上就是对自然的远离，远离自然才真正使人类异于动物而创造出文化，形成人的文化世界。因此，人是智慧的存在，更是文化的存在，这时人就不仅是一个自然存在物，更是一个文化—自由存在物。就此而言，我们看到，由人的参与而形成的文化，其涵义就显得非常丰富，举凡人们的生活方式、传统习惯、精神信仰、思维方式、劳动工具以及语言文字等等，都属于广义的文化范畴，换言之，作为人类在劳动实践中所形成的所有精神和物质产品的总和，广义的文化既体现在器物层面和制度层面，也体现为价值观和信仰等精神层面。《周易》讲“观乎天文，以察时变；观乎人文，以化成天下”（《贲卦·彖传》），可见狭义的文化更多地是指通过对人与人之间关系的发展规律的探讨所形成的指导人们和谐相处的行为规范和价值体系，而只有通过文化的教化功能才能促使人类社会不断地走向文明与进步。

文化建设关乎社会进步，因为社会的发展离不开文化的支撑，如前所述，文化的社会功能体现在“引领风尚、教育人民、服务社会、推动发展”上，它始终规定着社会发展的前进方向。因此，文化同哲学一样，从总体和根本上表现为一种价值指引及其实现路径追问，换言之，社会的进步离不开文化价值目标和价值关怀，我们的社会发展与文化进步，到底应该达到一个什么样的合理状态，达到这一合理状态要求我们具备什么样的方法自觉，这实际上是一个关乎我们能否真正实现文化创新进而实现社会健康发展的大问题。更深一步讲，文化价值取向构成文化建设和社会发展的方向与坐标，正确的文化价值取向更是推动文化发展乃至社会发展的重要力量，这就决定了在社会发展过程中，我们要时刻注重培育先进的文化价值取向，为此才能引领社会的健康前行。

然而，正确文化价值取向的确立不是孤立的事件，它始终受到多种因素的制约。因为文化是社会发展的产物，社会发展是一个系统工程，包括政治建设、经济建设、文化建设、社会建设以及生态文明建设诸方面，这些方面又相互影响、相互制约，共同发生作用。马克思在《〈政治经济学批判〉序言》中，就文化与社会其他构成元素之间的关系做出了精辟的说明，指出“人们在自己生活的社会生产中发生一定的、必然的、不以他们的意志为转移的关系，即同他们的物质生产力的一定发展阶段相适合的生产关系。这些生产关系的总和构成社会的经济结构，即有法律的和政治的上层建筑竖立其上并有一定的社会意识形式与之相适应的现实基础。物质生活的生产方式制约着整个社会生活、政治生活和精神生活的过程。不是人们的意识决定人们的存在，相反，是人们的社会存在决定人们的意识。社会的物质生产力发展到一定阶段，便同它们一直在其中运动的现存生产关系或财产关系(这只是生产关系的法律用语)发生矛盾。于是这些关系便由生产力的发展形式变成生产力的桎梏。那时社会革命的时代就到来了。随着经济基础的变更，全部庞大的上层建筑也或慢或快地发生变革”①。

可见，在马克思看来，人类社会是一个有机整体，这突出表现在：正是因为人的实践活动构成社会历史展开的前提，而人的实践又是由结成一定社会关系的人们所从事的改造自然、社会和精神的物质和文化活动，其中社会发展的动力就在于在实践过程中形成的生产方式的内在矛盾，以及经济基础和上层建筑的内在矛盾。由此包括物质生活资料的生产及生产方式、地理环境、人口因素以及社会意识的各种形式、社会心理、自发形成的风俗、习惯等就构成了社会有机体中的重要组成部分，其中经济、政治、文化之间始终相互联系并相互作用，共同推动社会有机体的发展。文化属于上层建筑范畴，一方面，它的产生、变化与发展始终受到社会物质生产方式的制约，它的发展变化又反过来对社会生产方式产生影响；另一方面，在上层建筑内部各构成因素之间，也存在着相互影响的关系。因此我们认为，在构成影响文化价值取向的重要前提因素中，政治改革环境、市场经济发展、当代社会变迁等等因素尤为重要，而探讨影响文化取向和文化发展的经济、政治等各种前提性因素，在此基础上树立整体思维范式，无疑将对构建、培育积极文化价值向度具有重要的前提意义，也有助于为在实践层面给中国文化的未来发展提供意义追寻和实现路径。

1. 政治改革环境与文化发展的影响

政治改革环境决定文化价值取向，因而与文化的发展繁荣息息相关。因为文化的创造首先需要人的思想自由，外在过多的限制无疑会制约人的自由的发挥，进而影响文化的创新与发展；文化的创造需要民主，因为只有文化创造主体进行平等民主的交流，才能激发文化创造的活力，而家长制作风、“一言堂”思维无疑不利于文化的创造；文化的发展需要价值观的引领，而政治改革所贯彻的先进价值维度是引领文化发展的重要力量。就此而言，可以看到，政治制度环境便成为社会能否提

① 《马克思恩格斯文集》，第 2 卷，591—592 页，北京：人民出版社，2009。

供自由思想氛围的决定性因素。世界各国的发展经验表明，正如经济的持续发展需要政治体制的保障，先进文化取向的确立、文化的发展和繁荣更离不开政治制度改革的支撑。从政治制度环境在中国社会的当代变迁中我们可以发现当代中国文化取向进步以及文化繁荣的积极契机。

众所周知，中华民族有着悠久灿烂的历史，中国作为世界文明的发源地之一，创造了影响世界进程的本原文化——华夏文化，中华民族成为四大文明古国中唯一文化没有消亡反而持续影响至今的民族。这既与勤劳智慧的中国人生生不息、富于包容的民族品格有关，也与传统中国社会的社会结构、政治制度息息相关。因为在近代之前，中国始终处于农耕文明的社会背景之中，并因之形成了以家族为中心、宗法制度为制度支撑的中国社会基本结构，以及建立在此基础上的高度中央集权为特征的政治制度架构，决定了中国传统社会是一个如梁漱溟所说的“伦理本位，职业分途”的社会，这一社会结构在工业文明到来之前的自然经济状态下，能够极大地保持文化的本色与经济的稳定，成为中国社会能够自立于世界民族之林的重要基础。特别是，在农耕文明背景下，由于与自然的直接接触而感受到大自然作为人们生存的前提意义，由此产生的“天人合一”等诸多生态哲学思想，仍然具有重要的现实价值。

但当世界进入近代以来，随着世界范围内各民族由农耕文明向工业文明的转型而产生出知识创新需求，中国社会政治制度便暴露出自身的弊端，这表现在以宗法制度为核心、过分重视人治而忽视法治的政治制度架构，在某种程度上压抑了人的思想创造性、排斥创新思维，形成了文化创新的阻碍，导致了近代中国科学的落后、生产力的落后和文化的落后。正是基于对这种社会历史背景的沉痛反思，我们看到，近代中国最迫切的任务就是实行政治制度变革，而真正实现政治制度变革又需要文化思维方式的转换。从戊戌变法、辛亥革命、新民主主义革命到社会主义革命，中国社会的重大变化也来自于政治制度变革实践的探索，经过艰难探索实践，我们终于认识到了完全照搬西方政治模式并不能解决“救亡图存”的时代主题，而只有以马克思主义为指导，通过先进的中国共产党的领导，确立社会主义基本政治制度，才是实现中华民族振兴的可行选择。

改革开放 40 年来，中国社会发展的最大变化，突出表现在全方位改革始终构成时代发展的最强音，我们不仅积极推进经济领域的改革，而且充分认识到“不改革政治体制，就不能保障经济体制改革的成果，不能使经济体制改革继续前进，就会阻碍生产力的发展，阻碍四个现代化的实现”①，因此也始终把政治体制改革作为我国全面改革的重要组成部分，在此基础上为先进文化价值取向的确立、为文化领域的改革发展提供了物质保障和制度保障。对传统政治体制的全方位改革，这是在坚持基本政治制度的前提下，对具体政治制度的调整，它始终伴随着改革开放的历史进程而不断走向深入。我们进行政治制度改革的最终目的，始终定位在要推进国家治理体系和治理能力的现代化，真正建成民主法治国家，从而为经济发展和文化繁荣提供重要政治环境。从改革宗旨上看，“进行政治体制改革的目的，总的来讲是要消除官僚主义，发展社会主义民主，调动人民和基层单位的积极性。要通过改革，处理好法治和人治的关系，处理好党和政府的关系。”②因为只有这样，我们才能够真正确立平等、民主、法治等先进文化价值取向，促进文化的大发展大繁荣乃至社会的整体进步。我们充分认识到，在政治体制领域，当然不能无视世界各国在政治制度探索上的成功经验和普遍价值，但我们更深刻地认识到，实现政治价值的途径则必须适应中国国情，因此，我们一方面不排斥与西方进行积极对话，另一方面又始终立足国情，坚持基本政治制度不变，而是对具体政治制度中存在的弊端进行改革，进而真正实现民主和法治，进而保证每个人有平等参与政治生活、平等获得自身职业发展的机会，保证信仰、言论、生活方式的自由在透明规则下真正实现，保证通过对话来化解分歧并达成共识。在具体政治制度的改革中，从废除干部终身制，明确党内任期制和任职年龄限制，到在村一级

① 邓小平：《邓小平文选》，第 3 卷，176 页，北京：人民出版社，1994。

② 邓小平：《邓小平文选》，第 3 卷，177 页，北京：人民出版社，1994。

全面实现全民直接民主选举村委会干部，在部分地区实现乡镇长的直接选举，其着力点集中在如何使人民民主不断扩大，发展更为广泛、更加充分、更加健全的人民民主上。

总之，通过建立更加完善的民主法治制度，改变权力过分集中的状况，消除官本位和特权意识；通过法治保障让人民真正行使民主权利；通过更加丰富的民主形式，促使人民的积极性、主动性、创造性进一步发挥出来；通过基本建成法治政府，不断提高司法公信力，进而切实尊重和保障人权，这是我们进行政治体制改革从而改善政治环境的重点。而政治体制改革过程不但是先进文化价值取向的形成过程，而且将为促进大发展大繁荣提供重要的制度保障。

推进政治体制改革与文化发展是相互作用的关系，一方面，全面推进更为广泛的人民民主和依法治国，本身就是先进文化价值确立的活动，同时更为深化文化体制改革进而为文化大发展大繁荣提供坚实的政治制度保障，可以促进学术民主、艺术民主，进一步解放和发展文化生产力、促进文化创造源泉充分涌流，使文化创造活力持续迸发，使人民基本文化权益得到更好地保障。相反，文化也间接反映着政治经济的状况，如果政治环境和生态存在严重问题，那么文化也将出现落后的趋势，比如如果公权力过分集中、官本位观念不能得到有效缓解、公民参与选举、决策、监督的通道不畅，腐败现象不能得到有效遏制，还有人凌驾于法律之上，分配正义无法真正实现等等现象不能有效得到破解，那么文化也将以扭曲的形式呈现出来，无法起到引领社会前行的作用。另一方面，政治体制改革也需要先进文化作为价值观引领，民主法治本身就是重要的价值观，它需要先进文化予以解释和论证。而先进文化价值取向的共识，更是推进政治改革顺利展开的精神保障。

2. 市场经济发展与文化创造性维度的生成

前述马克思在《政治经济学批判》的“序言”中所阐明的基本原理表明，经济发展是影响文化价值取向、文化大发展大繁荣的又一制约性因素。如果人们要问，近40多年来中国社会大的变化发生在哪个领域？

那么我们想，由于人民群众对生活质量的感受最为敏感，因此大多数人或许首先会选择回答经济领域的变化，这表现在日常生活领域，我们彻底告别了经济短缺时代，现在全国各地商场的货品可以说琳琅满目；人们不但不再为吃饭发愁，而且基本实现了小康；人们的穿衣也不再是清一色的中山装、深灰色，而是不断彰显着自身着装个性，并在有些领域引领时尚潮流。我们在经济发展领域的变化突出表现在，中国从2000年居世界第七大经济体，到2007年超越德国成为世界第三大经济体，再到2010年超过日本的经济规模，在经济总量上跃居世界第二位，综合国力迈上新台阶。在对外贸易领域，据世界贸易组织秘书处初步统计，在2013年中国就已经超过美国而成为世界第一货物贸易大国，并正在向货物贸易强国迈进，上述这些变化有力地折射出了我们国家经济建设所取得的巨大成就。“物质生活的生产方式制约着整个社会生活、政治生活和精神生活的过程”①，伴随着经济的快速发展及生产方式的变化，人们的文化观念也发生了很大的变化，人们的思想从一元走向多元，人们的认识视野更加开阔，文化活力被极大地激发开来，为文化的繁荣提供了物质保证和社会环境，而这些成就的取得无疑首先要归功于中国特色社会主义市场经济的成功实践。

众所周知，中国传统社会长期处于自给自足的自然经济社会背景之下，受科技水平低、生产工具落后、分工狭隘、市场地域性等因素的制约，农耕文明时代的社会状况表现在：生产力水平总体落后，人们以土地为生，以生存为基本需求，并无多余商品可供出售，经济生产不以交换为目的，因而商品经济始终居于从属地位。加之传统中国社会是一个道德引领型社会，这就造成在人们的意识深处，商人的地位普遍不高，甚至受到严重歧视，“士农工商”的等级传统和“重义轻利”的传统意识始终制约着经济发展的活力。在1949年新中国成立以后的很长一段历史时期，我们的政治体制和经济体制遵循苏联模式，这在特定的历史时期

---

① 《马克思恩格斯文集》，第2卷，591页，北京：人民出版社，2009。

当然也对新中国的经济、文化等各方面巨大成就的取得，以及新世纪中国的腾飞打下了一定的基础。但在长期实践中，我们强化了如下意识，也即在经济体制上认为只有高度集中的计划经济体制才是社会主义的唯一标志，“一谈市场就说是资本主义，只有计划才是社会主义”①，其结果就是造成了人们积极性不高以及经济发展的相对滞后的情况。特别是，面对世情、党情、国情的变化，面对世界范围内的国与国之间的竞争，单一的计划经济也暴露出了一系列弊端，比如生产效率低下、生产积极性不足、社会活力不够、创新动力滞后、思想单一等等，严重制约着社会进一步的发展和文化的创新。

改革开放以来，中国社会的最大变化和最大亮点就是实行了社会主义市场经济。市场经济是针对计划经济而言的，市场经济强调市场在资源配置中的决定性作用，避免了行政手段对市场运行的干预，为人的积极性、创造性提供了动力，带来了市场的活力，相应地在精神文化层面，也避免了固化思维方式的束缚，为文化创生提供了良好的环境。中国特色社会主义市场经济的成功实践经历了一个艰难的历程，它首先来自于对“文化大革命”的反思，真理标准问题的大讨论拉开了当代中国思想解放运动的序幕，党的十一届三中全会正确地做出将工作重点由以阶级斗争为纲转到以发展生产力、建设社会主义现代化为中心，通过对“文化大革命”的总结，我们的经验教训就是“要弄清楚什么是社会主义和共产主义，怎样搞社会主义”②。经过艰难的探索，我们才逐渐认识到，计划和市场都是手段和方法，它不决定社会性质，只要对发展生产力有好处，就都可以利用。正是突破了社会发展姓“社”姓“资”这一阻碍我们多年的理论误区，我们才确立了社会主义市场经济体制的目标模式。在此基础上，随着中国特色社会主义市场经济的发展，我们又突破所有制问题上“公”“私”观念的僵化理解，实现了公有制实现形式的重大突破，带来了中国社会经济发展的快速进步。

---

① 邓小平：《邓小平文选》，第3卷，203页，北京：人民出版社，1994。
② 邓小平：《邓小平文选》，第3卷，223页，北京：人民出版社，1994。

市场经济之所以能够促进生产力的发展并进而成为文化发展的制约性因素，其原因是多方面的。首先，在经济领域，它通过强调市场的调节作用来配置资源，能够反映市场的变化和需求，实现经济效益的最大化，符合经济增长的一般规律；其次，经济发展离不开先进观念和精神的引领，市场经济本身要求有竞争观念、公正观念、自主意识、平等意识、开放视野作为必要要素，因而在观念上能够解放人们的思想，使得人们不再局限于传统守旧、固化的思维习惯之中，而是以创新思维来引领社会的前行，因此可以为社会发展提供创新精神指引，也可以为文化的发展注入思想上的动力和活力；再次，市场经济需要良好的民主法治制度环境、社会氛围以及商业活动中诚信规则等等，因此需要社会公共制度建设、公共意识养成、诚实守信的价值的形成，而独特的法治文化、公民道德教育、企业文化、领导力文化等等就是由市场经济所催生的独特文化现象。换言之，市场经济发展不仅为文化繁荣提供了物质保证和发展动力，而且市场经济本身也蕴含着诸多正面价值取向。

但是，市场经济本身不是万能的，它虽然蕴含着诸多正面价值取向，也能够为社会发展和文化进步带来活力，但同时也容易催生个人至上、金钱万能、拜金主义等不良价值追求，因此我们要始终以先进文化价值取向规约市场经济带来的负面价值，而中国特色社会主义市场经济的成功实践，就在于坚持了马克思主义的指导。它告诉我们，在倡导市场经济所带来的平等竞争观念、社会公平、公正意识和民主法治意识等先进价值取向的同时，更要树立正确的义利观，正确对待个人自我价值实现与集体价值实现、物质追求与精神追求、自由个性与规则意识之间的关系，也就是说，要始终以马克思主义为指导，在市场经济发展过程中凝练出引领社会健康全面发展的正确文化价值取向，进而实现文化大发展大繁荣。

当代中国文化发展既取得了历史性进步，也面临着价值诉求混乱、文化生态失衡、理想信念缺失等需要克服的一系列文化困境，文化作为观念上层建筑，其发展有赖于经济基础的变革，当代中国文化困境的化解与克服，也有赖于中国特色社会主义市场经济的进一步完善和发展。因此在推动社会主义市场经济实践过程中，应处理好社会效益与经济效益的有机统一，充分发挥先进文化对社会发展的引领作用。经济发展本身无疑要追求效益最大化，其目的在于为社会全面发展提供物质基础，但经济发展始终离不开价值方向引领，而社会效益的宗旨就体现在引领价值方向上，无论什么时候，都应该把坚持社会效益放在首位，在此前提下才能追求经济效益最大化。

党的十九大明确提出，当今我国的社会主要矛盾已经发生转化，就是“人民日益增长的美好生活需要和不平衡不充分的发展之间的矛盾”，这一基本判定既是对我国 40 年来改革开放的历史性成就和变革的深刻总结，更是对未来中国发展方向、发展目标的精准定位。这也要求我们在今后的社会发展实践中，尤其要注重从单纯追求经济增长的片面发展观到全面发展观的转变，这其中离不开先进文化价值取向所始终承载的引领社会发展的正确方向的作用，唯其如此，市场经济所蕴含的价值取向中的创造维度才能发挥积极的社会功能。

3. 当代社会变迁与文化价值多元维度的呈现

作为现代化不断推进的过程，改革开放 40 年的中国社会发展，构成了中国历史发展过程中变化最快的时期，其中伴随着从传统到现代的一系列深刻社会变革，使得社会变迁成为当代社会发展的显著特征。特别是，伴随着我国改革开放过程而出现的当代中国社会变迁，在广度上体现在政治、经济、社会、文化、党建、民众心理等方方面面，在深度上呈现出全方位、整体性社会转型的特点。当代中国社会变迁既取得了经济的快速发展，提升了中国的国际地位和影响力，为文化创新与繁荣提供了新的环境和难得机遇，深刻影响着文化价值取向的变化，也出现了前述一系列文化困境需要我们予以克服。自觉审视与考察当代中国社会变迁及其对文化价值取向的影响，在实现文化转型中化解文化建设面临的各种困境，可以为社会健康发展提供精神动力和智力支持。

当代中国社会变迁的实质是从传统社会到现代社会的转型，呈现出一种整体的、全面的社会结构转换的特征，因为当前中国社会面临着从计划经济向市场经济、从传统农业社会向新型工业社会、从乡村社会向城镇社会、从封闭半封闭社会向全方位开放社会、从同质性社会向多样性社会以及从伦理型社会向法治社会的改革转型，这一复杂的历史转型呈现出“历时性问题的共时性承受”的特点。这种社会变迁改变着我们的社会结构、社会生活、生存方式、价值观念乃至行为规范，它对人们社会生活乃至文化价值取向变化的具体影响，可以从以下几个方面来加以解读。

第一，从身份到契约的转换。传统社会中人的社会身份和等级成为规定人的行为、分配社会资源以及处理人与人之间关系的坐标，社会身份决定了个人的社会地位、生活方式、乃至价值选择。比如，传统封建社会士大夫就享有受教育机会的特权，平民子弟极少有机会入学，甚至完全不许入学；士大夫还享有免赋权、免劳役权、免服兵役、作各级官吏权、作买卖走私漏税权、子孙继承官位之权等种种特权。他们甚至在乡做绅士也还享有特殊礼貌，老百姓连和绅士同起坐，同桌吃饭都是不许可的。①而新中国成立之后的相当长一段时期，国家通过制度安排规定了城乡二元户籍制度，以及干部、工人、农民、军人、知识分子等比较分明且固化的社会身份等级结构，社会成员之间的关系、人口结构、就业结构，都受到身份等级制的制约，人们在价值选择上相应地也受到了这种体制的影响，比如新中国成立后很长一段时间人们择偶的标准首选本人的阶级成分、政治面貌、家庭出身等，就是这种影响的直接折射。随着当代社会变迁，中国不断开放城乡人口流动政策，同时中国社会人口流动与职业流动也渐趋活跃，实现身份转换的途径不断变得多元化，传统的身份等级结构开始逐渐被打破，任何人通过个人的努力进取都可以获得相应的社会资源和社会地位，使得中国社会阶层不再是简单、固化的社会平面体，而是丰富多彩的立体交织体。特别是，随着新型城镇

① 吴晗、费孝通等：《皇权和绅权》，68页，天津：天津人民出版社，1988。

化实践的不断拓展，城乡结构正在实现从城乡二元经济结构朝向城乡差别不断消除、城乡失衡不断纠正的现代经济结构转换，具有公正性、合理性、开放性等重要特征的现代社会结构正在形成之中，而这是与从身份向契约的转变相伴随的，当今中国正在大力推进依法治国就是这种转型的重要标志，现代社会中人与人之间的关系开始以契约为手段，因为法治是保证公平、公正、开放的前提和基础。就此而言，英国历史法学家梅因在其名著《古代法》中所说的，“所有进步社会的运动，到此处为止，是一个‘从身分到契约’的运动”[①]，也在一定程度上适合当代中国社会发展的特征。而从身份到契约的转换，直接影响着当代中国人平等、开放、多元等先进价值取向的确立。

第二，从熟人社会到公共社会的转型以及道德自觉向法治自觉的转变。在传统中国社会中，由于自然经济决定了商品交换程度不高，人们的交往范围狭窄，因而人们的生活空间相对有限，人们生活在一个熟人社会中。在熟人社会中，人们的交往遵从的是习惯道德的力量，“乡土社会的信用并不是对契约的重视，而是发生于对一种行为的规矩熟悉到不假思索时的可靠性”[②]。在当代中国社会，随着市场经济向纵深发展，由于商品交换的扩大而引起人们交往范围、生活公共领域空间的扩大，中国人面临着从熟人社会到公共社会的转型，在此背景下传统的道德力量必须让位于法治力量，因为缺少法治的保障显然不能维持公共社会的良性运转，与此相适应，从道德自觉到契约意识和法治意识的自觉，便构成当代社会变迁在民众精神文化价值取向上的最大变化。

第三，人们从重义轻利、重农抑商的传统财富观到物质利益最大化的新财富观转变。中国改革开放是从经济体制改革开始的，在国家所有制和集体所有制的经济体制下，社会强调并提倡个人利益服从集体利益，在不同职业群体中基本实行的是平均分配；而随着所有制改革的实施、多种所有制形式的并存，人们从重义轻利、重农抑商开始追求物质

---

① ［英］梅因：《古代法》，沈景一译，97页，北京：商务印书馆，1959。

② 费孝通：《乡土中国》，10页，南京：江苏文艺出版社，2011。

利益，收入分配结构从平均分配过渡到按劳分配和按生产要素分配相结合。与此相适应，如前所述，随着经济改革的推进，政治体制改革也被迫提上了日程，带给人们文化价值取向的变化表现在，人们呼唤并重视政治权利，自由、公正、平等、民主价值观深入人心，在精神层面，个体自主性与自我意识、契约意识、公共生活意识已经逐渐成为社会共识。

第四，在价值观念和行为规范上，从固守传统和墨守成规的思维定式向多元开放、积极进取的意识转变。传统社会的自然经济背景造成了人们更多地以经验方式把握世界，因此养成了固守传统和墨守成规的思维定式。随着当代中国社会的快速变迁，人们的生活方式开始从单调乏味变得更加丰富多彩，相应地人们的精神状况和文化价值取向，也正如一些学者所总结的，逐渐从习惯盲从变为追求思想独立，从崇拜权威到平权开放，从安分守成到积极进取，从男权社会到男女平等，从孝亲敬祖到独立自顾，从文化上的一元独尊到思想上多元开放，从中不断彰显出个人的主体性特征，从而改变着文化价值取向。

当然，当代中国社会的急剧快速变迁，在对人们社会生活方方面面产生了深刻影响的同时，也带来了一系列我们必须直面的问题，比如，物质文明与精神文明、法治与德治、人治与法治的冲突等等。特别是，在这种全方位的社会转型过程中我们面临着资本逻辑彰显、功利主义思潮兴起、个人主义抬头、价值选择多元、信仰失落与道德式微等一系列社会挑战。这也突出表现在价值体系上出现了蕴含正面价值和负面价值并存的三大价值体系：一是蕴含着天人一体、正道直行、自强不息等正面价值以及王权至上、等级观念、迷信盲从等负面价值的前现代的即传统的价值体系；二是蕴含着尊重人权、倡导平等、追求自由等正面价值与自我中心、利己主义、霸权意识等负面价值的，以追求现代化的实现为核心目标的现代性价值体系；三是蕴含着去中心化、注重差异、公平正义、生态意识等正面价值与我行我素、急功近利、弱化共识、相对主义等负面价值的，以反思、修正，甚至拒斥现代性价值观念为宗旨的后现代价值体系。[①]在此背景下，更应当深入探索中国社会转型规律，探寻先进文化价值取向确立的新路径，进而克服我们面临的文化矛盾并促进社会的健康发展。

特别是，进入21世纪，我们迎来了互联网时代，它带给我们的直接后果就是，人们之间的联系由于通讯工具的变化而变得容易、便捷多了，信息处于爆炸状态，人人都可以成为信息的发布者，人人都可以成为信息的转发者，世界真正成为了信息一地球村，世界的物理距离大为缩短，国家的边界概念在一定程度上趋于模糊。但同时，人们也容易陷入信息暴力的困扰，使得真相假相难辨，个人的隐私保护问题成为社会课题。探索互联网时代先进文化价值观确立的生成路径，也是促进文化创新与文化繁荣不可回避的重要课题。

二、呼唤整体性思维，实现对工具理性的超越

不可否认，当代社会变迁为人的自由与全面发展提供了重要的社会境遇。但是，由于人们在市场经济条件下，容易对市场决定作用的范围加以放大，不自觉地使之贯穿于经济运行之外的领域，进而把社会发展理解为一个由市场规则和经济效益决定的过程，其结果是把现代性理解为工具理性，造成了工具理性至上的片面思维范式。通过上述对影响文化价值取向诸多制约性因素的探析，我们必须看到，社会发展是一个系统工程，具有有机性和系统性，文化困境的克服与文化创新的实现，不能以“一对一”和“零敲碎打”的方式，而是需要以整体性思维来实现对工具理性的超越，这一方面需要我们树立整体思维，另一方面需要对“理性”概念有一个多维度的解读，形成新的理性观，进而促使对人性的全方位解读，以促进文化矛盾的克服与消解，这是实现文化大发展大繁荣的题中应有之义。

---

① 俞吾金：《价值四论》，载上海社会科学院《哲学分析》，2010年第2期。

1. 人类进入整体性思维时代

随着全球化的不断拓展，我们正迎来一个整体性发展时代，其突出表征是当代人类社会生活正在跨越国家和地区界限，在全球范围内展现出全方位的沟通、联系、互相影响的客观进程与趋势，尤其是以经济和现代信息技术为主要推动力的全球化进程，使当今世界的发展图景愈来愈呈现出整体联动态势，从而愈加清晰地展示了这种整体性世界图景。

正像一些学者所指出的那样，全球化使世界文化正在发生着“整体性变化”，这是一种“格式塔”的转型过程。在19世纪以技术理性为中心的时代，人类往往忽视了事物之间潜在的相互影响和相互依赖的关系（这一点在人对待人与自然的关系中表现得最为明显）。但在今天的全球化时代，个人、机构、家庭、民族、社团、城市、地区、国家、大洲、世界，这些要素之间无一不产生着千丝万缕的密切联系。英国学者泰勒在《原始文化》一书中曾经把“文化”定义为：“复杂的整体，它包括知识、信仰、艺术、道德、法律、习俗，以及其他任何人作为社会成员所具备的能力和习性。”美国学者本尼迪克特在《文化模式》一书中也强调文化的整体意义，她认为，所谓整体并非单纯是所有部分的总和，而是各个部分相互关联的结果，它所带来的是一个新的实体。这些思想见解，对我们具有很大的启示意义。因此，我们关注文化发展必须要有一种整体意识，应该以一种整体意识去关注世界、关注人类的生存状况、关注文化的发展。

文化是标志人类生存样式、意义规范和可能的发展方向及道路的整体性范畴，文化建设作为人类文化整体时代的一种要求，它应该体现理论与实践的双重自觉，应该是自上而下的思辨哲学传统与自下而上的经验哲学传统的辩证综合。一方面通过对人文精神的反思构筑各种具体文化理论研究的学理基础，为具体审视各种文化实践提供基本的价值参照；另一方面则把目光投向包括科学、宗教、伦理、语言、艺术在内的全部文化生活世界，从而在更广阔的背景中追踪生活、表达理想。

文化是人的主体性的体现，是人类所独有的生命存在方式，文化的发展表征着人与自然、人与社会的动态联系，因此也是人类文明与进步的历史表达。所以，文化建设作为技术与人文、理性与价值的对接，不是通过文化的某一层面来表达人类的理想与进步，而是通过人类文化创造的整体性价值来表达人类的理想与进步。这种文化的整体性进步并非简单的文化积累，而是一个复杂的文化选择过程。人类历史的每一次进展，一方面为现实人生营造了新的物的结构，产生了更多的物质产品，因而都再一次地满足了人的无止境的物的要求；另一方面，历史的进步也意味着人类对物的异化的消解，对人作为自由存在的发现，对人与人关系合理性的提升和与这种关系对物的交换的扬弃。而当历史表现为物的增值的同时，也表现了文化的胜利，用马克思的话说——表现了人向真正人的回归。总之，从文化对人的生存和发展的意义看，可以说，文化建设就是对主体文化创造自由的确认与解答。从人类文化实践的整体性这样一种价值诉求出发，应当树立如下整体思维范式。

(1)呼唤有机和谐的世界文化。人类只有一个地球，我们所面对的世界是人类共同的世界。这个世界不应仅仅被物质和技术所充斥，而应该洋溢一种健康的文化精神。加拿大学者保罗·谢弗在《经济革命还是文化复兴》一书中指出，人类正在迎来一个“文化时代”而代之以即将过去的“经济时代”。文化时代到来最突出的标志就是当今世界正在发生的整体化转变、环境保护运动、人类需求的新认识、为平等的斗争、认同之必要性、对于生活质量的追求、对创造力的重视，以及文化作为世界上一股重要影响力的兴起。他强调：“这样一个时代的主要结果是，在其包括一切的结构中，文化和民族文化、整体论、人民、人道关怀、共享、利他主义、平等、自然资源保护、合作以及精神文明和环境保护，将获得高高的优先发展地位。这就有可能降低人类对于自然环境、自然资源和其他物种的需求，同时也能够把财富、收入、资源和机会更平等地分配给全世界所有的人民和国家；同时，这种时代还将把人道主义推向一个更加强大的地位，使地球文明的未来发展方向得到切合实际的、持续连贯的确立。”①

面对日益恶化的生态环境、此起彼伏的战争冲突和技术对人文的肢解，我们的确没有理由拒绝这种对文化时代的呼唤。西方技术理性精神过于强调对立变动的一面，因而造成了工业社会阶段中人与自然、人与社会、人与自我的分裂，进而带来了生态平衡的破坏，更加深了意识形态结构、政治结构、经济结构之间的内在矛盾。因此，中国面向世界所提出的“和谐世界”新理念，是对这种文化时代所做出的准确判断。“和谐世界”包含政治、经济、社会、生态等各方面，内容十分丰富，因此可以说是和谐文化的呼唤。它强调国家、地区、集团之间应该和平共处，在经济上强调互惠互利，共赢、共荣；在文化上鼓励文明的对话，主张不同文明求同存异，相互学习。这个理念不仅存在于人类社会，也存在于人与自然的和谐方面，强调要保护环境，实现可持续发展。可见，“和谐世界”理念与人类追求进步、发展的普遍愿望是相通的，呼唤以人与自然、人与社会、人与自我的有机和谐为内在意蕴的新文化时代，对于维护人类精神平衡，造就一种以和谐、自由为最高境界的理想人格具有积极的意义。

马克思当年曾经明确指出：“现在的社会不是坚实的结晶体，而是一个能够变化并且经常处于变化过程中的有机体。”②面对即将到来的文化时代，我们有理由相信，这将是一个有机的文化时代，不论在物质世界和精神世界，互相联系、互相依赖、有机统一、综合平衡的重要性都将重新被人们所认识。一个世界，多元文化，和而不同，世界文化才更有创造的活力。

(2)自觉倡导并认同普遍文化价值理念。普遍文化价值是确保当代人类整体发展的内在精神，只有自觉坚守和认同这种普遍文化价值，世界文化图景才不至于被涣散。人是一种类存在物，现代知识和技术越发

---

① ［加］保罗·谢弗：《经济革命还是文化复兴》，高广卿等译，9页，北京：社会科学文献出版社，2006。

② 《马克思恩格斯文集》，第5卷，10—13页，北京：人民出版社，2009年。

展，越可能使人类忘记自己的存在之根，人类可能越容易淡化彼此之间的精神联系。因此，在现代生活实践中，我们必须自觉去培育人类的普遍文化价值。

在21世纪的今天，人类文化正经历着空前的文化整合。通过文化整合，把各种分散的、孤立的、甚至冲突的文化价值力量整合为一种凝结着人类整体利益和整体价值理想的力量，从而使人类的文化实践行为充溢着一种健康自觉的人文精神关怀。进一步看，这种文化整合不仅要超越具体的价值和目的，而且在整合过程中，还要抵消、同化及融合那些具体的文化价值和目的，使其顺乎人类整体的文化运作而成为一种文化实践合力。这种文化实践合力作为一种超越性的人类文化理想，反过来将对各种具体的文化实践行为和文化形态具有价值导引的作用。

所谓人类普遍文化价值，从根本上说，就是有利于人类整体进步与发展的价值，它是世界各个国家和民族在文化交往中所恪守的基本原则，如尊重人的现实生存、善待人的生活世界、保障平等发展，等等。自觉倡导人类普遍文化价值，是人类整体化发展时代的必然选择。它作为文化的理想维度，它并不是在经验层面实际发挥作用的，而是在理念、信念层面对人们的文化实践给予某种引导、规范和启示。换句话说，人类普遍文化价值是人类文化实践的理想维度，是居于文化的精神内核而对现实文化实践的一种导引和提升。

人类普遍文化价值诉求有两个向度：一是在多元文化的前提下，倡导人类社会必须认同也可以认同的某些价值观念、道德规范和行为准则，它应该受到全人类的普遍尊重，具有超越民族、文化、宗教的普遍约束力；二是应努力寻求不同文化传统在走向普遍文化价值中所能发挥的特殊作用，尊重世界各个民族文化创造的权力。简言之，人类普遍文化价值追求的是，在尊重各种文化传统的价值基础上发掘和利用不同民族文化传统中的价值思想资源，建构用来解决当今经济全球化进程中人类生活所面临的共同问题的文化理念。

时至今日，人类尚未达成为世界各个民族所共同认可的人类普遍文化价值，但这并不妨碍我们对其所做的不懈追求，更不应成为我们拒绝人类普遍文化价值的理由。作为一种文化理想，人类普遍文化价值对于任何一个民族来说，从来都是其不懈追求的目标之一。人类始终生活在同一片大地上，这种共同的生存环境，可能是人类在价值层面达于普遍性思维的客观物质前提。当人们形成一种人类存在共同体和命运共同体的文化意识时，就有可能和必要达成全球性价值立场的相对一致，从而形成某种程度上共享的人类文化价值观。这种人类文化价值观正是我们确立一种普遍主义文化理想的世界性视景的基础。

那么，人类普遍文化价值应该如何达成呢？首先，应该谋求一种建立在人类共同利益基础上的公共理性，如与自然和谐相处、维护人类和平等。这种公共理性是在多元文化的沟通与共识前提下形成的，因而具有广泛的社会性和普遍性。其次，人类普遍文化价值所诉求的是人类社会最基本、最起码的而不是最优化、最理想化的理念，如不同文化间的相互尊重、平等与宽容、维护世界和平等。最后，人类普遍文化价值所诉求的理念是跨文化、跨地域的人们可以在特定的生活条件下共同认可和践行的公度性理念，如风俗、礼仪、传统等。

需要指出的是，我们强调人类普遍文化价值，其基本诉求是当代世界不同文化形态间的交流与建设。因为只有首先确立一种普遍主义的价值立场，进而把各种特殊的文化形态视为这种普遍文化理想的具体表达，各个特殊的文化之间的交流才有可能达成。人类不堪忍受无根的生活，人类普遍文化价值作为人类文化的理想维度，客观上将引导着人类的现实文化实践，并且在普遍主义立场共识基础之上寻求各个特殊文化的富有个性的发展。

(3)保持技术与精神的平衡，成为“总体的人”。马克思当年曾经憧憬未来的共产主义社会是“人以一种全面的方式，就是说，作为一个总体的人，占有自己的全面的本质”①。这里所讲的“总体的人”，即是指技

① 《马克思恩格斯全集》，第3卷，303页，北京：人民出版社，2002。

术与精神的平衡。塑造“总体的人”，是人类整体性发展实践的最终目标。

现代生活极大地拓展了人的物质技术空间，同时，人的精神空间也在不断地被物欲所填充。在一个工业化、技术化的社会里，如何保持物质技术与精神情感之间的平衡协调，使人不至于沦为“单向度”的工具，这一严重问题日益引起思想家们的关注。海德格尔曾指出，现代技术以“预置”(bestellen)的方式展示物、构造世界。预置就是为着单纯的目的、留取单纯的功能、指向单纯的存在者的某种关系网络，它原则上不考虑丰富而复杂的物之物性的保有，使得“物”都成了“设置物”(bestand)。当信息时代的来临使人类的物质生活范围和内容大大扩展，可我们却也逐渐意识到，信息的充斥导致了生活中直接经验的退却。在技术与商业合谋构筑的规则、范畴、程式中，人们真正的内在世界被遮蔽了，随之被隔离的是传统生活世界对人类精神的“人道关怀”。这样，在追求物质与技术的路上，人不经意地丢失了本真自我，并导致自我与他人、人类与自然、现代与传统之间渐行渐远的疏离。

对于“工具”，我们必须赋予其一种全面的人性，从而使工具在对对象世界的创造中展示出复杂多样的文化规定性，从各个方面展示人类生活的价值与意义。当今人类所面临的种种危机和困境，从根本上说并非由于人类认识水平的不足，而在于对自身的无知，即还没有充分认识人作为主体性存在，其根本的价值取向是什么。人类已拥有令人目眩的大量知识，但在对人的存在、行动和幸福最为重要的领域，我们却往往缺乏深层次的思考。人认识外物的知识与体悟内心的知识的不和谐，造成了人所应有的内在力量、能力和智慧与关于自身所达到的认识之间的巨大落差。要想摆脱人类的困境，就必须使人类对自身的认识来一次彻底的变革。在马克思看来，文化的进步说到底是人的进步，这种文化与人的进步是通过向内与向外两个维度同时展开的，向外表现为技术世界和文化符号的形式，向内则是人的实践的诸感觉(视、听、嗅、味、触、思维、观照、意志、爱等)的质的生成。在这种内在世界与外在世界的协调一致中，人们“能认识和领会真正合乎于人性的东西，使他能认识到自己是人”①。对于技术的物化态度在客观上导致了人与自然的隔绝，人无法实现自己的真正本质。这种价值目标的单一化必然导致社会发展目标的单一化，社会所希冀的丰富多彩的文化发展目标也就不可能实现。因此，我们在使用技术时，必须仔细考察技术的目的性，考察人对技术的文化态度。人之作为主体性存在，技术理性只是其规定性之一，它并不完全代表人的终极价值和最高目的，因此，必须在更广泛的视野中拓展人的主体价值。着眼于“总体的人”的塑造，我们的教育理念不仅要有“认知目标”，更要有“情意目标”；不仅着眼于智力开发，更要致力于人格的全面培养——培养个体的健康情感、塑造个体的健全人格、开发个体的各种潜力。总之，教育应把社会的发展和人的潜力的实现作为它的目的。结合当代中国文化发展的现实说，我们要把中国的现代化理解为一种以人的现代化为核心的系统工程，特别是应把培养人的主体自觉意识(具体表现为诸如民主意识、生存环境意识、社会责任感和使命感)当作首要任务来抓，从而使全体公民以一种健康开放的心态走向未来。

总之，时代的发展要求文化哲学思考必须诉诸一种整体性视野，在对不同领域文化发展现实的考察与分析中，注意将它们放到人类文化实践总体过程中来凸显其应有的人文价值，以期达到在对人类文化总体价值通观把握的基础上，预示人类文化未来发展的基本趋势，为人类文化的价值整合提供方法，从而使人的文化实践具有高度的目的性与自觉性。进而言之，作为一个由社会内在矛盾作为动力而不断变化的有机体，我们在看待社会发展时应放大视野，树立整体思维方式，在纵向维度做到历史传承与创新发展的统一，在横向维度兼顾经济发展、政治发展和文化发展的有机统一。特别是，面对当代中国面临的诸多社会矛盾，停留在“头痛医头、脚痛医脚”的思维方式显然是无益于现实的改变

---

① 《马克思恩格斯全集》，第2卷，166—167页，北京：人民出版社，1957。

的，而树立整体的有机思维，则是应对时代挑战的时代要求。就此而言，我们认为真正促使文化矛盾的自觉克服，开辟出文化繁荣的新的境遇，则要在如下几个方面取得创新与突破：其一，要自觉做到多元文化的和谐共生；其二，要挖掘传统中华文化中的积极中性智慧，完成其现代转换；其三，要从唯工具理性崇拜中解放出来，培育新理性观，促进人的全面发展。

2. 多元文化的和谐共生

文化创新离不开文化交融。当今我们处于世界经济全球化向纵深发展的时代，相应地文化多样化也将持续推进。在此全球化背景下，面对社会形态文化的多元视角，我们应自觉摒弃“唯我独尊”的狭隘文化观，树立费孝通在强调世界各民族文化关系时提出的“各美其美，美人之美，美美与共，世界大同”的新文化观，吸收其他优秀文化的合理营养，进而丰富充实自身文化的竞争力。为此，我们首先要“坚守文化的多样性”的意识自觉；其次，在对话中增进文化共识。

首先，坚守文化的多样性是促进多元文化的和谐共生的前提。一般来说，文化的多样性主要是指人类文化在其表现形式上的丰富多样。多样性是世界文化拥有魅力的前提。2001 年联合国教科文组织第 31 届大会在巴黎总部通过了《世界文化多样性宣言》，《宣言》重申了这样的信念：缓解各文化和文明间冲突的最有效方式，是文化间的平等沟通与对话。

在全球化发展的今天，如何保持文化的多样性，日益成为我们生活无法回避的话题。本来，文化多样性是世界的“原生态”：处于传统的、离散时空的社会发展阶段的各个民族，其文化基本上都是在相对封闭的环境下形成与发展的，因此也是各具特色的。然而，随着人类全球化脚步的加快和资本的全球性扩张，原有的世界格局日益被打破，用马克思的话说：“民族史日益成为世界史。”现代性的一元逻辑日益成为改变人们日常生活的发展要素，高效率、标准化、整齐划一取代了文化的个性化追求，人类文化发展的多样性正在被予以消弭。全球化使得文化多样性面临严重威胁。在某种意义上，文化多样性问题是伴随全球化与现代性的历史节奏而来的。全球化加剧了不同文化系统之间的紧张，在世界舞台上，每个国家和民族都期望展示自己的文化个性魅力。但是，文化发展的实际情形却是：处于强势文化一方对于弱势文化采取“文化霸权”或“文化殖民”，试图将自己的文化价值观强加于对方，结果文化的冲突就在所难免。今天，许多国家尤其是发展中国家经常在“文化普遍性”与“文化个性”之间纠结。

文化多样性既是对文化个性与特殊性的表达，也是人类共同文化品质的展示。只有尊重文化多样性、独立性、异质性和完整性，我们才能感受到世界文化的多姿多彩。文化的恒常价值常常是渗透于文化多样性之中的，因此我们必须以文化多样性来抵抗、纠正、平衡单一的资本与市场逻辑，不能让现代化、工业化取代文化的进步、取代精神的富有。人类的现代化实践推进了全球文化的交流和沟通，但不可能完全取消文化生产和消费的本土性，因为人的需要结构的差异性和理想欲求的丰富性，只能由文化的多样性来表达和满足。文化的世界性不能脱离民族性而存在，多样性是整个民族文化生存与发展的根基。坚守文化多样性立场，世界的文化才能“增值”，我们的世界才会越来越充满意义。今天在文化多样性背景下，不同文化间需要有创建的交流。文化多样性的终极作用是提升人类自身。在经济全球化的时代，我们需要一种能够代表国家民族、彰显文化特性、具有鲜明地域文化特征的“身份”，进而达成一种基于文化自信之上的文化间的相互欣赏与赞美。也许只有这样，文化相融、共生、互动、发展的趋势才会形成。

其次，在对话中增进文化共识是促进多元文化的和谐共生的有效路径。所谓文化共识，简要说来就是不同文化群体在价值概念层面所达成的基本理解和认同。今天，生活在全球化时代的我们，越来越感到了增进乃至达成文化共识的重要性。无论是民族国家之间的交往，还是人与人之间的合作，都需建立在有效的文化共识的前提之上。孔子曾讲“道不同，不相为谋”，从反面道出了达成文化共识的难度。那么，文化共识为何如此重要呢？

文化由表及里有物质形象、制度行为和精神理念三个基本层次。作为表层的形象文化变化最为迅捷，看得见也摸得着，容易达成接纳与认同。但作为文化之核心的精神理念，却是变化最为缓慢的，它决定着文化的性质。文化共识之所以难以达成，就是因为它关涉文化精神理念层面。我们通常所讲的文化多元，就是基于精神理念层面的不同来划分的。全球化使人类进入普遍性交往时代，这势必日益激活世界各民族与“他者”文化的对话能力。在传统农业社会，文化呈现的是一种离散时空发展状态，文化多元是基调；而今天的现代社会，全球化带来了文化的同步时空发展，文化的普遍价值又不可或缺。面对世界经济的一体化，需要制定和规范经济“游戏规则”，对国际经济活动进行调节，尤其是面对诸多全球性问题，更需要全世界各国通力合作、共同努力才可能有效应对。所以，文化间的对话就成为必要的了。

最后，文化对话的前提是承认不同文化的平等，相互尊重彼此的文化价值关切，以包容之心面对“他者”文化。这就需要渗透到文化的精神理念层面，去展开有深度的对话，如此才可能有效地缩小认知差距，形成真正的文化共识。基于对话的视角，我们看到每一个文化主体都希望自己的文化被世界接受和承认，所以不同文明之间应该交流互鉴，认真倾听对方的看法和主张，需要自觉培养一种基于理解与对话前提下的世界主义视野，这对于一个民族的文化健康自信地走向世界至关重要。当今世界，物质文明急剧增加与扩张，但文化危机与紧张却变得日趋严峻。着眼于建设和谐世界与和谐社会的发展目标，需要我们在增进文化共识方面做出积极的努力。从世界文明健康发展的视角看，我们要在祛除文化傲慢与偏见，以平等、谦虚的态度去认真守护文明多样性的前提下，通过有效的文明间的对话，寻找面对人类发展未来的可通约的、具有普遍意义的价值要素，并对世界以及人类整体有较为全面的认知，来精心构建全球文明。我们还要通过中华民族共有精神家园的建设，来消除思想的混乱与文化的浮躁，切实把全社会的改革共识凝聚起来。改革共识的前提是文化共识，今天，党中央所积极倡导的社会主义核心价值观，无疑是对社会文化共识的确切表达。因此，这对于国人形成文化的向心力与凝聚力，必将起到巨大的推进作用。

3. 新理性培育与人的全面发展

文化之所以成为人的积极创造成果，是因为人是有理性的存在者，能够不受自然必然性的束缚而彰显自身自由的属性，进而开显出丰富多彩的文化世界。但在社会发展的不同时期，人们往往容易受功利诱惑的影响，进而对理性做了某种片面的理解，比如不自觉地更重强调科技理性，但相对而言却忽视了道德理性。由此出发，我们也往往把经济和科技等硬实力方面的强大与否，理解为国家和民族强大与否的标志，相对而言却忽视了思想文化、道德水准对国家和民族发展的重要意义。在对如何实现人民幸福这一问题的理解上，我们更是把经济腾飞、生活改善、物质发达与环境提升等物质层面的进步作为我们的追求目标，而对文化繁荣、教育进步、公平正义以及民主法制等等精神文化层面进步的作用有所忽视，因此带来了社会发展中的诸多问题，进而延缓了我们实现幸福的进程。新的时代需要我们检讨反思理性，一要不能非理性，二要树立新的理性自觉与培育，超越传统的工具理性，树立全面理性观，进而促进人的全面发展。

(1) 理性自觉与人的全面自由发展

哲学是通过对智慧的不懈探求来安顿普天之下人的心灵、通过对关乎人类自身生存命运的重大问题的反思进而彰显天下普遍之理来实现人的全面而自由发展的学问，因此哲学思考始终离不开理性的力量(rationality)。而能否葆有对理性的自觉意识，无疑便成为关涉人类社会健康发展与真正进步的重大课题。

按照恩格斯的说法，人类社会发展要真正实现自由与解放的目标诉求，首先要处理好人与社会的关系，逐步摆脱不合理的社会关系所造成的人的异化状态，真正使人成为“自己的社会结合的主人”；其次要处理好人与自然的关系，基于人与人关系的合理化通过深化对自然规律的认识来摆脱自然对人的束缚，使人“成为自然界的主人”；再次要处理好人与自身的关系，通过摆脱自身思想观念对自身的束缚，使人“成为自身的主人——自由的人”。[①]要处理好上述三个领域的关系，就必须诉诸对社会规律、自然规律以及心理规律的理性反思，而只有人类才具备反思上述规律的理性能力，自觉从理性出发思考上述重大问题，进而实现自身的不断觉醒、成熟并促使社会的不断进步。

康德曾经指出，人类历史的起源“是从单纯动物的野蛮状态过渡到人道状态，从本能的摇篮过渡到理性的指导，……从大自然的保护过渡到自由状态”[②]的过程，正是因为人类具有理性（reason）自觉，能够保持“理论理性”与“实践理性”并存的健全“人性”，即不仅能够把握经验—现象世界的必然规律从而确保自然科学的可能，也能够主动颁布并遵循道德—实践世界的自由规律，在社会历史领域使自身超越像动物那样始终处于外在自然必然规律所主宰的本能状态，进而才能够自觉净化与充实心灵、升华精神境界、规整社会道德航向，主动实现“社会进步”“历史发展”和“全面自由”等自身独具的价值诉求，促使社会历史进程“从坏逐步地发展到好”[③]。

作为在人类思想史上产生重大影响的马克思哲学，更是站在前人思考之上，一方面以积极的乐观进步主义肯定并去寻求人类历史的发展规律，鲜明地表明其对理性及其意义的认可；另一方面又把对历史规律的寻求赋予“历史唯物主义”的理性内涵，从中彰显出其独特的理性智慧，从而为能够真正实现“人的自由全面发展”的共产主义社会的到来寻求出一条可行路径。

因此，追寻人类进步的历程也许不难发现，一方面，“理性的沉睡导致了人性的残暴”[④]，如果忽视理性问题的重要性乃至理性自觉，会造

---

① 《马克思恩格斯文集》，第3卷，566页，北京：人民出版社，2009。

② ［德］康德：《历史理性批判文集》，何兆武译，70页，北京：商务印书馆，1990。

③ ［德］康德：《历史理性批判文集》，何兆武译，81页，北京：商务印书馆，1990。

④ ［英］H. P. 里克曼：《理性的探险——哲学在社会学中的应用》，姚休等译，190页，北京：商务印书馆，2006。

成人类向本能、野蛮和愚昧回归等一系列社会发展的消极后果；但另一方面，人们并没有因为理性的重要而避免对其内涵进行多元视角的解读，并由此带来不同的理论和实践效应。如果在"理性"问题上陷入单向度解读，也会影响人们对人之本性之丰富性的把握，进而导致教育、政治理念乃至政策制定的滞后，甚至在人类历史发展规律的探求上陷入先验观念论等误区，最终给人的全面自由发展带来重大阻力。这具体表现在两个方面：第一，停留在日常和经验思维水平，在与本能、欲望、情感、常识、感觉、经验以及信仰等把握世界的方式相区别的维度上，认为只要进入到事物和现象的本质层面去把握世界就自然进入到理性的探求，这种解读在凸显重理性所内含的"本质特征"这一要义的同时，并没有区分这种本质把握的不同方式及其对人类社会发展的不同作用。第二，在关注到理性的特质在于对本质规律的探求这一特征基础上，把能否揭示必然规律以及能否经过实验证实作为其可靠性的标准，进而把理性仅仅理解为科技理性，认为只有科学技术才揭示自然界中的普遍规律并能够被实验证实且可重复，而伦理道德、人格修养、德性操守、公平正义等社会领域的种种现象，由于构成该领域的各种因素(比如德与福、动机与效果、必然与自由等)之间似乎不存在绝对的必然联系，而"只具有相对的、偶然的普遍性"①，属于不能证明的领域，因而把对该领域的探讨自觉溢出理性反思的范围。这种对理性的解读漠视了人的主体性和世界的复杂性，必然走向科技决定论和物质决定论，进而造成人文价值和人文精神的式微，以及社会发展的惨痛代价的不良后果。

回顾哲学史我们发现，在马克思主义哲学产生之前，历史上哲学家们对于"理性"的解读有四种基本视角：其一，基于与宗教启示(这里主要指以基督教为代表的"一神教")相区分的角度，把理性理解为对宗教思维方式的超越，即不从对神的信仰与盲目崇拜出发而是运用人类的理智来理解与把握世界的能力；其二，从超越以生物本能以及情感、意

---

① 叶秀山：《哲学要义》，168页，北京：世界图书出版公司，2006。

志、激情等非理性活动对世界加以把握的视角，把理性理解为人类所特有的、在劳动实践过程中形成的概念、判断、推理、归纳、演绎等反思活动，以及创造拥有法律、道德准则、制度设施、组织机构等具有高度组织性社会的能力；其三，在本体论或认识论意义上把理性理解为对感性、经验、现象的超越，以及在此基础上形成的概念、判断、推理以及归纳、演绎、抽象、概括等思维能力；其四，把理性理解为实践理性，即在伦理实践领域的意志自律和意志自由，进而把它作为道德的先天可靠依据和价值的来源，强调只有实践理性的“善良意志”才是绝对的、无条件的，由此出自它自身所颁布的“道德律令”才是道德实践的坚强依据。

总体来看，马克思哲学诞生之前的传统西方哲学的最高旨归就在于探求最真实的存在，即通过彰显理性的力量来寻求世界的可靠性和最终根据，它认为理性既是知识的源泉，也是行动的依据，因此主张建立一个理性和永恒正义的王国。但这种探求却存在着如下局限：第一，它把世界进行了经验世界和超验世界的二元割裂，并在此基础上诉诸先验论来实现对真实存在的把握；第二，它诉诸先验逻辑范畴的自身推演，认为实现逻辑自身的演绎与自洽从而呈现理性的能力，就可以化解必然与自由的对立；第三，它诉诸“是”向“应该”回归的思维方式来实现人的自由，最终把上帝作为世界可靠性的最后依托。①因此，它在彰显理性的力量的同时也陷入了诸多理论或实践困境。

马克思哲学的最高价值诉求是实现自由人联合体的社会形态，为此它在继承整个西方哲学传统的基础上，始终强调对那种无人身的纯粹逻辑演绎意义上的理性探讨，以及诉诸神学、经验表象及单纯思辨逻辑来研究历史规律的哲学流派的超越，而是把理性理解为对现实历史本质规律探求的能力，在此基础上主张以现实的力量来改变现实世界进而实现全人类解放的历史运动。马克思哲学实际上把对“理性”的解读赋予了历

---

① 李成旺：《马克思哲学革命的文本学解读》，79—80页，北京：中国社会科学出版社，2011。

史唯物主义的内涵，由此开启了崭新的哲学视域，这是一种迥异于传统理性哲学的“新理性”。在马克思哲学视域中，理性主要是指在社会历史规律探讨中形成的历史唯物主义的实践智慧，它体现在如下几个方面：第一：把现实和对象当做实践去理解，指出“历史过程中的决定性因素归根到底是现实生活的生产和再生产”①；第二，指出人的异化的根源不在先验的精神性过程之中，而是源自现实物质生产过程中出现的社会内在矛盾，历史的动力是革命而不是理论批判；②第三，认为历史目标的最终实现，必须诉诸改变不合理的所有制形式的社会革命来完成。由此历史唯物主义才真正改变了人类把握历史、改变历史的图景。

显然，人们正是随着社会的发展并在对“理性”的哲学追问中自觉认识到，如果在对理性所作的解读中仅仅把握到其部分特征，而不能呈现其多重意蕴，则远远无法满足对完整人性的了解，更不能对关涉人类发展进步的重大问题做出有效回应。因而只有形成对理性内涵的完整解读并以此化为人们的理性自觉，才能不断防范人性堕落、安顿自身惶惑心灵，实现自身的觉醒与进步，借此确保现实社会的健康前行。特别是，每当在历史进程出现重大转折并且社会矛盾凸显的关键时期，人们更是试图通过对完整理性内涵的重新反思与不断深化，进而找到化解社会矛盾并推动历史进步的有益滋养。

(2)多维度考察“理性”内涵对当代文化繁荣的启示

尽管马克思哲学诞生之前的传统西方哲学对理性的解读存在某些误区，但哲学史上对“理性”的追问使人类对人的本性的丰富性和完整性的认识不断深化，成为推动社会进步的重要力量。站在当代视角着重从多维度历史性地重新考察“理性”的内涵，特别是把握马克思哲学视域中的“理性”智慧，其深层旨归一方面在于使我们在人的本性的丰富性和完整性上进一步形成科学认知自觉，纠正在人的本性和“何为幸福”等问题上的片面理解，为我们真正理解并实现公民幸福与自由确立科学的维度；

① 《马克思恩格斯文集》，第10卷，591页，北京：人民出版社，2009。

② 《马克思恩格斯文集》，第1卷，544页，北京：人民出版社，2009年。

另一方面更在于使我们在把握人类社会发展规律时形成历史唯物主义的科学方法自觉，从而为实现人的自由与全面发展提供正确的实践指引。多维度历史性地重新考察“理性”的内涵，无疑也将对我们积极应对当前中国社会面临的挑战，进而促进社会的健康发展具有诸多有益的启示意义。

第一，只有培育完整人性自觉并塑造健全人格，才能促进社会健康发展与真正进步。我们通常说，人是有理性的存在者，理性是人区别于动物的重要标志，这里的理性既包括科技理性(理论理性)，更包括道德理性(实践理性)，这就意味着只有同时高扬科技理性和道德理性的旗帜才能真正彰显完整人性，这样的人才是真正的完整的人，因此只有做到科技理性和道德理性并重才能为社会健康发展提供动力。但在社会发展的不同时期，人们不自觉地容易受功利至上、欲望至上的影响，对理性往往会做某种片面理解，表现为不自觉地去着重强调科技理性，相对而言却忽视了道德理性对于人类社会发展的重要意义。但如前所述，科技理性仅仅是人类在处理人与自然关系问题上取得进步的重要标志，主要为人类实现自身幸福提供物质保证和感官享受。而道德理性自觉则是人类在处理人与社会、人与自我关系上取得进步的直接反映，它为人的自由、尊严、价值、意义等确立坚实的依据，并决定着社会是否能够拥有公平正义和良好的道德环境。因此，忽视道德理性的培育则不可能培养健全的人格，更不可能促进社会的和谐与繁荣。因为科学仅仅使我们明了自然界的必然规律，它本身再发达也解决不了信仰和道德问题，单纯的科技进步并不必然能够促进人的全面发展，现实中的每一个人不仅是一个自然存在物，更是一个自由存在者，我们不仅需要了解自然界的奥秘进而提高科学素养，更需要道德人格的升华。人类社会的发展更是一项自由人的自由事业，时刻需要通过道德理性的提升来促进道德现状的改善和正确信仰的建构。因而只有完整彰显理性的内涵并揭示出人性的全部维度，才能搞好人性教育进而促进社会的发展进步。

第二，应超越唯科学主义的育人理念，培养全面发展的合格公民。

众所周知，民族的振兴靠公民素质的提升，公民素质的提升靠成功的教育，而教育的成功则靠教育理念的进步。传统理性观对理性进行片面理解的另外一种表现，就是在教育理念和管理上过多地强调了科学教育，相对而言却忽略了人文教育，陷入了唯科学主义的泥淖。唯科学主义认为，只有运用自然科学的方法才能获取真正可靠的知识，并解决人类面临的一切问题，自然科学的方法是任何哲学或其他学科研究能够摒弃自身非科学形态的唯一恰当的方法。尽管早在近代，就有西方哲学家对其进行了批评，而在1923年由张君劢在清华大学作题为《人生观》的演讲而引起的“科玄论战”也对“科技万能论”提出了反思与批评，但时至今日它仍然存在一些人的意识之中并占据一些决策者的思维深处。如前所述，科学本身再发达也解决不了信仰问题和道德问题，鄙视科学技术是反理性的表现；而把人们的一切思想活动看作是科学的奴婢，把人生的全部意义置于科学的绝对权威之下，同样是对理性的误读，包含着对思想与人性的一种扭曲①。此前在大学校园内发生的科研业务十分优秀的复旦医学研究生投毒致室友身亡等多起阴毒惨烈的悲剧事件，或许就是长期以来我们对理性的片面理解所导致的教育理念偏颇在现实实践中所造成的直接后果。它再次表明，仅仅注重科学素质的提升并不能直接带来包含道德素养的综合素质的必然提升，单纯的科技进步并不必然能促进人的全面发展，单纯强调科学的腾飞容易加深物质文明与人文价值的分裂，如果忽视了道德教育、人文教育，无论其学业成绩多么优秀，亦已背离了育人与国家建设的根本。早在20世纪40年代，著名教育家梁思成也曾强调指出，过分注重科学技术而忽视人文教育，就会出现道德沦丧的现象，只有科学技术而没有辉煌的人文思想，世界就要走入歧途。大学教育一定要避免功利教育、应试教育的误区，做到通识教育与个性化培养的结合、通识教育与专业教育的结合、学业教育和素质教育的结合。全社会要养成科学精神教育、学业教育与素质教育、文化教育

---

① 何兆武：《西方哲学精神》，104页，北京：清华大学出版社，2002。

有机结合的自觉，大力重视哲学社会科学与人文学科的发展，这才是真正提高人文素养的重要举措。注重价值观、道德观的重塑，培养心智健全、人格健全、品格高尚的合格公民，而不是把教育变成为了学生谋取一技之长的知识技能灌输，才是新时期的育人理念。

进一步看，要超越唯科学主义的育人理念，还应看到：其一，应试教育理念只专注于通过知识传授而完成具体领域的专业教育，不仅难以完成自由创新的使命，更不能促进人格的全面完善与发展。因此，应代之以强调道德心灵教育、批判性思维、人文情怀和科学精神等综合素质提升的自由教育，以使学生对待自我和世界时具有更广阔的视野，这也是培养学生责任意识和公民意识的重要途径。其二，那种以自然科学的管理模式来管理哲学社会科学，以论文数量多少、获奖多少来衡量人文学者的业绩和贡献的思路，实际上是人文学科发展功利化的直接结果，显然也陷入了唯科学主义的泥淖。因此，应代之以把对人性塑造上的深刻性、为人类增加新知识的多少作为衡量人文领域贡献大小的标准。

第三，要自觉意识到国家和民族的强大不仅表现在物质层面，更体现在公民整体精神道德和制度建设层面。理性自觉是社会进步的表征，而要支撑起一个强大的现代化国家，除了作为物质层面表征的经济、科技力量等“硬实力”之外，还需要先进的、强有力的文化力量这一“软实力”，这主要体现在公民整体精神道德水平和先进的制度建设等方面。良好的道德氛围，公平公正的法治环境，确保思想持续创新的制度保障，在科学腾飞的同时保持物质文明与人文价值的良性互动，这才是社会和谐稳定、人民幸福安康、经济持续健康发展的重要保证。因此，我们不能仅仅把经济和科技等硬实力方面的强大与否作为国家和民族强大与否的标志，更要时刻关注公民道德素养、思想文化繁荣、教育进步、公平正义、民主法制等“软实力”对于国家和民族发展的重要意义。只有科学发达，经济繁荣，文化先进，价值观建设、道德建设方面成就斐然，人民心态健康，葆有崇高信仰、人文关怀并心存敬畏，社会公平公正、民主和谐、真正做到“以人为本”，一个民族才能成为真正强大的民族。更何况，随着社会各项建设的推进，人们已经意识到，如果没有政治民主制度、自由创新氛围的保驾护航，科技力量的发达也只能是一句空话。

同理，公民幸福的实现更不能仅仅以物质条件为指标来加以衡量，或把经济腾飞、生活改善、物质进步与环境提升等物质层面的进步，或把拥有金钱、财富、权力和享乐作为我们追求的全部目标，而是应致力于使每个人拥有丰富的道德精神财富和高尚的道德精神境界，以及前述提到的文化繁荣、教育进步、公平正义以及民主法治等环境的营造。只有在倡导发展经济的同时，着力于公民道德素养的提升与道德自觉的培育，才会为国家繁荣昌盛和人民的真正幸福的实现提供重要的思想理论资源支撑，进而实现对工具理性的超越与人的全面发展。

第四，在社会历史领域要时刻注重社会关系的合理化。致力于社会关系合理化而实现人的自由是马克思历史唯物主义的要义。只有彻底解决收入差距过大问题，促进社会关系的进一步合理化，才能真正体现马克思历史唯物主义理论本身的价值诉求。我们要看到，在尚未能实现按需分配的社会主义初级阶段，适当的收入差距是人的能力差异的自然结果，也有利于形成竞争意识进而提高社会发展的活力，但是，在社会生产力发展到一定程度以及改革开放取得较大成就之时，我们的工作重点恰恰应放到及时消除贫富差距过大现象上，这种对生产关系的自觉调整，其目的恰恰是为了马克思主义价值目标的实现，这也是把握马克思哲学视域中的理性内涵的必然结果。

三、以中华中性智慧涵养现代文明

人类已经进入全球化时代。世界各民族的文化交往日益频繁，可谓你中有我，我中有你。文化矛盾的克服与文化的繁荣，既要面向时代促进多元文化的和谐共生，也要吸收中华优秀传统文化的精髓，并促使其实现现代化转化。人类社会是一个以传统为根基的有机体，它通过世世代代的文化积累才呈现出今天的景象。而文化领域是一个意义的领域，文化的核心价值就在于为人的生命提供一种解释系统，以确立生命的理由。人是一种历史的存在。每个民族在其实践生活中总无法回避“我从哪里来”的问题。随着民族文化自省意识的增强，我们深切感到努力挖掘和弘扬中华传统文化的精华，对于当代中国的文化实践无疑有着重大的现实意义。置身于全球化大潮中的中国人，只有重新评估、定位自己的民族文化，守住自己的文化之根，在传统中寻找营养，并积极地、有创造性地把它运用于当今现实，才能在全球化的浪潮中找到自身定位。在全球化文化发展的环境下，传统与现代、东方与西方、民族性与时代性、本土文化与外来文化等等，促使人们在它们之间进行着抉择。我们只有在现代文化的实践中注意对民族传统文化精华的自觉继承，我们才能避免病态的虚无主义和妄自尊大的两极心态，中华文化才能既寻得安身立命的源头活水，又聚集起面向未来的文化创造性动力。

1. 中性智慧：中华文化之精华

中华传统文化博大精深，其中性智慧是当今社会最需要为我们所发扬光大的传统资源。在中国传统哲学精神中，涵蕴着丰厚的中性思维的思想资源，发掘这种中性智慧并使之发扬光大，是时代的要求。以儒家文化为代表的中性智慧，对于我们今天放松心灵、缓解社会紧张、葆有平常心具有直接的人生启示。

其一，中性智慧是中国人独具特色的生存智慧和处世态度。

在中国传统哲学精神中，中性智慧是最为丰厚的资源，亦可说是中国人独具特色的生存智慧和处世态度。中国古代思想家们把“中”与伦理道德、人生观、价值观相联系，将其升华为世界观方法论的高度，成为“中道”，这些概念构成了中国哲学的核心范畴。孔子作为儒家思想的创始人，把中庸称为“至德”，这既说明他把中庸作为道德的最高准则，也说明中庸是他的哲学基础。他反对“过”与“不及”，认为要在“过”与“不及”的两极之间把握一个适中点，以保持事物的常态不变；他反对过分的拘泥，坚决拒绝过分的臆断与固执己见的极端行为；而且，孔子还认为对“中”的把握，可以因时因地而有所不同，他将此称之为“君子而时中”。孔子的这种倡导，也这正是中性思维的基本要求。

统览孔子的思想体系，我们可以看到“中”性思维贯穿于各个层面：“大同”社会政治理想、“天人合一”的哲学追求、“从心所欲不逾矩”的人生境界、“内圣外王”的人格模式等等，孔子的中庸哲学对中华民族精神建构产生了深远的影响。《中庸》作为秦汉之际的作品，以孔子思想为底色又大量吸收易学思想，对于中性智慧又做了深入的阐发。《中庸》一书重点发挥孔子“过犹不及”的思想，要求人们追求“和而不流”，“中立不倚”。中庸的基本原则就是“允执厥中”。“允执”就是平心静气、静观执守、不离自性，“中”是天性的所在地、精神的集中点。把握适当的限度，以保持事物的平衡，使人的言行合于既定的道德标准。

中性智慧的精义在于克服两极对立思维，达到天与人和谐、人与人感应、人与物均调，它不提倡感情的过分激烈与外露。不论是内在的思想理论，还是外化的审美实践，都崇尚含蓄、适度、克制，强调情感与理性的合理调节，以取得社会存在和个体身心的均衡稳定，在现实的此岸世界中达到主体人格的完善。这可以说是中华民族两千年来延续下来的文化心理特征。

中性思维在中华文化精神中的重要表现就是对“和”的价值追求。“和”是中国文化的重要特征，“中和”是中国文化的基本价值目标，是一种“执两用中”的方法论。“和”的思想主要体现在以下几个方面：一是以“和”的理念去认识自然。如《易经·乾卦》上讲：“乾道变化，各正性命，保合太和，乃利贞。”意思是依据自然规律的变化，人获得自己的命运和本质，变化会有差异和冲突，但是冲突又要融合，即走向太和。二是以“和”的心态去处理人际关系。如孔子所提出的“君子和而不同”的思想，强调和谐又不千篇一律，不同又不相互冲突。和谐以共生共长，不同以相辅相成；三是把“和”的理念作为一种辩证方法。如《易经》讲“一阴一阳谓之道”，宋代哲学家张载认为“有象斯有对，对必反其为，有反斯有仇，仇必和而解”，凡此等等，所强调的都是阴阳互补、刚柔相济，如此才能发生变化、促成和谐；四是以“和”的标准去处世生活。中国传统文化中有许多关于“和为贵”“和衷共济”“家和万事兴”的思想，重视建立融通的人际交往、有序的社会秩序、和谐的社会关系。提倡人与人之间重诚信、讲仁爱、求友善、修和睦。

其二，当代中国建构和谐社会的历史实践中，我们要善于发掘这种中性智慧。

在中国传统哲学精神中，蕴涵着丰厚的中性思维的思想资源，我们在当代中国建构和谐社会的历史实践中，要善于发掘这种中性智慧，使之发扬光大，增益今天的社会生活，使社会更富于弹性。在当今时代，应该弘扬中国传统中庸思想的时代精神，以中道情怀协调当前社会的冲突与矛盾，以公心处事，谋求诚信与和睦的交往，以实力彰显贤能，摆脱无谓与无聊的争执，大家各行其是。正如费孝通先生倡导的“文化自觉”“各美其美，美人之美”“美美与共”，才能抵达“天下大同”的理想境界。从生活世界的理想来看，中性智慧企及日常生活中文明秩序的构建，使可能的对抗在适中的文明秩序面前转化为对话。失去“友谊”的竞赛丝毫不值得称道，因为缺失“贵在参与”的其乐融融的人文景观，日常生活中的交往同样如此。我们不能在人生的竞技场上盲目地追逐，而无视生活水平提高的同时随之而来的代价。与两极对立的思维方式不同，中性思维方式立足于建设，强调事物对立双方的互养相成、共生共存，强调把握事物的平衡支点，做到不偏不倚，也就是要求用全面的、发展的、联系的观点去观察事物，把握其发展态势。

其三，中性智慧是在承接中外传统哲学精华的基础上延伸出的现代人的生存哲学追求。

不难看出，中性智慧是在承接中外传统哲学精华的基础上延伸出的现代人的生存哲学追求，这种智慧所着眼于主体生存发展的全体性，其基本价值诉求体现为如下三个层面：首先，在思维方式上，它立足于建设，自觉寻找事物的平衡支点，去整体性、动态性把握对象世界，尤其强调事物对立双方的互养相成和共生共存；其次，在人生态度上，中性智慧倡导积极的人生，要超越浮躁与迷茫的功利心态，在对日常生活多重感知与审慎思辨的过程中敞开本然之心，以通达天地之境界，提升人生的质量；再次，在行为方式上，它强调避免极端的行径，以中道之智慧践行于日常生活世界，与他者展开和谐的交往与对话，去解决因极端思维方式而导致的现实问题。总之，中性智慧是一种生成智慧而不是完成智慧，它不拘泥于思维向度的某种具体规定性，超越日益技术化的生活流程与程式化的思维僵滞，在思维方式、人生态度、行为方式三重维度上确立和谐、适当与豁达的人生境界。

中性智慧提倡人们保持平和的心态，以平常心把握事物的本质，平稳持续地推动社会发展和个人的成长。当科学发展意识深入人心的时候，我们在战略制定的过程中，必须均衡协调地处理社会发展各领域的问题，避免无视代价而导致社会生产力的负增长。在构建和谐社会的进程中，我们应该自觉地以“贵和”“执中”的态度促进改革与发展事业的完善。特别是形成适应和谐社会的文化心态，以中性智慧的思维方式审视社会发展中的问题，探求文化实践层面的“视阈融合”，融洽对话。

2. 促进物质与精神的平衡发展

处理好物质与精神的关系，既是一个关涉能否形成把握世界方式自觉的重大哲学问题，也是促进文化大发展大繁荣的重要课题。对于物质与精神的关系，马克思和恩格斯在《德意志意识形态》中曾有过风趣地表述：“精神从一开始就很倒霉，注定要受物质的纠缠。”的确，物质与精神的关系问题可以说是哲学的老问题。但是老问题未必是过时的问题，因为在一定意义上物质与精神的关系是所有哲学问题创生的前提：在物质与精神的二元张力中，人的生活世界才呈现出超越的可能性——人的自我完善与发展需要物质与精神兼修，而一个社会的真正进步更需要物质和精神齐头并进、平衡发展。

其一，物质与精神的平衡是社会有机体的内在要求。人的生活世界是一个有机的世界，在马克思看来，人的社会生活是一个由多种社会要素构成的相互联系、相互依存的有机整体，它的发展既是一个自然的历史过程，也是人类能动自觉参与的不断进步的过程。人类在社会实践中创造了物质文化世界和精神文化世界，物质世界满足了人的肉体生理需求，精神世界满足了人的主体精神需求。而谋求物质世界和精神世界的平衡正是社会作为有机体的内在要求。

从人的生存境遇来看，人是一种二重性存在，我们每个人既有肉体，也有心灵，所以人既有动物性也有神性。人的肉体需要满足，心灵也需要满足。物质和精神对应于人之不同的需求层次，物质的富庶与技术的进步就是为了让人们生活得更舒适更便捷，但是它不能解决人的精神充实问题，所以人类需要人文精神的介入。人是一种目的性存在，这种目的性标示着人要创造文化、追寻意义。正是人的精神世界划定了人性的圆周。同样，人的精神维度标示着物质进步的方向。

从文化哲学的视角看，物质与精神的平衡问题也是一个科学精神与人文精神的统一问题。科学发展的方向性和目的性是通过人文来确定和实现的。科学和人文的分化是一个人为的阶段，不是世界的真实图景。所以20世纪著名哲学家海德格尔主张要回归人的“生活世界”，找回人与世界的原初关联性。从社会发展的有机体要求看，在社会发展进步的整体考量中，国民物质财富的积累与主体精神的充实必须齐头并进，相辅相成。

其二，现代社会物质与精神的疏离态势。在传统社会，物质与精神本来是处于原始的和谐统一状态的，技术与人文因其尚未明显分化也是能够融洽共存的。中国古代所描绘的天人合一、人与自然的和谐状态就从一个侧面印证了这一点。孔子认为教育人要全面发展，要学“六艺”——礼、乐、射、御、书、数。这既有物质技术层面的要求，更有精神层面的要求，唯因人的这种“全面发展”才可能适应有机的社会生活。也唯如此，古希腊才涌现出亚里士多德这样的百科全书式的思想家。

自从资本主义登上历史舞台，人类的物质进步便步入了快车道。科学与技术所构成的“普照光”照耀着人类的日常生活，并且在社会发展过程中扮演着越来越重要的角色。而资本由于其追求利润的天然特性，常常有背离于人类良好意愿的发展倾向，使人沉湎于“物质”而忘记了自己的精神性价值追寻，让人走入了手段的王国而失去了人的目标。在此情形之下，物质与精神的失衡便在所难免。

随着生产力的发展和科学技术的不断进步，社会分工不断细化，整个学科也越分越细：一方面，分工提高了生产力，生产出了更多的物质财富和精神产品；但另一方面，分工又将人束缚在某个固定的职位上，无暇顾及其他，久而久之导致了人的片面性发展。而且，技术理性主宰着自然科学的发展，人文关怀让位于商业利润以及人的各种欲望追求。结果是人日趋被“物”所累，沦为“单向度的人”。

其三，精神富有是社会发展的目的指向。当代中国经过 40 年的改革开放，我们的物质生活获得了长足的发展与进步，经济取得了举世瞩目的历史成就。但是在经济快速发展、物质财富大幅增长的同时，我们的社会生活也出现了一系列的矛盾与问题。如我们在发展中也同样出现了普遍重视技术经济而忽略人文精神的现象，生活中神圣的东西被消解了。人文关怀的缺失和物质享受欲的泛滥，又进一步衍生出诸多生态环境问题、社会问题，如大众层面的道德滑坡、诚信危机问题，一些领导干部中的享乐主义和奢靡之风等，无一不反映出物质与精神的失衡问题。

人是一种目的性存在，不能忍受无根的生活，总要在纷繁陈杂的经验世界寻找一份生活的理由，即为人生安身立命。重建科学和人文的统一，就是让我们的心灵重新找回充实和安宁，而要实现心灵的充实与宁静，就需要重建我们的精神家园。

物质与精神的平衡统一无疑应是我国和谐社会建设的根本要求，当代中国精神文明的建设、精神力量的凝聚以及精神生活的提升，已成为我们今天社会发展实践中非常重要的课题。丰富中国人的精神世界，构建全社会的人文关怀，应成为我们社会发展的目的性指向，以此来赋予社会发展以恒常的价值与意义，确保社会发展的全面性与可持续性。

3. 谋求财富与精神的共同进步

谋求财富与精神的共同进步，是以中性智慧涵养现代文明的内在诉求。近年来，伴随中国经济的快速发展，国人的财富有了显著增加。中国取得的经济成就举世瞩目，但我们社会的人文发展情况却呈现出与GDP增长不协调的逆态势。伴随着财富的增长，我们的社会在某种程度上出现了道德滑坡、诚信缺失等现象，社会生活某些方面的进步正在被另一方面的退步所抵消。而社会各个阶层也普遍缺乏幸福感，我们的精神世界并没有随着物质财富的增加而变得更加充实。

我们获取财富的终极目的是什么？这也许是一个颇具哲学色彩的命题，但又确实关乎每一个生活中拥有财富和追逐财富的人。人是一种灵与肉的二重性存在，所以人需要从物质与精神两个层面来完善充实自身。著名哲学家海德格尔曾强调人生命的意义就在于把“生存”提升为“生活”。在他看来，“生存”只是一种物理事实，而“生活”才标示着生命的意义。在物质财富增长的同时，我们还应努力提高人的精神境界。否则，就无法获得身心平衡的幸福感。今天，在一个物质主义日渐成为人们普遍的世界观和价值观的时代里，我们的确应该冷静思考一些最基本的社会问题：经济增长而人们并不幸福的原因何在？逐渐富裕起来的中国人还应该追求些什么？今天我们应该培养什么样的财富观？

社会发展是一个系统工程，需要物质与精神的平衡发展。近代德国宗教改革思想家马丁·路德也曾指出：“一个国家的兴盛不在于国库的殷实、城堡的坚固或是公共设施的华丽，而在于公民的文明素养，也就是人民所受的教育、人民的远见卓识和品格的高下。”诚如斯言，人类的工业化和启蒙理性极大地改变了人的社会生活，开启了人们的财富之门，但同时也搅动了人们平静的精神世界，使人日益失去崇高的理想和内在的深度。今天，在这个社会急剧变革的时代，我们每个人的内心也许正面临着诸多观念的纠结与碰撞，在创造拥有财富之后能否超越财富，做到在金钱面前保持警觉，在财富面前保持人性的尊严和风度，这也许更能考量出我们的社会发展质量。

反观当下的中国，一些人秉持着“富有即是最大道德”的信条，无底线、无顾忌地攫取着各种物质财富，但是急剧增长的财富却并没有给人们带来我们所期望的东西：归属感、幸福和尊严。为什么如此？其实这都是一种受肉体欲望驱使的占有意识在作祟，并没有真正关怀到主体精神世界即心灵的层面。

人的需求是有层次的，需要实现由物质需求向精神需求的跃升。财富金钱应该是人生中更有意义的工作的副产品，而不是人生价值本身。我们的社会亟需崇倡导一种以社会责任为基础，以身体健康和精神富有为目的的财富观，把人的灵魂从物欲横流的氛围中解放出来，真正找到幸福的源头。谋求财富与精神的共同进步需要个体与社会的一起努力。就个体而言，我们既要做一个富有的人，又要做一个传达思想方式的人，自觉去追求一种至真、至善、至美的生活；从社会的角度说，我们要与物质财富的增长同步培育出一种现代人文精神，尤其要关注社会精神产品的生产，使优秀的精神产品真正满足人的精神需要，使中华民族真正成为精神富有的、有创造力的民族，从而自信地立于世界民族之林。

4. 警惕过度市场化剥夺大众的人文诉求

以中性智慧涵养现代文明，尤其要注意警惕过度市场化剥夺大众的人文诉求。一般说来，大众文化是一种在现代工业社会中产生的、以都市大众为消费主体的、通过现代传媒传播的、按照市场规律批量生产并集中满足人们感性娱乐需求的文化形态。市场化、世俗化、平面化、形象化、游戏化、批量复制等是大众文化的最突出特征。就其表现形式来说，娱乐电影、网络游戏、家庭肥皂剧、电视娱乐节目、现代广告、畅销读物、报纸杂志消遣版面、流行歌曲、明星模仿秀等等，现今已经成为中国百姓生活的基本文化消费形式。

毫无疑问，大众文化在当代中国的迅速发展繁荣了文化市场，具有积极的社会意义。不同类型的大众文化产品，满足了人们多样化的文化需求，这在开阔了人们的文化视野的同时，也使百姓享受到了更多的文化权益。大众文化开启了一个新的公共文化空间，增强了社会各群体之间的对话和交流；大众文化丰富了人们的审美世界，使人们的审美需求趋于多元化、审美趣味趋于多样化。然而，当代中国的大众文化是否真正步入了健康发展的轨道？实际情况不容乐观。大众文化是一把双刃剑，过度的市场化导向以及利益驱动使得大众文化实践出现了诸多问题，这具体表现为感性欲望的泛化、主体人格的异化和人文精神价值的消解。

首先是感性欲望的泛化。当代大众文化的一大特征就是无限夸大人的感性欲望，极力放纵人的肉体生命力，无形中降低了人性的品位，它给人类带来瞬间的感官愉悦和满足的同时，却导致心灵的麻木与空虚，甚至导致生存意义的虚无和生存根基的沉沦。当代中国大众文化呈现出平庸、浮躁、奢华的特点。感性文化的蔓延导致人们对历史责任与文化传统的淡化，导致了文化的人文含量的流失，这必将会使社会进步缺少恒久的动力。

其次是主体人格的分裂。出现了经济人与道德人、社会人与自然人的对立与冲突。人本身被零散化、空心化、平面化，人们成为忘却记忆、没有深度、拒绝时间、没有历史的平面人。须知当大众文化以大众时尚作为价值追求时，在市场原则的左右下，最流行的时尚必然与人的最原始、最具普遍性的欲望相关联，这必然导致对人的独立自主精神的消解，个人被转化为“大众”，则难以向更高的文化层次提升。

再次是对人文精神价值的消解。大众文化的生产、传播和消费像其他任何商品一样，首要的是占有市场、占有消费者，却相应忽略了其内在的品质、价值与意义。大众文化的生产者和传播者以“为大众服务”为借口，不断制造各种畅销的卖点，从而使自己的市场效益最大化，认定最畅销的东西就是最好的东西。而随着人的物欲的膨胀和扩大，手段取代了目的，人的生存根基和价值向度便被消解了。

处于现代化社会转型的中国，全社会的文化精神也在经历着跨世纪整合与提升。我们在目睹了大众文化所裹挟而来的媚俗、泛娱乐、煽情、快餐化等种种现象之后，应该深刻地反省大众文化的实践误区。人们如果一味沉湎于个体的声色之娱，就会降低现实世界、公共领域一些重大问题关注度降低，失去对于现实生活的真实体验和批判意识。在不断满足大众日益增长的文化需要的同时，全社会应该自觉关注大众文化的人文诉求，提升大众文化的理想表达。

与此同时，我们还需要警惕炫耀性消费带来的文化迷失。高度发展的中国经济极大地改变了我们的物质生活，中国人正在富起来。然而，文化发展的相对滞后，导致我们社会生活物质与精神发展的不平衡。一个突出的社会问题就是炫耀性消费现象。1899 年，美国经济学家凡勃伦在其著作《有闲阶级论》中，首次提出了“炫耀性消费”这一概念，他认为炫耀性消费是一种“为财富或权力提供证明、以获得并保持某种尊荣的消费活动”。

作为当今中国社会一种重要的社会经济现象，炫耀性消费不容忽视。本来，在市场经济时代，人们通过适度的物质消费，展示一下自我个性本无可厚非，甚至可以促进经济生活的活跃和产品品牌的培育。然而，炫耀性消费所关注的已经不只是消费产品的使用价值，而且更关注和在意消费产品的符号价值——为的是显示其身份、面子和地位，满足人的某种虚荣心。近年来网络流行的热词“土豪”，可谓是炫耀性消费群体的生动画像。通过这种外在符号来证明自我主体的价值，这就导致了人性的异化。既然消费的目的是为了炫耀，那么消费的本意就被颠覆了，结果人们看到，在消费生活中存在着贪欲、炫富、挥霍与浪费等等畸形消费现象。炫耀性消费对外在“符号”的关注，超过了对人主体“精神”的关注，消费由手段变成了人生目的，由理性变成非理性。我们知道，资本的逻辑就是最大限度地扩张对物的占有，相比之下却淡化了对主体精神的充实。用马克思的话来说，这是一个“以物的依赖性为基础的人的独立性”时代的消费特征。这种对物的炫耀其实恰恰折射出人们内心的空虚，甚至是人的主体性的丧失。

炫耀性消费是一种病态和冒险的竞赛，它从一个侧面折射了我们社会文化的浮躁，甚至是文化方向感的迷失。炫耀性消费所推高的是消费至上主义，因为商品符号过多地放大人们的虚荣心和差异性，导致了感性消费的虚假繁荣，提高了消费主体外在的需要和欲望。如果一味强化这种建立在享乐主义基础上的病态欲望，人就彻底沦为消费物的奴隶，结果就必然导致现代社会中人的灵魂日渐麻木、人际关系日渐淡漠、人文精神日渐沉寂等现象，我们生命中内在的、真实的精神需求被遮蔽了。健康、和谐与美好的生活，才是现代中国人的理想选择。我们必须正视炫耀性消费可能导致的文化危机，对其应保持理性的批判精神。人的需求是有层次的，生命如果沉湎于占有和欲望的层次，那人的理想境界是无法真正开掘出来的。也许，想要完成从“从炫富到富贵再到高雅”的演化，还需要一个艰难的文化洗礼过程。我们应该学会理智地驾驭财富，学会在财富面前超越财富，注重充盈我们的内心世界，并不断在眼界、见识上提升自己，突破自我生命的上限，从而实现真正的人生超越。

5. 通过欲望教育培育现代生态文明观

以中性智慧涵养现代文明，需要促进现代生态文明观的培育。因为人与自然的关系永远是人类文化在前行中需要审慎面对的问题。人与自然的和谐相处，是生态文明的基本价值诉求。

生态文明问题的出现，直接原因是大工业文明使人类征服改造自然能力的突然增强。今天的大工业对自然的作用与改造的后果，让自然已到了难以消化，难以自我修复的地步，以致自然开始报复人类，最终结果是人的文化实践行为客观上背离了人的初衷。

从另一方面来看，生态文明危机还与现代人的生活实践观念息息相关。工业文明所带来的技术进步，极大地改善了人的生活环境，调动了人的消费欲望。欲望，作为人性中的本能部分，是指向人的生理层面的，构成了人类行为最内在与最基本的根据。人的欲望的合理展示会成为人类进化、社会发展与历史进步的动力，但如果欲望过度释放，则会带来巨大的破坏。当代日本著名设计师原研哉在其《为什么设计》一书中认为，当今的工业化时代，“整个社会都充满着欲望，有些欲望逐渐转化为有形物质，出现在世人面前，最终会形成环境。而环境又刺激出人的新的欲望”。他的结论是，要开展欲望教育，“如果我们想美化环境的话，就必须先美化最初的欲望”，“真正的设计不该为这些欲望煽风点火，而应该努力去触摸人类生存环境中贮藏的人类睿智。设计不但是生动的点子，有时还要有长者般的智慧”①

环顾今天，人类似乎走入了怪圈——为了拉动内需刺激经济增长，就不断地开发人的各种消费需求，结果环境污染、生态失衡；回过头来，人类为了生态平衡又声讨欲望，认为过度的欲望背离了可持续发展的方向。我们认为，在当今现代性作为普遍价值诉求的背景下，人类要想从根本上解决生态文明问题，必须从反省我们的生活方式与生活态度入手。

从欲望教育视角来反省现代生态文明建设问题，就是要提醒人们：生态文明问题既关涉客观物质环境问题，同时更关涉人的主体态度。今天人类要在与自然的相互作用中，学会约束和调整自身的行为，做到目标适度、发展适度、心态适度，而不能一味地追求更高、更快、更强。

合理节制欲望，通过欲望教育达到对人的欲望的调节和影响，对于今天的人类可谓势在必行。过度的欲望，会使个人只关注自我满足而丧失公共生活和公共精神，更使他们放弃了对社会的承诺和责任。归根结底，在市场经济环境下，欲望节制的根本理由是：人类生存资源是有限的、人与社会需要和谐有序、未来人类需要可持续性发展。

老子曾告诫人们：“祸莫大于不知足，咎莫大于欲得，故知足之足，常足矣。”(《道德经》四十六章)人类只有把欲望圈定在合理的范围之中，使自然对于人类的改造实践结果能够有效地消化吸收，生态文明的美好蓝图才能在真正意义上实现，我们的生活才会充满快乐，人生境界也才能得到拓展和升华。

---

① [日]原研哉：《为什么设计》，102页，济南：山东人民出版社，2010。

第七章　中国社会发展的文化自觉

所谓“文化自觉”，是指生活在一定文化历史生活中的人在文化上的觉醒，对其文化有自知之明，并对其发展历程、规律和未来有充分的认识。换言之，是文化的自我觉醒，自我反省，自我创建。

中国改革开放之后，最早提出文化自觉的是著名社会学家费孝通。费孝通指出：“文化自觉是一个艰巨的过程，只有在认识自己的文化，理解并接触到多种文化的基建上，才有条件在这个正在形成的多元文化的世界里确立自己的位置，然后经过自主的适应，和其他文化一起，取长补短，共同建立一个有共同认可的基本秩序和一套多种文化都能和平共处、各抒所长、连手发展的共处原则。”[①]他认为，“文化自觉”应该包括了对自身文明和他人文明的反思，对自身的反思往往有助于理解不同文明之间的关系。世界上不论哪种文明，都是由多个族群的不同文化融会而成。尽管我们在这些族群的远古神话里，可以看到他们不约而同地在强调自己文化的“纯正性”，但严肃的学术研究表明，各种文明几乎无一例外是以“多元一体”这样一个基本形态构建而成的。古代的中国人究竟是怀有怎样的一种人文价值和天下心态，才能建立和维持包容四海之内如此众多的族群和观念迥异的不同文化建立起一个“多元一体格局”的文化及政治中国，非常值得我们深刻思考和努力研究。[②]在全面深刻考察人类文明历史的彼此冲突又互相融合的过程和规律后，费孝通最后提出了“各美其美，美人之美，美美与共，天下大同”著名的十六字箴言作为

① 费孝通：《对文化的历史性和社会性的思考》，载《思想战线》，2004 第 2 期。

② 费孝通：《“美美与共”与人类文明 》，载《名人传记》(上)，2009 第 8 期。

“文化自觉”历程的概括。

经过40年的改革开放，我国的经济实力大增，随着社会的快步发展，文化建设就成为当前的重任。建设文化强国，对内表现为文化的自信、自觉、自强，提升人民的思想道德素质和科学文化素质，增强中华民族的凝聚力和创造力，为中国经济发展和社会和谐提供强大的文化支撑；对外表现为加强文化吸引力和影响力，全面提高中国当代文化在世界的地位，用更为开放的姿态增进与世界文化的交流融合。

一、中国道路的文化诉求

中国道路，意味着具有悠久历史文化传统和独特文化基因的中国在全球化时代走出的、具有自己独特性的大国崛起之路。正是在日益开放包容的发展理念和发展实践中，中国道路被越来越多的国家与人民所认同，日益展现出巨大的时代价值和世界意义。因此，中国道路必然具有独特的文化意义和特殊价值，而且，只有拥有充分的文化自觉、文化自信，才可能提升我们自己的文化软实力。

1. 中国道路的文化意义

随着中国的和平发展，必然带来文化自觉和文化复兴，而文化自觉和文化复兴最终将实现真正的文化认同和民族复兴。今天的中国，正在开创一条具有自己特色的发展道路。中国的和平发展，具有重大的历史意义。原因何在？其一，中国是有13亿人口的社会主义发展中国家，其世界性影响十分重大。其二，中国是东方文化的主要代表之一。文化意义不容低估。①从精神家园的自我背弃、自我放逐到精神家园的自我回归、自我寻找、自我守护，中华文化的凝聚力、感召力日益增强，对世界文化的影响力、亲和力日益上升。

“中华文明绵延数千年，有其独特的价值体系。一个民族、一个国

---

① 郭万超：《中国道路的世界历史意义》，载《光明日报》，2014年7月30日。

家，必须知道自己是谁，是从哪里来的，要到哪里去。”①从20世纪初的梁漱溟、熊十力第一代新儒家内忧外患、民族危亡中表现的自信自觉，到20世纪30年代著名的“十教授宣言”(指1935年1月10日由王新命等十人合撰的《中国本位的文化建设宣言》——著者注)，再到20世纪50年代末牟宗三、唐君毅、徐复观、张君劢的文化表白(即1958年四人联合发表的在海内外引起巨大反响的《为中国文化敬告世界人士宣言》)，一直到21世纪，中国的知识分子都不断明确地而且更加清晰地表达了这种文化自觉、文化自信。如果说100年前或50年前，这种文化自觉和文化自信因缺少强大的经济政治实力的有力支撑而略显苍白的话，那么到21世纪初，已经没有人再对这种文化自信、文化自觉表示怀疑了。正像有学者认为的，这反映了“二十世纪九十年代中期以来中国经济快速发展以及‘中国崛起’所带来的全民的民族自信与文化自信的增强”②。

那么，中国文化复兴和国家崛起有怎样的关系？成中英先生主张：“我们一直在用‘文化复兴’这样的概念，怎样才能说是中国的‘文化复兴’？我们是指中国国民经济兴起、国家主权巩固、中华文化繁荣、世界影响力上升等复合现象。”③陈学明则从增强人类文明的物质基础、彰显人类文明发展的多样性、开辟和平发展的人类文明新路以及为人类文明破解难题提供借鉴四个方面阐述了中国道路的文化意义，认为中国道路不仅属于中国历史，也属于世界历史。④伴随着中国的和平发展，中国文化正在成为国际上受尊重的文化实体，并由东方向西方传播而成为人类新的文化感受方式。

中国道路的文化意义不容置疑。世界文化是多元的，人类走向文明的道路也应是多样的。中国的古圣先贤向来主张文化的包容，提倡“君子和而不同”。主张超越国家至上、文明中心主义的天下观念。马克思

---

① 习近平：《习近平谈治国理政》，171页，北京：外文出版社，2014。

② 陈来：《孔子与当代中国》，载《读书》，2007第11期。

③ 成中英：《中国文化复兴与对世界的影响力》，载《中华读书报》，2012年2月8日。

④ 陈学明：《论中国道路对人类文明的历史性贡献》，载《上海师范大学学报》，2013第3期。

曾经用“在现象上显示出无穷无尽的变异和色彩差异”①来表达人类文明的多样性。但是，在“西方中心主义”的话语体系中，人类文明发展似乎只有一种文明形式，这就是欧洲文明、西方文明。“西方中心主义”者把西方文明解释成为人类文明的普遍的、唯一的形式，将西方走向现代化的道路视为整个人类必须效法的“典范”，把西方文明所意蕴的文化价值说成是人类文明的共同价值。苏联解体、东欧剧变使这种“西方中心主义”更是甚嚣尘上。西方文化霸权主义者甚至宣称西方文明是世界上唯一理想的文明形式。弗朗西斯·福山的“历史终结说”最典型地表述了这种西方霸权主义者的立场和观点。他甚至断言：西方的那种人类文明形式，即西方的自由民主制度也许是“人类意识形态发展的终点”和“人类最后一种统治形式”，随着这种文明形式变成为全人类的制度，人类历史走向“终结”。②中国道路的开辟意味着一种新的人类文明形式的诞生。人们通常所说的所谓“中国模式”，实际上指的是一种新的文明形式。安乐哲认为：“儒家思想是一个全球性思想资源。儒家思想的所到之处及影响是国际性的。我们有理由说，21世纪的世界文化道路将是儒家思想发生深刻影响的道路。”③中国道路是人类文明进程中多样化发展的一朵奇葩。中国道路的开辟对人类文明的另一个方面的重要意义，就在于解构了这种“西方中心主义”的话语体系，揭示和彰显了人类文明发展的多样性。

在中华文化史上，最大的文化对话与融合有两次。第一次是佛教的传入并与汉文化的融合，第二次是基督教和马克思主义的传播及其与中华文化的融合。从汉朝的初步传入一直到隋唐时期，经过一千多年的消化、吸收、融合，佛教大大地中国化了。六道轮回、因果报应等核心理论也被吸收运用到儒家文化伦理纲常的道德秩序之中。一个放弃现世，

---

① 《马克思恩格斯文集》，第7卷，894页，北京：人民出版社，2009。

② ［美］弗朗西斯·福山：《历史的终结和最后的人》，黄胜强译，1页，呼和浩特：远方出版社，1998。

③ 安乐哲：《儒学与新丝绸之路》，载《光明日报》，2015年9月28日。

抛弃世俗追求出世的佛教最后被改造、同化成为人文化、世俗化的佛教。天人合一、以德求福、亲亲爱人、推己及人、知行合一、学以致用、情理交融等中华文化的核心理念和基本价值取向以及文化心理、民族精神都发挥了关键的作用，最终中华文化成功吸收、消化、融合了佛教。而在马克思主义中国化的过程中，一方面，马克思主义强烈的人道主义精神、理性精神、批判、革命、斗争精神，强调改造生活世界的实践精神，和对自由王国的美好设计进一步丰富了中华文化；另一方面，中华文化的主体性、自觉性、主动性依然强烈凸现，中华文化的创造性、包容性、同化力同样也体现得淋漓尽致！天人合一、天人合德，以人为本、以民为本，学以致用、知行合一，爱国主义、国家至上，民为邦本、以和为贵、天下大同、协和万邦，不离日常、伦理本位，情理交融等中华文化的核心理念和基本价值取向以及文化心理、民族精神依然发挥了并且继续发挥着重大的作用，全面而深刻地影响了、丰富了、改变了马克思主义。

中国人民是在认定文明模式是多样的，走向文明的道路也是多样的前提下，坚持对西方文明在辨析中吸收、在借鉴中创新、在共存中互补，终于走出了属于自己的一条道路，这就是中国道路。张维为在《中国震撼》一书中提出，中国的崛起不是一个普通国家的崛起，而是一个五千年连绵不断的伟大文明的复兴，是一个“文明型国家”的崛起。中国这一“文明型国家”确实具有独特性，它把“数千年古老文明与现代国家形态几乎完全重合”了，而且在当今世界能够做到这一点的只有一个国家，那就是中国。他这样描述中国这一“文明型国家”的特征：“这种‘文明型国家’具有超强的历史和文化底蕴，不会跟着别人亦步亦趋，不会照搬西方或者其他模式，它只会沿着自己特有的轨迹和逻辑继续演变和发展；在崛起的道路上它也可能经历磕磕碰碰，但其崛起的势头已不可阻挡，其崛起的方向已不可逆转；这种‘文明型国家’有能力汲取其他文明的一切长处而不失去自我，并对世界文明做出原创性的贡献，因为它本身是不断产生新坐标的内源性主体文明。”①张维为认为，伴随中国这一“文明型国家”崛起的是一种发展模式的崛起。也正如另外一位学者指出的那样，“中国文化不仅是东方的，而且正在成为世界的。中国文化正在成为国际上受尊重的文化实体，并由东方向西方传播而成为人类新的文化感受方式。”②

中国人民开创中国道路的过程，是促进全球化时代人类文明多样性发展的过程。人类社会文明的进步必然是多种文明共同作用的结果。透过这一道路，世界人类文明演变的多样性和丰富性的特点，实实在在地展现在人们面前。

2. 全球化时代倡导“文化中国”的意义

自杜维明先生 20 世纪 80 年代末、90 年代初提出并倡导“文化中国”(Cultural China)的概念以来，到今天已经 40 年的时间。40 年前，中国的改革开放刚刚起步，万众期待，经过 30 年的和平发展，中国巍然崛起，举世瞩目。伴随着全球化和中国崛起，“文化中国”，从原来学者笔下的一个学术概念，逐步成为一个对世界影响越来越大的重要精神和实体存在。

苏联解体，东欧剧变，冷战结束，但历史并没有终结。世界市场逐步形成，全球化步伐不断加快。虽然许多学者在重新反思现代性，重新反思启蒙，但是众多西方学者意识深处的逻各斯中心主义、人类中心主义的势头依然强劲，科学崇拜、技术至上的观念仍然大行其道。尽管西方的有识之士竭力呼吁建立全球伦理，提倡文化的多元包容，然而，基督教世界欧洲中心主义的情结依然根深蒂固，文明自大的心理疾病间歇发作，文明的冲突有增无减；文化保守主义与文化激进主义争论不休，令人难以取舍。人类文明危机、人类困境日益加深，地球生态越来越恶化，人与天(神)的距离仿佛更加遥远，人与大地自然的关系日趋紧张，

① 张维为：《中国震撼——一个“文明型国家”的崛起》，2 页，上海：上海人民出版社，2011。

② 王岳川：《中国文化软实力与文化安全》，载《光明日报》，2010 年 7 月 29 日。

人自身的内心冲突不断加剧，所谓“孤独偶在”的空虚感、绝望感、分裂感、抑郁感更加强烈。而在中国，伴随着改革开放，加入世界贸易组织，参与全球化的世界性游戏，一方面是经济和社会的快速发展和综合国力的空前增强，另一方面，现代性的弊端在中国很不幸地几乎全部再现。

全球化的现实发展以及所面临的文化悖论需要进行全面的文化整合。当今世界已联系成一个整体，不同文化形态的运动、发展与变化呈现出一种整体的相关性和一致性。也就是说，任何个别群体(民族的、地域的或国家的)的文化实践行为都离不开所处历史时代的文化整体的价值，并受整个时代文化价值力量的统辖与制约。其结果，人类文化精神将在一个新层次上超越迄今为止所面临的分裂与冲突的格局，呼唤并建立一种人类文化普遍价值，从而把各种分散的、孤立的、甚至冲突的文化价值力量整合为一种凝结着人类整体利益和整体价值理想的力量，从而使人类的文化实践行为充溢着一种健康自觉的人文精神关怀。从这一层次看，文化的整合不仅要超越具体的价值和目的，而且在整合过程中，还要抵消、同化和融合那些具体的文化价值和目的，使其顺乎人类整体的文化运作而成为一种文化实践合力。这种文化实践合力作为一种超越性的人类文化理想，反过来将对各种具体的文化实践行为和具体文化形态具有价值导引的作用。

所谓文化的普遍价值，从根本上说，就是有利于人类整体进步与发展的价值，它是世界各个国家民族在文化交往中所应恪守的基本原则，如尊重人的现实生存、承认文化的差异性、善待人的生活世界、保障平等发展等等。文化的普遍价值诉求有两个向度：一是在多元文化的前提下，倡导人类社会必须认同的某些价值观念、道德规范和行为准则，它应该受到全人类的普遍尊重，具有超越民族、文化、宗教的普遍约束力；二是应努力寻求不同文化传统在面对普遍文化价值中所能发挥的特殊作用，尊重世界各个民族文化创造的权力。简言之，普遍文化价值追求的是，在尊重各种文化传统价值的基础上发掘和利用不同民族文化传统中的价值思想资源，进而建构用来解决当今经济全球化进程中人类生活所面临的共同问题的文化理念。

汤因比认为："必须指出原始的创造在人类历史上的重大作用，由于人性一致的原则，我们应当记住原始创造的火花或种子可以迸发出任何生命的火焰或花朵"。[①]杜维明主张："没有一个伟大的精神文明不包含各种价值。没有充分体现自由的价值，却有公益的价值；没有理性的价值，却又有同情的价值；没有法的价值，却有礼的价值；没有人权的价值，却有责任的价值；没有个人主义的价值，却有社群伦理的价值。"[②]因此，在许多中国知识分子对西方文明顶礼膜拜，对本民族文化妄自菲薄、数典忘祖的时候，西方文化背景下的雅斯贝尔斯在《历史的起源和目标》一书中提出了"轴心时代"的著名论断。"轴心时代"指的是公元前800年到公元前200年这六百年的时间。这是人类思想史上最为激动人心的年代，中国出现了孔子和老子等伟大的思想家，印度诞生了《奥义书》和佛教的始祖释迦牟尼，伊朗出现了创立琐罗亚斯德教的查拉图斯特拉，希腊出现了荷马史诗和一批伟大的哲学家以及杰出的悲剧诗人，中东出现了犹太教的先知。雅斯贝尔斯认为，在轴心时代，整个人类实现了精神突破，是人类的全面精神化和人性的全盘改造的过程。这个时代创造了人们至今仍赖以生活的世界性宗教和文化精神体系。[③]罗素对中华文化始终推崇备至，在他看来，"自古以来，只有中国的文明得以存活至今"[④]。汤因比高度肯定东方古老文明的现代价值。在20世纪70年代与池田大作的著名对话中，汤因比明确提出要解决人类面临的各种威胁、危机和困境，必须建立一种继承和吸取东西方宗教哲学智慧，以爱人类为中心，以教导人们自我克制为方法和目标的，适用于全人类各民

---

① [英]汤因比：《历史研究》(上卷)，曹未风等译，50页，上海：上海人民出版社，1986。

② 杜维明：《对话与创新》，157—158页，桂林：广西师范大学出版社，2005。

③ [德]雅斯贝尔斯：《历史的起源和目标》，112页，北京：华夏出版社，1989。

④ [英]罗素：《罗素自选文集》，188页，北京：商务印书馆，2007。

族的“普遍宗教”。①

人类主义与民族主义、世界主义与国家主义、人类价值与民族价值、普世伦理与文化差异之间，虽然存在紧张的关系，但是从人类的共性、人性、人权的普遍性的视角，虽然表达方式有差异，但自由、民主、幸福，道德、良心、信仰、理性、情感等人性组成和人性需要具有普遍和永恒的共同性。天下人，人同此心；天下人，心同此理。诚如陆九渊指出的那样，“东海有圣人出焉，此心同也，此理同也；西海有圣人出焉，此心同也，此理同也；南海北海又有圣人出焉，此心同也，此理同也”(陆九渊：《语录上》)。中华民族自古不仅有国家观念、爱国主义传统，更有强烈的天下观念和人类主义传统。在中华文化的视野里，一直有浓厚的天下的观念。顾炎武云：“有亡国，有亡天下。亡国与亡天下奚辩？曰：易姓改号，谓之亡国；仁义充塞而至于率兽食人，人将相食，谓之亡天下。……是故，知保天下然后知保其国。保国者，其君其臣、肉食者谋之；保天下者，匹夫之贱，与有责焉耳矣!”②

中华民族是人类的一个组成部分，文化中国是文化世界的一个组成部分，中华文化是人类文化的一个组成部分。中西文化交流的300年间，前140年主要是中华文化影响西方世界。朱谦之曾以翔实可靠的资料令人信服地分析证明了中国哲学对欧洲启蒙运动、法国革命以及德国革命产生的重要影响。“16世纪以来耶稣会士来华传教，其所传播之中国文化，则实予17、18世纪欧洲启明运动创造了思想革命的有利条件。”③“18世纪欧洲理性时代的思想来源，一是希腊，一是中国，特别是孔子哲学的传播，为其外来条件。”④而近160年则是处于强势地位的西方文化冲击和影响中华文化。伴随着军事和政治上的一连串失败，中华文化主要是被动地回应，消极地退守，然后再逐步主动地选择借鉴，

---

① [英]汤因比、池田大作：《展望二十一世纪》，荀春生等译，369页，北京：国际文化出版公司，1985。

② 顾炎武：《日知录集释》，卷13，56页，上海：上海古籍出版社，2006。

③ 朱谦之：《中国哲学对欧洲的影响》，23页，上海：上海世纪出版集团，2006。

④ 朱谦之：《中国哲学对欧洲的影响》，354页，上海：上海世纪出版集团，2006。

积极地吸收消化。从主张“师夷之长技以制夷”，“变法自强”“图强御侮”，兴办洋务，到提倡维新变法，君主立宪，筹开议会；从提出三民主义、五权宪法、五族共和，学习自由民主，到运用国家、阶级、革命、劳动理论，反对剥削压迫，开展武装革命和阶级斗争，一直到改革开放，倡导面向世界、面向未来、面向现代化，建设市场经济，建立法治社会，尊重保障人权……从最初的闭关锁国，夜郎自大，鄙视洋人，蔑视洋教，到主动学习，积极参照，大胆借鉴，充分利用，三种截然不同的态度一直交织在一起。一种是“西化派”，对西方文明完全崇拜，鼓吹“全盘西化”；一种是“民粹派”，坚决排斥、拒绝、反对西方文明；一种是“实用派”，主张以我为主，洋为中用，学习、借鉴、参照、利用西方文明。

西方知识和价值是否具有普遍性，可分两类，一类是一开始具有普遍性并且始终具有普遍性的超越时代、超越地域、超越民族、超越宗教的知识和价值，譬如博爱、平等、人权、自由、民主、法治、公正等；另一类是一开始具有普遍性，但随着时代变化，需要学习、借鉴东方文明的成果加以补充、丰富、发展，依然具有生命力的知识和价值，譬如：人类中心主义、个人主义、理性主义、主客二分的逻各斯中心主义；另外是彻底丧失普遍性的，应完全否定的知识和价值，譬如社会达尔文主义、民族主义、国家主义、理性崇拜、科学至上论、欧洲中心论、种族优越论等等。

中国具有普遍性的知识和价值基本上也可以分两类。一类是始终具有普遍性超越时代、超越地域、超越民族、超越宗教的知识和价值，譬如天人合一、天人合德的理念，己所不欲，勿施于人，推己及人的恕道，追求身心和谐、人际和谐、人天和谐的中和、中庸的思想，生生之德、道法自然的宇宙生命智慧，民为邦本、以和为贵、以理服人、以德服人、天下大同、协和万邦的有关仁政王道的政治及国际政治思想；另一类是开始具有普遍性，但随着时代变化，需要学习、借鉴西方文明的成果加以丰富发展，依然具有生命力的知识和价值，譬如以血缘关系为根源的亲亲爱民思想(以平等的主体人格为保障)、伦理本位观念(以个人的公民权利为基础)、道德纲常观念(以法律上的权利和责任为保证)、对天的敬畏(建立在理性基础之上，又超越理性的信仰)、对自然家园的爱护(坚持对大自然有限的改造和利用)；另外是彻底丧失普遍性，应该完全否定的知识和价值，如君权至上、男尊女卑、公共生活和个人生活不分等思想。

评价和检验一种文化价值的普遍性，需要从四个基本维度和四个重要程度来衡量。四个基本维度，即人与天(神)的维度，身与心的维度，人与人(他人、社群、国家)的维度，人与大地(自然)的维度。四个重要程度，即知识和价值本身对宇宙、生命、人性理解的深度；符合人性需要的程度；知识价值体系影响的时间久远的长度；知识价值体系影响范围的广度。古今中外最具普遍性的知识价值必定是四个基本维度非常完全周密圆满，四个程度都非常高。一种知识价值对宇宙、生命、人性理解深度越深，符合人性需要的程度就越高，因此影响也越远越广，这种知识价值越能够超越民族、国家、地域、时代，甚至能够超越宗教、信仰、文化的限制。

可以预期，在经济全球化和文明多元化的背景下，经济中国的发展，政治中国的进步，中国道路的广阔前程，会更加凸显文化中国的特殊价值。20世纪初罗素曾这样警告世人：“如果我们不能从被我们蔑视的东方那里学到某种智慧的话，走向毁灭的高效率就只会导致人类的大劫难，而我们的文明日趋接近的则正是这个毁灭性的极点。”①50多年前牟宗三、唐君毅、徐复观、张君劢在《为中国文化敬告世界人士宣言》中展望中西文化互相学习、互相融合时主张，只有“希腊文化中之重理智，理性之精神，由希腊之自由观念至罗马法中之平等观念发展出之近代西方文化中民主政治的精神，希伯来之宗教精神，与东方文化中之天人合德之宗教道德智慧，成圣成贤心性之学、义理之学，与圆而神之智慧，

---

① [英]罗素：《罗素自选文集》，166页，北京：商务印书馆，2007。

悠久无疆之历史意识，天下一家之情怀之真正的会通”，[①]才能建设一种永久的“领导人类之文化”。毋庸置疑，东西方文化融合是推动人类文明、世界文化进步的强大动力。无论是过去印度影响中国，中国影响欧洲，还是现在西方影响东方，东方学习西方，作为人类共同体的组成部分，中国与世界、中华民族与人类整体几乎始终休戚与共、命运相连。肯定中国道路，传承中华传统文化，不可背离人类普遍价值；提倡中国梦，讲述中国故事，传播中国声音，不可违背世界的共同规则；彰显中国气派，凸现中华精神，不可抛却人类文明的共有气质。同时学习具有普世价值、人类意义的西方文化、西方文明应当凸显中华文化的主体性和中华文化的自觉。而这种文化主体性和文化自觉并非囿于狭隘的民粹主义和文化自大，而是通过中西文化交流会通的角度，在清醒的文化自我反思、自我提升、自我完善的基础上，站在人类与世界的立场上，为人类和世界提供具有普遍指导意义的知识和价值。正如一位学者指出的那样：“现在我们提倡国学，并不是简单地恢复中国古代传统思想文化，而是要使中国的传统思想文化获得现代价值，成为普世学说。”[②]在经济全球化和文明多元化的背景下，中国与世界的日益融合，中国的核心价值观也应成为人类价值观，中华文化精神价值体系也应成为人类共同的普遍价值体系中一个重要组成部分。“中华民族的伟大文化复兴，在国际要体现为中华文明与世界各种文明形成良性而密切的互动，使文明和谐论取代文明冲突论，成为主流意识，让富裕与和平的光芒逐渐驱散贫困与战争的阴霾，这就是我们今后光荣的责任和担当。”[③]因此，与政治中国、经济中国具有重大的特殊价值一样，文化中国具有更为重大的特殊价值！

3. 文化自觉与文化软实力培育

文化自觉与文化软实力密切相关。文化自觉是对自身文化自我觉

---

① 牟宗三、唐君毅、徐复观、张君劢：《为中国文化敬告世界人士宣言》，载香港《民主评论》，1958。

② 赵敦华：《关于“西学”的几个理论问题》，载《哲学研究》，2007第6期。

③ 牟钟鉴：《民族复兴有了正确方向》，《光明日报》，2015年9月28日。

醒、自我认知、自我选择和自我创建的一种状态。一个民族的觉醒首先是文化的觉醒，一个国家的强盛离不开文化的支撑。强调文化自觉，有助于提升我国文化软实力。

文化自觉是提升文化软实力的思想基础和精神动力，加强文化软实力又是文化自觉的重要表现和必然要求。中华文化的主体自觉，是提升中国文化软实力的最基本的精神动力。

关于“软实力”，按照其首倡者——美国哈佛大学教授约瑟夫·奈(Joseph S. Nye，1937—)的观点，相对于具体的国民生产总值、科研成果及转化率、国防力量等“硬实力”而言，主要是指一国的文化、价值观念、社会制度、发展模式的国际影响力与感召力。

毋庸讳言，经济中国崛起的同时，我们面临着严重的文化软实力方面的尴尬。中国的道路让整个世界为之惊叹，中国奇迹让整个世界刮目相看。改革开放以来，我国在经济社会发展中取得了巨大成就，文化建设也成绩斐然，让世界对中国特色的社会主义产生了强烈关注，也对中国的文化和观念产生了广泛的共鸣，中国文化的影响逐步扩大，但是我们应当清醒地看到，中国综合国力构成中，“软硬不平”的问题日益突出，中国的文化软实力与我国的国际地位，特别是经济地位还不相适应。与此同时，中国文化走出去依然任重道远，许多地方还没有走到，许多地方还没有走透。在西方人抱怨对中国巨大的贸易赤字的时候，我们面临着对西方巨大的文化赤字。而且，应当承认，在当下，世人对中国文化形象的感知，仍然主要停留在中华民族悠久恢宏的传统文化上；在很多场合，我们习惯于向世人展示的，也多为中国文化的传统元素。有国外人士评论认为，“假如中国一直都做类似杂技、书法、太极拳之类的表演……这都是非常好的东西，人们很喜欢，可是，把这么有意思的、全面的、复杂的中国，就用杂技和书法来解释是很可笑的”①。英国前首相撒切尔夫人曾断言中国不会成为世界大国，因为中国没有独立

① 张哲：《我们表达的不是一个完美的德国——专访歌德学院中国院长阿克曼》，载《南方周末》，2009年6月25日。

的、足以影响世界的思想；西方对于中国，也往往赞扬中国的古代文化，甚少尊重当代文化。

最值得引起我们注意的是，有国外学者提出了尖锐的批评："中国没有文化上的崛起。经济的崛起还没有带来文化的复兴，也没有造就一种新的文化。相反，传统文化正在加速度地消失，被商业文化、快餐文化所取代。经历着工业化和城市化洗礼的中国越来越难以见到传统的痕迹了。尽管有人在提倡学习'四书五经'之类的传统经典，但这和整体社会的变迁又是多么不协调。没有人会相信这类努力能够真正维持传统文化，更不用说复兴了。在一定程度上，中国正在变成一个失去文化传统的文明。"①

有学者冷静地指出："在大众媒体的炒作和平面化中，今天满地的'文化侏儒'和消费享乐主义者，却少有能够担当天下的大气象者，这意味着，中国文化在新一轮文化竞争中有可能处在不利的地位。事实上，文化殖民、语言殖民、精神生态失衡是当代最大的文化病症，这种病症造成了国人的文化自卑主义和文化失败主义情结。这一局面必须花大力气加以改观，否则文化软实力竞争就落不到实处。"②确实一针见血，振聋发聩！

面对文化消费的快餐化、庸俗化、恶俗化、低俗化和娱乐至上乃至"娱乐至死"，追问当代中国人的精神家园到底在哪里，我们反思自己是否真的"弱不禁风""有剑无锋"?③……这便是我们恢复文化自觉，提升文化软实力必须理性直面、复杂且处于急速发展变化中的现实境遇。

二、中国视角下的"文化软实力"

在全球化时代，文明之间的对话，大国之间的博弈，归根到底是综

---

① 郑永年：《中国人应理性看待中国复兴》，载《联合早报》，2006年7月11日。

② 王岳川：《中国文化软实力与文化安全》，载《光明日报》，2010年7月29日。

③ 门洪华：《中国：软实力方略》，3页，杭州：浙江人民出版社，2007。

合国力，特别是包括文化软实力的全面交流和整体竞争。大国崛起不仅仅是一个国家简单的军事强大、经济发达，还需要自己的精神价值体系的力量，即文化的力量。要想在世界历史舞台真正拥有一席之地，长时间巍然屹立，并且能够影响、吸引、感召，直至同化其他文明体和国家，必须拥有自己独特魅力的精神价值体系，这就是所谓的“文化软实力”。

1. 何为文化软实力？

“软实力”是国人近几年争相关注的一个热词，从执政党领袖、国家领导人，到很多学者、专家皆对此发表了自己的见解。那么，到底什么是“软实力”？什么是中国视角下的“文化软实力”？

约瑟夫·奈对“软实力”理论的阐发，主要集中在他的三部著作中：《注定领导》(*Bound to Lead*，1990)、《美国力量的悖论》(*The Paradox of American Power*，2001)和《软实力：世界政治成功之道》(*Soft Power：The Means to Success in World Politics*，2004)。不同时期，约瑟夫·奈对软实力先后有过不同的解释。他将“软实力”概括为“影响力”，称“软实力是一种能够影响他人喜好的能力”。[①]他也以“吸引力”解释“软实力”，称“软实力是通过吸引的手段而不是强迫或收买的手段从而达己所愿的能力”。[②]

约瑟夫·奈明确指出：“国际政治中，一个国家取得它所选择的结果可能是因为别的国家会以其为榜样，或者接受一种会导致这种结果的制度。从这一意义上讲，在国际政治中，规定导向、建立环境与使具体某国产生变革是同样重要的。力量的这一方面，即使人随我欲，可称为间接的或者同化式的实力表现。这与用主动命令的方式使他人随我的意志而行动的实力表现形成鲜明对比。同化式实力的获得靠的是一个国家

① [美]约瑟夫·奈：《软力量——世界政坛成功之道》，吴晓辉等译，5页，北京：东方出版社，2005。

② [美]约瑟夫·奈：《硬权力与软权力》门洪华译，106页，北京：北京大学出版社，2005。

思想的吸引力或者是确立某种程度上能体现别国意愿产生政治导向的能力。”①

可以看出，在约瑟夫·奈那里，软实力是国际关系领域中，一个国家对于其他国家所具有的以吸引为手段、以同化为目的的影响力。软实力之用，其目的即在于错综复杂的在国际关系中，使“人随我欲”。②

概言之，软实力可以集中归纳为四个方面的影响力，即文化影响力、意识形态影响力、制度安排上的影响力和外交事务中的影响力，这些影响力均要通过大众传媒体现出来。软实力发挥作用的过程就是发挥影响，产生吸引，最后实现逐步同化的过程。

软实力的主要特点表现为：(1)软实力的“软”。这种软的力量看似无形，但具有超强的渗透性和传导性，可以超越时空，产生巨大的影响力。(2)软实力的核心性。硬实力虽然相当重要，也许在一定时期起到关键性的作用，但那只是阶段性的作用，而不能居于核心竞争力的位置。价值观念、文化精神、生活方式、制度安排、国际影响等等具有核心竞争力。(3)软实力的缓慢独立性。软实力产生的效力缓慢而长久，而且具有弥漫扩散性，决定长远的未来。软实力需要长期的艰苦建设，绝对不会像有些硬实力项目那样可以一蹴而就。软实力主要依靠自己独立建设，不可以模仿或依靠外援，也不可以通过交易的方式取得，软实力建设比硬实力更缓慢，绝对不具有速效特性。因此，软实力的建设比硬实力的建设更艰难。

习近平强调：“提高国家文化软实力，关系‘两个一百年’奋斗目标和中华民族伟大复兴中国梦的实现。要弘扬社会主义先进文化，深化文化体制改革，推动社会主义文化大发展大繁荣，增强全民族文化创造活力，推动文化事业全面繁荣、文化产业快速发展，不断丰富人民精神世

---

① [美]约瑟夫·奈：《美国定能领导世界吗?》，何小东等译，25页，北京：军事译文出版社，1992。

② [美]约瑟夫·奈：《美国定能领导世界吗?》，何小东等译，25页，北京：军事译文出版社，1992。

界、增强人民精神力量，不断增强文化整体实力和竞争力，朝着建设社会主义文化强国的目标不断前进。”①

与约瑟夫·奈所讲的“软实力”有所不同，我们所讲的“文化软实力”主要不是指国际关系领域的文化影响力、吸引力、同化力，与国际的文化渗透不同。我们所讲的“文化软实力”，基本内涵即“文化国力”，这一国力具体体现为人民的基本文化权益是否得到更好保障、社会的文化生活是否更加丰富多彩、人民的精神风貌是否更加昂扬向上，也体现为中国文化在世界范围内是否形成良好形象从而产生相应的吸引力。②文化国力的提升与经济实力的提升、政治文明建设的推进等一起，构成为我们努力提升综合国力，实现“两个一百年”奋斗目标和中华民族伟大复兴中国梦的基本战略举措。

2. 文化软实力与文化的影响力、亲和力、感召力

结合传统智慧和现代文明，扩大中华文化的国际影响力。增强中华文化的国际影响力的一个基础性工作就是弘扬中华文化。中华传统文化源远流长、博大精深，不仅具有历史文献和文明遗产的价值，也是中华民族共有精神家园，是中华民族生生不息、团结奋进的不竭动力，并以包容性的特征彰显其全球性价值。我们要全面认识祖国传统文化，取其精华、去其糟粕，保持民族性、体现时代性。要运用现代科技手段开发利用民族文化丰厚资源，挖掘和保护各民族文化遗产，在国内进行教育传授，去国外参与文明对话。

增强中华文化的国际影响力的一项迫切任务，是认真总结现代化建设的“中国经验”中所包含的文化因素。这需要我们研究改革开放以来我国的社会主义现代化建设的文化背景和文化资源，提炼中华民族在思考和处理人与自然关系、群己关系、公私关系、义利关系、理欲关系、仁智关系等问题上的传统智慧，总结传统文化与当代社会相适应、与现代

---

① 习近平：《习近平谈治国理政》，160页，北京：外文出版社，2014。

② 沈壮海：《文化软实力的中国话语、中国境遇与中国道路》，载《马克思主义研究》，2009第11期。

文明相协调的途径和经验。

增强中华文化的国际影响力的一个长远之计，是不断创造出体现民族文化活力和生机的新作品、新成果。我们的学者、作家、艺术家能否不断创造出文化精品，我们的企业、地区和文艺院团能否逐步形成一些国际知名的文化品牌，是衡量我们的民族文化是否具有强大而持久的国际影响力的重要标准。

增强中华文化的国际影响力，必须加快构建传输快捷、覆盖广泛的文化传播体系。在信息社会，文化的传播能力已经成为国家文化软实力的决定性因素。一个国家文化的影响力，不仅取决于独特魅力的文化内容，也取决于先进的传播手段和强大的传播能力。要做大做强主流媒体，形成与我国国际地位相称的舆论力量，同时高度重视互联网的运用与管理，使之成为提高我国文化软实力的新引擎。

增强中华文化的国际影响力，需要我们发挥多种力量的积极性，向中华文化的传播广度和深度进军。当前，中华文化的国际传播渠道丰富多样。我们不仅要发挥各级政府和国有企业、事业单位的作用，而且要发挥民间团体和公民个人的作用；不仅要发挥文化单位和外宣部门的作用，而且要发挥旅游、商贸、会展、教育、科研、体育、侨务等各个部门的作用。在对外文化宣传中，我们也应该根据文化传播的不同内容和不同对象选择最为适合的传播形式，使中华文化为世界上更多的人了解、理解和认同。

国家形象的国际亲和力，是一个国家的文化软实力的直接体现。我国在经济全球化条件下全方位参与国际经济合作和竞争，特别要重视国内政策和外交政策的统筹协调。一方面，和平的国际环境是国内现代化建设的必要条件；另一方面，和谐的国内社会是对外展示的最好形象。我们党提出科学发展观和中国梦，为提升我国国家形象的国际亲和力起到至关重要的作用。要把科学发展观、中国梦有关国内的“和谐发展”与国际的“和平发展”的丰富内容，准确有效地传递给外部世界。要让尽可能多的人们理解，中国已经取得和将要取得的发展成果，不仅意味着中国越来越“成为各方面制度更加完善、社会更加充满活力而又安定团结的国家”，而且意味着中国越来越“成为对外更加开放、更加具有亲和力、为人类文明做出更大贡献的国家”。

近几年来，党和国家领导人在出访的时候，身体力行地宣传“和谐世界”理念中蕴涵的中华文化思想，充分展示社会主义中国的面向现代化、面向世界、面向未来的国际形象，恳切表达中国人民同世界各国人民一道努力建设一个持久和平、共同繁荣的和谐世界的美好心愿，为提升我国的国家形象的亲和力做出了重要贡献。

提升国家形象的国际亲和力的一个重要方面，是重视吸收世界各国优秀文明成果，包括吸收各国人民共同接受的一些基本价值，如保障人权、民主法治、自由平等、公平正义等政治价值，公共服务、终身教育、生活质量、生态文明等社会文化价值。2008 年北京奥运会“同一个世界，同一个梦想”、2010 年上海世博会“城市，让生活更美好”、2014 年南京青奥会“分享青春，共筑未来”的口号，表达了各国人民共同心愿。2017 年习近平在新年贺词中呼吁：“我真诚希望，国际社会携起手来，秉持人类命运共同体的理念，把我们这个星球建设得更加和平、更加繁荣。”在世界经济论坛 2017 年年会开幕式上，他再次强调，“只要我们牢固树立人类命运共同体意识，携手努力、共同担当，同舟共济、共渡难关，就一定能够让世界更美好、让人民更幸福”。可见，“人类命运共同体”这一先进理念，既蕴含了中国传统文化“以和为贵”的大格局大智慧，更是站在人类进步高度去把握世界发展格局变化趋势，进而高屋建瓴地提出来的一份超越民族、国家和意识形态的中国方略。

提升国家形象的国际亲和力的关键，是我们不仅在口头上而且要在行动上把“和谐”“共享”的理念当作外交政策和国内政策的共同理念，积极履行国际义务，认真执行国际规则。近几年来，我国正式加入世界贸易组织等重要国际组织，签署了多个公民权利保护和文化遗产保护方面的国际公约，倡导并发起成立上海合作组织，同时为推动“南南合作”、落实联合国“千年发展目标”、抵御亚洲金融危机、推动朝核问题六方会谈、解决非洲国家债务问题、促进乌克兰危机和平解决、妥善处理周边外交冲突、应对全球气候变暖等等做出了不懈努力和重要贡献。

提升国家形象的国际亲和力不仅涉及国家行为，也涉及公民的个人行为。中国的科学家、艺术家、体育明星都是很有影响力的形象大使。中国游客、留学生、商人、官员等在其他国家的言行举止同样也会被看作是中国人文明水平的代表。努力提高全民族文明素质，不仅是社会主义先进文化建设的核心目标，而且是提升国家形象的国际亲和力、提高国家文化软实力的当务之急。

3. 文化软实力与文化的民间性、大众化、生活化

文化化人如春风化雨，润物细无声。要发挥文化软实力的作用，就必须充分实现文化的民间性、大众化、生活化。文化的生命力在于走向民间，进入百姓的生活世界，化为普通大众的人生信仰、价值取向、行为规范、道德准则，直至生活方式、民间习俗、礼仪习惯等等。

2012 年 4 月，“软实力”概念的提出者约瑟夫·奈先生来华访问，他对记者说，中国文化在很多方面都具有吸引力。中国的传统艺术和文化，例如中国人对人与自然关系的理解，中国的书法、绘画、中国功夫，甚至中国的饮食和传统服饰等，在美国都很受欢迎。他进一步指出，中国的传统文化，特别是儒家文化，在世界上一直具有相当的影响。从一个外国人，尤其是从“软实力”概念的提出者的眼睛里看中国的“软实力”所在，似乎更具有借鉴意义。

美国人类学家罗伯特·雷德菲尔德(Robert Redfield)，曾经在《乡民社会与文化》一书中首次提出了“大传统”(great tradition)与“小传统”(little tradition)的概念。雷德菲尔德认为，“文化中存在着小众、精英化的大传统和大众、世俗化的小传统。大传统薪火相传地承传于经院之中；小传统则自在自为地存在于非书写文化的村社生活之中。哲学家、神学家、文学家的传统被有意识地精致化而传承下来，而平民百姓的传统则在无意识中被视为自然而然，无须进一步精细化和提高”。[①]大传统也可以表述为学者性的精英文化(elite culture)，小传统可以表述为大众性的通俗文化(popular culture)；或者一种是代表官方文化，一种是代表非官方的民间文化。官方文化，即由社会精英掌握的制度化、理论化、系统化的正统教义和意识形态，依靠公共权力的干预和维护，具有明确的导向性和稳定性，民间文化是代表民间大众的非制度化的，通俗朴素的习惯性、自发性的民间信仰和风俗习惯。

一种观念和信仰，从官方和上层来说是意识形态，对民间和社会大众而言则是民间信仰。一个是大传统，一个是小传统；一个精英文化，一个大众文化。大传统与小传统、精英文化与大众文化、意识形态与民间习俗二者之间的关系非常重要。教义的流传普及必须深入民间，掌握大众，这样才能真正进入民族精神的最深处，并生根、开花、结果，从而拥有巨大的生命力和活力。

一般地说，大传统和小传统之间一方面固然相互独立，另一方面也不断地相互交流。所以大传统中的伟大思想或优美诗歌往往起于民间，而大传统既形成之后也通过种种渠道再回到民间，并且在意义上发生种种始料不及的改变。[②]

在中国几千年文化发展的历史上，大传统和小传统始终是互相影响、相辅相成的关系。自秦朝开始，中国文字统一，同时，中国社会由于存在着“士”这个特殊群体和独特阶层，他们对于融汇大传统与小传统发挥了至关重要的作用。一方面，他们来自民间乡野，又可以登堂入室；另一方面，他们既创立传承教义、道统，又教化统治者、教化大众，从而成为沟通大传统(礼教、教义)和小传统(民间信仰、民风民俗等)的核心力量。大传统源自民间小传统，最后又回到民间。

大传统是从许多小传统中逐渐提炼出来的，后者是前者的源头活

---

① Robert Redfield. *Peasant Society and Culture*. Chicago: University of Chicago Press, 1956.

② 余英时：《士与中国文化》，119页，上海：上海人民出版社，2003。

水。大传统(礼乐)源自民间，而且最后又必须回到民间，并在民间得到较长久的保存，至少这是孔子以来的共同见解。像“缘人情而制礼”“礼失而求诸野”之类的说法其实都蕴涵着大、小传统不相隔绝的意思。[①]

中国的小传统受大传统的浸润更深更久，故更难分辨……汉代以后中国的大传统包括了儒、释、道三教，而民间种种小传统也是“杂糅”三教而成。后世的小说、戏曲、变文、善书、宝卷之类所谓“俗文学”中，以思想而论，大体还是不脱忠孝节义、善恶报应那一套观念的笼罩。换句话说，小传统基本上是大传统的变相。[②]

大传统(人文礼教)与小传统(民间信仰和民风民俗)互相影响、互相促进。一方面是文化精英的不断创造性阐释大传统，使之保持旺盛的生机和活力，同时又始终深入民间，渗透大众，使之具有广泛的民间性、大众性，并与日常生活紧密结合，这才保证了人文理性礼教及其载体中华民族几千年的绵延不绝。柳诒徵认为，以礼俗治国“即以天然之秩序(即天理)为立国之根本也”。在世界上并不乏有遵循天然秩序生活的民族，但在中国礼俗之界，至难划分。“中国古人不但早已自觉到大传统与小传统之间的密切关系，而且自始即致力于加强这两个传统之间的联系。我深信这一点颇有助于说明几千年来中国文化传统所表现的一种独特的稳定性。”[③]这是中华文明源远流长、历史悠久，覆盖面最广，生命力最顽强的重要原因。

中华文化是世界上唯一没有中断的精神价值体系，五千年来薪火相传，这与大传统与小传统之间的渗透融汇、不断生长的良性互动状态密不可分。

中国拥有独具吸引力的传统文化资源、庞大的海外华文网络和华文媒体资源、良好的国家形象和较为灵活的外交政策、“北京共识”或“中国模式”的吸引力等文化软实力资源。但是中国文化软实力的建设还处

---

① 余英时:《士与中国文化》，120页，上海：上海人民出版社，2003。

② 余英时:《史学与传统》，16页，台北：台北时报文化出版有限公司，1985。

③ 余英时:《史学与传统》，13页，台北：台北时报文化出版有限公司，1985。

在起步阶段，与世界上其他大国相比还有很大差距，中国的文化软实力还处于弱势地位，主要表现在国际文化传播逆差严重、丰富的文化资源没有转化为现实的竞争力、存在文化认同危机、文化产业的发展与经济发展水平不相称等。究其原因是全球化的深入、大众消费文化迅速崛起、当代各种社会思潮的影响和冲击、西方文化霸权的渗透、社会主义市场经济带来利益主体多样化。

4. 文化软实力的精神资源

“我们生而为中国人，最根本的是我们有中国人的独特的精神世界，有百姓日用而不觉的价值观。”① 一个国家的文化软实力，从根本上说，取决于其核心价值观的生命力、凝聚力、感召力。牢固的核心价值观，都有其固有的根本。抛弃传统、丢掉根本，就等于割断了自己的精神命脉。中华优秀传统文化是中华民族的突出优势，是我们最深厚的文化软实力，蕴含着取之不尽，用之不竭的丰富的精神资源。“和而不同”“协和万邦”自古以来一直是我们的襟怀和追求。“儒学文化中所包含的‘和’就具有重要价值。所谓‘和’不是表面性的感觉而是有着深厚的生命体验。‘和’有泰和，协和，义和，人和，中和，平和。每一种‘和’，都包含多样性的存在。人类历史是一个逐渐走向融和并最终实现大同的过程，在这个过程中，‘和’是一个关键。每一社会或社群，应该从人与人相互的尊重与关怀之中实现整体性的‘和’。而作为一个国家，不能心存对他国的优越之感和嫉妒之心；不能依仗自己的强势而霸凌他国，不能将自己的标准强加于他国。”②

实际上，两千多年前的儒家文化中就蕴含着丰富的有关“软实力”的论述，只不过没有使用这一名词。中国思想上就有著名的“王霸之辩”。“孟子曰：以力假仁者霸，霸必有大国；以德行仁者王，王不待大。汤以七十里，文王以百里。以力服人者，非心服也，力不赡也；以德服人者，中心悦而诚服也，如七十子之服孔子也。《诗》云：‘自西自东，自

① 习近平：《习近平谈治国理政》，171页，北京：外文出版社，2014。

② 成中英：《中国优秀传统文化的智慧与力量》，载《光明日报》，2015年9月28日。

南自北，无思不服。'此之谓也。"(《孟子·公孙丑上》)简言之，"硬实力"是霸道，施以力，以力服人；"软实力"是王道，施以德，以德服人，心悦诚服，不战而屈人之兵。"硬实力"是使人怕你，"软实力"是让人服你；"硬实力"可以开疆拓土、攻城略地，但由于人心不服，不能持久，而"软实力"则不同。中国古圣先贤对此有非常明确的主张和精彩的论述。

孔子毕生最高的政治理想就是期望统治者敬天保民，天下归心。"叶公问政。子曰：'近者悦，远者来。'"(《论语·子路》)"故远人不服，则修文德以来之。既来之，则安之。"(《论语·季氏》)因为民为邦本，必须以正治国，取信于民，公信力是一个国家立国的基础。"子贡问政。子曰：'足食，足兵，民信之矣。'子贡曰：'必不得已而去，于斯三者何先?'曰：'去兵。'子贡曰：'必不得已而去，于斯二者何先?'曰：'去食。自古皆有死，民无信不立。'"(《论语·颜渊》)

孔子提倡施行仁政德政，爱民惠民，国家才真正拥有凝聚力和向心力。孔子抨击暴政，反对强取豪夺，滥用民力，认为"苛政猛于虎也"，"孔子过泰山侧，有妇人哭于墓者而哀。夫子式而听之，使子路问之，曰：'子之哭也，壹似重有忧者。'而曰：'然。昔者吾舅死于虎，吾夫又死焉，今吾子又死焉。'夫子曰：'何为不去也?'曰：'无苛政。'夫子曰：'小子识之，苛政猛于虎也。'"(《礼记·檀弓下》)仁爱天下，人民自然真诚拥护。"朕躬有罪，无以万方；万方有罪，罪在朕躬。百姓有过，在予一人。谨权量，审法度，修废官，四方之政行焉。兴灭国，继绝世，举逸民，天下之民归心焉。"(《论语·尧曰》)

孟子继承了孔子的民本主义思想，主张"得道者多助，失道者寡助"，"得民心者得天下，失民心者失天下"，"天时不如地利，地利不如人和。三里之城，七里之郭，环而攻之而不胜。夫环而攻之，必有得天时者矣；然而不胜者，是天时不如地利也。城非不高也，池非不深也，兵革非不坚利也，米粟非不多也；委而去之，是地利不如人和也。故曰，域民不以封疆之界，固国不以山溪之险，威天下不以兵革之利。得道者多助，失道者寡助。寡助之至，亲戚畔(叛，下同)之；多助之至，天下顺之。以天下之所顺，攻亲戚之所畔；故君子有不战，战必胜。”(《孟子·公孙丑下》)国家的内部治理非常重要，目标是政治清明，上下同心，公正有序，安居乐业。如果国家内争不断，内耗不已，内乱迭起，还要展示实力，炫耀武力，逞强争霸，一定会自取灭亡。“夫人必自侮，然后人侮之；家必自毁，而后人毁之；国必自伐，而后人伐之。《太甲》曰：‘天作孽，犹可违；自作孽，不可活。’此之谓也。桀纣之失天下也，失其民也；失其民者，失其心也。得天下有道：得其民，斯得天下矣；得其民有道：得其心，斯得民矣；得其心有道：所欲与之聚之，所恶勿施尔也。”(《孟子·离娄上》)孟子还将统治者的政治合法性——民心民意提升到超验的：神圣的高度。“天与之。天不言，以行与事示之而已矣。天与之，人与之。故曰，天也。《泰誓》曰：‘天视自我民视，天听自我民听。’此之谓也。”(《孟子·万章上》)孟子还主张曰：“无罪而杀士，则大夫可以去；无罪而戮民，则士可以徙。”(《孟子·离娄上》)以上堪称阐述文化软实力的经典篇章。

那么，从当代中国的社会发展需求来看，我们认为，在我国的文化软实力建构过程中，有四种基本的文化软实力的精神资源。

其一，儒家思想的“文化软实力”。

毛泽东曾经明确指出：“今天的中国是历史的中国的一个发展；我们是马克思主义的历史主义者，我们不应当割断历史。从孔夫子到孙中山，我们应当给以总结，承继这一份珍贵的遗产。”①

习近平强调：“提高国家文化软实力，要努力夯实国家文化软实力的根基。要继承和弘扬我国人民在长期实践中培育和形成的传统美德，努力实现中华传统美德的创造性转化、创新性发展，引导人们向往和追求讲道德、尊道德、守道德的生活，让13亿人的每一分子都成为传播中华美德、中华文化的主体。要以理服人，以文服人，以德服人，提高

① 毛泽东：《毛泽东选集》，第2卷，534页，北京：人民出版社，1991。

对外文化交流水平，完善人文交流机制，创新人文交流方式，综合运用大众传播、群体传播、人际传播等多种方式展示中华文化魅力。”①

中国是一个具有五千年悠久历史的国度，文化光辉灿烂，博大精深，源远流长。儒家思想是中华文化的主流与核心。习近平指出：“孔子创立的儒家学说以及在此基础上发展起来的儒家思想，对中华文明产生了深刻影响，是中国传统文化的重要组成部分。……研究孔子、研究儒学，是认识中国人的民族特性、认识当今中国人精神世界历史来由的一个重要途径。虽然后来儒家思想在中国思想文化领域长期取得了主导地位，但中国思想文化依然是多向多元发展的。……其中最核心的内容已经成为中华民族最基本的文化基因。”②在中国古代，“和”即“和美”“调和”“和谐”“和睦”，兼具于美学、社会学和政治学意义。《礼记》说“乐者敦和，率神而从天”，讲礼乐的教化功能；《论语》有“文质彬彬，然后君子”，讲人的内在修养；孔子说“君子和而不同”讲人际关系状态；《尚书·尧典》有“百姓昭明，协和万邦”，则指国际关系准则。历史上和谐思想对中华各民族的涵化、融合曾发挥重要作用，今天中国外交中“睦邻友好”“求同存异”“强不凌弱”“尊重世界多样性”等政策主张，则是通向“和谐世界”理想的可行之路。以儒家思想为典型代表的文化，以“和”“合”为核心，在漫长历史发展中形成的哲学思想中蕴涵着中华民族爱好和平的文化理念和民族气质，是构建和谐世界理念的重要思想源泉。

文以载道，文以化人。儒家思想提倡的“君子和而不同”“己所不欲，勿施予人”“求同存异”“和合”“天下归仁”“克己复利”“泛爱众”“天人合一”等思想，对当代中国的和谐观念起了重要影响。“至善”“兼相爱”“为天地立心，为生民立命，为往圣继绝学，为万世开太平”“己欲立而立人，己欲达而达人”“老吾老以及人之老，幼吾幼以及人之幼”不仅为中国民众家喻户晓，而且是全人类文明中最宝贵的精神财富。在中华文化

① 习近平：《谈治国理政》，160—162 页，北京：外文出版社，2014。

② 习近平：《在纪念孔子诞辰 2565 周年国际学术研讨会暨国际儒学联合会第五届会员大会开幕会上的讲话》，《人民日报》，2014 年 9 月 25 日。

中，因为有天下观和王道思想，这种“和谐”思想的境界，已超越了特定的地域范围，在古代就以此形成了“以中国为中心的东亚国际体系，即华夷体系或华夷秩序”。作为文明古国，中华文明长盛不衰，中国外交萃取了传统文化中的精华，向世界展示了中华民族“贵和尚中”的思想和智慧。和谐文化是中华民族团结进步的重要精神支撑。这一文化传统经过几千年的承继与积淀，历久弥新，对当代的影响是深刻的，同世界进入一体化是相协调的，是推进国际关系民主化，维护世界和平与发展的精神催化剂，是建设和谐世界的强大思想渊源。

中华民族五千年文明的悠久历史告诉我们，富有生命活力、与时俱进的优秀文化传统是整个中华民族的呵护守望者，文化自觉的现实要旨在于：高度重视文化软实力在综合国力中不可替代的重要地位。我们有着令人自豪的文化传统，它坚守道统却也包容开放，孔孟的儒学构成中国传统文化的主流，老庄的道学、佛学等与儒学相辅相成、相互渗透，最终不断发展演绎出儒道释兼容的伟大传统文化。其天人合一、贵和持中、刚柔相济等博大精深的思想智慧，为中华民族应对人与自然、人与社会、人与自我及理想与现实的矛盾提供了支撑和帮助，也涵养了中国人温柔敦厚、丰富多彩的精神世界。同样，我们还有在悠久优秀传统文化的血脉中产生出的马克思主义中国化理论成果即中国特色社会主义理论。正因为有这种强大巩固而又富于学习吸收，不断发展强大的文化传统，使得中华民族在经历无数内忧外患后还能依然屹立，绵绵不绝。文化传承关乎民族兴衰与国家存亡，此乃呼唤文化自觉以提升中国文化软实力的第一要义。

其二，核心价值观的“文化软实力”。

核心价值观，体现着一个社会评判善恶正邪、是非曲直的价值标准。核心价值观是文化软实力的灵魂、文化软实力建设的重点。对一个民族、一个国家来说，最持久、最深层的力量是全社会共同认可的核心价值观。

培育和践行核心价值观，是提高国家文化软实力的必然要求。文化软实力在很大程度上表现为国民的精神状态、意志品格和内在凝聚力，而这一切主要来自于人们对社会核心价值的认同。历史经验证明，任何一个国家要把全社会的意志和力量凝聚起来，都必须有一套与经济基础、政治制度相适应的核心价值观。只有建设具有广泛感召力、凝聚力的核心价值，才能形成全民族奋发向上的精神力量和团结和睦的精神纽带。

倡导富强、民主、文明、和谐，倡导自由、平等、公正、法治，倡导爱国、敬业、诚信、友善，反映了我们对核心价值观问题的新认识，体现了更加高度的文化自觉，必将极大地推动文化软实力的提升。

富强、民主、文明、和谐，是我们的奋斗目标。实现富强、民主、文明、和谐，反映了近代以来中国历史发展的根本要求。在当代中国，实现国家昌盛、人民幸福和民族复兴，符合近代以来中国人民寻求民族复兴的共同愿景，是一个能够凝聚起亿万人民群众智慧和力量的宏伟目标。自由、平等、公正、法治，反映了现代文明社会的基本属性，始终是我们国家奉行的核心价值理念。爱国、敬业、诚信、友善，是公民基本道德规范的核心要求，涵盖了现代公民道德行为各个环节，贯穿了社会公德、职业道德、家庭美德、个人品德各方面。富强、民主、文明、和谐是立足国家层面提出的要求，自由、平等、公正、法治是立足社会层面提出的要求，爱国、敬业、诚信、友善是立足公民个人层面提出的要求。这三个层次的理念相互联系、相互贯通，实现了政治理想、社会导向、行为准则的统一，实现了国家、集体、个人在价值目标上的统一，兼顾了国家、社会、个人三者的价值愿望和追求。可以说，这一表述继承了中华传统文化精华，汲取了人类文明优秀成果，既坚守了国家社会的目标又张扬了人的主体性，既有深厚的传统底蕴又有鲜明的时代特征，能够发挥出广泛的感召力、强大的凝聚力和持久的引导力。

其三，洋为中用的“文化软实力”。

任何一个民族的文化不可能是始终自我封闭的，必须要与其他民族的文化发生交流。无论是和谐共处，还是碰撞冲突，不管是被动接受，还是主动学习，最终结果必定是不同文化之间的互相融合。罗素曾有一段名言："历史上，不同文化之间的联系曾被证明是人类进步的里程碑。希腊曾经向埃及学习，罗马曾经向希腊学习，阿拉伯人曾经向罗马帝国学习，中世纪的欧洲曾经向阿拉伯人学习，文艺复兴时期的欧洲曾经向拜占庭学习。"①

中华文化具有巨大的包容性和开放性。从汉代开始，中外文化交流逐渐增多，到唐朝时，中国已通过广泛吸收西域文化、佛教文化等，形成了文化的大融合，造就了唐朝的盛世局面。而且，受地缘政治影响，中华文化由于独特的魅力，也不断向外辐射、扩散，极大地推动了日本的"大化改新"，并对朝鲜、东南亚等亚洲国家产生了深远影响，建构了以文化为软实力的华夷体系。文化的交流是人类心灵的交流、情感的沟通，作为一种"软实力"，具有其他交流所不能替代的作用。

当前，中国要从实际出发，对世界优秀文化成果加以积极借鉴，切实做到洋为中用，要有"拿来主义"的虚心精神品质。中国要建设创新型国家，实现科技强国之路，更需要向世界其他国家学习先进的科技文化，加强交流与学习。只有"洞达世界之大势，权衡较量，外之既不后于世界之思潮，内之仍弗失固有之血脉，取今复古，别立新宗"②才有当代中国文化软实力的强力提升。

其四，民族传统节日的"文化软实力"。

中华传统节日包括春节、元宵节、清明节、端午节、七夕节、中秋节、重阳节等，传统节日，集中体现了中华民族的价值观念、思维模式、伦理道德、行为规范、审美情趣，彰显了中华民族和谐为美的社会伦理思想和强调人与人的和谐、家庭和谐、邻里和睦到社会和谐的价值取向，昭示了中华民族敬天法祖、尊老敬贤、慎终追远等传统伦理观念。前几年，政府顺应民心，把清明节、端午节、中秋节等传统节日列为公众假期，此举将会鼓励人们重新把目光定位在传统礼节上，认同和

---

① [英]罗素：《罗素自选文集》，戴玉庆译，169页，北京：商务印书馆，2007。

② 鲁迅：《鲁迅全集》，第1卷，56页，北京：人民文学出版社，1981。

回归传统。譬如祭拜祖先的清明节，充分体现了中华民族敬重先祖，心怀感恩的品质和情怀。每年 4 月初，人们会给祖先扫墓，供上祭品，追贤思孝、认祖归宗，与儒家的家庭和传统价值观完全一致。清明节承载的中国传统文化内涵极为丰富，忠孝文化是儒家伦理的基本原点，对今天和谐社会的伦理建设有着极重要的现实意义。恢复清明、端午和其他传统节日，虽然只是恢复传统价值观的开始，但是意义重大，作用明显，绵延千百年的传统节日的民间影响极其重大而深远。

中华传统节日作为中华传统文化中的重要组成部分和表现形态，千百年来经久不衰，历久弥新。它以一种潜移默化、寓教于乐的形式，来展示中华民族的精神世界，表达着对美好的理想、智慧与伦理道德的追求和向往，是弘扬中华民族优秀传统文化和传承中华传统美德的重要载体。在当今世界多元文化并存、东西方文化交融的形势下，我们用现代社会的理念和视角，揭示传统文化的内在价值，发挥、拓展和强化其功能，对于发扬传统美德，激发文化自觉，提升文化软实力，具有重大意义。

三、文化产业发展与文化软实力提升

文化产业是以文化资源为重要基础，文化创意为基本前提，文化科技为强大动力，文化园区为主要平台，充分发挥人的智慧，进而创造财富与就业机会的新兴产业。当前，我国的文化产业刚刚起步，与发达国家在文化市场竞争中还处于劣势，文化贸易严重“逆差”，缺乏享誉世界的文化品牌。加快发展我国文化产业的发展，满足群众日益增长的精神文化生活需要，有助于增强我国的文化软实力，扩大文化的影响力、亲和力和感召力。

1. 民族文化产业发展刻不容缓

伴随着物质生活水平的逐步提高，当下国人的思想文化需求也以前所未有的强劲态势不断提升和扩大。然而，与这种日趋扩大的思想文化需求相比，我们满足思想文化需求的能力还比较弱小。中国社会科学院发布的2007年度《中国文化产业发展报告》的研究结果表明，2006年，我国城乡居民家庭文化消费总量约为4685亿元。这一研究认为，一个人均GDP达到1700美元以上的13亿人口的大国，文化消费总量不足5000亿元，显然不合理。如果人均GDP达到1600美元，则文化消费在个人消费中应占20%，实际消费总量应为20100亿元，而2005年我国人均GDP就已经超过1700美元。据此，该书认为，我国居民文化需求的满足程度尚不足1/4。

更令人担忧的是，多年来，我们在国际文化贸易领域的严重赤字，也同样表达了强弱对比的基本态势。有资料表明：2005年全国图书版权引进地情况统计，在引进的9382种图书来源国中，美国最多，有3932种；其次是英国，1647种；第三是中国台湾，1038种。全年共输出图书版权1434种，引进输出比例为65∶1，其中输往中国台湾669种、韩国304种、美国16种。同时，有分析认为，我们的版权输出方面，主要集中在医药、武术等中国传统文化方面，其他的技术领域和现代科技方面的书目比较少。另据报道，2007年我国版权贸易输出和引进比例为1∶4，2008年为1∶69。①

在20世纪90年代"冷战"结束后，人类历史上出现了少有的"一国独大"的格局。从经济上说，美国经济占世界经济总量的近1/3。从军事上说，2004年美国军费达4550亿美元，占全球军费总开支的47%。但据美国乔治亚州奥古斯塔大学经济学教授布劳尔研究，由于美国的核武器预算编在能源部，2004年，美国实际军费达7600亿美元，占全球军费总开支的70%以上。美国的投资历来是讲究收益的。从文化上说，在全球的信息流动中，90%以上的新闻是以美国为首的西方控制的；美国的电影、电视生产仅占世界总量的67%左右，但电影却占了世界市场的50%以上，电视占了70%以上。在全世界互联网服务器的内存中，美国

---

① 《输出引进优秀图书评选花开八度，我国版权贸易逆差形势严峻》，载《光明日报》，2009年9月5日。

提供的一般信息占80%，服务信息占95%，而中文信息只有4%，这4%还包括新加坡等国和中国的台湾。

2009年3月29日，温家宝在湖北武汉江通动画股份有限公司视察时强调要有我们自己的动漫产业。他说："我有时看我孙子喜欢看动画片，但是动不动就是奥特曼。他应该多看中国的动画片……要让中国的文化走向世界，要在世界展示中国的软实力。让中国的孩子多看自己的历史和自己国家的动画片。"① 总理如此，情何以堪？发展有自己文化内涵的文化产业，迫在眉睫！

2. 文化产业发展的基本要素

文化产业是高新技术和文化紧密结合的产物，是文化软实力的物化和有效载体，是发达国家增长最快的产业，已成为未来世界经济新的增长点，被视为新世纪的"朝阳工业"。

第一，在文化产业的发展中政府应起主导作用，要建立健全完整的文化产业政策和法律体系，成立文化产业领导管理机构，加强对文化产业发展的专业化、规范化管理；国家对文化产业加大投入，在税收、融资、信贷、出口等方面出台文化企业扶持政策。

第二，多渠道为文化发展融资，包括政府直接拨款、企业集团投资、社会中介机构赞助、个人捐助以及境外资金等多元筹资形式，引进闲置的社会资本，大力发展包括个体、私有、中外合资、外商独资等各种形式的文化产业企业。

第三，推动文化产业体系的创新，在不断向纵深推进传统文化的同时，加强新兴文化产业如创意产业、信息产业等的发展步伐，为我国经济带来新的增长点。

第四，推行重大文化产业项目带动战略，加快文化产业集群和文化产业基地建设，培育文化产业骨干企业；整合资源，形成大型文化产业集团；开发和利用民族特色的文化资源，精心培育民族特色的文化品

---

① 《温家宝考察动漫产业，称不希望孙子总看奥特曼》，新华网，2009年3月31日。

牌，努力打造世界级的中国文化品牌。

第五，除加快发展以市场为主导的经营性文化产业外，还要大力发展以政府为主导、以社会效益为导向的公益性文化事业，鼓励社会力量参与公益性文化事业建设，建立公共文化服务体系，保障人民基本文化权益。

第六，加强文化专业人才的教育培养，重视文化创造人才和经营管理人才的培养和挖掘，鼓励创造、尊重人才、支持人才，优化人才成长发展环境，营造人才辈出、人尽其才的良好氛围。

3. 从“文化效益”到“文化实力”

效益原来是经济学、管理学概念，是管理的根本目标，管理就是对最佳管理效益的不断追求，实现最佳的经济效益，又争取最佳的社会效益。社会效益是指最大限度地利用有限的资源满足社会上人们日益增长的物质文化需求，是指对社会的发展进步，对物质文明和精神文明建设两个方面产生的影响等，是指人们的社会实践活动对社会发展所起的积极作用或产生的有益效果。社会效益有广义和狭义之分。广义的社会效益包括政治效益、经济效益、思想效益和文化效益等。经济效益与社会效益是相对应而并列的一对范畴，文化效益则是与政治效益、经济效益、社会效益、生态效益等等相对应且并列的范畴。以法律为例，法律的社会效益是指法律的社会收益与社会成本之比。法律的社会成本是指法律运行所需要的社会资源。比如，法律存在的生产力条件，社会对法律的认可度等；法律的社会收益是法律对社会的贡献。法律自产生以来，人们就一刻也不能离开法律，法律对社会发展的贡献是不言而喻的。一般而言，法律对社会和谐的贡献越大，那么，法律的社会效益就越高。如果法律使整个社会达到民主法治、公平正义、诚信友爱、充满活力、安定有序、人与自然和谐相处，法律的社会效益就得到了充分的体现，在此意义上，良法之治的法治是建设社会主义和谐社会的基石，反之，不能做到这一点，法律的社会效益就低。

而法律的文化效益是指法律的文化收益与文化成本之比。法律本身就是一种文化，法律的发展从无到有、从简单到复杂、从野蛮到文明、从单一到多元的演变过程就是对人类文化的贡献。法律的文化成本是指法律运行所需要的文化资源，比如，人类的文字、人们的心理、人们的意识，人们的习惯等；法律的文化收益则是指满足人们的精神文化需要。一般来说，法律对先进文化的发展与弘扬，使人们追求真、善、美，就说明法律具有较高的文化效益；反之，法律不能抵制假、丑、恶，说明法律的文化效益不高。比如，我国将我们国家的指导思想即马克思、毛泽东思想、中国特色社会主义理论体系规定在国家的宪法中，就有利于统一全国人民的思想，达成共识，指导人们的行为。在法律中规定一元化的指导思想，有利于凝聚人心，但要妥善处理好指导思想的一元化与社会思想意识多样化的关系，既要防止思想僵化，又要防止各种腐朽和错误思潮的泛滥，从而在思想文化领域真正形成一种既有统一意志又生动活泼的和谐局面。这时法律的文化正效益就充分发挥出来了。更为重要的是，法律倡导言论自由，鼓励“百花齐放、百家争鸣”的氛围，通过文化的交流，思想的碰撞，使先进文化得到进一步发展和发扬。如果法律去禁锢人们的思想，将一些创新的思想观念视为异端予以打击，比如中世纪时期对科学家的迫害，那时的法律就是负文化效益的。

“文化效益”就是文化产业发展中的文化收益与文化成本之比。根据前文所述，文化产业就是按照工业标准，生产、再生产、储存以及分配文化产品和服务的一系列活动。简言之，文化产业是以生产和提供精神产品为主要活动，以满足人们的文化需要作为目标，是指文化意义本身的创作与销售，文化产业也是一种产业，具有所有产业的基本属性，但因为是文化产业，因此，应当更加注重文化效益，即发展和弘扬先进文化，满足人们的精神文化需要，提升生活品位，提高人生境界，发挥文化的传承、教化、引领、引导、守护等功能，使受众的内心由“野”到“文”，从野蛮到文明，追求有信仰、有意义的生活，寻得安身立命的精神家园，确立高雅的文化理想和人格理想，使人们确立正确的精神价值体系和价值观，明确最基本的善与恶、是与非、正与邪、美与丑，真与假的标准，恪守人性良知，坚守道德底线，遵守宪法法律，成为一个理性健康的，有教养的社会成员、国家公民和人类成员，促进社会、国家乃至人类的公平正义与和谐有序。厚积薄发，日积月累，耳濡目染，文化的实力就会逐步显示出来，

发展文化产业，一方面，讲求经济效益，投入和产出，成本与收益。另一方面，应当格外讲求文化效益，而且评价文化效益一定考虑文化产业的特殊性，即文化精神产品的创作是渐进的、累积的、慢慢积淀的，具有强烈的个体性和独创性，切忌千人一面、千篇一律，力戒急功近利、揠苗助长。而且文化经典的传播影响和教化引领作用也是春风化雨、润物无声，潜移默化，慢慢实现的。

一部《五十奥义书》，一部《道德经》，一部《论语》，一部《圣经》，一部《理想国》，无不凝聚着东西方圣哲先知的全部心血和潜心沉思、艰苦创作，呈现着人类最伟大典范性人物（雅思贝尔思语）的最高德性和至上智慧，经历了几千年岁月风雨的检验和洗礼。佛经的汉译是中华民族历史上一项伟大的文化工程，也是人类不同文明交流的宏伟盛举。从东汉汉桓帝（建和年间公元 147 年）开始，经过东晋、隋朝，到唐朝后期唐武宗会昌五年（公元 845 年）经历将近七百多年的时间，卷帙浩繁，蔚然大观。“十年磨一剑”，一座神圣的教堂，一座庄严的庙宇，或布道弘道，传播教义，或制礼作乐，教化天下，需要几十年、几百年，甚至数千年苦心孤诣的创造和锲而不舍的努力。云冈石窟的营建经历了几个皇帝，六十多年，设计恢弘，精雕细刻，令世人叹为观止。世界第一大教堂——由拉斐尔和米开朗琪罗主持的梵蒂冈圣彼得大教堂设计建造了一百二十多年，庄严巍峨，气势宏伟，绘画雕刻美轮美奂，件件作品堪称垂世经典。北京房山云居寺的石刻佛教大藏经，始于隋大业十二年，经隋、唐、辽、金、元、明六个朝代，绵延 1039 年，镌刻佛经 1122 部、3572 卷、14278 块，有 3500 多万字，几十代僧人巧匠呕心沥血，3500 多万字佛经无一错别字，旷世杰作，令人震撼，叫人敬佩。歌德写《浮士德》用了 60 年，李时珍写《本草纲目》用了 27 年，马克思写《资本论》用了 40 年。曹雪芹写《红楼梦》“披阅十载，增删五次”，用了 10 年时

间，“字字看来皆是血，十年辛苦不寻常”。[①]朱熹编著《四书集注》，倾尽毕生精力，字字咀嚼，逐字斟酌，数易其稿，改削不已。去世前一天还在病榻上修改《大学》《中庸》。“熹于《论》《孟》《大学》《中庸》，一生用功，粗有成就，然近日读之，一、二大节目处，犹有谬误，不住修削。”“需毕力钻研，死而后已耳。”[②]……因此，文化效益的评价尺度、衡量标准一定要有特殊性，这样才可能使得信息化时代按照工业化流程生产出来的文化精神产品，避免统统变为文化快餐。

在信息传播空前便捷，传播手段种类繁多的时代，在物质主义、实用主义、功利主义盛行的年代，在市场化无处不在，商业化到处渗透，寻求感官刺激成为时尚，个人欲望膨胀变成普遍行动，娱乐主义、工具主义、消费主义甚嚣尘上，加上文化产业与意识形态工作又存在剪不断理还乱的关系，制造各种文化泡沫、思想泡沫、精神泡沫非常容易。很多文化思想工程、活动、项目，看起来轰轰烈烈，热闹非凡，但一转眼销声匿迹，冷冷清清。投入巨大，收效甚微，甚至，南辕北辙，适得其反，这方面，我们的教训十分惨痛而深刻。古人云：“功崇惟志，业广惟勤。”(《尚书·周书》)习近平指出，“提高国家文化软实力，要努力展示中华文化独特魅力。在五千多年文明发展进程中，中华民族创造了博大精深的灿烂文化，要使中华民族最基本的文化基因与当代文化相适应、与现代社会相协调，以人们喜闻乐见、具有广泛参与性的方式推广开来，把跨越时空、超越国度、富有永恒魅力、具有当代价值的文化精神弘扬起来，把继承传统优秀文化又弘扬时代精神、立足本国又面向世界的当代中国文化创新成果传播出去”。[③]只有文化产品成为文化精品，并且经过较长一段时间的检验，真正成为经典，文化效益才能真正彰显，才有可能产生持久影响，进而提升其吸引力、感召力、同化力，最后才能转化为真正的文化软实力。

---

① 周汝昌：《曹雪芹传》，5页，北京：人民文学出版社，1980。

② 陈来：《朱子哲学研究》，2页，上海：华东师范大学出版社，2000。

③ 习近平：《习近平谈治国理政》，161页，北京：外文出版社，2014。

结语 “文化中国”的憧憬

经过40年的改革开放，一个“经济中国”开始为世人所瞩目——我们一跃成为世界第二经济大国。然而，未来中国在世界的应有形象绝不能止于此，从十七届六中全会到十八大，再到刚刚召开的党的十九大，党中央关于增强国家文化软实力，建设社会主义文化强国的战略目标日益清晰。尤其是随着人民群众对于美好生活的向往，对于符合时代精神追求的文化产品的需求将日益增长，我们可以憧憬未来中国必将是文化繁荣兴盛的“文化中国”。

文化是一个民族进步的灵魂，文化软实力是一个国家的精神纽带。回首20世纪以来的百年中国的文化发展，可谓经历了太多的辛酸与坎坷，中国文化在世界的影响越来越被边缘化，与上下五千年文明古国的悠久历史不相匹配。中国自改革开放以来，相对于我们在经济上所取得的举世瞩目成就，文化的发展却不尽如人意，距离党中央提出的“文化大发展大繁荣”战略目标还相差很远。尤其是随着全球化的浪潮的不断推进，国与国的竞争日趋呈现为文化品牌、文化产业的竞争。在这一背景下，如何提升我国在世界舞台上的文化形象、打造“文化中国”，以期赢得真正的文化竞争力立于世界民族之林，便成了新时代未来30年中国发展进程中国人的共同期盼。党的十九大更是明确提出了“激发全民族文化创新创造活力，建设社会主义文化强国”的发展目标，把中华文化的繁荣兴盛提升到了中华民族伟大复兴的国家发展战略高度，这是中国社会发展的文化自觉的重要标志，也为未来“文化中国”的历史实践明确了方向。

一、提出“文化中国”的时代语境

培育“文化中国”、以文化的方式向世界说明中国，这是一个大题目。我们这里所讲的“文化中国”，是指在全球化语境下，着眼于和谐社会的建构与发展、中华文化的国际竞争力的打造以及全民族现代人文素养的提升所实施的中国文化发展战略。“文化中国”是中国特色社会主义现代化历史实践的核心发展目标。一个民族的文化影响力是最深远最恒久的影响力，不同的文明形态是区别不同民族的最本质的东西，是民族性格的最本质的体现，自觉把建设“文化中国”作为今后我国社会发展的重要战略目标，用“文化”向世界说明中国、展示中国坦然和自信的文化气度，这是历史赋予我们的不容回避的艰巨使命。

提出“文化中国”的大背景是文化交往的全球化现实。那么，我们如何理解全球化概念？众所周知，人类今天已经进入全球化发展时代，全球化作为一个文化交往的大背景，其最主要的驱动力量就是工业文明的飞速发展和技术、资本、市场的逻辑在全球的扩张和推动。全球化的第一个也是最基本表征就是经济全球化。但是接下来，必然要波及文化与社会生活的层次。文化交往在第一个层次即形象、器物层面比较容易，因为这一层面较少关涉文化价值要素。例如，40 年前刚刚改革开放的时候，我们的服装款式与韩国、日本以及西方国家相比差别很大，但是今天就很难看出有多大的区别了。但是在文化的理念与价值这一最核心的层面，不同文化间的融合与交流是最困难的。所以，如何从价值层面对我们的文化进行清晰定位这十分重要。我们的文化实践应该凸显我们的文化个性。而属于中国自己的文化“个性”往往是在漫长的历史传统中积淀而成的。所以，我更倾向于从我们中国的文化传统当中提炼中国文化的核心价值。在全球化的背景之下，夯实我们和世界交流的文化资本，特别是在文化的核心价值层面，去展示我们可以跟人家对话的、可以亮出去并凸显我们民族文化精神层面的东西，这是最为关键的。

换个角度，就我国国内的情形来说，今天我们提出建设“文化中国”，是基于40年中国改革开放与现代化发展的经验与教训而做出的战略选择。我们已经走过了“摸着石头过河”的发展阶段，中国的改革已经进入深水区、破冰区，需要我们在更高的起点上凝聚社会共识和文化认同，需要我们站在时代的高度，通盘审视未来的中国政治、经济与文化的发展。提出建设“文化中国”，标志着中国社会发展正在进一步走向自觉，当然这也昭示着未来中国文化的发展自觉。

首先，“文化中国”是对“唯经济论”思维模式的纠偏。

“文化中国”是对应于“经济中国”而提出的。回首40年中国改革开放的发展实践我们看到，“以经济建设为中心”似乎成了我们不变主题，“文化搭台，经济唱戏”更成了唱响神州大地的耳熟能详的口号。改革开放以来，我国主要侧重于经济领域的改革和发展，并期望以经济改革为突破口进而带动全社会的改革，这种改革模式的确带来了中国物质财富的快速增长，我们取得的经济成就举世瞩目。但是对应于“文化中国”你会发现，我们没多少可以去说的。一说到“文化中国”，我们就突然失语了。中国的经济影响力现在是世界第二，但是我们文化影响力到底怎样，其实连我们自己也心里没底。就连韩国这样中等规模的国家，它所制造的文化“韩流”，都展现了非常强的文化影响力。但改革开放40年中国所“走出去”的文化产品却非常有限。在2008年北京奥运会上所展示的，也主要是一些中国古代传统文化的元素，诸如击缶、四大发明等。我们总是在关注GDP总量、工业总产值、人均收入水平等等。不容否认，在各级政府的实际决策中，确有把经济发展这个手段异化为最终目的的倾向，使得经济增长手段常常掩盖了社会协调发展的目的本身。

但须知量的提升并不能等同于质的飞跃，经济增长更不能简单等同于社会发展。严酷的现实已经表明，如果没有社会、政治、文化等多维发展的协调，经济发展很有可能成为少数富人的盛宴，大多少人在充当廉价劳动力的同时并不能提高自身的幸福感，社会公正将遭遇空前的挑战。所以我们提出建设“文化中国”，就是首先要纠正这种不问社会发展方向的“唯经济论”思维定式，在价值层面去自觉追问：中国社会发展的最终目的是什么？具体说要把以人为本的社会发展观落到实处，着眼于每个国民身心发展现状的改善，要把如何切实增进民生福祉，提升全民族的文化素质，让全体中国人共享改革发展的成果，让全体国民活得更有尊严更有意义。文化不是经济发展中的配角，更不是发展的手段，而是社会发展在精神境界层面所追求的目标。拥有自觉的文化价值导向将赋予社会发展以一种人性的、目的性的关怀，为破浪前行的“中国航船”提供一种动力源。

其次，在全球化时代发展的今天，中国的文化影响力与经济发展不相匹配。

在当今的世界舞台上我们看到，一个民族的文化影响力是最恒久、最深厚的影响力，文化更是一个民族进步的灵魂。但严酷的现实是，当代中国文化在全球的影响力与我们的经济发展不相匹配，据中国科学院中国现代化研究中心发布的《中国现代化报告 2009——文化现代化研究》的研究分析，中国的文化影响力指数在全世界排名仅为第 7 位。我们暂且不论现有的文化排名是否借了中国经济发展的光，托了中国传统文化的福，单从排名先后来看，中国文化影响力指数与中国经济迅猛发展的前景以及中国发展理念和模式日益扩大的影响是很不协调的。中国是一个文化资源大国，却是一个文化产业小国，改革开放 40 年来，我们的文化产业出口一直处于逆差状态，中国的文化产业才刚刚起步，缺乏国际竞争力，我们少有文化精品产生世界性影响。在社会科学和文学艺术等方面我们还缺少原创性的、富有震撼力的成就。总之，相对于中国经济的迅猛发展，中国的文化软实力建设任重道远。长此以往我们不难想象，外来文化不仅会大举占领中国文化消费市场，更将直接影响到国家的文化安全。

再次，我国的文化发展形势严峻，文化生态环境亟待优化。

从文化哲学角度来看，“文化生态环境”是指由构成文化系统的各种内、外在要素及其相互作用所形成的生态关系。文化生态是一个比自然生态更为复杂的系统，它主要包括人的思想道德素养、科学文化素质，历史文化传统，外来文化以及文化创新等要素。

建设“文化中国”尤其需要培育良好的文化生态环境。但环顾当代中国的文化发展现实我们却看到文化生态的失衡——民族传统文化常常被“戏说”，原生态的民族文化亟待拯救，高雅文化、精英文化市场日渐萎缩，感性娱乐文化则大行其道。在市场杠杆的驱动下，我们更多地彰显了文化的娱乐、实用与经济功能，而对文化的最核心层面即人文价值诉求、人的心灵建构等方面的关切不够。文化低俗化倾向日趋严重，无底线娱乐狂欢正在毁掉我们的大众文化，在娱乐化消费中造就着人们对历史的轻浮态度，而缺乏严肃与敬畏之情。

我们应该清醒地认识到，现代化的最终目的是实现社会的全面进步和人的全面发展。“文化中国”的提出要求人们在追求经济利益的同时体现人文关怀。文化的发展不仅为市场经济提供了合理的价值观念，同时规范着市场经济的运行秩序。文化发展需要激浊扬清，为子孙后代负责，为民族文化的未来负责。

二、“文化中国”告诉我们什么？

的确，培育“文化中国”、以文化的方式向世界说明中国，这是一个大题目，甚至说是一个系统工程。改革开放以来，向世界传递中国的文化价值，展示中国的文化形象，这已经成为我们对外文化交流的重要议题。我国领导人讲到中国的和平发展道路时也都强调，当代中国的发展与中国的历史文化传统是一脉相承的。我们知道中国的传统人文价值就是“和而不同”“和为贵”“己所不欲，勿施于人”，这也是中国未来和平发展战略抉择的文化之魂。找到了中国文化的价值之源，我们未来文化实践才拥有了目标与方向。

我们认为，我们这里对于“文化中国”的理解，应体现以下三个方面的价值关切：

第一，“文化中国”不是简单地向后看或历史怀旧，而是指向中国发展未来的，所以要培育“文化中国”的现代视野。

我们如果把中国文化放在近一个世纪以来社会生活变化的总体环境背景中加以定位，则会看到文化中国在现实实践展开中，呈现出了两种不尽相同的心态。一种是向后看，这是一种未能很好融入全球化文化的浪潮而表现出的文化偏执反应，它拒绝全球化，拒绝现代文明，以一种非此即彼的思维定式去面对外来文化——中国文化都是好的，外来文化尤其是西方文化都是坏的。这种贴标签式的文化态度不利于中国文化与世界的交流。另一种是向前看，这种观点主张以民族传统文化为出发点，取其精华去其糟粕，整合现代新文化，使中国文化在民族性与时代性、传统与现代、本土化与全球化的二元张力中发展前行。

当然，“文化中国”的目的指向无疑是后者。我们要立足现实、面向世界、着眼未来地关注中国文化的发展。重要的不是我们的文化过去如何辉煌，而是未来如何赢得发展的优势。对此我们必须保持清醒的认识，在世界舞台上，改革开放 40 年来，我们的文化影响力与经济的发展并不匹配，中国是一个文化资源大国，但却是一个文化产业小国。在世界文化交流中，中国确确实实存在着严重的“赤字”，在现代文化产品的创造与输出方面，我们才刚刚起步，没有任何值得炫耀的资本。因此在“文化中国”面向未来的形象塑造方面，我们还要沉下心来，踏踏实实地进行努力，注意审视、发掘和转化民族传统文化的优秀成分，以对中华民族精神的弘扬和培育为导向，以文化创新为途径，构建中国特色的现代先进文化。

第二，“文化中国”是一个正在“生成”的过程，不是已经“完成”的静态风景。

文化是一条河，是一条从“过去”经“现在”流向“未来”的河，文化总是在传统与现代之间的张力之中发展前行的。文化不能仅仅理解为是一个实体性概念，不能为其确立一个固定不变的准则，以便把所有涉及的东西都装入其中。这种做法将文化看作是静止的、封闭的东西。“文化中国”作为今后中华民族文化发展的重要价值诉求，需要我们在不断地反省、建构中去实现。

人是一种向未来敞开的、未完成的存在，人类的自由创造本性恰恰根源于人的未完成性，人要在不断地实践和劳作中实现自己的目的。因此“文化中国”的建构正是基于中华民族的未来发展，需要在既已完成的现实文化层面上寻求新的超越。在这个意义上，文化中国不是为了抓住自己过往的优秀文化传统不放，更不是将已经取得的文化成果拿过来孤芳自赏，而是一种指向未来的、致力于文化不断完善的创造性实践。这需要我们从“生成”的视角，对既有的文化发展现实进行不断地反省、矫正甚至批判，以保持文化发展旺盛的生命力。文化创造活动总是具体的历史展开过程，文化的血脉不断在动态的“生成”中穿梭前行每一代人的文化活动客观上总是在传递着前人的经验和教训，人在这种潜移默化的文化传递当中，调整、修正其固有的思维定式，并为文化传统增添新的要素，这样，作为一个有限的存在者便会流于无限的文化传统之中而生生不息，获得“类存在”的价值。

把握“文化中国”动态生成性，将有助于我们在世界文化多元化的总格局下，在经济全球化、各民族相互依存相互交流不断加速的现代化过程中，去自觉培育适应现代社会发展所需要的、富于创造力的和谐文化。

第三，“文化中国”是在全球文化的交互激荡中逐渐形成的。

全球化是我们这个时代的基本生活图景。在一定意义上我们可以说近 40 年中国改革开放的过程也是中国融入全球化的过程。在全球化时代，地球上任何一个角落所发生的事情顷刻间都可能引起全世界各国的共同关注，地球成为相互影响的文化村落。世界各国不但在政治、经济上互相依存，而且文化的发展也越来越相互影响。人类的文化发展历史表明，任何文化形态只有在与作为“他者”的我们的交流甚至碰撞中，才会激活自身文化的基因，保持旺盛的文化生命力。

在这一大背景下考量"文化中国"的发展，首先需要我们以宽容的心态海纳百川，迎接八面来风，在与各种外来文化的交流中，我们要尊重文化的差异性和多样性，恪守"和而不同"的原则，善于吸收全世界各国的优秀文化与文明；同时也要增强文化的自信心，找准自我文化的发展方向，弘扬自身的文化特色，努力向全世界展示中华民族文化的独特魅力。

三、建构"文化中国"的着力点

建构"文化中国"既是一个艰深的历史课题，更是时代赋予我们的光荣使命。让我们感到欣慰的是，而今举国上下对于建设"文化中国"的必要性和紧迫性已经形成基本共识：建设"文化中国"关乎中华民族的伟大复兴，关乎中国现代化发展的成败。着眼于这一发展战略高度，我们要对建构"文化中国"的着力点保持清醒的认识。

第一，注意开掘新文化创造的生命力。

一个伟大的民族应该具有广阔的文化生命力，中华民族之所以能在漫长的历史长河中培育和发展了博大精深的中华文化，根本原因就在于中华民族有着旺盛的文化生命力。文化的发展是有方向性和目的性的，文化的生命力说到底根源于传统与未来的张力，也就是说一方面，开掘文化生命力不能忽略了文化的根——即民族的传统。与传统对接并对传统的自觉认同，文化生命才能找到源头活水。另一方面，我们还要善于在继承前人文化创造的基础上，面向未来不断进行新的文化创造。我们不仅要继承和发扬前人的文化成果以增弘自己，而且要勇于在新的时代条件下进行新的文化创造。文化创造需要更加开放的社会环境以及更加自由的思想空间，只有自由思想才有创意，才可能激发更多的创造灵感。

文化的生命力究其根本来说是指向未来的，开掘新文化创造的生命力还要注意关注当下百姓民生，真正融入生活的文化才有生命力，在对时代生活的感受中文化才愈加变得开放、包容，才得以绵延发展。

第二，加强中华民族文化传统的自觉认同。

民族文化认同一般是指对本民族长期历史发展中所形成的优秀文化传统的理性认知和感情依附，并在此基础之上对其自觉地坚守和维护。在中华优秀传统文化中，凝聚着我们民族自强不息的精神追求和历久弥新的精神财富，它是我们今天发展社会主义先进文化的深厚基础，是建设中华民族共有精神家园的重要资源。一个民族要想自立于世界民族之林，前提是要善于认同民族文化传统。2013 年 8 月在全国宣传思想工作会议上习近平再提传统文化时特别强调："讲清楚中华优秀传统文化是中华民族的突出优势，是我们最深厚的文化软实力。"一个民族向前发展的核心内容及恒久动力恰恰是来自于本民族成员对该民族内在文化精神以及个性的文化认同。只有在民族文化自觉认同的前提下，不同文化形态间才会达成有效的理解与沟通，形成彼此的相互依赖与尊重。

我们要对于中华优秀传统文化的历史渊源、发展脉络和基本走向有充分的自觉，对于中华文化的独特创造、价值理念和鲜明特色有明确的把握，只有这样才能增强文化自信和价值观自信。中华传统文化作为中华民族理性和智慧的积淀，启迪着一代又一代中国人，规范着人的生存和发展。中国文化传统所强调的"天人合一""贵和持中""自强不息"等思想不但为世界文明做出了卓越的贡献，而且也是我们今天进行文化建设、文化发展的根基与源泉。今天我们呼唤文化自觉，首当其冲的应是对中华民族文化传统的自觉认同，我们要心怀敬畏之心去反思传统文化，重估其人文价值。费孝通曾经指出："文化自觉是一个艰巨的过程，首先要认识自己的文化，理解所接触到的多种文化，才有条件在这个已经在形成中的多元文化的世界里确立自己的位置，经过自主的适应，和其他文化一起，取长补短，共同建立一个由共同认可的基本秩序和一套各种文化能和平共处，各抒所长，联手发展的共同守则。"① 的确，自觉

① 费孝通：《对文化的历史性和社会性的思考》，载《思想战线》，2004 第 2 期。

的文化认同肩负着对自身民族文化传统的自觉反思和对新文化的主动建构的双重历史责任。

第三，公民健康人格、现代人文素养的生成。

文化本质是人化，“文化中国”建构的重要目标就是培育公民的健康人格、提升全体国人的人文素养。近代德国宗教改革思想家马丁·路德曾认为：一个国家的繁荣，不取决于它的国库之殷实，不取决于它的城堡之坚固，也不取决于它的公共设施之华丽；而在于它的公民的文明素养，即人们所受的教育、人们的远见卓识和品格的高下，这才是真正的力量之所在。的确，今天的中国在国库殷实、财政收入增长、经济大踏步发展的同时，应切实关注人的发展与进步，着力提升公民的文明素养。一个民族的整体素质提升了，国家的文化影响力才得以展现，强大的国家形象产生了，才会赢得世人的尊重。一个人不能只热衷于物质的占有、沉湎于感官快乐，具有健康人格的人应该是具有创造力的、超越自我的人，这应当包括正确的自我意识、乐观向上的生活态度、和谐的人际关系、庄严的道德感、使命感和社会责任感以及开放的文化视野。在此意义上，文化中国的价值内涵体现在公民健康人格和人文素养的生成上，只有通过全社会的人文教化，才能使人们步入一个道德、情感和智慧融合一致的生活境界，进而为文化中国的建设奠定坚实的基础。

第四，全社会民主、公正信念的守护。

社会公正是一个现代社会的基本价值取向，是现代制度设计与安排的基本依据。我们今天建设社会主义和谐社会，应该把社会公正作为社会主义制度的基础性的、首要的价值。公平正义的根本点，就是保证不同社会群体都能拥有并享受相同的权利。在具体的改革与社会建设中，要确保每个社会成员的基本权利与机会的平等，按照其贡献进行分配以及社会调剂(社会再分配)，并妥善处理社会转型期出现的利益冲突。目前我国的改革已进入关键时期，各种社会矛盾愈加突出，贫富差距和两极分化正日渐拉大，腐败现象层出不穷、群体性事件时有发生，弱势群体分外焦虑，这应该引起全社会的高度关注。现实改革的实践表明，如果公正信念的缺失，社会公信力降低，政治监督机制的不健全，则会直接动摇人们对于改革与社会建设的信心，涣散社会的凝聚力，危害中国社会的建设。应通过切实的政治改革，使每个公民依照公平正义原则，共享中国改革发展的成果，充分拥有创造财富的机会，切实保障其社会参与的权利。由此观之，全社会民主公正信念的坚守正是迈向“文化中国”的内在价值诉求。

第五，培育人与自然和谐的生态文明观念。

现代生态文明一般是指以人与自然和谐共生、良性循环、持续发展为基本宗旨的文化观念形态。人与自然的关系永远是人类文化在前行中需审慎面对的问题。人与自然的和谐相处，就是生态文明的基本价值诉求。今天，中国的生态文明建设问题已上升到国家战略的高度，可谓意义深远。我们知道中国经济高速增长一方面创造了巨大的物质财富，但另一方面也造成了巨大的环境污染，加剧了人与自然关系的紧张。生态文明问题的出现，直接原因是大工业文明使人类征服改造自然的能力突然增强。今天的大工业对自然的作用与改造的后果，让自然已到了难以消化、难以吸收、难以自我修复的地步，甚至于受伤的自然开始报复人类，最终结果则是人的文化实践行为客观上背离了人的初衷。

从另一方面来看，生态文明危机还与现代人的生活实践观念息息相关。工业文明所导致的技术进步，极大地改善了人的生活环境，开启和调动了人的消费欲望。欲望，作为人性中的本能部分，是指向人的生理层面的，欲望构成了人类行为最内在与最基本的根据。人的欲望的合理展示会成为人类进化、社会发展与历史进步的动力，但如果欲望过度释放则会带来巨大的破坏，于社会和个体都会产生否定性影响。当代日本著名设计师原研哉在其《欲望的教育》一书中认为，当今的工业化时代，“整个社会都充满着欲望，有些欲望逐渐转化为有形物质，出现在世人面前，最终会形成环境。而环境又刺激出人的新的欲望”。他的结论是要开展欲望教育，“如果我们想美化环境的话，就必须先美化最初的欲望”。“真正的设计不该为这些欲望煽风点火，而应该努力去触摸人类生存环境中贮藏的人类睿智。设计不但是生动的点子，有时还要有长者般的智慧。”① 从欲望教育视角来反省现代生态文明建设问题，就是提醒人们：生态文明问题既关涉客观物质环境问题，同时更关涉人的主体态度。今天人类要在与自然的相互作用中，学会约束和调整自身的行为，做到目标适度、发展适度、心态适度。而不能一味地追求更高、更快、更强。

现代大工业文明凸显了人类改造自然、征服自然的能力，但无形中也加剧了人与自然的紧张与对立，甚至受伤的自然开始报复人类，使得现代文明受到新的挑战，重新找回人与自然的和谐关系势在必行。回望中华传统文化我们看到，其中蕴含着深厚的生态文明资源，尤其倡导人与天地自然和谐相融，强调“天人不二”“天人合一”，认为“天地有大美而不言”，因此要“道法自然”，这种生态观念对于我们今天仍具有重要的借鉴意义。建设“文化中国”必须自觉含蕴生态文明的价值维度，增强现代生态文明发展的自觉性。我国在全面建设小康社会奋斗目标的新要求中，第一次明确提出了“建设生态文明”的发展目标，要走全面、协调、可持续发展道路，这表明了国人生态文明观念的增强与自觉。今天我们建设现代生态文明，必须加快转变经济发展方式，我们不能走只追求“量”的扩张而忽略了“质”的提升的发展模式，这最终会导致有增长而无发展。因此我们必须自觉培育现代生态文明观念，倡导文明健康的生活方式，让建设生态文明成为全社会的自觉行动。

第六，妥善处理好文化开放与文化守护的关系。

今天的人类已经进入全球化时代。世界各民族的文化交往日益频繁，可谓你中有我、我中有你。由此引发的一个重要问题就是如何处理好“文化的开放与守护”的关系，尤其对于置身于社会生活急剧转型的中国说来，对此问题的自觉思考显得尤为重要，它关涉未来中国文化的健康发展。开放的文化才有生命力。近 40 年中国的改革开放，在文化领

---

① ［日］原研哉：《为什么设计?》，朱锷译，65 页，济南：山东人民出版社，2010。

域所带给国人的影响是十分明显的。在全球化浪潮下，各种现代文化思潮涌入中国，中国文化也在走向世界，在这种双向开放中，中华民族的文化活力得到极大地激发，民族文化自信心得到极大增强。党的十八届三中全会更进一步明确提出要“提高文化开放水平”，这就需要我们敞开心胸、放开眼光去借鉴吸收世界的先进文化，增强我国的文化软实力、在综合国力的竞争中赢得主动。只有开放，文化的力量才能更加强大，文化的影响才能更加广泛。

在文化开放的大环境下，我们应该自觉做好文化守护这篇大文章。乍看起来，文化守护似乎是同“开放”“进步”的观念直接对立的，但它却是使进步变得稳妥有效的一个必要前提。没有思想的积累与沉淀，所谓的开放与进步最终可能演变成一场躁动、狂欢的游戏。因为人类社会是一个以传统为根基的有机体，它通过世世代代的文化积累才呈现出今天的景象。而文化领域是一个意义的领域，文化的核心价值就在于为人的生命提供一种解释系统，以确立生命的理由。人是一种历史的存在。每个民族在其实践生活中总无法回避“我从哪里来”的问题。随着民族文化自省意识的增强，我们深切感到越是民族的才越是世界的，努力挖掘和弘扬中华传统文化的精华，对于当代中国的文化实践无疑有着重大的现实意义。因为置身于全球化大潮中的中国人，只有重新评估、定位自己的民族文化，守住自己的文化之根，在传统中寻找营养，并积极地、有创造性地把它运用于当今现实，才能在全球化的浪潮中找到自己的身份定位。

当代美国著名社会学家丹尼尔·贝尔曾表白自己是一个“文化保守主义者”，可谓意味深长。在他看来，一个健康的社会应该是一个推崇神圣感、敬畏感和秩序感的社会，应该诉诸一种传统的统一性、聚合性与稳定性的“保守”取向。的确，我们不应把社会简化成一部机器，指望通过短时间的努力就可将它整体拆卸和全盘组装。而需要从传统的经验智慧那里寻找可靠的向导。如果离开了对传统的守护，我们生存的意义根基就被斩断了，我们就会沦落成为一个无家可归的漂泊者和浪荡鬼魂。文化守护的根本价值在于：它审慎地规划着人类的意义边界，彰显着人类生活实践的历史合理性与价值正当性，化解着人类在前行时所面临的种种生存困境和文化难题。

在全球化文化发展的环境下，不同文化形态间的交流常常呈现出一种不对等性，即在时代性的参照下，我们看到强势文化与弱势文化之间存在着文化落差，强势文化具有对弱势文化的入侵甚至同化的态势，这使得对民族文化的守护变得更加严峻和重要。这也是为什么在“文化的开放与守护”的关系上常常让我们感到纠结的原因。放眼近代中国的历史我们看到，这一问题会以各种不同的形式表现出来——传统与现代、东方与西方、民族性与时代性、本土文化与外来文化等等，促使国人在它们之间进行着艰难的甄别与抉择。甚至形成了文化激进派与文化保守派两大阵营。其实，无论是文化激进还是文化保守，这两种看似对立的心态其实都没有摒弃两极对立的思维模式。也许只有在文化开放与守护之间保持一种合理的文化张力，我们才能避免病态的虚无主义和自恋主义。只有文化自省与自信并重，中华文化才能既寻得安身立命的源头活水，又内聚面向未来的创造性动力。

第七，注意守护文化发展的多样性。

在一般意义上说，文化的多样性主要是指人类文化在其表现形式上的丰富多样，如文化内容上的差异、文化地域上的特色等等。多样性是世界文化拥有魅力的前提，无论对于世界还是一个国家，保持文化的多样性，其发展与进步才是真正富有意义的。2001 年联合国教科文组织第 31 届大会在巴黎总部通过了《世界文化多样性宣言》(*Universal Declaration on Cultural Diversity*)，该《宣言》重申了这样的信念：缓解各文化和文明间冲突的最有效方式，是文化间的平等沟通与对话。

在全球化发展的今天，如何保持文化的多样性日益成为我们社会生活无法回避的话题。本来，文化多样性是世界的“原生态”：处于传统的、离散时空的社会发展阶段的各个民族，其文化基本上都是在相对封闭的环境下形成与发展的，因此上也是各具特色的。然而，随着人类全球化脚步的加快和资本的全球性扩张，原有的世界格局日益被打破，用马克思的话说“民族史日益成为世界史”。现代性的“一元逻辑”日益成为改变人们日常生活的发展要素，高效率、标准化、整齐划一取代了文化的个性化追求，人类文化发展的多样性被消弭。

全球化使得文化多样性面临严重威胁。在某种意义上我们说，文化多样性问题是伴随着全球化与现代性的历史节奏凸显于我们的时代生活的。全球化加剧了不同文化系统之间的紧张，在世界舞台上，每个国家和民族都期望展示自己的文化个性魅力。但是，文化发展的实际情形却常常是：处于强势文化一方对于弱势文化采取了“文化霸权”或“文化殖民”，试图将自己的文化价值观强加于对方。结果文化的冲突就在所难免，英国史学家汤因比曾经用“挑战与应战”来指称我们这种互动模式。今天，许多国家尤其是发展中国家经常在“文化普遍性”与“文化个性”之间纠结。

文化多样性既是对文化个性与特殊性的表达，也是人类共同文化品质的展示，正所谓“越是民族的，才越是世界的”。只有尊重文化多样性，尊重文化的独立性、异质性和完整性，我们才深切感受到世界文化的多姿多彩。文化的成长也需要良好的生态环境，从文化生态学的角度看，文化多样性对于人类社会就如同生物多样性对于生物界那样必不可少，文化多样性也许是人类这一物种在地球上能够繁衍延续下去的关键。一种文化就像一种基因，都有其自身的历史原脉和精神传承，有其独特的智慧与潜能，唯有多基因的世界才具有更大的发展空间。

今天的中国在步入现代化的历史进程中，更要注意把握文化个性与普遍性、世界性与民族性之间的合理张力。改革开放以来我们飞快发展的现代化进程，带来了很多的文化的遗失(如语言、文字、艺术等)和文化的流失，这一后果也许是再也无法挽回了的。文化的恒常价值常常是渗透于文化多样性之中的，因此我们必须以文化多样性来抵抗、纠正、平衡单一的资本与市场逻辑，不能让现代化、工业化以及物质的增长取代文化的进步、取代精神的富有。人类的现代化实践推进了全球文化的交流和沟通，但不可能完全取消文化生产和消费的本土性，因为人的需要结构的差异性和理想欲求的丰富性，只能由文化的多样性来表达和满足。唯如此，人的全面而自由发展的理想才可能真正实现。

文化的世界性不能脱离民族性而存在，多样性是整个民族文化生存与发展的根基，有“意义”的个性文化成长才会为文化世界增加“意义”。坚守文化多样性立场，世界的文化才能“增值”，我们的世界才越来越充满意义。才为具有“不同意义与价值”的文化形态间的“文明对话”奠定了逻辑前提。今天在文化多样性背景下，不同文化间需要有创建的交流。费孝通曾强调世界各民族的文化要“各美其美，美人之美，美美与共，天下大同”。诚哉斯言。文化多样性的终极作用是提升人类自身。在经济全球化的时代，我们需要一种能够代表国家民族、彰显文化特性、具有鲜明地域文化特征的“身份”，进而达成一种基于文化自信之上的文化间的相互欣赏与赞美。也许只有这样，文化相融、共生、互动、发展的趋势才会形成，和谐文化、和谐世界的曙光才会冉冉升起。

总之，“文化中国”作为凝聚中华民族的重要纽带，作为中国向世界表达自身形象的重要载体，应该成为未来中国社会发展的重要实践目标。建设“文化中国”，表达中国文化的风范、气度，这是我们每一个当代中国人义不容辞的历史责任。我们应该清醒地认识到，现代化的最终目的是实现社会的全面进步和人的全面发展，因此文化发展需要激浊扬清，为子孙后代负责，为民族文化的未来负责。相信在不久的将来，“文化中国”将会成为我们展现给世界的一道亮丽的风景线。

后　记

本书系我主持的国家社科基金重点课题“当今时代文化发展新特点新趋势研究”的结题成果。课题历时近 5 年的时间得以完成，这期间，我国的社会文化生活经历了深刻的发展变化，面对这种日新月异的变化，我们的文化思考似乎难以追赶上时代的脚步。

本课题在写作过程中，曾先后围绕相关具体文化议题召开了多次学术研讨会，期间，中国社会科学院哲学研究所李鹏程教授，中国人民大学马俊峰教授，北京师范大学张曙光教授，中共中央党校韩庆祥教授、李文堂教授，首都师范大学杨生平教授，《光明日报》理论部薄洁萍主任，《教学与研究》杂志社孔伟编审等诸位学者围绕课题提出了很好的建议，这对于本课题研究的顺利开展具有重要启示。

反思有利于进步。文化是一个民族进步的灵魂，一个社会的文化进步、公民的文化素质的切实提升才是现代化社会的目的性指向。唯因如此，在当代中国文化建设已经上升成为国家战略，但是文化建设的前提是文化自信，它是一个国家、一个民族发展中更基本、更深沉、更持久的力量，而文化自信的真正生成，则需要我们对中国文化发展历史与现实具有清醒的认识。我想这也正是本课题研究的价值与意义追求。

本书由课题主持人提出研究思路和基本框架，并全程负责设计、协调阶段性研究成果以及全书的最后修改定稿。课题组的各位成员相互鼓励、通力合作，使得本课题得以顺利完成，因此说这是集体智慧的结晶。各章具体写作分工是：导论，邹广文；第一章，夏莹；第二章，宁全荣；第三章，王纵横；第四章，常晋芳；第五章，宁全荣、王纵横、常晋芳；第六章，李成旺、邹广文；第七章，蔡利民；结语，邹广文。另外，中国社会科学院哲学研究所崔唯航研究员、中国人民大学马克思主义学院张晓萌副教授、北京理工大学马克思主义学院宋珊珊讲师也参与了本课题的前期工作。本书在即将出版之际被北京市社会科学理论著作出版基金办公室列为2017年度基金资助著作，首都师范大学出版社对本书的出版给予了大力支持，在此特致谢忱！

邹广文

2018年11月20日

记于清华大学荷清苑寓所